# 사회복지학개론

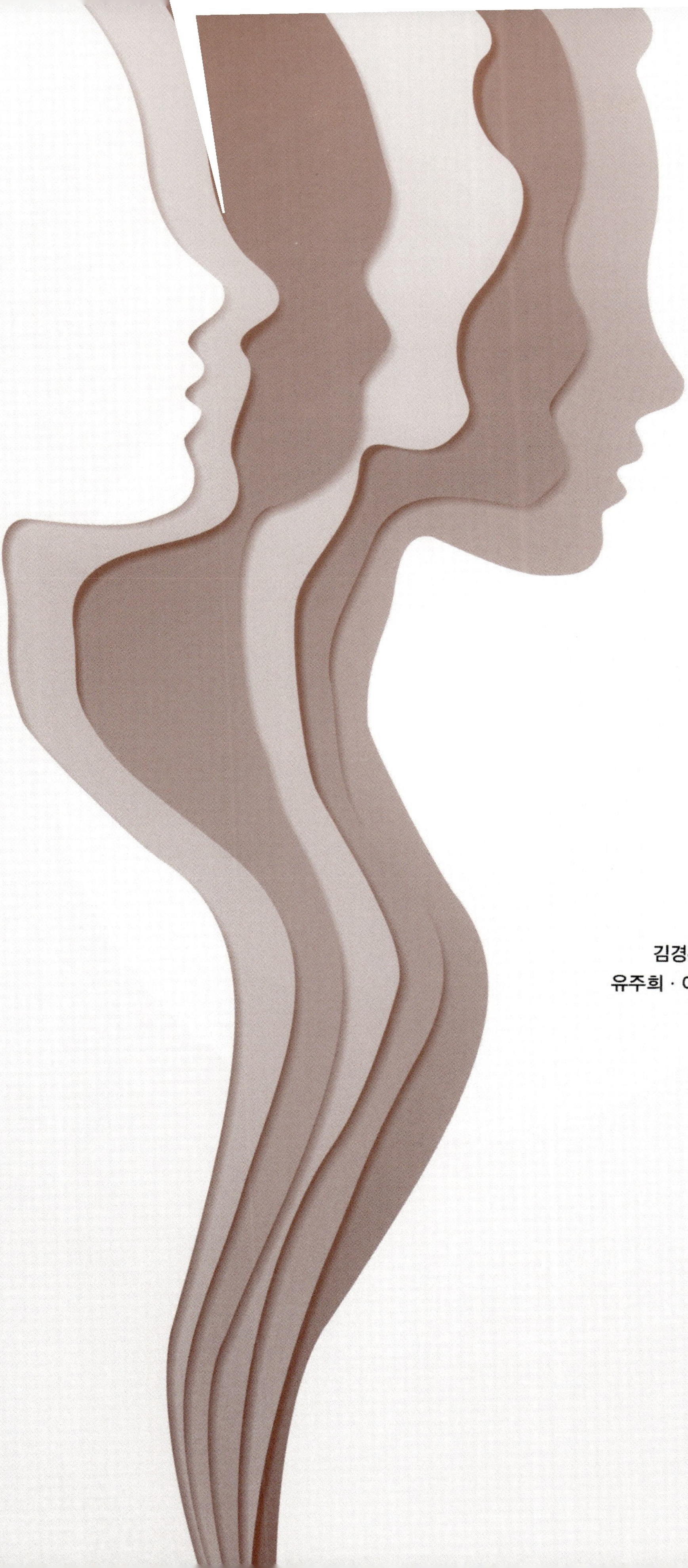

# 사회복지학개론

김경우 · 이경수 · 송순만
유주희 · 이상민 · 이덕희 공저

동 문 사

# 머리말

코로나바이러스감염증-19(COVID-19)는 2019년 12월 중국 우한에서 처음 발생한 뒤 중국 전역과 전 세계로 확산된 호흡기 감염질환의 팬데믹현상이다. 초기에는 원인을 알 수 없는 호흡기 전염병으로만 알려졌으나, 세계보건기구(WHO)가 2020년 1월 9일 해당 폐렴의 원인이 새로운 유형의 코로나바이러스(SARS-CoV-2, 국제바이러스분류위원회 2월 11일 명명)라고 밝히면서 병원체가 확인됐다.

이에 사회적 거리두기 단계를 전국적으로 확대 시행에 따라 지역사회 감염 확산 방지 및 감염 예방을 위해 다중 공공시설에 대해 지난 2020년 11월 또다시 운영중단(휴관) 조치를 시행하고 있다. 다중 공공시설로 사회복지시설과 요양병원, 요양기관 등이 포함된다. 사회복지이용시설의 휴관으로 사회복지대상자와 사회복지사 등은 많은 불편을 겪고 있다. 코로나바이러스감염증-19 사태 또한 사회복지환경을 많이 변화시키고 있다. 어려울 때일수록 사회복지환경은 사회복지서비스 수급 등이 활발히 작동돼야 하지만 모든 것이 멈춰선 듯한 느낌이다. 하루빨리 운영중단(휴관) 조치가 해제되고 정상적으로 사회복지시설이 운영되도록 모두가 노력해야 할 것이다. 여기서 광의의 사회복지는 사회적 약자에 한정하지 않고 전체 사회구성원을 대상으로 평균적이고 최적의 욕구가 충족되도록 사회정책, 사회보장, 보건, 의료, 주택, 고용, 교육 등을 제공하는 사회적 서비스를 말한다. 즉, 사회적 약자가 발생하지 않도록 미리 예방하는 차원의 성격을 가지고 있다고 말할 수 있다.

일반적으로 사회복지란 사회구성원의 기본적 욕구를 충족시켜 삶의 조건을 보장하고, 이를 통해 긍극적으로 사회 통합을 달성하려고 하는 사회적 활동의 총체이다. 이를 위하여 정부나 민간이 제반 프로그램이나 서비스 또는 시설을 통해서 사회적 역기능을 예방하고 경감시키기 위한 체계적이고 조직적인 노력이라고 볼 수 있다.

따라서 사회복지가 인간이 행복을 누리고 인간다운 존엄성을 보장할 수 있도록 자원이나 기회가 공평하게 제공되어야 한다고 볼 때 여기에는 잔여적 개념과 보편적 개념이 존재한다.

잔여적 개념은 가족이나 시장과 같은 정상적인 공급구조가 제 기능을 발휘하지 못할 경우에 한해서 비로소 활동하기 시작하는 사회복지를 의미한다.

제도적 개념은 가족이나 시장을 통해 모든 필요를 충족시킬 수 없다는 것은 정상적인 것으로, 사회복지는 사회제도가 담당하지 못하는 부분의 복지를 향상시켜야 하는 하나의 제도이다.

사회복지는 하드웨어, 사회사업은 소프트웨어이다. 사회복지와 사회사업의 구분은 거시적·미시적 또는 보편적·개별적인 것으로, 그 대상 역시 전제적·부분적·불특정적인 것에서 특정적인 것으로의 변화를 알 수 있다. 시대적 흐름에 따른 사회복지의 패러다임은 보완적인 것에서 제도적인 것으로, 자선에서 시민권으로, 특수한 서비스 활동에서 보편적 활동으로, 최저 기준의 달성에서 최적 기준의 달성으로, 개인적인 개혁에서 사회적인 개혁으로, 자발적인 것에서 공적인 것으로, 빈민구제에서 복지사회 건설로 점점 발전되고 있다. 또한 현재 정치권에서나 사회적으로 무상급식, 무상교육 등 보편적 복지와 선택적 복지의 대립 속에 사회적 갈등을 유발하고 있다.

이 책은 영역별 분야 및 세부항목 그리고 주요 내용에 따라 이러한 문제에 대한 지표와 방향을 제시할 것이다. 이를 위하여 다음과 같이 집필의 내용을 구성하였다.

첫째, 사회복지의 의의와 한국 사회복지발전 그리고 사회복지모형과 이론, 선진국 사회복지를 학습함으로써 공정한 시장질서 확립을 통한 분배로 선진국 복지의 방향을 제시하고자 한다.

또한 사회복지서비스로서 가족복지, 아동복지, 청소년복지, 장애인복지에 의한 복지서비스를 제공하는 내용이다.

둘째, 연금의 지급대상과 의의에 대하여 거시적·미시적 서비스를 다루고 있다.

셋째, 장애인복지에서는 자립을 위한 재활지원, 편의시설 확충, 장애인수당, 장애특성별프로그램, 사회통합프로그램을 제시한다.

넷째, 아동복지에서는 소년소녀가장세대에 대한 보호, 무상보육사업, 모자가정 생활기반조성과 운영프로그램을 제시하였다.

다섯째, 사회보험은 국민들의 노후, 질병, 실업, 산업재해 등의 생활위험이나 불안정으로부터 보호하기 위한 제도로서 국민연금, 의료보험, 고용보험, 산재보험의 제도 성숙화의 필요성, 보호의 범위 확대 및 적용대상의 지속적 확대를 주장하게 될 것이다. 제9장 사회복지행정론, 제10장 사회복지실천론, 제11장 사회복지실천기술론, 제12장 사회보장론에서는 국가에 의한 재분배적 복지, 부담수준과 급여수준의 균형을 통한 재정 안정, 효율적인 제도의 관리운영체계 구축 그리고 특정 계층이나 집단의 이해보다 전체 국민의 복지향상과 사회적 연대에 기반을 둔 개선과 임상적인 관점에서의 실천론과 실천기술론을 적용하고자 하였다.

이 책에서는 사회보장법에 의한 사회복지관련 법률의 개정과 수정을 반영하였고, 나아가 사회복지사의 영역별 자격제도를 다루고 있다.

2020년 12월 1일 의료·학교사회복지사 국가자격제도가 사회복지사업법 시행령 일부 개정으로 의료사회복지사와 학교사회복지사 자격기준을 마련하는 내용의 「사회복지사업법 시행령 일부개정령안」이 국무회의에서 의결되었다.

이는 「사회복지사업법」 개정(법률 제15887호, 2018.12.11. 공포, 2020.12.12. 시행)으로 민간단체에서 운영하던 '의료사회복지사, 학교사회복지사 자격'을 국가자격으로 발급할 수 있게 됨에 따라 법률에서 위임한 사항을 구체적으로 정하려는 것이다.

개정된 시행령의 주요 내용은 다음과 같다.

사회복지사 1급 자격을 취득한 사람이 보건복지부장관이 지정한 수련기관에서 1년 이상의 수련 과정을 이수한 경우 '의료사회복지사' 또는 '학교사회복지사' 자격을 발급한다.

법령 시행일 현재 민간단체에서 발급한 자격증 소지자 의료사회복지사 1,302명, 학교사회복지사 1,598명은 보건복지부장관이 실시하는 별도의 교육을 이수하고 평가를 통과하는 경우에 국가자격으로 전환·발급할 예정이다.

정신건강사회복지사는 「정신건강증진 및 정신질환자 복지서비스 지원에 관한 법률」에 따른 정신건강전문요원 중 정신건강사회복지사 자격을 인정(1997년부터 국가자격으로 발급)한다는 것이다.

복지제도는 단순히 행정절차를 통해 소득을 이전시키는 것이 아니라 생산성 향상을 위한 사회투자의 하나로 인식, 단순한 공정분배를 통한 복지정책은 복지수요의 과다팽창으로 복지자원을 지속적으로 재창출할 수 없기 때문에 노동권 중심의 시장경제 강화에도 관심을 두어야 한다.

세계화에 의한 노동시장의 개방과 기술혁명의 가속화에 대한 대응을 돕기 위하여 국가는 국민의 노동권을 적극적으로 보장하고, 직업훈련을 통한 사회적 투자 확대, 사회적 연대성의 강조, 공동체 구축으로서의 국가, 시장, 시민사회의 모든 주체가 참여하는 공동체의 일원으로서, 가진 것을 함께 나누고 인간소외를 극복하는 네트워크의 구축을 역설하고자 하였다.

국가는 개인의 책임으로만 돌릴 수 없는 질병, 재해, 실업, 빈곤 등의 불행으로부터 국민을 보호함으로써 국민이 '최소한의 인간다운 생활'을 할 수 있도록 보장하는 것을 사회보장이라 한다.

사회보장에서 가장 기초가 되는 것은 소득보장으로, 국가는 국민의 최소한의 소득을 보장하기 위하여 고용정책·실업수당이나 실업보험·최저임금제도·돌봄사업 등을 실시한다.

이 밖에 교육보장·의료보장·주거보장 정책 등을 통하여 국민들의 최소한의 인간다운 삶을 보장한다. 사회보장제도는 비용 부담자가 누구냐에 따라 보험에 가입한 개인과 고용주 그리고 국가가 분담하는 사회보험, 보험료를 부담할 능력이 없는 빈곤자에게 국가가 모든 비용을 부담하는 공공부조로 나뉜다. 그 외에 비금전적 지원을 원칙으로 하는 사회서비스가 있다.

출산, 양육, 실업, 노령, 장애, 질병, 빈곤 및 사망 등의 사회적 위험으로부터 모든 국민을 보호하고, 국민 삶의 질을 향상시키는 데 필요한 소득·서비스를 보장하는 사회보장제도는 공공부조, 사회보험, 사회서비스 등으로 구분할 수 있다. 여기서 사회서비스는 사회적 취약 계층의 자립과 생활 능력을 높여 주기 위한 비경제적인 지원제도를 가리킨다.

사회서비스는 국가 및 지방자치단체나 민간 부문의 도움이 필요한 모든 국민에게 복지, 보건의료, 교육, 고용, 주거, 문화, 환경 등의 분야에서 인간다운 생활을 보장하고, 상담, 재활, 돌봄, 정보의 제공, 관련 시설의 이용, 역량 개발, 사회참여 지원 등을 통하여 국민의 삶의 질이 향상되도록 지원한다. 노인복지, 장애인복지, 아동복지, 여성복지 등이 이에 해당한다.

사회서비스는 공공 부문뿐 아니라 민간 부문에서도 함께 제공하며, 사회보험, 공공부조와는 달리 비금전적 지원을 원칙으로 한다. 따라서 금전적인 지원보다 자활의 능력을 심어 주는 데 주력하므로 생활의 불안을 실질적으로 해결해 줄 수 있다는 장점이 있다. 하지만 소득 재분배 효과가 별로 크지 않고, 사회보험 또는 공공부조와 동시에 이루어질 때에만 효과를 볼 수 있어 보조적 사회보장에 그친다는 지적을 받기도 한다.

여기서는 사회구조와 인간 그리고 사회복지관계에서 나타나는 제반 변수들을 알기 쉽고 자연적인 현상에 입각한 논리적인 구조로 접근하고자 시도하였다.

따라서 이 책은 2020년 사회복지사업법에 의한 사회복지사자격증, 민긴자격증에서 국가자격증으로 변경된 학교사회복지사와 의료사회복지사 그리고 정신건강사회복지사 등의 영역별 전문복지사에 입각한 전문전공서로 집필되었다. 그리고 2021년 사회복지사업법에 의한 각종 개정된 사회복지법들을 반영하였다. 사회복지법에 의한 최신 내용을 반영하였으므로 사회복지의 기본서로서 그 역할을 수행함에 오류나 이해의 부족함이 없으리라고 판단된다. 무엇보다 최신 사회복지관련개정법률에 입각한 기본서이므로 사회복지를 처음 접하는 신입생이나 학자 및 전문가 제위께서 폭넓은 지식과 기술 그리고 다양한 학문으로서의 접근이 수용될 수 있도록 지속적인 연구와 함께 노력을 계속 이어갈 것이다. 끝으로 코로나-19의 위기와 어려움, 촉박한 일정에도 지속적인 관심과 애정으로 출판에 대한 열정과 사명감을 보여주신 동문사 사장님과 관계자 여러분의 노고에 감사의 마음을 전한다.

저자의 연구실에서

# 차례

## 제7장 청소년복지



## 제8장 장애인복지



## 제9장 사회복지행정론

## 제10장 사회복지실천론



## 제11장 사회복지실천기술론



## 제12장 사회보장론

# 제 1 장

# 사회복지의 의의

1. 사회복지의 의의
2. 사회복지의 이념
3. 사회복지의 가치

✦ 학습과제

1. 사회복지의 개념을 광의와 협의로 설명
2. 신자유주의와 제3의 길에 대하여 논의
3. 자유와 연대의 유형에 대한 사회복지의 가치논쟁

# 1 사회복지의 의의

## 1. 사회복지의 개념

### 1) 사회복지대상에 따른 개념

사회복지는 크게 국민생활의 안정 및 교육·직업·의료 등을 보장하는 복지를 사회적으로 추구하는 것으로 넓은 의미의 사회적 대책 전체를 일컫는 말이다. 즉 개인과 집단이 인간다운 삶을 살 수 있는 기회와 만족과 행복을 느낄 수 있도록 하는 사회 모든 활동을 포함하는 개념이다. 사회구성원의 일정한 생활수준 및 보건 상태를 확보하기 위한 사회정책 및 제도의 조직적인 체계라고 규정할 수 있다. 사회적 약자들을 위한 관련 정책·제도 등은 물론 국민 모두의 행복한 삶을 위한 국가의 노력들이 궁극적 목표로 삼는 것이 사회복지이다.

사회복지의 개념을 좁은 의미로 사용할 때는 노인·신체장애자와 같이 평균적 생활수준에서 낙오된 사회적 약자에 대한 특수한 사회적 보호의 방책이라고 규정할 수 있다. 더 넓은 의미로는 사회적 약자뿐만 아니라 사회의 모든 구성원에게 그들이 속해 있는 사회와 적절한 관계를 확보할 수 있는 수단을 제공하는 계획적인 사회적 서비스 또는 시설의 체계로 규정할 수 있다.

사회복지사상은 역사적으로 두 개의 흐름을 형성해 왔다. 그 하나는 개인의 가치와 책임을 강조하는 것이고, 다른 하나는 사회 또는 국가의 책임을 강조하는 것이다. 개인적 책임은 중세 이전의 사회와 미국과 같은 현대 자본주의 경제체제에서 강조되고 있으며, 오늘날 유럽 여러 나라는 개인성보다는 사회성을 강조하는 복지체계를 추구한다.

사회복지란 한 사회에 살고 있는 모든 사람들의 생활 향상과 행복을 목표로 하는 직접·간접적인 방책을 통틀어 일컫는 개념으로 사회복지의 개념은 시대에 따라 그리고 각국의 경제적 발전 정도에 따라 학자마다 이에 대한 견해에 차이가 있기 때문에 아직 통일된 개념 정의가 이루어져 있지 않다. 그러므로 사회복지의 개념을 보다 정확하게 이해하기 위해서는 '사회복지'라는 용어에 내포되어 있는 뜻에 초점을 둔 어의적 관점과 학자들의 견해인 이론적 관점 그리고 역사를 통해 사회복지의 활동이 전개해온 내용을 토대로 파악하려는 역사적 관점에서 두루 살펴보아야 할 것이다.

먼저 어의적 관점에서 사회복지의 개념을 살펴보자. 사회복지는 한 사회 안의 구성원들에 대한 복지를 가리키는 말이다. 일반적으로 복지란 인간생활의 만족스런 이상상태를 뜻함과 동시에 그 이상상태를 지향하는 구체적인 실천활동까지 포함하는 개념이라 하겠다. 따라서 이러한 실천활동을 그 사회 안의 구성원들을 대상으로 구체화하는 것을 사회복지라고 말할 수 있다.

이론적 관점에서 사회복지의 개념은 사회복지의 수혜 대상자를 좁게 잡느냐 아니면 넓게 잡느냐에 따라 한정적·협의적 개념과 광의적 개념의 두 입장으로 크게 나누어 볼 수 있다. 이와 같은 구별은 로마니쉰(John M. Romanyshyn)의 견해처럼 소극적 사회복지와 적극적 사회복지라는 용어로 표현할 수도 있다.

앞에서 논의한 바와 같이 한정적·협의적 개념으로서의 사회복지는 극빈자·사회적 낙오자 등과 같이 스스로 생활을 영위하지 못하는 불우계층의 사람들을 대상으로 국가 또는 지방자치단체 등의 공공기관이 그들을 구제하고 보호하는 활동이다. 그리고 광의적 개념으로서의 사회복지는 불우계층과 같은 국민 일부만을 대상으로 하지 않고 국민 전체를 수혜 대상으로 하는 사회복지이다. 오늘날의 사회복지의 개념은 바로 이러한 광의적 개념으로 파악되고 있다.

역사적 관점에서 사회복지의 개념은 역사의 흐름에 따라 그 내용과 수혜 대상의 범위가 어떻게 변해왔는지 시대적 비교를 통해 사회복지를 파악한 것이다. 로마니쉰(Romanyshyn)에 의하면, 사회복지의 개념은 ① 보완적인 것에서 제도적인 것으로, ② 자선을 베푼다는 입장에서 시민의 당연한 권리로, ③ 특수한 봉사활동이라는 성격에서 보편적인 활동으로, ④ 최저 조건의 조성에서 최적(最適) 조건의 조성으로, ⑤ 개인적 차원에서 사회적 차원으로, ⑥ 자발적인 것에서 공공적인 것으로, ⑦ 빈민구제에서 복지사회의 건설로 점차 변화해 왔다는 것이다. 여기서 보완적(補完的) 사회복지란 일반적인 사람일지라도 한 때 불행이나 경제적 어려움을 당할 경우 그러한 사람에 대해서는 일시나마 도와주어야 한다는 관점이고, 제도적(制度的) 사회복지란 빈곤이나 기타 장애요인이 사회적으로 구조화되어 있어서 제도적으로 국민 전체에 대한 복지체제를 이루어야 한다는 관점이다.

이상 세 가지의 관점에서 살펴본 사회복지의 내용에 내포되어 있는 공통점을 들어 사회복지의 개념을 정의해 본다면, 한 사회 안에 사는 모든 사회성원들이 일생 동안 행복하고 안정된 바람직한 삶을 누릴 수 있도록 하는 인간의 사회적 노력이라 말할 수 있다.

사회복지는 인간이 사회환경 속에서 환경 속의 인간이 삶의 질을 제고하여 인간답게 살아갈 수 있도록 도와주는 사회제도이며, 인간봉사 전문조직이다. 즉, 사회복지는 인간이 지닌 욕구를 충족시키고 사회문제를 예방 또는 해결하는 데 그 초점을 두고 있다.

사회복지란 사회를 유지하는 데 기본적인 사회, 경제, 교육, 건강의 욕구를 사람들에게 충족시키고 지역사회와 전체 사회의 집단적인 복지상태를 유지하기 위한 국가적 프로그램, 급여, 서비스 체계를 말한다. 일반적으로 사회복지는 사회생활상의 곤란 또는 장애를 받고 있는 자, 즉 장애인, 노인, 아동 등의 요보호자에 대한 보호, 육성, 지도, 치료, 재활 등을 요한다.

Social은 사회 안에서의 삶의 질과 개인, 집단, 사회 전체 간의 사회 내적인 관계를 뜻한다. 여기서 '사회 내적인 관계'란 개인의 정신세계나 국제관계와 같은 사회 외적인 관계를 제외한 개인 대 개인, 개인 대 집단, 개인 대 전체사회, 집단 대 집단, 집단 대 전체사회의 비이기적인 상호관계를 의미한다. 따라서 사회적이란 물질적이거나 영리적인 요소보다는 비영리적이며, 지역사회나 집단 속에서 같이 지내는 이타적 속성의 공동체적 삶의 요소에 관심을 기울이는 것이라고 하겠다. 복지를 뜻하는 Welfare는 '지내다', '살아가다'란 의미의 fare에 '만족스러운', 혹은 '적절한'이란 의미의 well이 합쳐져서 '만족스럽게 지내는 상태'를 의미한다. 그래서 웹스터 사전에 의하면 복지는 "건강하고 행복하며 안락한 상태"라고 정의되어 있다. 즉 복지란 건강하고 안락한 인간의 이상적인 상태, 즉 안녕(well-being)의 상태를 나타내는 개념이라고 할 수 있다.

프리드랜더와 앱트(Friedlander & Apte)는 "사회복지는 국민의 복지에 기본적인 것으로 인정된 사회적 욕구를 충족시키기 위하여, 사회질서의 회복을 위하여 제반 급부를 확보하거나 강화시키는 법률, 프로그램, 급여 및 서비스 체계이다."라고 했다.

바커(Robert L. Barker)는 사회사업사전에서 "사회복지를 사회를 유지하는 데 기본적인 사회적·경제적·교육적 건강의 욕구를 사람들에게 충족시키고, 지역사회와 전체 사회의 집단적인 복지 상태를 유지하기 위한 국가적 프로그램, 급여, 서비스 체계"라고 정의했다.

사회복지란 국민의 생활안정 및 교육·직업·의료 등의 보장을 포함하는 복지를 추구하기 위한 사회적 노력, 즉 넓은 의미의 사회적 방책의 총칭을 말한다.

사회보장제도 등의 근저에 공통적으로 작용하는 정책목표로서, 또는 이들 정책이나 제도가 실현하려고 지향하는 목적의 개념으로서 파악하는 경우도 있으나, 보통은 제도적 개념으로 사용한다.

좁은 뜻의 사회복지는 아동·노인·장애인에 대하여 금전 급부 이외의 이른바 서비스 급부의 방법으로 행하여지는 여러 활동의 총체를 의미한다. 또 여기에 공적부조, 즉 국가 또는 지방자치단체가 자력 조사를 매개로 행하는 경제적 부조를 덧붙인 사회복지사업과 동의어로 쓰는 경우가 있다.

넓은 뜻의 사회복지는 사회사업 이외에 사회정책·사회보장·주택보장·공중위생·비행문제대책 등을 포함하는데, 영국과 미국의 사회복지는 넓은 뜻으로 쓰이는 경우가 많다.

그래서 영국은 사회복지정책보다는 사회정책, 사회행정, 사회서비스란 용어를 많이 사용한다. 여기에는 사회보장, 건강, 교육, 대인적 서비스, 주택, 고용 및 가족정책 등을 포함하는 것으로 우리가 일반적으로 쓰는 사회복지정책보다 넓은 범위를 내포하고 있다. 미국은 사회보장이라는 개념을 자주 사용하며 복지란 용어는 공공부조를 칭하는 용어로 쓰이기도 한다. 미국에서의 사회복지정책은 공공부문뿐만 아니라 민간부문의 사회복지활동까지 포함하는 개념이기도 하다. 독일은 1883년 최초로 사회보험인 질병보험을 도입한 이후 사회보험을 중심으로 다양한 사회복지정책을 발전시켜 왔다. 독일에서는 사회정책이란 개념을 사용하면서 1880년대에 와그너(Wagner), 쉬몰러(Schmoller) 등 강한 사회주의가 중심이 되어 사회복지정책을 개설함으로써 사회복지정책이 등장하였다. 와그너는 "사회정책이란 분배과정에 있어서의 여러 가지 폐해를 입법 및 행정수단으로 극복하려는 국가의 정책이라고 정의하고 있다.

## 2) 사회복지의 법적 개념

넓은 의미의 사회복지 개념으로 모든 국민은 인간으로서의 존엄과 가치를 가지며 행복을 추구할 권리를 가진다. 그리고 국가는 개인이 가지는 불가침의 기본적 인권을 확인하고 이를 보장할 의무를 진다고 하고 있다(「헌법」 제10조). 헌법 제31조는 교육을 받을 권리, 제32조의 근로의 권리, 제33조 노동 3권의 보장, 제34조의 복지권, 제35조의 쾌적한 환경에서 생활할 권리로서 환경권, 제36조는 혼인, 가족 등 보건에 관한 권리이다.

「헌법」 제34조 복지권은 다음과 같다.

① 모든 국민은 인간다운 생활을 할 권리를 가진다.

② 국가는 사회보장·사회복지의 증진에 노력할 의무를 진다.

③ 국가는 여자의 복지와 권익의 향상을 위하여 노력하여야 한다.

④ 국가는 노인과 청소년의 복지향상을 위한 정책을 실시할 의무를 진다.

⑤ 신체장애자 및 질병·노령 기타의 사유로 생활능력이 없는 국민은 법률이 정하는 바에 의하여 국가의 보호를 받는다.

⑥ 국가는 재해를 예방하고 그 위험으로부터 국민을 보호하기 위하여 노력하여야 한다.

제35조 제1항에는 모든 국민은 건강하고 쾌적한 환경에서 생활할 권리를 가지며, 국가와 국민은 환경보전을 위하여 노력하여야 한다고 되어 있다. 제3항에는 국가는 주택개발정책 등을 통하여 모든 국민이 쾌적한 주거생활을 할 수 있도록 노력하여야 한다고 되어 있다. 또한 제36조 제2항에는 국가는 모성의 보호를 위하여 노력하여야 한다고 되어 있으며, 제3항에 모든 국민은 보건에 관하여 국가의 보호를 받는다고 되어 있다.

법률적 개념으로 「사회보장기본법」 제3조(정의)는 다음과 같다.

① 사회보장이란 출산, 양육, 실업, 노령, 장애, 질병, 빈곤 및 사망 등의 사회적 위험으로부터 모든 국민을 보호하고 국민 삶의 질을 향상시키는 데 필요한 소득·서비스를 보장하는 사회보험, 공공부조, 사회서비스를 말한다.

② 사회보험이란 국민에게 발생하는 사회적 위험을 보험의 방식으로 대처함으로써 국민의 건강과 소득을 보장하는 제도를 말한다.

③ 공공부조란 국가와 지방자치단체의 책임하에 생활유지능력이 없거나 생활이 어려운 국민의 최저생활을 보장하고 자립을 지원하는 제도를 말한다.

④ 사회서비스란 국가·지방자치단체 및 민간부문의 도움이 필요한 모든 국민에게 복지, 보건의료, 교육, 고용, 주거, 문화, 환경 등의 분야에서 인간다운 생활을 보장하고 상담, 재활, 돌봄, 정보의 제공, 관련 시설의 이용, 역량 개발, 사회참여 지원 등을 통하여 국민의 삶의 질이 향상되도록 지원하는 제도를 말한다.

⑤ 평생사회안전망이란 생애주기에 걸쳐 보편적으로 충족되어야 하는 기본욕구와 특정한 사회위험에 의하여 발생하는 특수욕구를 동시에 고려하여 소득·서비스를 보장하는 맞춤형 사회보장제도를 말한다.

사회복지법은 하나의 법전으로 체계화되지는 않았지만 사회보장기본법의 분류에 따라 크게 네 가지 영역으로 구분되는 사회복지관련법들로 이루어져 있다. 사회복지지법은 내용적으로 크게 사회보험법, 공공부조법, 사회복지서비스법 및 사회복지관련법으로 구분된다. 이 중 사회복지서비스법은 사회복지사업법에서 정하는 복지법으로 구성되는데, 「국민기초생활보장법」과 「의료급여법」, 「기초연금법」, 「긴급복지지원법」, 「장애인연금법」은 사회보장기본법상의 사회보장에 관한 정의 중 공공부조에 해당하며, 이들이 사회복지사업법에 언급되어 있는 것은 빈곤층 및 차상위계층 등도 그 대상으로 하고 있기 때문이다. 여기에서 「의료급여법」, 「기초연금법」, 「긴급복지지원법」, 「장애인연금법」은 사회보장기본법에 따라 공공부조법인 동시에 사회복지사업법에 규정된 28개의 법에 속하는 내용이다.

## 2. 사회복지관점의 변화

윌렌스키와 르보(Wilensky & Lebeaux, 1965)는 사회복지를 하나의 사회제도로 보고 기능적 측면에서 잔여적 사회복지와 제도적 사회복지로 구분하고 있다. 그리고 사회복지의 대상 범위와 관련해서는 선별적 사회복지와 보편적 사회복지로 구분하고 있다. 잔여적·선별적 사회복지와 제도적·보편적 사회복지는 기능과 대상범위를 기반으로 하여 서로 비교되기도 하며, 선별적·보편적 사회복지는 서로 상호보완적인 관계에 있다고 보는 것이 맞을 것이다. 하지만 엄연한 차이는 있다.

기능적인 측면에서 선별적 사회복지는 가족이나 시장경제가 제 기능을 원활히 수행하지 못할 때 생기는 문제를 보완하고 해소하기 위한 것이고 사회제도의 기능을 임시로 보충하는 것이다. 반면 보편적 사회복지는 현대사회에서 가족과 시장경제는 제 기능을 수행하는 것이 불가능하기 때문에 사회를 유지하기 위해 독특하고 필수적인 기능을 수행해야 하는 것으로 이해된다. 즉, 선별적 사회복지는 사회구성원 간의 상부상조는 다른 사회제도의 기능과 통합된다는 시각을 지니나, 보편적 사회복지는 다른 사회제도의 기능과 구별되며 별도의 제도라는 점이 차이를 보인다.

길버트와 테렐(Gilbert & Terrell, 1998)은 제도적 관점에서 현대사회에서의 사회제도는 각각 고유의 기능과 더불어 사회복지적인 기능이 있다고 본다.

또한 사회제도의 사회복지적인 기능에서 친족제도는 요보호 가족구성원을 위한 보호 및 가족 간의 경제적 지원을, 종교제도는 신도중심의 복지 및 사회서비스 제공을, 노동제도는 종업원의 급여제공을, 시장제도는 영리목적의 상업적 재화와 서비스를, 상호부조제도는 상부상조를 통해서 지역사회복지서비스를, 정부는 자원동원과 배분의 기능을 통해 빈곤타파와 경제적 안정 등의 기능으로 구분하고 있다.

사회복지의 제도적 관점은 전체 국민과 가정의 경제적 안정을 도모하는 수단으로 사회복지가 제도적인 위치를 획득해야 한다.

**✤ 표 1-1 ✤ 사회제도의 기능적 측면에서의 사회복지 의미**

| 사회제도 | 일차적 기능 | 사회복지기능 |
|---|---|---|
| 친족 | 출산, 사회화, 정서적 지지 | 친족 부양, 가족 간 경제 지원 |
| 종교 | 영적 계발 | 신앙에 기반을 둔 보건, 교육, 사회복지서비스 |
| 직장 | 재화와 서비스 생산 | 고용 관련 급여(기업복지) |
| 시장 | 재화와 서비스 교환 | 영리적 사회복지 재화 & 서비스 |
| 상호부조 조직 | 상호부조, 자선, 박애 | 자조, 자원봉사, 비영리 사회복지서비스 |
| 정부 | 자원 동원 및 분배 | 빈곤정책, 경제적 보장, 보건, 의료, 교육, 고용, 건강, 사회복지서비스 |

사회복지 개념의 변화 과정은 다음과 같다.

첫째, 잔여적 복지에서 제도적 복지로 변화한다. 즉, 잔여적 개념에서 사회복지는 정상적 사회제도를 통해 욕구를 충족할 수 없는 취약자에 대한 임시적 최후의 안전망이며, 제도적 개념에서 사회복지는 필수적 사회제도로서 제일선의 기능을 담당한다.

둘째, 자선에서 시민의 권리로 변화한다. 자선으로서의 복지는 19세기 중산층의 자선관을 반영하며, 시민권으로서의 복지개념은 노동자들이 시민계급으로 성장하면서 획득한 권리의 확대로 사회권(복지권)으로서 경제적 안정, 교육, 완전한 사회참여에 대한 권리로서 확립한다.

셋째, 특수성에서 보편성으로의 변화이다. 사회복지를 빈민들에 대한 특별한 서비스로 보는 것에서, 전체 국민들의 보편적 욕구를 충족시키는 프로그램으로 발전하며, 이는 실업, 노령, 장애, 질병, 부양자의 사망 등 공통된 사회적 위험에 대처하기 위함이다.

넷째, 최저수준에서 적정수준의 급여와 서비스로 변화를 요구한다. 사회의 생산력 발전에 따라 사회보장의 기준이 전체 국민의 안녕 수준을 증진시키고, 잠재력을 최대한 개발시킬 수 있는 적정조건으로 전위되고 절대적 빈곤개념을 대체하여 상대적 빈곤개념의 등장을 가져왔다.

다섯째, 개인의 변화에서 사회개혁으로 변화를 강조한다. 욕구 또는 문제발생의 원인이 초기에는 개인의 도덕적 결함으로, 오늘날 사회구조로서 사회복지는 개인의 치료에서 사회개혁을 강조한다.

여섯째, 민간자원에서 공공자원으로 변화한다. 19세기, 혹은 20세기 초까지 사회복지활동은 자발적 민간단체에 의존하는 자유방임주의로 산업화, 민주화의 진전에 따라 정부의 사회복지기능의 확대를 가져온다.

일곱째, 빈민복지에서 복지사회 구현으로 복지사회 개념에서 모든 사회제도들이 개인의 발전에 얼마나 기여하는지가 중요하다.

오늘날 복지서비스의 결정은 이용자가 선택, 결정하며, 공급주체는 공적 공급과 법인위탁에서 복지다원주의로 가고 있다. 그리고 서비스 공급장소는 시설중심에서 재가복지로, 서비스 공급의 관점은 공급자 중심에서 이용자 중심으로 선택하고 참가하고 있다.

## 2 사회복지의 이념

사회복지는 기존의 사회제도들이 해결하지 못한 미충족의 욕구를 해결하고자 하는 것이므로, 사회복지활동의 성격은 기존의 사회제도들, 즉 가족과 시장, 종교, 국가 등을 어떻게 평가하는가, 이것들이 인간의 본성에 얼마나 맞게 기능하고 있다고 생각하는가, 어떻게 바뀌어야 한다고 생각하는가와 무관하지 않다.

윌렌스키(Wilensky)와 르보(Lebeaux)가 제시하고 있는 두 가지의 사회복지적 개념의 차이를 살펴보자면 제도적 개념은 그 대상을 전체 사회구성원으로 보고, 잔여적 개념은 사회적 취약계층으로 한정시키고 있고, 사회복지의 실천주체에서도 제도적 개념은 국가에 더 많은 역할을 강조하는 반면, 잔여적 개념은 민간의 자발적인 활동을 장려한다. 한국사회의 사회복지의 발달과정을 보면 농업사회에서 산업사회로 바뀌면서 사회복지는 잔여적 개념에서 점차 제도적 개념으로 그 강조점이 바뀌고는 있지만 아직까지는 노동을 통한 복지에 초점을 맞추어 정책을 수행하고 있는 실정이다. 이처럼 사회복지의 개념은 고정되어 있는 것이 아니라 사회변화에 따라 바뀐다. 즉, 초기 산업사회에 비하여 후기 산업사회의 사회경제적 특성이 개인, 가족, 민간 차원에서는 해결하지 못할 정도로 매우 다양하고 심각한 문제들이 발생하기 때문에 소비수준의 향상과 다양한 욕구의 상승에 대해 기존의 잔여적 개념의 서비스로는 해결할 수 없게 되어 보완적 개념에서 제도적 개념으로, 자선에서 시민권으로, 특수한 서비스에서 보편적 서비스로, 최저조건에서 최적조건으로, 개인적 차원에서 사회적 차원으로, 자발성에서 공공성으로, 빈민복지에서 복지사회로 전환해야 할 필요를 느끼고 있다.

빅 조지와 폴 윌딩(Vic George & Paul Wilding)은 1976년 저서 『이데올로기와 사회복지』를 펴내면서 사회복지에 영향을 미치는 이념체계를 반집합주의, 소극적 집합주의, 페이비언주의, 마르크스주의로 나누어서 소개한 바 있다. 이어 1994년 『복지와 이데올로기』를 펴내면서 전반적인 이념적 스펙트럼은 유사하지만 최근의 표현으로 바꾸어 신우파, 중도노선, 사회민주주의, 마르크스주의, 페미니즘, 녹색주의(greenism)의 여섯 가지를 제시하였다. 신우파는 복지국가로서 정부의 개입은 개인의 자유를 침해하고 시장경제발전을 저해한다고 본다. 마르크스주의에 의하면 복지국가는 자본계급의 이익에 복무하면서 자본의 장기적 발전과 자본주의체제를 강화한다고 보았다. 녹색주의는 경제성장과 소비의 지속 확대를 전제하는 복지국가를 비판한다. 소극적 집합주의자들은 실용주의적인 경향을 갖는데, 시장 실패 문제해결을 위해 국가개입을 소극적으로 인정한다.

각 이념을 주장하는 학자들이 중요시하는 사회적 가치, 사회복지에 대한 국가의 역할 그리고 복지국가에 대한 태도 등을 정리하면 다음과 같다.

## 1) 사회복지이념체계

### (1) 반집합주의

반집합주의자들의 기본적인 가치는 자유, 개인주의, 불평등이다. 이들이 말하는 자유는 타인으로부터 간섭 또는 강제 받지 않는 것으로서의 자유를 의미하고, 개인주의는 사회란 개인의 자발적 협동과 경쟁에 기초하여 형성되어야 하며, 국가의 역할은 최소 수준에 머물러야 한다는 것을 의미한다.

개인의 자발적 협동과 경쟁에 기초하여 형성된 사회는 기본적으로 자유시장이 지배하는 사회이며, 시장은 강제를 행사할 수 있는 존재가 아니기 때문에 시장에서 발생하는 빈곤이나 불평등은 자연스럽고 바람직한 것이다. 이들은 사회정의라는 명분을 내세워 불평등을 완화하려는 시도가 오히려 개인의 자유를 침해하는 부당한 시도라고 주장한다.

반집합주의자들은 최소 수준 이상의 보장을 지향하는 복지국가는 시장의 자율성을 침해하고, 개인의 자유를 억압하며, 국가의 기능을 과도하게 팽창시킨다는 이유로 비판적이다.

### (2) 소극적 집합주의

반집합주의자들의 복지국가에 대한 태도가 철학적이고 이념적이며 원칙적이라면, 소극적 집합주의자들이 복지국가에 대해 갖는 태도는 기본적으로 실용주의적이다. 이들 역시 자유와 개인주의를 가장 바람직한 것으로 생각하며 불평등도 인정한다.

소극적 집합주의자들은 불평등을 바람직한 것으로 인정하지만, 실용주의적 경향과 인도주의적 경향으로 인해 지나친 불평등은 수정되어야 한다고 주장한다. 그 근거로 이들은 경제성장이 저축이 아니라 소비에 달려 있는 것이라면, 지나친 불평등은 저소득층의 소비 위축으로 인하여 경제성장에 도움이 되기는커녕 오히려 방해가 된다는 실용주의적 주장을 전개한다. 같은 맥락에서 이들은 불평등의 극단적인 한 표현인 빈곤은 제거되어야 하고 또 제거될 수 있다고 생각한다.

소극적 집합주의자들은 복지국가의 가장 중요한 기능은 불평등의 완화가 아니라 빈곤의 제거라고 생각한다. 이들은 실용주의적 입장에서 복지지출의 일부는 전체 사회를 위한 투자라고 주장한다. 대표적인 학자로는 베버리지(Beveridge), 케인즈(Keynes), 갈브레이드(Galbraith) 등이 꼽힌다.

### (3) 페이비언주의

페이비언주의(Fabianism)의 기본적 가치는 평등, 자유, 우애, 연대이다. 반집합주의자들은 불평등이 자연스러운 것이라고 하지만, 페이비언주의자들은 불평등이 자연적 정의에 어긋난다고 주장한다. 이들은 사회통합의 증진과 경제적 효율성의 증진 그리고 개인의 자아실현을 위해서 평등이 실현되어야 한다고 주장한다.

반집합주의자들은 강제받지 않는 상태를 자유로 간주하지만, 페이비언주의자들은 각 개인이 자신의 삶을 스스로 통제하고 자신의 목표를 이룰 수 있는 상태를 자유로 간주한다. 이들에게 자유는 정치적인 자유만을 의미하는 것이 아니라 경제적 자유까지 의미하는 것이다. 따라서 이들에게 평등과 자유는 거의 같은 우선순위를 갖는 가치이다. 자유와 평등에 대한 이러한 개념화는 민주적 참여를 중시하는 입장으로 연결된다. 개인이 자신의 삶을 스스로 통제할 수 있기 위해서는 직장에서 노동자들의 발언권이 보장될 수 있어야 하고, 근로조건의 결정에 노동자들이 참여할 수 있어야 한다. 참여를 통해서 노동자들은 보다 평등한 권리를 누릴 수 있고, 그것이 곧 자유의 신장을 의미한다.

페이비언주의자들이 말하는 우애는 시장적 경쟁보다는 협동, 개인의 사적 이익보다는 공동체의 이익, 이기주의보다는 이타주의를 강조하는 것을 의미한다. 이들은 시장자본주의가 개인의 능력을 동료의 이익을 위해서가 아니라 자신만의 이익을 위해 사용하도록 유도한다고 비판한다. 자본주의에서 개인이 이기적인 존재가 되는 것은 개인적 성향의 문제가 아니라 체제 자체의 문제인 것이다.

페이비언주의자들은 복지국가를 옹호한다. 이들은 자본주의 내에서의 복지국가의 역할을 소극적 집합주의자들에 비해 훨씬 적극적으로 수용한다. 이들은 복지국가를 통해 자원을 재분배하고, 사회통합을 증진시키며, 경기변동으로 나타난 비복지의 공평한 분담을 추구하고, 이타주의를 증진시킬 수 있다고 생각한다. 이들도 소극적 집합주의자들처럼 빈곤의 제거가 복지국가의 중요한 목표라는 점에 동의하지만, 그들은 빈곤의 제거를 위해서는 불평등의 감소가 반드시 선행되어야 한다고 주장한다. 대표적인 학자로는 티트머스(Titmuss), 크로스랜드(Crosland), 토니(Tawney), 마샬(Marshall) 등이 꼽힌다.

### (4) 마르크스주의

마르크스주의자는 평등과 자유를 강조하며, 자유를 적극적 의미로 해석하고 이러한 적극적 자유를 성취하기 위해서는 경제적 평등이 필수적이라고 주장한다. 하지만 이들은 페이비언주의자들과 달리 적극적 자유와 평등이 복지국가를 통해 어느 정도나 실현될 수 있는가에 대해서는 상당히 회의적이다. 이들은 사회주의 사회가 되어야만 이러한 가치가 완전히 실현될 수 있다고 생각한다.

마르크스주의자들의 복지에 대한 태도는 자본주의에 대한 전면적 거부라는 태도에 그 기초를 두고 있다. 하지만 현실적으로 사회복지제도가 가져야 하는 성격에 대한 입장은 페이비언주의자들과 크게 다르지 않다. 이들은 사회주의적 사회복지는 욕구충족에 중점을 두고 보편적으로 적용되어야 하며, 전문가에 의한 것이 아니라 참여를 기초로 해야 하고, 예방 중심의 원리로 운영되어야 한다는 입장을 가지고 있다. 그러나 마르크스주의자들은 현실의 복지국가가 자본주의를 변형시켜 사회주의로 갈 수 있다고는 생각하지 않는다는 점에서 페이비언주의자들과 차이를 보인다.

### (5) 사회민주주의

사회민주주의는 사회 전체의 높은 수준의 평등을 달성하기 위해 보편적 프로그램을 중심으로 한 적극적인 국가의 정책을 주장하며, 평화적이고 점진적인 과정을 통해 사회주의적 평등을 달성하고자 하는 입장이다. 사회민주주의이론에서는 노동조합의 정치적 영향력 증가가 복지국가 발전의 중요한 원동력이 되었다고 설명한다. 사회민주주의적 관점에 의하면 자본주의는 개량된다면 위기 없이 성장이 가능하며, 또한 사회진보는 경제성장의 지속적인 증대를 통하여 가장 잘 성취될 수 있다고 본다.

### (6) 제3의 길

1990년대 등장한 새로운 정치적 흐름으로 복지국가의 전성기인 사회민주주의와 신보수주의의 양자를 멀리하고 새로운 길인 제3의 길을 모색하려는 시도로 영국의 블레어(Blair), 독일의 슈뢰더(Schroder) 등 젊은 좌파 정치가들에 의해 주창되었다. 1980년대의 기반에서 보다 노동과 관련된 영역을 활성화하여 사회적 활력을 되찾고자 시도하였다. 그러나 이전의 신보수주의보다는 복지에서 국가의 책임을 강조한다. 즉, 복지국가 전성기인 사회민주주의 길과 1980년대 전후의 시장지향적인 신보수주의 길 모두를 비판적으로 평가하며, 이 양자의 장점을 극대화하기 위해 새롭게 제기된 정치노선이다.

## 2) 복지국가

근대복지국가의 발전은 시민적 권리의식의 확대에 영향을 받았으며, 국가가 복지의 주체가 되어야 한다는 주장의 근거를 시장의 실패에서 찾을 수 있다. 그러나 1970년 중반부터 시작된 세계경제의 급속한 침체는 복지국가의 위기를 초래하였다.

### (1) 자유주의

자유주의는 억압과 굴종의 노예적 삶을 종식시키자는 반봉건사상으로 봉건제가 무너지고 자유로운 세계가 도래하였다. '자유주의자(liberals)'라는 말은 19세기의 영국에서 본격적으로 사용되기 시작한 말이나, 애초에는 스페인의 정가에서 그 전에 이미 사용된 것으로 알려져 있다. 그러나 '자유주의'라고 일컫을 수 있는 사회의 제도적·사상적 운동이나 세력은 중세기적 사회상의 퇴조와 함께 시작되었다.

흔히 자유방임주의라고 부르는 고전적 자유주의는 18세기 중상주의에 대한 반대급부로 프랑스의 중농학파들에 의해 처음 주장되었고, 후에 애덤 스미스(Adam Smith)에 의해 정리되었다.

애덤 스미스는 그의 저서 『국부론』(1776)에서 개인의 이익을 최대한 추구하는 자유로운 경제활동이 이루어지기 위해서는 '보이지 않는 손(시장기구)'에 의해서 경제활동을 통제해야 한다고 주장한다. 또한 그는 국가의 역할은 단순히 치안과 국방을 지키는 것에 지나지 않는다고 덧붙였다. 즉, 애덤 스미스는 국가를 소극적인 국가, 작은 국가, 야경국가라고 보았던 것이다.

이러한 고전적 자유주의는 시민혁명 이후 시민들의 지위가 상승함에 따른 자유에 대한 갈망의 표출이라고 볼 수 있다.

고전적 자유주의에 따라 국가는 개인들의 경제활동에 대해 아무런 제재를 가하지 않았고, 그에 따라 효율성의 극대화라는 장점을 가져왔지만 그와 반대로 빈부격차가 커지고 형평성이 맞지 않는 폐해가 생겨났다. 자유주의는 빈곤의 원인을 개인적 요인에 돌리고 있다.

그리하여 1929년 미국에서 '대공황'이 일어나면서 고전적 자유주의에 수정이 필요하다는 생각을 하게 되었다. 그에 따라 등장한 것이 바로 케인스가 주장한 '수정자유주의'이다. 당시 미국의 대통령은 케인스의 수정자유주의 이론을 받아들여 뉴딜정책을 폈첬고, 이때부터 1970년대까지 케인즈의 경제이론이 여러 나라 경제정책의 모체로서 자리를 굳건히 하게 된다. 케인스주의는 국민들의 유효수요를 증대시키기 위한 정부의 개입을 옹호한 경제이론이다. 큰 정부를 지향하며 자본주의로 인한 불평등한 배분상태를 개선하기 위해 사회복지정책이 필요하다고 보았다. 즉, 정부의 재분배정책으로 국민들의 유효수요가 늘어나야 성장이 촉진된다고 보았다. 제2차 세계대전 이후 복지국가 황금기를 지배한 경제이론으로서 1970년대 경제위기 이후 신자유주의 및 신보수주의의 등장으로 힘을 잃게 되었다.

### (2) 신자유주의

케인스의 수정자본주의는 대공황 이후 세계 여러 나라들의 경제정책에 이론적 기초를 제공했다. 특히, 미국과 영국 등의 많은 선진국들이 케인즈의 경제학을 받아들였는데, 그 요지는 국가의 적극적인 시장 개입을 통한 '소득평준화'와 '완전고용'을 이루는 것이다. 즉, 소극적인 국가, 야경국가에서 벗어나 적극적인 국가, 복지국가를 지향하는 것이다.

이러한 수정자유주의는 '자본주의의 황금기'와 함께하였으나, 1970년대 이후 석유파동, 스태그플레이션 등의 세계적인 불황과 함께 실패로 끝나면서 새로운 경제이론, 흔히 시카고학파로 대표되는 신자유주의 이론이 빛을 발하기 시작하였다.

신자유주의는 고전적 자유주의와 수정자유주의의 혼합 형태라고 할 수 있다. 자유로운 경제활동을 하되, 국가가 약간의 개입을 한다는 것이다. 하지만 여기서 말하는 국가의 개입은 '준칙에 의한 최소한'이라는 조건을 달며, 국가권력의 시장개입은 효율성과 형평성을 오히려 악화시킨다고 보고 '자유시장'과 '규제완화', '재산권'을 중시한다. 준칙에 의한 소극적인 통화정책과 국제금융의 자유화를 통해 안정된 경제성장에 도달하는 것을 목표로 하며, 공공복지제도를 확대하는 것은 정부의 재정을 팽창시키고, 근로의욕을 감퇴시켜 이른바 '복지병'을 야기한다고 주장한다. 이러한 신자유주의는 미국의 닉슨 행정부의 경제정책에 반영되었고, 이른바 레이거노믹스(Reaganomics)의 근간이 되었다.

신자유주의자들은 또한 자유무역과 국제적 분업, 민영화라는 말로도 압축할 수 있는데, 이른바 '세계화'나 '자유화'라는 용어도 신자유주의의 산물이다. 이는 세계무역기구(WTO)나 우루과이라운드, 자유무역협정(FTA) 같은 다자 간 협상을 통한 시장개방의 압력으로 나타나기도 한다. 신자유주의의 도입에 따라 케인즈 이론에서의 완전고용은 노동시장의 유연화로 해체되고, 정부가 관장하거나 보조해 오던 영역들이 민간에 이전되었다.

# 3 사회복지의 가치

## 1. 사회복지의 가치

바틀렛(Bartlett)에 의하면 가치는 선이며, 바람직한 것으로 본다. 레비(Levy)는 가치란 인간에 관하여 그리고 인간을 다루는 적절한 방법에 대하여 전문직이 갖는 신념으로 본다.

가치판단이나 가치선택을 행사할 때 일관되게 작용하는 가치기준과 그것을 정당화하는 근거, 혹은 신념의 체계적 형태이다.

이성에 의하여 파악할 수 있는 최고의 개념을 이념(플라톤의 이데, 이데아)이라 하며, 이념은 개인, 집단 및 문화의 특성을 규정짓는 사고방식이 되며, 이 사고방식이나 행동방식의 방향을 결정짓는 일관되게 작용하는 가치기준과 그것을 정당화하는 근거, 혹은 신념의 체계적 형태를 가치관이라 한다. 즉 자기만의 생각, 느낌, 혹은 판단기준, 꿈, 희망, 행동방식 등을 가치관이라고 할 수 있다.

가치는 철학 용어로 이성에 의하여 파악할 수 있는 최고의 개념을 뜻하며 '이데(idea)'라고도 한다. 사물의 영원한 원형으로서의 초감각적인 진정한 존재를 의미하는 플라톤의 이데아가 어원이다. 중세 신학에서는 이데아가 신의 지성 속에 있다.

사회복지학을 공부하는 사람들은 사회복지를 가치중립적으로 생각하거나 반대로 사회복지를 지나치게 가치중심적으로 인식하는 경향이 있다. 그런데 사회복지는 가치중립적인 현상은 아니고, 더구나 나의 관점에서 본 사회복지를 다른 사람에게 강요할 수 있는 것도 아니다. 사회복지의 이념에서 자유라는 말은 어떤 사람은 "타인으로부터 간섭 또는 강제 받지 않는 것"으로 인식하고, 다른 사람은 "자신의 삶을 스스로 통제하고 자신의 목표를 이룰 수 있는 상태"로 인식하기 때문에 양자는 서로 지향하는 자유가 다를 수 있다. 이처럼 사회복지는 가치지향적이고, 많은 사람들이 공감하는 주된 가치로는 평등, 자유, 연대, 정의, 이타주의 등이 있다.

### 1) 평등

사회복지의 가치에서 가장 중요한 것 중의 하나는 평등(equality)이다. 평등은 사회적 자원의 재분배를 통하여 사회구성원의 삶의 질을 골고루 향상시키고자 하는 가치이다. 그러나 평등의 구체적인 개념에 관해서 논란이 많다. 평등의 개념은 수량적 평등, 비례적 평등, 기회의 평등이 있다.

평등의 개념 중 복지국가의 형성과 확대에 기초가 된 것은 적극적인 의미의 평등으로, 복지국가의 평등전략은 보편주의 원칙에 입각하여 모든 국민에게 사회적 권리로서 보편적으로 제공하는 사회복지급여와 서비스를 통하여 일정한 수준의 기본적인 삶을 보장하고 사회적 불평등을 감소시키고자 노력하였다.

기회평등정책이라 함은 미래의 빈곤을 예방하고, 시기적으로는 노동시장 참여 이전에 주로 이루어진다. 구체적인 급여 형태는 주로 현물, 서비스 그리고 기회를 제공하는 데 초점을 맞춘다. 이러한 대책은 기본적으로 가난한 가정의 아동들에 초점을 맞추어 빈곤의 악순환의 고리를 끊기 위한 방법이다.

### 2) 자유

사회복지의 가치에서 가장 논란이 많은 개념 중의 하나는 자유(freedom)이다. 자유의 개념에는 소극적 자유와 적극적 자유가 있다.

이러한 자유의 개념은 이념적 입장의 차이에 따라 다르게 사용된다. 반집합주의자들은 소극적 자유를 사용하고, 페이비언주의자와 마르크스주의자들은 적극적 자유를 사용한다. 전자는 사유재산권 행사의 자유 또는 급여나 서비스 선택의 자유를 강조하여 복지에 대한 국가의 개입을 자유의 침해로서 간주한다. 반면, 후자는 사회적 권리로서 복지를 누릴 수 있는 자유를 인식하며, 국가의 복지에 대한 개입을 적극적 자유의 확대로 간주한다.

자유는 일반적으로 부당한 구속이나 제재를 받지 않고 자기의 의사를 표현하며, 자기 의사를 스스로 행동으로 옮길 수 있는 상태를 말한다. 이런 점에서 자유의 일차적 조건은 제약이 없는 상태라고 할 수 있다.

자유의 유형으로는 첫째, 소극적 자유는 누구로부터의 의미인데 남으로부터 강제되거나 남의 지배를 받지 않는 상태, 즉 구속이나 제약이 없는 상태이다. 둘째, 적극적 자유는 누구를 위한 의미인데, 자기 스스로 자기 의사를 지배하면서 억압의 부재를 의미하는 소극적 자유의 한계를 넘어 자기 운명을 통제하고 극복한다는 측면에서의 자유이다.

### 3) 연대

사회복지를 가장 대표하는 가치의 하나는 연대(solidarity)이다. 뒤르켐(Durkheim)은 연대를 기계적 연대와 유기적 연대로 구분했다. 기계적 연대는 유사한 여러 개인이 집합 의식하에서 몰개성적인 사회 결합으로 맺어진 데 비하여 유기적 연대는 개성적이고, 이질적인 여러 개인이 특정한 관계로 맺어진 사회결합이다.

사회복지는 구성원 상호 간의 도움을 주고받는 행위를 통하여 사회적 자원을 재분배할 뿐 아니라, 이러한 원조행위가 구성원 상호 간의 감정적 통합을 가져오게 된다. 한편, 이러한 감정적 연대와 통합은 사회적 자원의 재분배를 가능하게 한다. 전통적 사회에서는 가족이나 지역공동체의 상호의존성에 기초하여 자원의 재분배가 이루어지고 사회통합이 달성될 수 있었다. 그러나 산업혁명 이후 사회경제적 진보에 따라 가족과 지역공동체는 그 기능을 상실하게 되었으며, 사회통합을 위한 새로운 사회적 장치가 필요하게 되었다. 현대사회에서의 사회복지제도는 공동체 구성원의 상호의존성을 제도적 장치로 복원함으로써 사회통합을 달성하게 하고 있다.

### 4) 정의

정의(justice)의 개념은 절차상의 정의, 실질적 정의, 능동적 과정으로서 정의 등으로 사용되고 있다. 절차상의 정의는 법률에서 정한 합법적인 절차를 강조하고, 실질적 정의는 결과로서 분배적 정의를 강조하며, 능동적 과정으로서 정의는 불의한 현상을 예방하고 치료하는 사회적 과정을 강조한다.

사회복지에서는 특히 분배적 정의를 강조하며, 사회적으로 취약한 계층이나 불우한 위치에 있는 사람에게 보다 나은 처우와 권한 및 자원의 배분이 이루어지도록 노력한다.

### 5) 다원주의

다원주의(pluralism)는 사회의 힘, 중심, 원리, 가치 등이 하나가 아닌 다분화되어 있다는 것으로 과거 독재시대에는 1인이 무소불위로 정치, 경제, 사회, 문화 등 모든 국사를 처리하였다. 오늘날 정치는 입법, 행정, 사법, 언론, 지방권력 등으로 분리되어 행사되고 있고, 경제도 국가가 간섭을 하지 않으며, 사회와 문화 양태도 다양해졌다. 다원주의란 원래 대표제 민주주의의 제도적 특징을 나타내는 용어로 권력이나 권위의 중심이 하나가 아니라 복수라는 것을 의미한다. 정당 시스템을 분석한 사르토리(Giovanni Sartori)에 의하면 정당 간에 경쟁원리가 나타나지 않는 1당 체제에 대해 경쟁원리에 기초한 다원적인 정당 시스템은 복수정당으로 구성되며 정권교체가 보증되어 있다.

## 2. 사회복지의 기능

사회복지는 기존의 사회복지제도들이 사회구성원의 기본적인 욕구를 충족시키는 데 실패하고 비공식적 상호부조제도가 여의치 않을 때, 공식적인 상호부조제도를 발전시켜 기능적인 공백을 메우며 성장하였다.

전통사회에서 인간의 기본적 욕구를 충족시키는 일차적인 자원은 가족과 시장경제였는데, 가족의 보호기능이 약화되고 시장의 생산과 분배기능이 균형을 이루지 못하여, 이에 국가의 개입이 늘어나면서 사회복지가 점차 발달하게 된 것이다. 주요 사회제도는 다음과 같은 핵심기능을 수행하면서 나름대로 복지적 기능을 병행하고 있다. 길버트와 테렐(Gilbert & Terrell)이 정리한 주요한 사회제도의 기능을 보면 표 1-2와 같다.

**표 1-2 사회제도의 주요 기능과 사회복지기능**

| 사회제도 | 핵심조직 | 주요기능 | 사회복지기능 |
|---|---|---|---|
| 가족 | 가족 | 출산, 사회화, 보호, 친밀관계, 정서적 지원 | 피부양가족의 보호, 가족 간·세대 간 재정지원 |
| 종교 | 교회, 사찰, 성당 | 영성개발, 사회통합 | 교파별 복지, 보건, 교육, 상담, 사회적 서비스 |
| 경제 | 기업, 가구 | 재화의 생산, 소비, 분배, 교환, 고용 | 복지서비스와 재화의 영리적 생산, 기업복지 |
| 국가 | 중앙정부, 지방정부 | 사회통제, 집합적 목표를 위한 자원의 동원과 분배 | 공공과 민간, 공공복지서비스, 소득, 보건, 교육, 주택보장 |
| 사회복지 | 회원단체, 자원봉사기관, 사회복지기관 | 상호부조, 박애 | 자조, 자원봉사, 지역사회서비스, 사회복지서비스, 포용적 복지, 영역별복지 |

## 3. 사회복지의 동기

모든 일과 행동에는 동기가 있기 마련이다. 물론 사회복지에도 동기가 있으며 이에는 6가지가 있다.

### 1) 상호부조의 동기

인간이 야생동물과 자연의 위협으로부터 자신의 생명을 지키기 위해 서로 협력한 때부터 시작한 가장 오래된 동기이다.

오늘날 우리가 일상생활 속에서 접하게 되는 가족, 노동조합, 이웃, 지역사회, 나아가 다양한 사회복지제도 등도 여전히 상부상조가 개인화됨에 따라 약화될 수 있다.

### 2) 종교적 동기

종교적 동기는 자선적 동기의 의미를 가진다.

권리로서의 사회복지의 개념이 부각되면서 종교적 동기에 의한 사회복지는 많이 약화되었다.

### 3) 정치적 동기

사회복지에서 정치적 동기가 부각되기 시작한 것은 국가 혹은 정부가 사회복지에 대한 관심을 표현하기 시작한 데서 찾을 수 있다.

사회복지는 정치적 동기의 측면에서 본다면 정치적 권력의 획득, 사회적 불안의 회피, 정치적 과정 자체의 부산물이라고 할 수 있다.

### 4) 경제적 동기

사회복지활동 과정에 일정한 비용이 필요한 경우라면 사회복지와 경제는 불가분의 관계를 맺는다.

사회복지에서 경제적 동기는 사회문제에 드는 비용을 감소시킬 목적과 그러한 사회문제의 존재가 경제에 부정적 결과를 초래할 수 있는 가능성에서 찾을 수 있다.

### 5) 이데올로기적 동기

사회복지의 동기로서 가장 강력한 것 중 하나는 타인을 도와야 한다는 신념, 느낌, 태도 혹은 이데올로기이다.

사회복지의 이데올로기 동기 중 대표적인 것으로 이타주의(altruism)를 들 수 있다. 이타주의가 전체 사회로 확산되는 경우에는 인간중심주의(humanitarianism)가 된다. 협동을 절실히 요구하는 집합주의(collectivism)하에서 사회복지는 한층 더 발전하게 된다.

### 6) 전문직업적 동기

사회복지의 가치와 윤리에 입각하여 전문지식과 기술을 발휘하고 활용하여 원조 전문가로서 소임을 다하는 것은 바로 전문직업적 동기에서 사회복지를 행하는 것이다. 예를 들면, 영역별 동기로 국가전문자격증으로 변환된 의료사회복지사, 학교사회복지사, 정신건강사회복지사 제도가 있다. 참고로 정신건강사회복지사는 의료기관이나 정신보건센터, 복귀시설에서 환자의 치료, 재활과 사회복귀를 돕기 위해 사정, 진단, 상담, 프로그램 개발, 기획, 실시, 평가, 지원, 교육 등의 업무를 수행한다.

### ▣ 연구과제

1. 사회복지의 이념을 다원주의 관점에서 논의
2. 사회복지의 기능을 영역별로 현대적 관점에서 기술

# 제 2 장

# 한국 사회복지의 발전

1. 근대 이전 사회복지
2. 근대사회복지
3. 사회복지의 발전

**✦ 학습과제**

1. 조선시대의 대표적인 구제제도와 관습적인 구제제도 비교
2. 한국의 근대사회복지에서 2000년대 이후 복지정부의 핵심내용
3. 영국사회복지의 시대별 구빈방법과 제도의 복지 내용

우리나라의 사회보장에 관한 기본정신은 「헌법」에 명문으로 규정하고 있다. 「헌법」의 기본정신에 따라 각종 사회보장에 관한 법률들의 기본법이라 할 수 있는 「사회보장기본법」에서는 사회보장을 사회보험, 공적부조(공공부조), 사회복지서비스와 관련 복지제도로 구분하고 있고, 이 중 관련 복지제도로서는 보건·주거·교육·고용 등의 분야에서 인간다운 생활이 보장될 수 있도록 하는 각종 복지제도를 들고 있다.

해방 이후 현재에 이르기까지 우리나라 사회복지는 지속적으로 확대되어 왔다. 주요 사회보험제도들이 모두 도입되어 시행되고 있으며, 사회복지서비스의 영역 역시 확대되어 왔다. 하지만 제도의 형식적 체계가 어느 정도 갖추어졌다는 것이 바로 사회복지의 발전을 의미하는 것은 아니다. 일반적으로 사회복지의 발전 정도를 평가하는 기준들은 매우 다양하지만, 대체로 실시하고 있는 주요 제도의 수나 사회복지 지출이 차지하는 비중, 또는 내용 분석을 통한 제도의 특성 등이 그 기준으로 흔히 사용된다. 따라서 이러한 기준을 적용시켜 볼 때, 한국 사회복지의 위상은 보다 정확하게 파악될 수 있을 것이다.

일반적으로 핵심적인 사회보장프로그램으로 연금보험, 의료보험, 산재보험, 고용보험, 가족수당을 들 수가 있는데, 우리나라에서는 가장 먼저 실시된 것이 1964년부터 시행된 산재보험이다.

또한 건강보험은 1977년부터, 연금은 1988년부터 실시되었으며, 고용보험은 1995년부터 실시되어 한국의 경제적 수준과 비교해 본다면, 이 또한 만족스러운 기록은 아니라고 할 수 있다. 하지만 의료보험의 핵심은 상병수당이다. 이 프로

그램에 대한 적극적인 실시가 요구된다.

1977년 12월에는 「국민의료보험법」을 1998년 12월에는 「국민건강보험법」을 제정하여 2000년 7월부터는 직장의료보험까지 통합하여 건강보험으로 개편되었다. 노무현정부에서는 2005년 6월에는 「저출산·고령사회기본법」을 제정하고, 사회보험부문에서는 2007년 「기초노령연급법」, 「노인장기요양보험법」을 제정하였다. 이명박정부의 '능동적 복지'는 민간재원 동원, 경쟁과 효율위주의 민간전달체계 활용을 특징으로 하고 있다. 민간전달체계의 활용은 조세유인책 활용, 서비스별 가격에 따라 수요자 부담과 법적인 강제를 통한 개인과 기업의 참여 그리고 현금 또는 바우처제도를 활용한 공공서비스의 제공으로 서비스 구매계약을 통한 조달 등을 특징으로 하고 있다.

2010년 7월 「장애인연금법」 시행과 2011년 1월부터는 사회보험 징수업무를 건강보험공단으로 일원화하여 자격관리, 부과, 급여업무는 현재와 같이 각 공단에서 수행하며, 4대 사회보험료 고지서를 봉투 한 장으로 한 번에 수령하게 하였다. 또한 사회보험료 산정기준 일원화 및 보험료 인상 등을 최소화하여 고용·산재보험료 산정 기준을 현행 '근로기준법상 임금'에서 '과세대상 보수(성과금 포함, 초과근무수당 등 제외)'로 변경하였다. 2014년 박근혜정부는 기초연금, 무상보육, 임금 피크제 도입, 공무원 연금제도의 개혁방안 그리고 「긴급복지지원법」의 개정으로 소득기준 및 금융재산기준은 다소 완화되었다.

2017년 집권한 문재인정부는 2018년 전체 예산에서 차지하는 복지예산 비중이 34%로 역대 최고치다. 복지정책으로 모든 국민이 전 생애에 걸쳐 빈곤과 건강 위험에서 벗어날 수 있도록 촘촘한 사회안전망을 구축하는 한편, 양극화 해소를 통해 소득주도 성장의 기반을 마련한다는 계획이다.

가장 눈에 띄는 정책은 '문재인 케어'로 불리는 건강보험 보장성 강화정책이다. 지금까지 나온 건강보험 보장성 강화 방안 중에서 가장 강력하다는 평가를 받고 있다. 특히 이번에는 3대 비급여로 불리는 선택진료, 간병, 상급병실(1~3인실)까지 모두 급여로 전환하겠다는 내용이 포함돼 환자들의 의료비 부담이 크게 줄어들 것으로 예상된다.

2020년에는 소아 당뇨라고도 불리었던 제1형 당뇨 환자를 대상으로 당뇨병 관리 기기 구매비를 지원해 환자의 부담이 크게 줄게 되었다

희귀질환 지정자가 되면 산정 특례가 적용돼 환자 본인 부담률이 입원은 20%에서 10%로, 외래는 30~60%에서 10%로 경감되고, 장애인 보청기 급여제도 대폭 개선, 조산아·저체중 출생아 외래 진료비 지원 만 5세(60개월)까지 외래진료비의 5%만 부담, 검진 사각지대에 놓인 노숙인, 의료급여수급권자, 노인 등 결핵 조기 퇴치를 위해 찾아가는 결핵 검진 시행, 20~40대 만성 간질환자 등 사망률이 높은 고위험군에 무료 A형간염 예방접종 2회 지원 그리고 필수검사 비급여로 MRI 및 초음파는 의학적으로 필요한 모든 경우에 보험이 적용되도록 단계적으로 확대하는 내용이었다.

# 1 근대 이전의 사회복지

## 1. 삼국시대의 구제방법

삼국시대의 구제사업의 특징은 백성들이 기아상태에 빠질 때 국고의 비축양식을 풀어 백성들을 구제하는 등 국가주도 구제정책이 실시되었다. 신라 제3대 유리왕 5년에는 관리에게 명하여 곳곳마다 홀아비, 홀어미, 고아, 아들 없는 이, 노인, 병자 등을 위문하고 식료품을 주어 부양하기도 했다. 또 구제제도로서 창제(創制)와 진대법(賑貸法)이 실시되었는데, 창제는 본래 전쟁 시에 필요한 군곡을 확보하기 위한 것이었으나, 갑작스런 재해나 질병이 발생했을 때, 왕명을 받아 비축양곡을 빈민에게 방출한 것이었고, 진대법은 고구려 고국천왕 16년(서기 194년)에 만들어져 흉년이나 춘궁기에 곡식을 백성에게 대부해 주었다가 풍작 때에 다시 갚게 하는 제도였다.

## 2. 고려시대의 구제방법

고려시대의 대표적인 구제제도로서 창제(倉制)와 의창(義倉) 그리고 상평창(常平倉)과 환과고독진대지제(鰥寡孤獨賑貸之制), 납속보관지제(納贖補官之制) 등이 실시되었다. 고려시대의 창제는 삼국시대의 그것에 비해 더욱 발전된 형태로 시행되었으며, 의창은 평상시에 곡물을 비축하였다가 흉년, 전쟁, 질병 등의 재난에 대비케 하였다. 상평창은 생활필수품의 물가조절기능을 맡아보는 제도로서 백성들의 경제생활에 편의를 제공하였다. 환과고독진대지제란 홀아비, 과부, 고아, 자식 없는 이를 진휼(賑恤)하는 항구적 구빈사업이었고, 납속보관지제는 재민구휼(災民救恤)을 위하여 거액의 기부를 행한 민간인에게 벼슬을 주어 자선을 장려하는 제도로서, 제25대 충렬왕 원년(서기 1275년)에 국고 부족을 충당하기 위해 처음으로 시작되었다.

고려시대의 구제기관으로는 대표적으로 빈민구제사업과 이재민 구제사업을 담당하던 제위보가 있었고, 혜민국과 동서대비원 등의 의료보호기관이 설치되어 빈민 환자의 질병 치료뿐만 아니라 물질적인 시혜(의약품, 의복 등의 보급)도 아울러 시행하였다.

## 3. 조선시대의 구제사업

조선시대는 유교정신에 입각한 왕도정치의 구현을 국가통치의 근본으로 삼아, 민생구휼을 국가의 중요한 시책으로 삼았으며, 구제사업의 법적 기초와 유교사상을 기반으로 한 체계가 성립되었다.

구제사상의 원칙은 다음과 같다.

① **왕의 책임주의** : 백성 중 한 사람이라도 빈궁에 처하게 하는 것은 치자(治者)의 책임이며 행정의 오점이라는 것이다.

② **현물주의** : 구제는 원칙적으로 생명연장에 필수적인 식료품을 공급하는 것

이 기본이다.

③ **신속구제의 원칙**

④ **국비우선의 원칙** : 구제의 재원은 국방에서 우선적으로 충당하고, 구제대부에 의해서 발생한 이익으로 이를 보충한다.

⑤ **중앙감독의 원칙** : 구제행동에 대한 일차적인 책임은 전적으로 지방관에게 일임하여 중앙에서는 이를 지도·감독하는 역할만을 가진다.

조선시대의 대표적인 법전인 『경국대전(經國大典)』 가운데, 이전, 호전, 예전, 병전에 구제제도에 대한 규정이 기록되어 있다. 이전에는 의료구제기관으로서 혜민서와 활인서(活人署)를 두는 규정이 있고, 80세 이상의 노인 직조에 대해서는 1계급 승진의 특전을 부여하는 규정이 있다. 호전에는 상평창의 규정을 두고 있고, 예전에는 경로, 혼비보조, 노인과 고아에 대한 수양 및 의과관급, 의약규제 등이 규정되어 있다. 그리고 병전에는 면역(免役), 구휼의 제도를 규정하고 있다.

조선시대의 대표적인 구제제도로는 창제도와 환곡, 자휼전칙이 있다.

① **창제도** : 비황(흉년을 대비하여 미리 준비해 두는 일)을 위한 것으로써, 의창, 상평창, 사창 등이 있었는데, 사창은 국가기관 주도의 구제제도가 아닌 일종의 민영 의창제도로서 본래는 송나라 주자가 의창을 본떠서 만든 제도였다. 우리나라에서는 이율곡의 해주향약에 병행해서 최초로 실시되었다.

② **환곡제도** : 일종의 서민구제책으로 관고에서 곡물을 방출하여 백성에게 대부한 다음 그다음 해에 이를 환납하게 하는 제도이다. 환곡은 나누어주는 곡물과 남겨 두는 곡물 이 두 가지로 나뉘는데, 전자는 굶주린 백성들을 위한 것이고, 후자는 수해, 재난 등에 대비하여 비축해 놓은 것이다.

③ **자휼전칙(字恤典則)** : 유기아 또는 부랑아의 생명을 보호하기 위해서 그들을 국가가 수용하거나 민가에서 수양토록 하여 양자녀나 노비 등을 삼을 수 있도록 허가한 제도로서, 행걸아 구제에 있어서 일차적으로 친족책임을 원칙으로 하였다.

④ **일반적 구제관습** : 계, 두레, 오가통, 향약, 진궁 등이 있었으나 이것들은 관

습적인 것으로 제도적인 것은 아니었다.

- **계** : 동지결합, 동업상집(同業相集), 동리단결(同里團結) 또는 동문동족의 상호부조(相互扶助)와 인보상조(隣保相助)를 행하고, 애경사에 있어서는 공제구조를 하는 등의 활동을 벌인 대·소규모의 전국적인 민간조직체이다.
- **두레** : 농촌사회의 상호협동체로서, 촌락단위로 조직되어 농악을 연주하고 춤을 추는 등의 오락을 즐겨 행하였다.
- **오가통(五家統)** : 하급 지방행정조직을 그 지역별로 세분화(5가구를 1단, 즉 통[統]을 조직)하여 인보상조와 연대책임의 원칙하에 각 구역 내의 치안을 유지하고 복리를 증진시키며 지방행정의 운영을 돕는 국영의 지방자치제도이자 인보제도이다. 주된 임무로 질병상담, 혼상상조(婚喪相助), 환란상휼(患亂相恤) 등과 통내에 불효, 살인, 도적 등의 일이 있을 때 면, 리에 이를 신고하는 것이었다.
- **향약(鄕約)** : 한 지역의 주민이 그 지역 주민의 교화를 목적으로 자치적으로 정한 규약으로서, 그 단체의 명칭도 향약이라 부르게 되었다. 향약의 목적은 조합원 상호 간에 선을 권장하고 악을 징계하며, 서로 도움으로써 복리증진과 질서유지를 꾀하는 데 있었다.
- **진궁(振窮)** : 홀아비, 과부, 고아, 자식 없는 자에 대한 관습적인 진휼사업이다.

조선시대 구제기관은 다음과 같다.

① **구황청(救荒廳)** : 세종대왕 때 처음으로 설치되어 빈민구제를 맡아 관장하다가, 제16대 인조 4년(서기 1626년)에 진휼청으로 개칭하고 전국에 구호양곡을 방출하고 급식을 실시하는 등의 제반 진휼사업을 전개하였다.

② **혜민국(慧敏局)** : 태조 때 처음 설치되어 백성들의 질병을 치료하고, 여의사를 교습하는 등의 임무를 수행하였다. 후에 혜민서, 혜민원 등으로 명칭이 바뀌기도 하였다.

③ **활인서(活人署)** : 태조 때 경성 내의 환자를 구휼하는 것을 관장하던 기관이

다. 처음에는 고려시대와 같이 동서대비원(東西大悲院)이라 하였으나, 후에 동서활인서로 명칭이 바뀌었다.

④ **기로소(耆老所)** : 70세 이상의 노인을 입소시켜 잔치를 열어 주는 등의 노인 구제활동을 담당하였다.

⑤ **진휼청 유접소(賑恤廳 留接所)** : 유기아나 부랑아를 수용, 보호하던 기관이다.

## 4. 일제강점기 및 군정시대

### 1) 일제강점기의 사회사업

일제강점기의 사회복지입법은 1944년의 「조선구호령」 이외에는 특별한 법제를 발견할 수 없다. 일제의 한국에 대한 사회복지정책은 결국 식민지정책의 일부로서 일본에 충성하도록 정치적 목적에서 이루어진 시혜 또는 자선의 의미로 실시되었다.

1944년에 일본 본토에서 1929년부터 실시해 오던 구호법을 한국에도 확대 시행키로 하였던 「조선구호령」은 1961년 「생활보호법」이 제정되기까지 한국의 공공부조 기본법으로서의 위치를 가지고 있었다.

① **근대적 사회사업의 성립** : 조선 말엽부터 유입되었던 구미제국의 자선 구제사업이 일제강점기에는 사회사업이라는 새로운 용어로 바뀌게 되었고, 사회사업이 하나의 학문으로 발전하기 시작하였다.

② **행정의 체계화** : 일본은 식민지 정책을 더욱 철저하고 구체적으로 실천하기 위하여 일본에서 시행하던 행정모델을 그대로 옮겨와 실시하였다. 이에 따라 총독부, 내무부, 지방국, 지방과를 폐지하고 내무부 지방국을 내무국으로 바꾼 뒤 1921년 내무국 제2과를 사회과로 개칭하여 독립된 1과를 설치하였다.

③ **민간사회사업 지도 및 통제의 강화** : 재단법인 조선사회사업협회가 있어서 민간사회사업을 지도·통제하였다.

일제강점기하에서의 사회사업의 내용은 다음과 같다.

① **온정주의 정책의 실시** : 한일합방 당시 일본의 청황은 임시 은사금 3천만 엔을 하사하여 대부금 및 구제사업으로 사용하였다. 이렇듯 한일합방 후의 조선 총독부의 구제사업은 천황의 인정(仁政)을 강조하고 식민지 국민들의 불만을 무마시키려는 목적에서 실시되었다.

② **교화사업의 전개** : 조선총독부는 각 도에 지침을 내려 일반 민중들이 무위도식하는 풍조를 교화하는 동시에 근검저축의 정신을 일으켜 일을 열심히 하도록 하는 교화사업을 적극적으로 전개하였다. 이러한 교화사업은 일본 자본주의의 목적을 달성하기 위한 정책의 일환이었으며, 다른 한편으로는 조선 민중의 반일행동을 억제시키려는 치안적 목적에서 행해졌다.

③ **시설사업의 전개** : 고종 25년(1888년)에 천주교회 고아원이 설립되면서부터, 근대적 성격의 시설사업이 처음으로 시작되었다. 이후 노인복지사업이 천주교 조선교구에 의해서 처음으로 시작되었으며, 부녀복지 시설사업은 1919년에 설립된 루라웰즈 학원에 의해서 처음 시작되었다. 장애인복지사업 중에서는 미국 감리교 여선교사 셔우드(R. Sherwood)에 의해 1894년 맹인사업이 최초로 실시되었고, 1897년엔 평양식 점자를 창안, 보급하였다.

④ **구제사업의 확대실시** : 진휼구호로는 이재민 구호, 궁민구호, 행려병자 구호, 양로사업, 군사 구호가 있고 의료보호 및 아동보호에는 임산부 보호, 유아보호, 특수아 보호를 들 수 있고 경제보호 및 노동보호 등을 들 수 있다.

조선구호령의 실시와 내용은 다음과 같다.

① **제정배경** : 구빈목적보다는 전시체제하에서 식민지 통치를 보다 강화하고 식민지 통치의 효율성을 높이기 위한 목적에서 제정되었다.

② **의의** : 근대적 사회사업의 법적 근거를 마련해 줌과 동시에 국민의 빈곤, 불구, 폐질 등에 대하여 보상할 책임이 있으며, 나아가 국민생활을 보장할 의무가 있음을 법령으로 규정하였다.

③ 내용

- **구호대상** : 원칙적으로 65세 이상자, 13세 이하의 아동, 임산부, 불구, 폐질, 질병, 기타 정신 또는 신체의 장애로 인해 일할 수 없는 자
- **구호종류** : 생활부조, 의료부조, 조산부조, 생업부조 등
- **구호방법** : 거택구호를 원칙으로 하며, 거택구호가 불가능한 경우에는 시설에 의탁, 수용
- **구호비** : 원칙적으로 부, 읍, 면이 부담하였지만 국가에 의한 보조도 이루어졌다.

## 2) 미군정시대 사회사업

1945년 일제치하에서 해방된 후 1948년 대한민국정부가 수립될 때까지 3년 동안 미군정의 지배하에 놓이게 되었다. 당시 남한은 전반적으로 기아선상의 빈궁한 상태에 놓여 있었으며, 일제강점기하의 총체적인 경제적 침탈과 해방 후의 남북경제의 단절, 국내의 농·공업의 생산성 저하, 귀환동포와 월남민의 유입 등으로 인해 빈민의 수가 더욱 증가되었다.

미군정시대의 사회사업은 다음과 같다.

① **외원에 의한 사회사업** : 이 시대의 사회사업은 주로 외국 원조단체들의 구호사업에 치중하였는데, 대표적인 원조단체들로는 국제원조처, 경제협조처 등이 있었다.

② **자발적 자선활동 장려** : 미간적·영세적·비전문적 사회복지 등이 있다.

③ **미군정청의 후생국보** : 미군정청은 후생국보에 발표된 내용에 따라 이재민, 월남인, 빈민, 고아 등에 대한 구호, 최소한의 서민생계유지, 보건위생 및 치료, 응급, 주택공급 등의 사업을 전개시켜 나갔다.

④ **국고보조의 실시** : 후생시설 수용자에 대한 구호비 보조는 월별로 매월 지불되었으며, 조선구호령에 의하여 구호비 대상자를 심사하였다.

⑤ **아동복지 부문의 발전** : 미군정 시기에 현대적 성격의 사회사업으로 괄목할 만한 성장을 보인 부문은 바로 아동복지였다. 1946년 9월 18일 법령 제112호

> 로 '아동노동법규'를 제정 · 시행하였으며, 1947년 5월 16일에는 미성년자를 위험한 직업이나 과중한 노동으로부터 보호하고 어린이의 건전한 발육과 정당한 권리를 보장하기 위하여 과도정부 법령 제4호로 「미성년자노동보호법」을 제정 · 공포하였다.

일제로부터의 광복 후 남한은 3년간 미군정을 실시하였는데, 사회복지입법은 빈곤과 사회적 혼란에 대처하기 위한 구호적 · 응급적인 대책으로서의 성격을 가지고 있다. 여기서 구호정책과 연관된 사회복지입법은 다음과 같다.

후생국보 제3호의 C항은 공공구호를 규정하고, 구호의 대상을 규정하였다. 구호 내용으로는 식량, 주택, 연료, 의류, 매장으로 분류하였고, 후생국보 3A호는 이재민과 피난민에 대한 구호를 규정하였다, 구호 내용으로는 식량, 의류, 숙사, 연료, 주택 부조, 긴급의료, 매장, 차표 제공 등이며, 후생국보 3C호는 궁민과 실업자에 대한 구호규칙으로서 거택구호 시 세대 인원에 대한 지급 한도액을 규정하고 있다. 그리고 1946년 「아동노동법규」를 발표하여 어린이의 노동을 보호하였으며, 1947년에는 「미성년자노동보호법」을 공포하여 미성년자를 유해, 위험한 직업 또는 노동으로부터 보호하고자 하였다.

## 2 근대사회복지

### 1. 1950년대 : 제1 · 2공화국

1948년에 수립된 정부는 많은 외국원조기관이 물자를 제공하는 것을 효과적으로 배분하여 민생문제를 해결하는 것이 중요한 과제로 등장하였으며, 1952년 후생시설운영요령 제정으로 시설운영과 그 지도감독의 준칙으로 삼았다. 1953년

근로기준법 제정, 1956년 어린이헌장을 제정하여 공포하였다. 1950년대 중반 이후 시기는 국가 사회적인 혼란을 종결하고 외원기관으로부터 유입된 물자를 통해 빈곤과 고통을 해결해 가는 시기로 볼 수 있다.

한국전쟁은 우리나라 사회복지에 두 가지 큰 변화를 가져오게 하였다. 첫째, 정부 수립 후 단계적·계획적으로 준비되어 왔던 사회부의 모든 정책이 한국전쟁으로 무산되어 버린 채 임시적·응급적 정책으로 전락되었다는 점이고, 둘째는 막대한 외국 원조로 인해 전시 및 전후에 우리 국민의 자활에 큰 활력소가 되었으나 우리 사회에 의존적 구제방식을 심화시켜 놓은 점이 있다. 유니세프(UNICEF)와 같은 국제기구에 의해 실시된 원조 외에는 실질적인 복지정책이 존재하지 않았다고 할 수 있다. 그러나 이 시기 주목해야 할 사실은 어려운 여건 가운데도 교육부문에 대한 투자가 확대되었다는 점이다. 교육의 확대로 숙련노동자와 고급인력이 양성됨으로써 경제도약을 이루는 데 커다란 밑거름이 되었다.

이 시기에 미국식 전문 사회사업교육이 도입되기 시작하여 사회사업교육은 1947년 이화여자대학교에 기독교 사회사업학과가 최초로 설치됨으로써 대학 내의 전문교육으로 그 첫걸음을 내딛게 되었으며, 교육제도와 교육과정은 미국의 것을 그대로 모방·수용하면서 전개되었고, 공공차원에서의 사회사업교육도 현재 국립사회복지연수원의 전신인 중앙사회사업 종사자훈련소를 통해서 이루어졌다.

또한 사회사업단체나 조직의 활동도 활발하여 1954년 12월 사단법인 한국사회사업연합회가 법인설립 허가를 받았으며, 1957년 부녀보호사업 전국연합회, 1958년 사단법인 한국의료사업협회, 1954년 한국장애인재활협회도 설립되었다.

종합적으로 1950년대에는 전후 경제·사회·정치가 취약하고 혼란스러웠음에도 불구하고 외형적으로는 외국원조단체의 자선구호활동, 전문사회사업 교육기관의 설치, 각종 복지직능단체의 발생 등 민간사회사업은 활동적이었다. 그러나 국가의 사회복지정책은 응급구호사업이 중심을 이루고 있으며, 행정상으로도 일제와 미군정의 사회복지정책의 틀을 벗어나지 못하는 시기라 특징지을 수 있다.

## 2. 1960년대 : 5 · 16군사쿠데타와 제3공화국

1960, 1970년대의 시대적 배경은 절대빈곤의 해소와 반공이념을 중심으로 하여 국력의 배양을 목표로 하며, 경제개발 위주의 정책은 산업화와 도시화를 촉진하여, 서울은 위시한 대도시의 폭발적인 인구집중 현상을 초래하였다. 그리고 가족형태가 대가족으로부터 핵가족화 경향을 처음으로 나타나게 되었다.

제4공화국정부는 제3공화국의 경제정책과 근대화 계획을 계승하여 제3·4차 3개년 계획을 추진함으로써 지속적인 고도 경제성장을 달성하였으며, 반면에 수출주도형의 고도 경제성장정책의 추구는 저임금·저곡가 정책이 빚은 일부 사회계층의 소외 경향을 가져왔다. 그래서 국민 간의 소득격차의 심화, 고율의 물가 상승, 지역 간 불균형 개발 등 여러 가지 부작용을 잉태하여 정치적 문제성을 내재하게 되기도 하였다.

군사정부(1961~1963)시대는 대규모 사회복지입법의 시대로 5·16군사쿠데타 이후 1963년부터 박정희 군사정부 기간 동안 19개의 복지입법이 이루어졌으며, 1963년 「산업재해보상보험법」이 가장 먼저 도입되었다. 18세기 영국의 영향으로 미국에도 구빈원이 설치되어 방랑자 징계측면과 근로시설의 작업장 측면에서의 영향이 그 배경이 되어 국민들의 무관심에 대한 군사정부의 정통성 확보와 그 수단은 경제개발을 통한 조국 근대화에 있었다. 그러나 정치상황이 의도했던 방향대로 진행되지 않자, 사회복지에 관심을 두고 외형적인 사회복지정책 확장은 정치화된 도구로 사용하면서 사회통제적인 성격을 지니고 있었다.

박정희정부(1963~1979)의 시기는 사회복지 침체기로 경제성장을 위하여 사회복지정책은 경제개발의 수단이 되었고, 1960년대 초 공무원연금, 군인연금 등 전략적 특수 직종 사회보험 제도도입이나 사회보장규모의 미미로 생활보호제도도 생존권 보장과 거리가 멀고, 국민국가의 중앙집권적 통치기제로서의 구빈법 성격을 지니고 있다. 1973년 「국민복지연금법」이 제정되었으나 오일쇼크로 연기되었으며 실상은 중화학공업 육성 시 재원으로 활용·계획되었다. 그리고 노사분규 증가와 소극격차로 권위주의 정부에 대한 일반 국민의 저항이 합쳐지기 시작하였다.

근대적 의미의 사회보장제도는 1960년대 초 5·16군사쿠데타 후 태동되어 군사정부에 의하여 몇 가지 의욕적인 사회보장입법들이 이루어졌다. 그 당시 군사정부는 1962년에 사회보장심의위원회 규정을 제정하여 사회보장심의위원회를 구성하여 이러한 사회보장입법을 추진하였다. 그러나 그 당시의 경제적 여건으로는 이러한 입법들을 뒷받침할 만한 수단이 마련되지 못하여 제대로 시행되지 못하는 경우가 많았다.

군사정부는 우선 공적부조사업의 체계화에 주력하여 1961년에 생활보호법과 재해구호법을 각각 제정하였다. 생활보호법에 의하여 65세 이상 노인·18세 미만 아동·불구 폐질자 등 근로 능력이 없는 무의탁 자에 대하여 생계보호(거택보호 및 시설보호)를 실시하였으나, 그 보호의 수준은 매우 미흡하여 인구 약 40만 명 정도에 대하여 소맥분(밀가루)을 지급하는 사업이 중심이었으며, 이러한 현상은 1970년대 중반까지 계속되었다. 그리고 근로능력은 있으나 자립생활을 하지 못하는 가구를 위하여 1964년부터 자조근로사업을 실시하였는데, 이 사업에 필요한 재원은 미 공법(U. S. Public Law) 480호에 의한 구호양곡과 정부재정 등으로 충당하였다. 미 공법에 의한 구호양곡지원은 1972년까지 계속되었다.

이와 같은 경제·사회적인 상황이 전개되는 가운데 정부에서는 공적부조의 일환으로 법적인 정비를 이루어 생활보호법(1961), 군사원호보상법(1961), 국가유공자와 월남귀순용사 특별보호법(1962), 재해구호법(1962), 자활지도사업에 관한 임시조치법(1965) 등의 제도를 확립하는 한편, 사회복지부문에 있어서도 아동복지법(1961), 윤락행위방지법(1961)을 입법화하였으며, 사회보장 면에서는 공무원연금법(1960)을 필두로 선원보험법(1962), 군인연금법(1963), 산업재해보상법(1963), 의료보험법(1963) 등의 관계 법률이 제정되어 실시를 보게 된 것이다. 그리하여 1960년대에 들어와서 우리나라는 전대미문의 사회보험을 중심으로 한 근대적인 사회보장제도를 확립함과 동시에 사회복지정책의 기초를 정립하는 기제가 되었다.

이 시기를 종합적으로 요약해 보면 첫째, 경제발전을 통한 사회문제의 변화에 따라 사회복지정책변화가 생성되었으며, 이로써 일제와 미군정의 사회복지 행정에서 탈피하게 되었고, 둘째, 5·16 이후 생활보호법을 필두로 전반적인 사회복지법제의 외형적인 기초를 완성하게 되었지만 이 법제의 시행 측면에서는 성공적이지는 못하였다고 할 수 있으며, 셋째, 이 당시에는 외원기관의 활발한 활동과 경제개발계획에 참여는 사회복지서비스 전달의 측면에서 상당한 도움을 주었다고 할 수 있다. 넷째, 사회사업교육에 있어서는 기술론 중심의 미국 모형을 탈피하여 한국 사회사업교육의 모색과 재조명하는 노력의 시기라고 할 수 있다.

## 3. 1970년대 : 제4공화국

본격적인 의미의 사회보장의 추진은 어느 정도 경제적 성장을 이룩한 1970년대 중반 이후, 즉 제4차 경제개발 5개년 계획부터라고 할 수 있다. 정부의 당초 계획은 제1, 2차 경제개발 5개년 계획 기간까지는 성장위주의 경제개발을 추진하여 국력을 우선 배양하는 것이 급선무이며, 제3차 5개년 계획 기간부터 사회개발을 병행해 나갈 계획이었다. 그러나 제1차 석유파동으로 인하여 제3차 5개년 계획까지도 성장위주의 계획을 추진하지 않을 수 없었다.

3차에 걸친 성장위주의 5개년 계획 추진으로 고도성장을 이룩하였으나 그동안 고도성장에 따른 경제적·사회적 불균형이 나타났고, 이러한 불균형을 시정하는 것이 곧 계속적인 경제발전을 가능케 하는 원동력이 된다고 보고 1977년을 시발로 하는 제4차 경제개발 5개년 계획부터 사회개발을 병행하면서, 우선적으로 국민의 의료문제해결을 위하여 의료보장정책에 중점을 두고 추진하였다.

1970년대 국가는 비로소 '복지'를 법적으로 제도화하고 또 복지는 생산관계 내부로의 본격적인 진입을 이루었으나, 아직 국가는 이것을 경제정책의 시각에서 보려고 하지 않았다. 복지에 대한 국가의 태도는 가능한 한 비개입적이라 할 수 있고 복지에 대한 자본의 태도 역시 주변적인 점이 유신체제하에서의 복지노력의 특징이라 할 수 있겠다. 또한 이 시대는 민중수준에서 서민 근로자들에 의한 최초의 노동운동으로서 민주노조운동이 시작되었다고 할 수 있다. 1970년 「사회복지사업법」의 제정으로 법규에 의거한 시설과 단체들이 정부의 보조를 받을 수 있었다는 것과 외원기관의 원조활동이 점차로 줄고 정부의 재정 부담이 늘어나면서 사회복지제도의 토착적인 기반을 조성하였다. 제4차 경제사회 종합발전계획의 실시를 통하여 경제와 사회의 균형발전을 모색하는 시기였으며, 1977년 아산복지재단이 설립되면서 보건의료, 사회복지사업 및 학문연구 작업에 활성제의 역할을 수행하게 되었을 뿐만 아니라 기업복지재단의 활발한 지원활동의 시발점이 되었다고 할 수 있다. 그리고 1970년대에 3개 대학에 새로 사회사업학과가 설립되기도 하였으나 양적으로 사회사업학과가 팽창한 시기는 아니었다. 1970년대 말경에 이르러서는 서울대, 중앙대 등에서 사회사업학과의 명칭을 사회복지학과로 개칭하게 되면서 그 후 신설되는 학과는 사회복지학과의 명칭을 사용하였다. 또한 1970년 사단법인 한국사회복지사업연합회의 명칭이 사회복지법인 한국사회사업학회로 본격적인 모임이 시작되고 학회지 창간호가 출간되었다. 그리고 1977년에는 한국사회사업가협회를 사단법인 한국사회사업가협회로 개칭하게 되었다.

1960, 1970년대 사회복지는 첫째, 사회복지입법을 만들어 시행할 만한 여건이 성숙하지 못하였다는 점이다. 둘째, 사회복지입법은 형식은 존재하지만 내용이 보잘 것 없는 사회복지법이라는 것이다. 셋째, 한국 현대사회복지입법사에서 기본적인 바탕을 마련하였던 시기가 되었다.

## 4. 1980년대 : 제5 · 6공화국

### 1) 시대적 배경

제5공화국정부는 국가안보를 전제조건으로 민주주의 정착과 정의사회의 구현, 복지국가의 건설 그리고 교육개혁과 문화 창달 등 새로운 사회건설의 국정지표를 제시하였다. 6공화국이 출범한 이래 사회복지정책은 주요 정치현안으로 떠오르게 되었으며, 또한 1980년대 후반부터 한국형의 복지모형론이 등장했다. 이와 같은 한국형 복지모형이 등장하게 된 배경은 1970년 중반 이후 선진복지국가에서 복지국가위기론이 대두되고 있었기 때문에 한국에서도 자칫 잘못하면 복지병을 유발할 수 있다는 정책관련자들의 우려 때문이었다고 볼 수 있다. 따라서 보건사회부는 1986년도에 다음과 같은 복지시책의 기본 방향을 마련하였다.

그 방향은 국가발전수준에 알맞은 복지시책, 서구적 복지병폐의 예방, 자립정신에 입각한 복지시책의 전개 등이다.

한국형 복지모형은 국가개입을 가능한 한 최소화하고 가족의 기능을 강화하며, 요보호자 자신의 자조와 재활을 강조하며 자원봉사의 참여를 장려하는 내용으로 나타났다. 이러한 프로그램의 구체적 내용을 보면, 지금까지는 사회복지서비스를 주도해 오던 시설수용보호 중심에서 크게 탈피하여 지역복지와 재가복지 사상이 도입되기 시작한다.

정부에서는 1989년 사회복지관의 설치와 운영규정을 만들어 영구임대 아파트 단지 등 저소득층 주민 밀집지역의 지역복지를 위해 지방자치단체로 하여금 사회복지관 설치를 권장하고 많은 사회복지법인, 종교단체, 학교법인에서도 사회복지관의 위탁운영에 열의를 보이는 등 새로운 경향이 나타나기 시작하였다.

제5공화국은 1970년대의 유신체제하의 잔재를 말끔히 청산하고 기회균등의 사회정의에 입각하여 전 국민의 행복이 보장되는 복지사회를 천명하였다.

광주민주화운동 등으로 인한 정통성의 시비로 학생운동과 노동자들의 근로조건의 개선과 기존 노조의 민주화, 신규 노조의 급속한 증대 등으로 정치적 불안이 심화되었다.

산업화와 도시화, 핵가족화, 생활양식의 현대화 등으로 산업재해, 환경오염, 가족관계상의 문제, 아동문제, 청소년 비행, 장애인문제, 노인문제 등 새로운 사회복지적 수요가 대두되었다.

제6공화국 사회복지제도 발전의 특징을 요약하면 다음과 같다.

첫째, 국민연금제도, 최저임금제도 그리고 전 국민 의료보험제도의 실시 등 소득 및 의료보장의 확대가 이루어지기 시작하였다. 둘째, 1988년 서울장애인올림픽 이후 장애인 종합대책을 수립하였으며, 이어서 「장애인 고용촉진 등에 관한 법률」을 제정하여 장애인복지에 대한 변화를 시도하였다. 셋째, 「영유아보육법」이 「아동복지법」과는 별도로 제정되면서 영유아보육사업이 크게 부각되었다. 넷째, 재가복지를 중시하여 재가복지봉사센터가 급격하게 증가되었으며 1987년부터 사회복지전문요원을 영세민 밀집지역의 동사무소에 배치하기 시작하였다. 사회복지전문요원제도는 한국대학의 사회복지전문교육 반세기 역사의 산물이라 해석되며, 이들의 성공은 그들 자신의 사명감과 전문성뿐 아니라 사회복지서비스에 대한 국가적·사회적 지지와 지원에 달려 있다고 할 수 있다.

특히 1983년도에는 1970년도에 제정되어 10여 년간 사용해 오던 「사회복지사업법」이 개정되어 사회복지사 자격증(1·2·3급)이라는 새로운 제도로 그 명칭이 대치되었다. 아울러 사회사업의 공식명칭을 사회복지사로 변경하였으며, 각 대학에서 사회사업과의 명칭을 사회복지학과로 개칭하였고, 사회복지학과가 집중적으로 30개 대학에 설립되었다.

## 2) 사회복지입법 내용

1980년대 사회복지는 기존의 사회복지법의 확대 개편과 사회복지서비스법의 입법화가 이루어졌다. 「사회복지사업법」의 제정은 사회복지서비스법의 모법으로서 향후 제정될 각종 서비스법을 위한 기틀을 마련하게 되었다.

✤ 표 2-1 ✤ 1980년대 사회복지입법 내용

| 연 도 | 내 용 |
|---|---|
| 1980 | 사회복지사업기금법 제정 |
| 1981 | 노인복지법 제정, 심신장애인복지법 제정, 아동복리법을 아동복지법으로 전면 개정 |
| 1983 | 사회복지사업법 개정, 생활보호법 개정 |
| 1986 | 갱생보호법 개정, 국민복지연금법을 국민연금법으로 개정하여 1988년 시행, 최저임금법 제정하여 1988년 시행 |
| 1988 | 농어촌지역 의료보험 전면 실시, 보호관찰법 제정 |
| 1989 | 모자복지법 제정, 7월 1일부터 도시지역 의료보험 시행되어 의료보험법 시행 12년 만에 전 국민을 대상으로 한 의료보험제도 정착 |

## 5. 1990년대 문민정부와 이후

### 1) 시대적 배경

1988년 노태우정부, 1993년 김영삼정부, 1998년 김대중정부가 차례로 평화적 정권교체를 이룬 시기이다. 국제적으로 신보수주의적 정책기조가 영·미·일을 거쳐 세계적인 정치경제의 주류로 되면서 한국도 세계시장에 편입되고, 정치기조 역시 유사한 경향을 띠기 시작하였다. IMF 사태는 많은 부문이 소위 '민영화'정책의 조류에 휩쓸려 들어가는 경제위기의 성격이다.

1993년 김영삼 대통령의 문민정부는 신경제 5개년 계획의 사회복지 부문에서 우리나라 제7차 경제사회발전 5개년 계획 복지정책의 기본방향을 국가발전수준에 부응하는 사회복지제도의 내실화에 두고 국민복지를 증진시킬 것을 제시하였다. 그러나 사회복지와 관련해서는 소극적으로 대처하다가 1995년 초에 와서야 성장위주의 정책에서 벗어나 삶의 질과 생산적인 국민복지에 적극적인 관심을 기울여야 할 것이라고 강조하였다.

문민정부 이후 국민의 정부에 걸친 사회복지제도의 획기적인 변화는 첫째, 사회보험제도의 정비이다. 전 국민을 대상으로 국민연금제도의 확대실시(1998)와 더불어 전 사업장에 대한 고용보험제도의 적용, 의료보험의 통합으로 인한 국민건강보험제도의 출발 등으로 기본의 산재보험제도를 포함한 4대 보험이 제도로서 정착되어 발전되고 있다. 둘째, 공공부조제도로서 국민기초생활보장제도의 도입이다. 국민기초생활보장제도는 국가의 도움이 필요한 빈곤한 모든 국민들에게 기본적인 생활을 제도적으로 보장하게 된다. 이를 위해 4,800명의 사회복지전담 공무원이 동사무소 등에 배치되어 있고 계속 확대되었다. 셋째, 사회복지서비스 관련법의 제정 및 개정 등으로 각종 사회복지서비스가 지속적으로 확대·발전되고 있으며, 사회복지관을 비롯한 민간 사회복지조직이 급증하고 있고, 민간사회복지의 자율성이 강화되고 있다. 사회복지제도의 기능은 경제성장에 저해되는 것이 아니라 경제성장과 조화를 이루어가며 경제를 활성화시키는 것으로 사회복지제도의 발전에 지속적인 관심을 갖고 지원하여야 할 것이다.

김대중정부에서는 사회보험부분에서 「국민건강보험법」 제정(1999), 「산업재해보상보험법」 개정(1999), 공공부조부문에서는 「생활보호법」의 폐지와 「국민기초생활보장법」 제정(1999), 「의료보호법」을 「의료급여법」으로 전문개정(2001)하였고, 사회복지서비스부문에서는 「모자복지법」을 「모·부자복지법」으로 그리고 「한부모 가족지원법」(2007)으로 개정하였다.

## 2) 사회복지입법 내용

1990년대 이후 사회복지는 법제의 내실화와 주변적인 부분에까지 확대, 개편하였다. 여권신장의 결과 여성들의 복지에 대한 내용이 입법화되었으며, 통합의료보험법인 「국민건강보험법」과 「국민기초생활보장법」의 제정을 가져왔다.

✤ 표 2-2 ✤ 1990년대 사회복지입법 내용

| 연 도 | 내 용 |
|---|---|
| 1991 | 영유아보육법 제정, 청소년기본법 제정, 사회복지사업법 개정(사회복지 전담 공무원과 복지사무 전담 기구 규정 마련) |
| 1993 | 고용보험법을 제정하여 1995년 7월 1일 시행 |
| 1994 | 성폭력 범죄의 처벌 및 피해자 보호 등에 관한 법률 제정 |
| 1995 | 농어민 연금 시행, 사회보장기본법 제정, 정신보건법 제정 |
| 1997 | 사회복지공동모금법 제정, 청소년보호법 제정, 가정폭력 방지 및 피해자 보호 등에 관한 법률 제정 |
| 1999 | 국민건강보험법 제정, 국민기초생활보장법 제정 |

# 6. 2000년대 개정법률 및 내용

## 1) 시대적 배경

2003년 노무현 대통령의 참여정부가 출범하였다. 정부는 국가균형발전과 복지예산의 지방이양, 저출산·고령사회의 도래로 인한 새로운 사회복지정책이 요구되었다. 여기에는 청년실업과 비정규직 문제 등의 사회양극화 문제, 국민연금 등의 문제를 둘러싼 노후소득보장의 문제 등이 사회복지입법과 관련하여 주요 쟁점으로 부각되었다.

## 2) 사회복지입법

한국의 사회복지입법의 역사는 단절과 굴절의 흔적을 간직하고 있다. 그리고 일본의 법적·행정적 유산과 광복 후 미국 등의 학문적 이론이 한국에 유입되었던 시기이다.

사회복지입법사는 적용대상에 있어 선별주의에서 보편주의로 확대되고, 사회복지법의 형성과정에 있어 관련 시민이나 단체의 적극적인 활동이 나타나기 시작했다.

2000년 이후 탈산업화와 세계화 문제, 인구구조의 급격한 변화로 사회복지 법률 체계를 보다 거시적이고 근본적으로 개정해야 하는 시기가 요구되고 있었다.

✤ 표 2-3 ✤ 2000년대 사회복지입법 내용

| 연 도 | 내 용 |
|---|---|
| 2004 | 건강가정지원법 제정 |
| 2005 | 자원봉사활동기본법 제정, 긴급복지지원법 제정, 저출산 · 고령사회기본법 제정 |
| 2007 | 한부모 가족지원법 일부 개정(모 · 부자복지법을 개정한 것으로 2008.1.18. 시행), 노인장기요양보험법 제정, 기초노령연금법 제정 |
| 2014 | 기초연금법 2014.5.20. 제정 65세 이상의 노인 중 소득기반이 취약한 70%의 노인에게 지급 |
| 2015 | 장애인재활상담사에 대한 국가자격제도를 도입하여 재활 관련 서비스를 제공 |

(계속)

| 연 도 | 내 용 |
|---|---|
| 2016 | 정신건강증진 및 정신질환자 복지서비스 지원에 관한 법률<br>이 법은 2016.5.29., 전부 개정. 정신질환자의 범위를 중증정신질환자로 축소 정의하고, 전 국민 대상의 정신건강증진의 장 신설 |
| 2017 | 국민건강보험법 2017.2.8., 일부개정, 현행법상 국민건강보험공단의 고유사업으로 명시된 예방사업의 기본 방향을 보다 구체적으로 명시하고, 사업 세부내용 등 대통령령으로 정할 수 있도록 위임규정<br><br>노인복지법 일부 개정 2017.10.24., 노인 학대를 예방하고 노인 인권을 제고, 노인복지시설의 설치 · 운영자 및 종사자, 이용자에 대하여 인권교육 실시, 국가 또는 지방자치단체의 독거노인 지원 사업과 노인성 질환에 대한 의료지원 사업근거마련<br><br>정신건강증진 및 정신질환자 복지서비스 지원에 관한 법률<br>이 법은 2016.5.29., 전부 개정되고 2017.5.30. 시행되었다.<br>개정 이유는 정신질환자의 범위를 중증정신질환자로 축소 정의하고, 전 국민 대상의 정신건강증진의 장을 신설 |
| 2018 | 아동수당법(2018.3.27. 제정, 2018.9.1. 시행)<br><br>고령친화산업 진흥법 2018.12.11. 과태료 부과 · 징수 재판 및 집행 등의 절차에 관하여는 「질서위반행위규제법」이 우선적으로 적용되므로 과태료 체납처분 관련 규정을 삭제 |
| 2019 | 긴급복지지원법 시행규칙[시행 2019.6.12.] 신고의무자에 대한 교육 내용 · 시간 및 방법 등 법률에서 위임된 사항과 그 시행에 필요한 사항을 정하려는 것임. |
| 2020 | 감염병의 예방 및 관리에 관한 법률[시행 2020.10.13. 일부개정]실제 현장에서 감염병을 대응하고 있는 지방자치단체의 역량을 지원하기 위하여 지방자치단체의 장에게 감염병환자의 이동경로 등 정보공개 의무, 방역관에 대한 한시적 종사명령 권한, 관계 기관 등에 대한 감염병환자 등 및 의심자 관련 정보 제공 요청 권한을 부여함<br><br>사회보장급여의 이용 · 제공 및 수급권자 발굴에 관한 법률 시행 2020.10.8., 4. 7. 일부개정사회보장정보시스템을 통하여 처리할 수 있는 정보에 통신요금, 임대료, 관리비 연체정보를 추가하는 위기가구발굴<br><br>노숙인 등의 복지 및 자립지원에 관한 법률 시행규칙 2020.11.25. 시행, 노숙인급식시설 설치 · 운영 신고, 자활지원사업 실시 신고 등의 수리 주체에 누락되어 있던 특별자치시장 및 특별자치도지사를 추가 |

노무현정부에서 제정 또는 개정된 사회복지관련법을 보면 사회보험부문에서는 「기초노령연금법」 제정(2007), 「노인장기요양보험법」 제정(2007), 공공부조부문에서는 「긴급복지지원법」 제정(2005), 사회복지서비스부문에서는 「건강가정기본법」 제정(2005), 「노인복지법」 개정(2007) 등이 있다.

이명박정부에서는 「4대 사회보험 징수통합법」이 2009년 5월 국회를 통과함에 따라 2011년부터 4대 사회보험료를 국민건강보험공단에서 통합 징수하게 되었다.

2010년 10월에는 「청소년복지지원법」 전부 개정 법률안 입법을 예고하여, 2005년도 시행된 이후 청소년복지와 관련한 정책 환경 등이 변화하였고, 위기청소년에 대한 보호 및 지원을 강화하여 가정·학교로의 복귀 및 자립을 돕는 복지 서비스를 제공하였다. 「청소년복지지원법」 적용 대상 연령을 24세 이하로 하여 서비스 지원 대상을 확대하고, 위기청소년 보호 및 지원 강화 규정을 대폭 신설하였다. 지역사회 청소년통합안전망을 구축·운영하고 필수연계기관, 상담전화 운영 및 운영위원회를 두도록 하였으며, 청소년 가출예방·조기발견·보호를 위한 국가와 지방자치단체의 의무 규정을 신설하였다.

그리고 2011년 6월 7일에는 「노숙인 등의 복지 및 자립지원에 관한 법률」이 공포되었다. 「노숙인복지법」의 주요 내용은 다음과 같다. 첫째, 부랑인 및 노숙인 용어를 노숙인 등으로 통일하였다. 둘째, 노숙인 등의 권리 의무를 규정하고 국가 및 지자체의 책임을 강화하였다. 셋째, 노숙인 시설 설치근거를 마련하였다. 노숙인 복지시설에는 크게 노숙인 복지시설과 노숙인 종합지원센터로 구분하고 노숙인 복지시설로는 일시보호시설, 자활시설, 재활시설, 요양시설, 급식시설, 진료시설로 구분하였다. 넷째, 국가 및 지자체는 노숙인 등에게 주거지원, 급식지원, 의료지원, 고용지원, 응급조치 등 복지서비스를 제공할 수 있도록 하였다.

이명박정부는 '능동적 복지'이다. 정부가 지향하는 사회복지정책은 크게 두 가지 의미로 생각해볼 수 있다. 우선 능동적 복지란 시장기능에 복지 개념을 도입한 것으로 수혜자들을 기다리지 않도록 적극적으로 찾아가서 서비스를 제공하는 것을 의미한다. 모든 복지 시스템에 원스톱 복지전달체계를 구축해, 태아에서 노후까지 맞춤형 복지를 제공한다는 뜻이다. 또 여기에는 시혜적이고 사후적인 복지투자를 벗어나 예방적으로 소외계층의 출현을 막겠다는 내용도 포함하고 있다. 이명박정부가 주창하는 '능동적 복지'는 복지를 사후적 문제해결이 아닌 가난과 질병에 대한 예방적 기능, 미래 세대에 대한 사회투자 개념으로 접근하는 것으로 빈곤으로부터의 자립을 지원하고 빈곤의 대물림을 막는 보다 적극적이고 예방적인 정책이다.

한편, 노무현정부는 '참여복지'로 표현된다. 국민 참여란 국민의 보건복지의식 수준과 범위를 확대시키고 국민 스스로의 보장능력을 향상시키며 국민이 보건복지 정책의 계획 수립, 집행, 평가의 전 과정에 적극 참여함을 의미한다. 즉, 국민이 의식하는 것만큼 보장받는다는 말이다. 국민의 참여와 보편적인 복지, 국가의 적극적 책임을 의미한다. 소외 계층의 의식주 등 기초생활과 자녀교육, 의료 등을 보장하고 이를 위해 국가·사회·개인이 연대해 부담 지는 것으로 해석되어 왔다.

참여정부는 각종 개혁과제의 청사진과 실행계획을 작성하는 데 몰두하였다. 그러나 대부분의 로드맵이 작성되고, 실행되기 시작한 시점이 집권 중반을 넘긴 2004년 후반부터 2005년 후반에 이르러서이다. 집권 기간 동안 가시적인 성과가 보기 힘들고, 강력한 추진력도 형성되기 힘든 시기에 각종 로드맵이 완성된 것이다.

2006년의 사회서비스 바우처사업, 2008년의 노인장기요양 보험 등은 사회복지서비스의 공급 질서를 변화시키고 있었다.

이명박정부(2008.2.~2013.2.) 사회복지입법의 특성은 첫째, 사회보장기본법을 전부개정하여 국민의 보편적·생애주기적인 특성에 맞게 소득과 사회서비스를 함께 보장하는 방향으로 사회보장제도를 확대·제정하였다. 둘째, 장애인연금법을 제정하여 중증장애인에 대한 소득을 보전하도록 했다. 셋째, 장애인 활동지원에 관한 법률을 제정하여 장애인의 일상생활과 사회생활에 관한 지원을 하도록 하였다. 넷째, 장애아동복지지원법을 제정하여 장애아동의 양육보호를 지원하고 선별적인 성격을 보편적인 성격으로 전환하였다. 다섯째, 노숙인등의 복지 및 자립지원에 관한 법률을 제정하여 노숙인의 인권보호와 자립지원 및 사회복귀를 돕도록 하였다. 여섯째, 입양특례법을 개정하여 국내외 입양 모두 법원의 허가를 받도록 하였다. 그 외 양육수당확대, 사회보험통합징수, 사회복지통합관리망 구축, 노인장기요양보험 시행 확대잔여적, 시혜적, 선별적, 시장 중심적인 성격을 갖는 한국 사회복지제도를 그대로 지속시키는 신자유주의 성향을 강하게 내포하고 있다.

2013년에 집권한 박근혜정부는 경제민주화와 복지실현을 주요 공약으로 제시했다. 특히 복지 분야에서는 모든 노인들을 대상으로 한 기초연금의 도입과 4대 중증질환에 있어 3대 비급여의 급여화, 무상급식과 무상보육 등은 2014년 경제위기로 국가와 지방자치단체의 재정이 어려워지면서 복지예산의 재조정에 대한 논의가 되고 있다.

박근혜정부(2013.2.~2017.3.)는 첫째, 기초노령연금과 장애인연금 대신 '기초연금'을 도입하였으며, 2013년에는 상위 30%를 제외한 70% 노인에게 기초연금을 지급하기로 해서 당초 약속과 다르다는 지적을 받았다.

2015년 말에는 지자체의 예산 부족으로 보육대란이 현실화되는 상황에서도 누리과정 예산을 지자체와 교육청에 떠넘기는 행동을 보여 실망스럽다는 반응이 나오기도 하였다.

2017년에는 소득연계형 반값등록금공약 정책과는 달리 학생들은 학부모의 재산과 소득 수준에 따라 차등적으로 국가 장학금을 지급받는데 그치기도 하여 혼란을 가져오기도 하였다.

저소득층을 위한 맞춤형 급여체계 구축, 국민중심의 복지전달 체계 개선으로 주민센터 복지 허브화를 가져왔다.

그러나 그들의 생활 보장국가에서 시작되어 맞춤 복지에 이르기까지 정책의 기조와 방향은 신자유주의 복지전략과 크게 다르지 않다고 평가된다.

문재인정부(2017.5.~2022.5.)는 포용적 국가라는 슬로건을 내걸고 최저임금인상, 비정규직의 정규직전환 등의 노동시장정책도 포용적 복지국가를 구현하는 대표적 정책이다. 그 정책을 정리하면 다음과 같다.

첫째, 최저임금을 인상하여 저임금근로자의 소득을 증진할 수 있어서다. 아울러 정규직과 같은 일을 했지만 차별과 설움을 겪었던 비정규직근로자의 지위를 향상시키고 이들의 복리를 증진하는 정책이기 때문이다.

문재인정부복지는 장애등급제 폐지 법률안 개정, 장애인연금 기초급여 상향, 국립중앙의료원 감염병 치료 장비 확충, 지방의료원 증축 및 시설 보강을 추진하여 왔다.

둘째, 문재인 케어 예산은 2021년 9조 5,000억 원, 전년 대비 5,373억 원 늘어, 자살예방센터 인력(314 → 467명), 아동보호전담 인력 확충(281 → 334명), 코로나 정부 긴급복지 지원금 한시적 기준완화, 생계비 의료비 지원 최저임금인상, 비정규직의 정규직 전환 등 포용적 복지국가의 정책을 주장하였다.

특히 문재인정부의 보건복지정책 중 핫 이슈는 '문재인 케어'다. 포용적 복지의 첫 발로 불리는 건강보험 보장성 강화 대책에는 '의학적 비급여의 급여화' 추진이 핵심이다. 의료계는 비급여의 급여화 추진을 둘러싼 반대 입장을 내세우기도 하였다. 건강보험 보장성 강화를 보면 의료비부담 해소가 주된 골자다. 선택진료비를 폐지한 정부는 상복부(간 · 담낭 · 췌장 등) 초음파에도 건강보험을 적용했다. 하복부 초음파로 확대하는 등 2021년까지 모든 의학적 초음파에 건강보험을 적용한다.

셋째, 문재인정부는 지난 2년 반 동안 '포용적 복지국가'의 기반을 다지기 위해 노력했다. 특히 소득보장, 의료보장, 돌봄지원 등 국민 실생활과 밀접한 분야를 중심으로 정책을 추진했다.

그 결과 어려운 생활환경에 있는 사람들의 기초생활보장이 강화되었고, 국민의료비 절감으로 치료비가 없어서 고생하는 국민에게 지원하고 또 아동수당과 고교 무상교육, 통신요금 감면 대상 확대 등으로 국민 생활비를 경감시키는 효과를 가져왔다.

넷째, 비급여 해소정책으로는 간호·간병통합서비스 지원인력기준 · 수가개선, 2~3인실 입원료 건강보험 적용 추진 등도 포함됐다.

치매로 고통받는 환자와 가족 지원을 위한 '치매 국가책임제'도 괄목할만한 분야다. 전국 256개 보건소에 치매안심센터를 설치, 예방-상담-서비스연계와 치매 환자 가족에 대한 지원을 원스톱으로 제공하고 있다.

중증치매질환에 대해 본인부담률도 20~60% 낮췄다. 치매진단을 위한 신경인지검사도 건강보험에 적용했다. 아울러 치매전문병동 및 치매전담형 시설 확대, 장기요양서비스 대상 확대도 있다. 먼저 2017년 9월부터 시행한 '치매 국가책임제'를 통해 현재 전국 256개 보건소에 치매안심센터를 운영하고 대상자와 가족에게는 상담 · 검진, 1:1 사례 관리 등 원스톱 서비스를 제공하고 있다.

또 중증 치매환자 건강보험 산정 특례 적용으로 본인 부담률이 10%로 인하됐으며, 치매 검사 비용에도 건강보험을 적용한다. 아울러 2020년부터 2028년까지 총 1,987억 원을 투입해 치매 극복을 위한 국가 차원의 중장기 연구를 추진할 계획이다.

다섯째, 국공립 어린이집 373개소를 설치한 정부는 매년 450개소씩 추가로 설치할 계획이다. 방과 후 돌봄 사각지대 해소를 위한 온종일 돌봄체계 구축방안도 고려했다.

여섯째, 특히 지역사회 중심의 통합적인 복지체계인 '커뮤니티케어'는 역점 사업이다. 커뮤니티케어는 돌봄이 필요한 주민이나 자택, 그룹 홈 등 지역사회 거주자가 각자의 욕구에 맞는 복지서비스를 누릴 수 있는 사업이다. 커뮤니티케어 주요 대상자는 노인, 장애인, 아동, 노숙인 등으로 주거서비스와 지역사회 돌봄서비스 연계 지원을 받을 수 있다. 즉, 대규모 시설에 입소하는 방식과 달리 지역사회와의 공동체를 형성, 삶의 질을 높이며 더불어 살아갈 수 있는 사회복지 모델이다.

일곱째, 의학적 판정에 따른 기존의 장애 등급(1~6급)은 개인의 욕구와 환경을 충분히 반영하지 못하며, 장애인에게 등급을 부여해 낙인 효과를 초래한다는 비판을 지속적으로 받아왔다. 이에 문재인정부는 2017년 12월 장애인복지법을 개정, 법률상 '장애 등급'을 '장애 정도'로 변경해 장애 등급제 폐지의 법적 근거를 마련한 바 있다.

저출산 대응전략도 눈여겨볼만 하다. 보육, 돌봄 등 아동을 위한 투자가 대표적이다.

## 3) 2000년대 개정법률 및 내용

### (1) 장애인복지법

「장애인복지법」 중에서 일부 개정(2015.12.29.)되어 시행(2017.12.30.)된 개정 등의 내용은 다음과 같다.

개정이유는 장애인에 대한 인식개선을 위하여 교육기관에서 실시하는 교육 대상으로 대학과 평생교육시설 등의 교육기관이 포함되어 있지 않아 동 교육기관에 재학하고 있는 장애학생에 대한 차별 사례가 계속 발생하고 있어 이에 대한 개선이 시급하므로, 장애인에 대한 인식개선 교육의 실시 대상 교육기관을 확대하여 장애 이해 및 인식을 개선함으로써 장애로 인한 차별을 사전에 예방할 필요가 있다는 점이다. 또한 장애인재활상담사에 대한 국가자격제도를 도입하여 재활 관련 서비스를 제공하는 인력에 대한 전문성을 강화하고, 그 서비스의 질을 향상시키고, 국가, 지방자치단체 및 대통령령으로 정하는 기관·단체가 실시하는 자격시험 및 채용시험 등에 있어서 장애인 응시자에게 각종 편의를 제공하도록 하여 장애인의 자립생활 지원에 기여하며, 장애인 대상 성범죄의 신고의무 대상자를 확대하여 장애인을 위한 사회적 안전망을 강화하려는 것이다.

또한 장애인연금법 개정으로, 월 최대 30만 원의 장애인연금을 받는 장애인이 현행 생계·의료급여 수급자에서 2020년 주거·교육급여 수급자 및 차상위계층, 2021년에는 모든 장애인연금 수급자로 확대된다. 아울러 물가상승률을 반영하여 기준연금액을 인상하는 시기도 4월에서 1월로 조정되었다.

나아가 국민연금법 개정으로, 농어업인에 대한 연금보험료 지원 기한이 2024년 12월 31일까지로 5년 연장되어, 농어업인 36만 명에 대해 중단 없이 연금보험료를 지원할 수 있게 되었다. 또한 저소득 지역가입자에 대한 연금보험료 지원 근거도 새로이 마련되어, 지역가입자에 대한 최초의 연금보험료 지원사업이 가능하게 되었다.

### (2) 노인장기요양보험법

2007년 4월 27일 제정되고 시행(2007.10.1.)된 이 보험은 우리나라 인구의 고령화가 세계에서 유례가 없을 정도로 빠르게 진행됨에 따라 치매·중풍 등 일상생활이 어려운 노인들의 수도 날로 증가하고 있으나, 핵가족화·여성의 사회참여 증가 등으로 장기요양이 필요한 노인을 가정에서 돌보는 것이 어렵고, 그 가정의 비용부담이 과중하여 노인장기요양문제는 우리 사회가 시급히 해결해야 할 심각한 사회적 문제로 대두되고 있는 실정이므로, 노인의 간병·장기요양 문제를 사회적 연대원리에 따라 정부와 사회가 공동으로 해결하는 노인장기요양보험제도를 도입하여 노인의 노후생활안정을 도모하고, 그 가족의 부양부담을 덜어줌으로써 국민의 삶의 질을 향상하려는 것이다.

또한 2016년 12월 2일 일부 개정되고, 2017년 6월 3일 시행된 개정이유 및 내용은 다음과 같다.

현행법에 따르면, 장기요양급여의 종류는 재가급여, 시설급여와 현금으로 지급되는 특별현금급여가 있다. 특별현금급여의 경우 압류방지 전용통장 개설에 관한 법적 근거가 없어 일반 통장으로 특별현금급여가 지급되고 있는바, 이로 인하여 특별현금급여가 다른 금원과 섞이면서 해당 통장이 압류되는 경우 특별현금급여와 이를 받을 권리가 침해되는 문제가 발생하고 있어서 이에 특별현금급여수급계좌의 예금에 관한 채권은 압류할 수 없도록 하는 등 법적 근거를 마련하여 노인과 그 가족의 생활안정을 도모하려는 것이었다.

「노인장기요양보험법」이 개정(2020.3.31. 공포, 2020.10.1. 시행)되어, 급여비용 거짓청구 등 위반사실이 있는 장기요양기관에 대한 명단 공표 의무화 등이 추가됨에 따라, 세부 이행을 위한 사항을 규정하기 위한 것이다.

시행령 개정안의 주요 내용은 장기요양기관 위반사실 등 공표 및 결정 주체에 보건복지부장관을 추가하고, 지방자치단체의 장이 명단을 공표한 때에는 보건복지부장관에게 그 사실을 통보하도록 규정하고 있다.

그 내용은 기존 장기요양기관의 위반사실 등 공표는 지자체장의 재량사항이었으나, 공표 행위를 의무화하고 공표 주체에 보건복지부장관을 추가하여 공표 제도 운영의 실효성을 확보하고자 하였다.

### (3) 기초연금법

2014년 5월 20일 제정되고 2014년 7월 1일 시행된 이 법의 제정 이유는 국가재정의 지속 가능성을 확보하면서 노인세대를 위한 안정적인 공적연금제도를 마련하여 65세 이상의 노인 중 소득기반이 취약한 70%의 노인에게 기초연금을 지급함으로써 노인빈곤문제를 해소하고, 노인의 생활안정과 복지 증진에 기여하려는 것이다. 이러한 「기초연금법」은 2017년 9월 19일 일부 개정되고, 2018년 3월 20일 시행될 일부 개정의 주요 내용은 다음과 같다.

징역형 대비 적정 벌금액의 일반기준인 '징역형 1년당 벌금형 1,000만 원'에 따라 벌금형의 금액을 상향조정하고, 개인정보 누설 등에 대한 벌칙 수준을 「개인정보 보호법」의 벌칙 수준인 5년 이하의 징역 또는 5,000만 원 이하의 벌금으로 통일함으로써 법정형의 편차를 조정하고 형사처벌의 공정성을 기하려는 것이다.

2020년 1월 1일부터 기초연금이 40% 이하 노인으로 확대하게 된다.

하위 20%가 최대 30만 원을 받을 수 있었는데, 내년에는 하위 40% 이하인 노인들도 최대 30만 원까지 받을 수 있게 됐다는 뜻이다

또 2021년에는 모든 수급자들이 수급액을 30만 원으로 인상하도록 한다는 내용도 있기 때문에 기초연금액 산정하는 기준이 완화되는 분위기이다

### (4) 정신건강증진 및 정신질환자 복지서비스 지원에 관한 법률

이 법은 2016년 5월 29일 전부 개정되고, 2017년 5월 30일 시행되었다.

개정 이유는 정신질환자의 범위를 중증정신질환자로 축소 정의하고, 전 국민 대상의 정신건강증진의 장을 신설하며, 비자의 입원·퇴원제도를 개선하고, 정신질환자에 대한 복지서비스 제공을 추가하는 등 현행 법률상 미흡한 점을 개선·보완하려는 것이다.

주요 내용은 다음과 같다.

첫째, 법률의 명칭을 「정신보건법」에서 「정신건강증진 및 정신질환자 복지서비스 지원에 관한 법률」로 변경한다.

둘째, 법 적용 대상인 정신질환자의 정의를 '독립적으로 일상생활을 영위하는 데 중대한 제약이 있는 사람'으로 한정한다(제3조제1호).

셋째, 정신건강증진의 장을 신설하여 일반국민에 대한 정신건강서비스 제공 근거를 마련한다(제7조부터 제18조까지).

넷째, 복지서비스 개발, 고용 및 직업재활 지원, 평생교육 지원, 문화·예술·여가·체육활동 지원, 지역사회 거주·치료·재활 등 통합지원, 가족에 대한 정보제공과 교육 등 정신질환자에 대한 복지서비스 제공 근거를 마련한다(제33조부터

제38조까지).

다섯째, 환자 본인 및 보호의무자의 동의로 입원을 신청하고, 정신과 전문의 진단 결과 환자 치료와 보호필요성이 인정되는 경우 72시간의 범위에서 퇴원을 거부할 수 있는 동의입원제도를 신설함(제42조)에 있다.

여섯째, '정신건강증진 및 정신질환자 복지서비스 지원에 관한 법률' 개정(2020년 4월 7일 공포, 2020년 10월 8일 시행)으로 용어가 변경됨에 따라 개정된 용어를 사용하고 있는 하위규정 조문 정비 및 정신의료기관 과징금 부과기준 개선 등을 위한 것이다. 보건복지부는 '작업요법' 용어를 '작업치료'로 변경과 정신의료기관 과징금 상한 금액 상향 조정 및 과징금 부과기준 개선 등이 주요 내용이라고 밝혔다.

보건복지부가 발표한 개정된 시행령의 주요 내용을 살펴보면, 첫째, '작업요법'을 '작업치료'로 변경하는 내용으로 모법이 개정됨에 따라 변경된 용어를 반영하여 하위규정을 정비한다.

둘째, 정신의료기관 과징금의 상한 금액을 5,000만 원에서 법률상 상한 금액인 1억 원으로 상향 조정한다.

셋째, 과징금의 역진성 개선을 위해 '과징금의 부과기준'(별표 3) 개정(정신의료기관의 매출 분포 비중이 높은 10억 원 이하 구간 세분화, 1일당 평균 매출액에 적정과징률을 반영해 1일 과징금 금액 산정)이다

### 4) 의료사회복지사와 학교사회복지사 국가자격화

사회복지사업법 시행령 일부 개정령안이 국무회의에서 의결(2020.12.1. 시행)되었다. 보건복지부는 '의료사회복지사와 학교사회복지사 자격기준'을 마련하는 내용의 「사회복지사업법 시행령 일부개정령안」이 2020년 12월 1일 국무회의에서 의결되었다고 밝혔다. 이는 민간단체에서 운영하던 '의료사회복지사, 학교사회복지사 자격'을 국가자격으로 발급할 수 있게 됨에 따라 법률에서 위임한 사항을 구체적으로 정하려는 것이다.

개정된 시행령의 주요 내용은 다음과 같다.

첫째, 사회복지사 1급 자격을 취득한 사람이 보건복지부 장관이 지정한 수련기관에서 1년 이상의 수련과정을 이수한 경우 '의료사회복지사' 또는 '학교사회복지사' 자격을 발급한다.

둘째, 법령 시행일 현재 민간단체에서 발급한 자격증 소지자 의료사회복지사 1,302명, 학교사회복지사 1,598명은 보건복지부장관이 실시하는 별도의 교육을 이수하고 평가를 통과하는 경우에 국가자격으로 전환 발급한다.

셋째, 정신건강사회복지사는 「정신건강증진 및 정신질환자 복지서비스 지원에 관한 법률」에 따른 정신건강전문요원 중 정신건강사회복지사 자격을 인정(1997년부터 국가자격으로 발급)하고 시행중에 있다.

넷째, 이로 인하여 의료기관이나 초·중·고교에서 사회복지에 종사하는 사회복지사의 전문성을 제고하고, 현장에 특화된 수련과정을 통해 양질의 사회복지서비스를 제공하게 될 것으로 기대한다.

## 5) 사회복지현장실습의 기준

### (1) 기관실습

① 기관실습 시간은 160시간 이상으로 할 것
② 기관실습 실시기관은 사회복지사업을 수행하는 기관, 법인, 시설 또는 단체
③ 1급 사회복지사 자격증을 취득한 이후 3년 이상의 사회복지사업 실무경험이 있거나 2급 사회복지사 자격증을 취득한 이후 5년 이상의 사회복지사업 실무경험이 있을 것
위의 요건을 모두 갖춘 기관실습 지도자가 2명 이상 상근할 것을 요한다.
④ 기관실습이 실시되는 연도의 전년도에 8시간 이상의 보수교육을 받았을 것
⑤ 기관실습지도자 1명단 5명 이내의 학생수에 한한다.

# 3 사회복지의 발전

## 1. 영국의 사회복지

### 1) 구빈법시대 이전

#### (1) 1351년 노동자법

십자군시대 이후 영국을 휩쓴 흑사병, 인클로저 운동(enclosure movement) 등은 농민들을 대거 부랑인으로 내몰았으므로 노동자법은 떠도는 부랑인들 문제를 해결하고, 장원에서 노동력 부족 문제를 해결하기 위해 만들었다.

노동능력이 있는 사람은 고용주가 그를 고용하기 원하면 반드시 받아들이고 그 교구를 떠나지 못하도록 하였다. 시민들은 빈민들에게 구호를 하지 못하도록 규제하여 빈민들이 노동을 할 수밖에 없도록 유도하였다.

이에 따라 첫째, 1388년 빈민법(poor law)의 제정과 1531년 걸인과 부랑인 처벌에 관한 법의 제정으로 빈민구호의 최초의 정책으로 헨리 8세의 법령을 공포하였다.

시장과 치안판사는 교구 내에 있는 걸인과 부랑인들을 조사하고 노동능력이 없는 사람에게는 제한된 구역 안에서만 구걸을 할 수 있게 등록을 하게 하여 구걸을 허락받고 하도록 하였다. 만약 노동능력이 있는 사람이 구걸을 하면 강제노역이나 추방하도록 하였다.

둘째, 1536년 건장한 부랑인 및 걸인의 처벌에 관한 법의 제정이다. 종교개혁으로 구호하던 단체들이 재산을 몰수당하면서 종전의 구호방식이 중단되었다. 정부후원을 받는 최초의 공공부조가 법으로 제정되었으며, 다음에 나오는 구빈법의 골격을 형성하게 되었다.

노동능력이 없는 빈민은 한 곳에 3년 이상 거주하면 교구에 등록을 하여 보호를 받을 수 있도록 하였으며, 노동능력이 있는 사람은 노동을 하도록 하고, 빈곤 아동은 도제생활을 하게 함으로써, 이미 구빈법의 모습이 나타나고 있었다.

셋째, 1562년 장인법의 제정으로 임금, 노동시간, 도제제도를 법으로 명시하고 부랑인들은 중노동하게 하였으며, 12~60세의 걸인을 종으로 고용하는 것을 일반에 허용하게 하였다.

넷째, 1576년 빈민구제법의 제정이다. 이는 강제노역을 규정한 법으로 노동능력이 있는 사람은 작업장에 보내졌고, 노동능력이 없는 사람은 자선원에 입소시켜 보호하고, 나태한 빈민은 교정원에 보내게 하였다.

## 2) 구빈법시대

### (1) 1601년 엘리자베스 구빈법

이 시대는 빈곤자를 세 종류로 분류하였다.

첫째, 노동능력이 없는 빈민(노령자, 만성병자, 맹인, 정신병자 등)은 구빈원(poorhouse)에 수용하여 구호하였다.

둘째, 노동능력이 있는 빈민은 교정원, 실제로는 작업장(workhouse)에서 강제노동을 시키고, 거부자는 유치장에 감금, 폭행도 하였다(1722년에는 공식적으로 작업장이 설치됨).

셋째, 요보호아동은 도제계약을 실시하였다.

구빈법은 성문화된 이후에도 신구빈법(1834)이 나오기까지 250여 년을 정부 책임하에 시행되어 왔으며, 약 1,500여 교구가 지역 내 빈민구호를 자체적인 자원으로 해결하고 있었다.

### (2) 1662년 정주법

원인은 빈민구제를 지역교구의 책임하에 구빈세를 거두어 구호하고 있는 것으로, 문제는 처우가 나은 교구로 이동이 생기자 상대적으로 빈민자들이 많이 이동해 오는 교구의 재정 부담이 늘어나게 되었다.

문제해결은 자기 교구 외의 사람에게 정주권을 주지 않게 되는 것을 법제화하였다. 정주법은 자기 교구 내의 빈민들이 늘어나서 재정 증가를 막기 위한 것으로 빈민들의 교구이동을 통제하는 수단이 되었다. 그러나 노동력이 부족한 지방에서는 산업발전을 저해하게 되어 빈민 감독관이 뇌물을 주고 빈민을 이주시키는 문제가 나타나기도 하였다.

### (3) 1696년 작업장법(브리스톨 작업장)

개혁론자들은 빈민을 억압하기보다는 네덜란드의 구빈원처럼 산업에 빈민들을 투입하여 산업에 적극 활용하여 유익을 찾으려 하였다. 그 결과 작업장은 몇 가지 유형으로 만들어지게 되었다. ① 이윤추구형 작업장, ② 형벌형 작업장, ③ 구호억제형 작업장, ④ 수용형 작업장, ⑤ 의식개조형 작업장, ⑥ 보호치료형 작업장이 있다.

### (4) 1722년 작업장조사법

지역단위의 공식적인 작업장을 설치하여 원외구호를 폐지하고 노동능력이 있는 사람들을 작업장에 수용시켜 원내구호를 실시하였다. 이에 수용을 거부하면 구제명부에서 지우고 구제자격을 박탈하였으며, 당국이 직접 운영하거나 하청을 주어 작업장을 부랑억제와 이윤획득 양쪽을 위해 활용하도록 하였다. 위탁받은 자들은 주로 상인들로서, 최저비용으로 작업장을 유지하려다 보니 강압적이고 더 가혹한 작업장이 되었고, 공포의 주거와 악의 원천으로 비난을 받았다. 구빈대상자는 명찰이 부착된 구분된 옷을 입었다. 작업장이 설치된 목적은 첫째, 노동능력이 있는 구호대상자를 작업장에 수용하여 일을 시킴으로써 구호비용을 줄이고, 둘째, 작업장의 조건을 가혹하게 하여 잠재적으로 공적부조를 받아 보려는 구호잠재층을 억제하는 데 있었다. 이는 빈곤을 개인적 결함으로 보고 가혹하게 하였으며, 구빈원은 실제로 빈곤한 자를 향한 인도주의적인 면이 내포되어 있으며, 작업장에 수용된 노동능력이 있는 사람들에게는 사실상 비인도적이고 사회문제가 되었다.

### (5) 1782년 길버트법

악명 높은 1722년의 작업장운영에 대한 개선운동은 교구연합을 통해(1834년이 되면 900개 교구가 67개 연합을 결성) 효율적인 구빈행정을 도모하였다. 교구연합은 유급사무원을 채용하는 사회사업가의 모태가 되었으며, 노동능력이 있는 근면한 빈민들에게는 자신의 집에서 공공부조를 받을 수 있게 하는 원외구호를 시행함으로써 거택보호제도의 효시가 되었다. 종전까지의 강압적인 작업장의 개선을 가져왔고, 노동능력이 있는 빈민에게 직업을 알선하고 노동의 수입으로 생활이 부족하면 보충하여 주는 임금보조역할을 하였다. 작업장은 노동능력이 있는 빈민을 무조건 수용하던 종전의 방식을 탈피하여 노동능력이 매우 부족한 자들의 보호시설로 변화하였으며, 빈민의 노동의사를 묻고 원외구호를 하는 인도주의적인 구빈제도로 평가되었다.

### (6) 1795년 스핀햄랜드법

영불전쟁(1793~1815)은 생활을 더 피폐하게 하였고, 밀값 폭등·인구증가·흉작은 영국을 더욱 곤경에 처하게 하였다. 전쟁에서 부상당하여 돌아온 상이군인들은 가족들과 함께 구빈원에 수용되는 것을 꺼렸고 집에서 구호받기를 원하게 되었다. 이에 1795년 5월 버크셔의 스핀마을에서 임금보충제인 최저임금을 보조하는 방안을 사용하였다.

따라서 가족 크기에 비례하여 일정수준의 소득이 보장되도록 하였으며, 고용주가 주는 임금이 최저임금에 미달하면 빈민구호기금에서 보전해 주었다. 좋은 의도에서 시작했으나 고용주들은 의도적으로 노동자들의 임금을 낮게 책정했고, 임금의 부족 부분을 기금에서 보전하다 보니 기금은 고갈되어 결국 제도는 실패하였다. 고용주들의 저임금이 합리화되고 노동자들은 고용주가 주는 임금이 작아도 어차피 기금에서 보전하여 최저임금에 맞추어 주다 보니 노동동기가 저하되고 생산성은 낮아지게 되었다.

오늘날 무조건적인 복지지원이 노동동기의 저하를 가져온다는 역사적 증거가 되기도 하였다. 근로연계복지(workfare)를 주장하는 자들은 스핀햄랜드제도를 통해 왜 근로연계복지가 필요한지를 보여주는 증거라고 주장하고 있다. 인구학자 맬서스(Robert Malthus)는 이 제도가 인구증가를 부추긴다고 비판하는데, 식구 수가 많은 노동자들이 유리하게 되어 있어서 조기 결혼과 다산을 하게 된다는 것이다. 결론적으로 스핀햄랜드제도는 빈민들을 위한 최소한의 소득보장을 통해 사회안전망으로 시행되었지만 노동자와 빈민들을 더 황폐하게 만드는 격이 되었다.

## 3) 신구빈법(1834)

### (1) 신구빈법의 사회적 배경

첫째, 산업혁명과 구빈법의 파탄에 있다. 구빈법은 중세봉건주의 아래서 맞는 제도였는데, 자본주의 아래에서는 적응하지 못했다.

둘째, 구빈세의 증대와 세제의 불공평이다. 산업혁명은 제조업 관련 분야에서 부를 창출했는데도 구빈세는 토지·주택 소유자들에게 부과되어 상대적으로 제조업을 통해 부를 축적한 사람들이 구빈세 부담이 적었다는 사실이다.

셋째, 스핀햄랜드제도의 모순에 있다. 결국은 노동자를 위한 제도가 아닌 고용주를 위한 제도가 되었다.

넷째, 행정조직의 결함과 개혁의 곤란이다. 구빈행정의 책임을 전국적 조직인 빈민 감독관에게 부여하는 중앙집권적인 기구를 확립했으나, 지방자치 존중이라는 영국 특유의 전통으로 유명무실하게 되었다는 점이다.

### (2) 신구빈법 내용

결국 왕립조사위원회가 만들어졌고, 6개의 건의문을 내놓았으며, 그 내용은 다음과 같다.

① 스핀햄랜드제도하에서 시행되었던 임금보충제를 폐지하였다.

② 노동능력이 있는 신청자는 모두 작업장 구호를 적용하여 결국 작업장제도

로 되돌아갔다.

③ 병자, 노인, 허약자, 어린아이가 딸린 과부에 한해 원외구호를 제공하였다.

④ 여러 교구의 구호행정을 하나의 구빈법 조합으로 묶어 조정하였다. 즉, 종전의 15,000개의 지역단위들을 600개로 묶어 구빈연합을 만들었다.

⑤ 구호의 수준은 그 지역사회에서 노동으로 일하는 노동자의 최하위 임금보다 낮게 책정하는 열등처우의 원칙을 적용하였다.

⑥ 구빈행정을 통제하는 중앙기구를 설치하였다.

## 4) 자선조직과 인보관

### (1) 자선조직협회(Charity Organization Society: COS)

#### ❶ 설립배경

구빈법이 제대로 빈민구제를 하지 못하는 상황 속에서 중산층은 자선사업에 참여하는 것이 자신의 사회적 지위를 상승시키는 방편이고 패션으로 생각하는 풍조가 생겼다.

1861년의 런던에는 640개의 자선단체가 있었고, 연 수입이 250만 파운드로 런던에서 공공자금으로 빈민구제에 지출하는 금액보다 많았다. 그럼에도 단체들은 공동원칙도 없고 단결되지도 못했고, 단체 간에 경쟁과 대립까지 발생하게 되자 조직화하기 위한 노력이 필요하였으며, 1869년에 자선조직협회의 결성으로 나타나게 되었다.

#### ❷ 실천방침

첫째, 곤궁한 개인 중 자존심이 있고 보호받을 가치가 있는 빈민에게는 친절하게 성의를 가지고 대우하고, 그 외의 사람들에게는 공공기관에서 억압적인 방법으로 취급하였다. 둘째, 구호실시에서 중복을 피하고 개인의 필요에 대해 신중하게 조사하여 대처할 것으로 하였다. 셋째, 질병과 같이 빈곤을 초래할 수 있는 특정한 형태의 개인적 문제를 가진 사람들을 원조하고 태만, 음주, 낭비자에 대한 원조는 거부하였다. 넷째, 불행의 완화와 구호의 남용을 방지하기 위해 무보수로 시간과 노력을 제공할 것을 지침으로 하였다.

### ❸ 목적

창립목적은 첫째, 중복구빈을 없애기 위해 여러 자선활동을 조정하고 빈민의 환경에 대한 조사와 적절한 원조를 제공하려는 것으로 중복구빈을 피하기 위해 연락기관이 설치되었는데, 이는 최초의 지역사회 조직사업이다. 둘째, 빈민에 대한 철저한 환경조사는 나중에 가족사회사업 또는 개별사회사업으로 발전하였으며, 자조의 윤리를 추종하는 데 그 목적이 있다.

### ❹ 자선조직협회의 운영방법

첫째, 자선조직협회와 구빈법 간의 협력은 원조대상을 구분하여 원조대상을 구제할 만한 가치가 있는 빈민에 한정(구빈법과 동일)한다는 것이다. 구제가치 있는 빈민은 장애인, 고아, 비자발적 실업자 등과 같이 어려울 때를 대비해서 노력을 했지만, 여전히 불행에 빠져 있는 사람들이다. 구제가치 없는 빈민은 게으른 자, 타락한 자, 주벽이 있는 자들에 대해서는 자선의 제공을 거부하고 구빈법의 열등처우의 원칙에 맡기도록 하였다.

둘째, 자선단체 간의 협력은 지구위원회를 통해서 이루어지고 있었다. 위원회는 각 자선협회와 개인에게 정보교환의 수단을 제공하고, 구제가 중복되는 것을 방지하고, 원조에 적절한 기관에 신청서를 전달하기 위하여 각 케이스에 대한 조사를 명확히 하고 걸식을 억제하였다.

셋째, 신청 케이스의 면접과 조사는 지구위원회에서 고용한 유급사무직원에 의해서 실시되었다.

### (2) 인보관운동(Settlement Movement)

#### ❶ 설립배경

인보관운동은 런던 동쪽의 옥스퍼드대학 출신의 바네트(Samuel Barnet) 목사와 젊은 졸업생들에 의해 전개되었으며, 1884년 토인비 홀(Toynbee Hall)이 만들었다.

가난한 노동자들의 안정과 변화를 위해 중·상류 계급의 젊은 청년과 여성들이 지역주민들의 삶 속에 들어가 함께 생활하며 지역변화의 개혁운동을 일으키게 되었다.

인보관은 중·상류층의 의식 있는 젊은이들이 특권과 신분을 포기하고 가난한 자에게 섬김과 봉사를 하였던 운동으로 지역사회의 문화적·도덕적·지적 수준을 높일 것이라는 믿음을 가지고 어린이 보호, 건강클리닉, 과학, 문화, 예술, 댄스 등을 가르치며 활동하였다.

#### ❷ 목적

바네트 목사는 초대 관장(1884~1906)으로 활동을 했고, 베버리지(William Beveridge, 1879~1963)는 1903년부터 1907년까지 부관장으로 일하였으며, 인보관은 3대 목적을 가지고 있었다.

첫째, 빈곤한 사람들의 교육과 문화를 발전시키자는 것이다.

둘째, 빈곤한 사람들의 생활환경에 관한 정보와 긴밀한 사회적 욕구의 파악에 있었다.

셋째, 사회 및 건강문제 그리고 사회입법에 대한 일반국민들의 관심을 촉구하였다.

인보관사업의 기본목적은 빈민들과 교육받은 계층 간의 상호교류를 증진시키는 일이고 이러한 공동 활동과 연구를 통해서 서로 문화를 공유하자는 것이다. 지역사람들에게 폭넓은 교육기회를 제공하고, 강좌와 집단토의에 참여함으로써 가르치는 사람과 배우는 사람 간의 협조와 배움을 나누는 환경을 증진시키는 데 있었다.

### (3) 자선조직협회와 인보관운동 비교

자선조직협회와 인보관운동은 영국에서 발생하여 미국으로 넘어가 사회복지 실천의 양대 세력으로 경쟁하며 발전을 계속하였다. 모두 사회문제를 해결하려는 인식을 가지고 활동하였으나 실천방법, 사업목적, 내용, 결과 등이 다르게 나타나게 되었다.

✤ 표 2-4 ✤ **자선조직협회와 인보관의 비교**

| 구 분 | 자선조직협회(COS) | 인보관운동(Settlement Movement) |
|---|---|---|
| 공통점 | 동일한 사회문제에 대처하기 위해 활동 | |
| 문제 원인 | 개인적 원인(게으름, 나태 등) | 사회환경이 원인 |
| 사상 바탕 | 사회진화론적 사상에 동조 | 자유주의와 급진주의 사상에 동조 |
| 참여자들 | 주로 상류층이나 상류층에 가까운 자들(부인들) | 교육을 받은 중류층(젊은 대학생들) |
| 문제접근 방법 | 빈민 개조, 처한 상황의 역기능 수정 | 빈민과 함께 생활, 빈민동정, 기존 사회질서 비판 |
| 문제해결 방법 | 우월적 위치에서 방문하여 조사, 권면, 훈계 | 실용주의적, 실현 가능한 것을 실천하려 함 |
| 역점 활동 | 자선기관 간의 역할 조정, 서비스 조정 역점 | 실제 서비스에 역점(야간학교, 공중목욕탕 등) |
| 변화 목표 | 개인원조 및 변화 | 지역사회 개혁, 기독교사회복음화운동과 연결 |
| 주된 인물 | 험프리(미), 리치몬드(미) | 바네트(영), 제인 아담스(미) |
| 발전과 영향 | 개별 사회사업으로 발전 | 소련의 등장 이후 보수화된 미국 내에서 진보성향의 인보관운동은 결국 사라짐(1930년대) |

1900년대 이후에는 ① 노령연금법(1908), ② 국민보험법(1911), ③ 실업보험(1921), ④ 미망인·고아·노령 갹출연금법(1925), ⑤ 지방정부법(1929; 지방정부법에 의해 구빈법이 실질적으로 폐지되고 공적부조가 확립되어 구빈법 체제는 종결하게 되었다), ⑥ 1934년 실업법에 이어 1942년 베버리지 보고서가 채택되

었다.

베버리지의 3대 가정은 다음과 같다.

① 15세까지의 아동을 대상으로 한다.

② 사회의 전 구성원이 이용할 수 있는 포괄적인 보건의료서비스를 제공한다.

③ 고용의 유지, 즉 대량실업의 방지를 목적으로 하는 것이었다.

복지비용의 부담은 ① 국가, ② 고용주, ③ 노동자가 부담하는 3자 부담을 주장하였고, 사회의 5대악을 ① 궁핍, ② 질병, ③ 무지, ④ 불결, ⑤ 나태로 규정하고 이를 해결하고자 하였다.

베버리지는 ① 충분한 급여, ② 정액급여, ③ 정액각출, ④ 행정책임(관리책임)의 통합, ⑤ 대상의 포괄성, ⑥ 분류화의 사회보장 6가지 원칙을 주장하였다.

베버리지보고서는 없던 정책을 새롭게 만든 것이 아니라 산발적으로 흩어져 있던 사회복지제도들을 재정비하여 제시한 것이다. 이전에 부자들의 전유물처럼 복지라는 액세서리를 이제는 모든 국민들이 함께 기여하고 받으면서 궁핍과 질병 등에서 자유롭게 하려는 것으로 국가가 책임을 지고 국민의 최저생활을 보장해 주는 사회보장제도로 재탄생시켰다는 점에서 높이 평가되고 있다.

영국 복지예산은 정부예산 가운데 약 30%를 차지하는 것으로 알려졌다. 복지지출 삭감은 총선으로 재집권에 성공한 데이비드 캐머런 총리의 철학이기도 했다.

'낮은 임금, 높은 세금, 높은 복지' 사회에서 '높은 임금, 낮은 세금, 낮은 복지' 사회로 변화시켜야 한다"며 "최저임금을 받고 일하는 사람들이 번 돈을 세금으로 내고, 정부는 다시 이 돈을 이들에게 복지와 함께 돌려주는 '회전목마'를 끝내겠다"고 회전목마 탈출론을 주장하기도 한다.

사회적 투자전략에서는 고정된 정년퇴직 연령을 폐지하고 나아가 노령 인구를 문제라기보다는 자원으로 인식해야 한다고 주장한다. 실업 대책에서도 정부, 기업을 포함한 민간 기관들의 결합을 통해 인적 자본을 육성할 것을 역설 하면서, 즉 복지로부터 노동을 강조한다. 제3의 길에서 주장하는 적극적인 복지는 베버리지가 제기한 각각의 소극적 요소들을 적극적인 것으로 대체시킬 수 있다는 것이다. 궁핍 대신에 자율성을, 질병이 아니라 활력적인 건강을, 무지 대신에 생활의 지속적인 일부로서의 교육을, 불결보다는 안녕을 그리고 나태 대신에 진취성이 그것들이다.

## 2. 미국의 사회복지발전

### 1) 자선조직과 인보관

#### (1) 미국 자선조직

험프리(Humphrey) 목사가 버펄로에서 최초의 자선조직협회(COS)를 설립했고(1877), 리치몬드(Mary E. Richimond)에 의해 더욱 발전되면서 사회적 조사와 진단을 구체화한 형태로 발전하였으며, COS의 제일 중요한 기능은 무차별로 주는 것을 제거하고 구걸을 억제하는 것이다.

원조할 만한 가치가 있는 자들을 선별하여 이중으로 자선을 받는 것을 막기 위한 노력을 하였다.

COS가 현대 사회사업에 미친 영향은 지대하며 다음과 같다.

첫째, 빈곤의 책임을 개인에게만 돌리지 않고 사회적 책임을 강조했다.

둘째, 자의적이고 선발적인 구제사업을 조정 · 합리화했다.

셋째, 방문구제를 통해 현대적 의미의 사회사업방법론을 확립했다.

넷째, 자선활동을 전문적 사회사업으로 발전시켰던 것도 COS의 영향이었다.

#### (2) 미국의 인보관

미국에서는 제인 아담스(Jane Adams)가 영국을 방문하여 토인비 홀의 활동에 감명을 받고 시카고에 헐 하우스(Hull House, 1889)를 설립하였다. 아담스는 평화주의자와 사회개혁가로 활발한 운동을 펼치면서 성과를 거두기도 하지만, 당시의 복고파들과 애국자들에게 헐 하우스는 급진주의의 온상이며 파괴적인 네트워크의 중요한 고리로 생각했고, 아담스는 위험한 여성으로 보여 배척도 받았다. 헐 하우스는 여성운동, 노동운동의 거점 역할을 하면서 사회변혁에 앞장서게 되었으며, 인보관은 사회개혁을 주도하는 입장에서 활동을 활발히 전개하고 공헌을 하였으나 당시에 소련의 등장과 함께 정치적으로 미국이 보수화되면서 정치권의 견제를 받았고 점차 힘을 잃게 되었다. 이후 자선조직의 실천개념들이 미국의 복지를 주도하는 주류가 되는 것으로 역사는 흘러갔다.

### (3) 인보관과 자선조직의 비교

미국은 영국의 제도들을 수입하여 사용하고 있던 관계로 1900년대 후반부에는 오히려 영국이 수입하는 입장이 되었지만, 영국의 제도와 비슷한 빈민구호제도가 작동하고 있었다.

인보관운동은 제인 아담스에 의해 도입되고 전파되어, 시카고에 헐 하우스가 만들어지는 등 지역사회변화운동이 활발히 전개되었다. 그러나 1917년 소련의 등장으로 미국 내의 정치권이 보수화 경향을 띠면서 아담스의 지역사회변화운동은 좌파라는 의심을 받게 되고, 1930년대에 들어가면서 역사의 무대에서 사라지게 되었다.

여기에 자선조직협회(COS)는 험프리에 의해 도입되어, 리치몬드에 의해 크게 발전하였다. 1917년 리치몬드의 『사회진단』이 출판되면서 사회복지실천의 새 지평을 열었고 개별사회사업에 강점을 가지고 성장하였으며, 유급종사자를 고용한 것도 자선조직의 활동에서 나타나게 되었다. 인보관운동과 자선조직협회는 미국 내에서 경쟁을 하며 발전을 하지만, 1930년대의 미국 내 정치적 상황과 맞물리면서 인보관운동이 사라지고 개별사회사업성향의 운동이 이어지며 발전을 하였다. 따라서 미국의 사회사업이 개별사회사업에 강세를 띠며 성장하게 되는 역사적 바탕이 되었다.

### (4) 사회보장법(1935)

사회보장법(Social Security Act)은 강제적 사회보험과 공적부조를 양축으로 하고 있으며, 사회보장법은 두 가지 보호체계를 지니고 있다.

첫째, 연방사회보험제도로서 연방정부로부터 기금을 충당해 은퇴자, 유족 및 요보호자에게 직접 지급하는 제도이다.

둘째, 공공부조제도로서 재정은 연방정부에서 충당하지만, 그 행정은 주나 지방에서 담당하는 것이다.

사회보장법에 나타난 사회보험과 공적부조프로그램은 다음과 같다.

① **사회보험** : 고령자 및 유족보험, 실업수당, 근로수당(주 사회보험)

② **공공부조** : 고령자부조(Old-Age Assistance: OAA), 맹인부조(Aid to Blind) 및 장애인부조, 요보호아동부조(Aid to Dependent Children: ADC)

1950년에 '부양가족아동부조(Aid to Families with Dependent Children: AFDC)'로 바뀌면서 어머니들도 포함되었고 주관부서도 건강교육복지부로 이동했고, 1996년의 복지개혁이 나타나기까지 지속되었던 법이다.

처음에는 수급자가 많지 않을 것이라 예상했는데, 1960년대 이후 급격히 늘어나고 이혼 증가와 혼외출산의 증가가 원인이 되었다. 원래는 기혼여성이 홀로 자녀 양육하는 경우를 돕기 위해 만든 것인데, 사회가 변화하면서 수급자 다수를 미혼모가 차지하는 상황이 되었고 수급자 절대다수가 복지의존을 하는 양상을 보이고 있다. 수급자 과반수가 일생 중 10년 이상을 AFDC 수급자로 살고 있었다. 복지의존에 대한 사회적 비판이 거세졌고, 결국 1996년 복지개혁을 통하여 AFDC를 폐지하고 한시적인 급여(5년)와 근로의무를 골격으로 하는 '빈곤가족을 위한 일시부조(Temporary Assistance for Needy Families: TANF)'로 대체되어 강력한 근로연계복지를 추진하는 제도장치를 완비하고 있다.

특히 정식 명칭 'Patient Protection and Affordable Care Act(ACA)'라고 불리는 의료보험 개혁안인 미국의 오바마 케어는 ① 전 국민의 의료보험 가입을 의무화하고, ② 보험회사의 보험료 차등 부과를 억제하며, ③ 정부 주도로 보험료 인하 장치를 도입한다는 것을 핵심으로 한다. 공화당은 오바마 케어를 격렬하게 반대했다. 이것을 티파티운동(Tea Party movement)이라 한다. 하지만 법은 통과됐고, 2014년부터 본격적으로 가동하고 있다.

오바마 케어란 버락 오바마 대통령의 건강보험 개혁안이며, 정식명칭은 환자보호 및 부담작정보험법으로 미국의 의료보험 체계개혁 법안이다. 민영보험에만 의존하는 의료보험에서 벗어나 미국 국민에게 2014년까지 건강보험 가입을 의무화하는 것이 핵심이다. 월 보험료와 공제금, 의사 진료 및 처방전 발급에 필요한 비용을 본인이 얼마나 부담하느냐에 따라 플래티넘, 골드, 실버, 브론즈의 4단계로 구분되고 가구당 소득과 가족 수에 따라 정부가 건강보험금을 차등 지원하는 제도이다.

민주당의 힐러리 클린턴 후보를 누르고 공화당의 도널드 트럼프가 미국의 45대 대통령이 되었다. 트럼프와 공화당의 감세 법안의 상·하원 합의본이 최종 하원 통과되어 세법에 대한 30년만의 개혁이 이루어졌다. 법인세율이 35%에서 21%로 대폭 감소(가장 큰 수혜자가 기업)되었으며, 오바마 케어 의무 가입 폐지, 즉 의무 가입으로 인한 보험료를 세금으로 간주하여 폐지하였다.

당연히 복지예산이 가장 큰 영향을 받을 것이고 감세정책 중에는 오바마 케어(의무 의료보험)의 의무화를 폐지했다는 점이다. 당연히 의료보험료에 부담을 느끼는 젊고 건강한 사람들이 의료보험시장에서 빠질 것이고 늙고 병든자들만 남게 되며, 이렇게 되면 의료보험료가 올라갈 것이고, 의료보험 피보험자 감소로 이어질 것이라는 예측이다. 과거 의료보험 사각지대에 수백에서 수천만 명이 존재하는 미국으로 돌아갈 것으로 예상되고 있다.

## ▣ 연구과제

1. 한국의 이명박, 박근혜, 문재인정부의 복지정책 비교연구
2. 인보관과 자선조직의 의의와 성격에 대한 연구

제 3 장

# 사회복지모형과 이론

1. 사회복지모형
2. 거시적 사회복지이론
3. 미시적 사회복지이론

✦ 학습과제

1. 사회복지모형 중 윌레스키와 르보의 복지모형
2. 거시적 사회복지이론 중 이익집단론과 사회양심이론
3. 미시적 사회복지이론 중 행동주의이론과 인지이론

# 1 사회복지모형

## 1. 윌렌스키와 르보의 복지모형

윌렌스키와 르보(Wilensky & Lebeaux)는 사회복지를 잔여적(보충적) 모형과 제도적 모형의 두 가지로 크게 나누고 있다.

제도적 개념은 복지제공의 일차적 책임을 국가가 담당하고 다양한 복지제도를 통해 보편적으로 실현하는 경우이다. 잔여적 개념에서는 복지제공의 일차적 책임은 가족 등 일차 집단이 부담하고 취약집단에 국한된 잔여부분을 국가가 제공한다.

개인적 질병이나 노령, 가족의 붕괴나 해체, 사회적 경제공황의 발생 등과 같은 비정상적인 상황 아래에서는 가족이나 시장으로부터 욕구충족을 위한 재화와 용역을 충분히 공급받지 못하게 된다. 이러한 경우에 제3의 메커니즘으로서 사회복지조직이 작용해야 한다는 입장이 잔여적 모형(residual model)이다. 결국 사회복지조직은 사후 치료 및 응급구호의 성격을 지니며, 이를 통해 각 개인이 가족과 시장으로부터 정상적인 욕구 충족의 상태로 회복되면 활동을 중지해야 한다는 입장에 서게 된다.

이에 비해 제도적 모형(institutional model)은 사회복지를 현대 산업사회, 특히 자본주의 경제체제에서 불가피하게 기능하는 정상적인 욕구충족의 한 경로로 받아들이는 입장이다. 즉, 복잡 다양한 성격을 가진 현대 자본주의체제에서 각 개인은 자신의 노력과 가족의 도움만으로 시장을 통해 기본적 욕구를 충족하기는 어려우며, 국가의 법적·제도적 장치의 보호를 받을 수밖에 없다는 입장이다. 따라서 사회복지는 비정상적 상황에 대처하기 위한 응급구호나 보충적 성격이 아니라 통상적이며 정상적인 제도적 지위를 가지게 된다는 것이다. 제도적 모형의 경우 사회정책의 목표가 사회복지제도는 항시적으로 소득의 재분배기능을 수행하여 전체 국민들이 최적의 삶을 영위하도록 함에 있다.

## 2. 티트머스 복지모형

티트머스(R. M. Titmuss)는 사회복지모형을 잔여적 모형, 제도적 모형과 더불어 산업적 성취모형으로 나누어 설명한다. 잔여적 모형은 보충적 모형으로 시장과 가족이 붕괴되었을 때만 사회복지제도가 활동을 시작하게 되므로 잠정적인 역할에 그친다. 따라서 이 모형에서의 사회복지는 단지 사회의 최저한의 경계선상에서 헤매는 빈곤층과 요보호자들에게 급부를 주는 역할을 한다. 이에 공공부조프로그램을 강조한다. 제도적 재분배모형으로 주로 보편적 욕구충족을 기반으로 하여 시장경제 메커니즘 밖에서 보편적 서비스를 제공하는 기본적이고 종합적인 제도이다. 그리고 보편적 프로그램을 강조한다.

산업적 성취모형은 사회복지제도의 중요한 역할을 경제의 종속물로서 통합·구체화하고 있다. 즉, 시장경제원리에서 생산성을 중심으로 한 성과, 업적, 작업수행, 신분향상을 목표로 하고 있다. 따라서 이 모형은 동기, 노력, 보수, 계급형성과 집단의 충성 등에 관심을 두는 다양한 경제적·심리적 이론 등에서 도출된다. 사회복지를 기능주의의 입장에서 해석하며 또한 사회복지를 경제성장의 수단으로 활용하고자 하기 때문에 시녀적 모형이라고도 한다.

여기서 잔여적 모형과 제도적 모형은 윌렌스키와 르보의 입장과 동일하게 받아들인다. 그러나 산업적 성취 모형은 사회복지를 기능주의의 입장에서 해석하여 시장경제 메커니즘에 있어서 생산성 및 업적의 결과를 감안하여 경제성장의 한 수단으로 활용하고자 하는 입장이다.

## 3. 미쉬라 복지모형

미쉬라(R. Mishra)는 사회복지를 기본적으로 제도적 모형으로 보면서도, 국민들의 삶과 관련하여 '최소한의 전국적 기준'을 위해 국가의 책임을 제도화해야 한다는 입장이다. 미쉬라는 이러한 최소한의 전국적 기준을 위해 완전고용의 실현, 국민적 기본욕구를 위한 보편적 서비스의 제공, 빈곤의 해소와 예방에 초점을 두고, 기회의 평등을 넘어서서 결과의 평등도 상당한 정도로 증진되어야 하는 것으로 보고 있다.

미쉬라는 복지국가를 분화된 복지국가(pluralistic nation)와 통합된 복지국가(corporate nation)로 유형화하고 분화된 복지국가에서 경제영역으로 수요의 창조나 억제를 위한 정부의 경제활동을 활성화하는 조치로 재정 및 금융정책을 추구한다. 정치형태는 미국이나 영국과 같이 이익집단과 다원주의적 성격으로 정치형태 및 사회의 의사결정과정에서 자유경쟁 또는 시장모델을 적용하며, 산업분야에서의 자유로운 집단협상방식을 선택한다. 조직화된 집단, 정당 및 의회를 통한 분파적 이익을 추구하여 사회적 책임이 결여된 경제력을 행사한다.

통합된 복지국가는 스웨덴이나 네덜란드 등 경제영역에서 수요 측면과 공급 측면에서 이윤, 투자, 임금수준, 인플레이션, 노동시장의 조건 등에서 경제를 조절하고 광범위한 경제문제의 조절 및 합의를 형성한다. 즉, 주요 경제 집단에 사회적 책임이 존재한다. 정치형태에서는 중앙집권적 다원주의 성격으로 광범위한 경제 및 사회정책에 걸쳐 주요 이해집단의 대표와 최고 조합들 간의 협상으로 경제 집단의 상호의존성이 인식되어 계급협력과 사회적 합의의 형태로 제도화된다.

# 2 거시적 사회복지이론

이론은 어떤 현상들을 상호관계 속에서 일정한 원리와 법칙에 따라 통일적으로 설명할 수 있는 보편적인 지적 체계이며, 개념, 변수, 진술 등으로 구성되어 있다.

거시적 사회복지이론은 사회복지정책의 형성과정이나 복지국가의 발달을 설명하는 이론으로 비교적 사회적·국가적 입장에서 성립된 이론들을 말한다.

## 1. 확산이론

확산이론은 타이라와 킬비(Taira & Kilby, 1969) 및 콜리어와 메식(Collier & Messick, 1975)이 주장하였다. 이 이론은 한 나라의 사회복지 정책이 다른 나라에 영향을 미치며, 한 나라에서 사회복지정책을 시작하게 된 주된 이유는 선진복지국가의 경험에서이다. 사회복지정책의 확대는 국제적 모방과정으로 본다는 것이다.

타이라와 킬비는 유럽의 복지비 지출에서 사회보장 발전과 국가의 지리적 위치가 밀접한 상관관계에 있음을 발견하였으며, 선진국가에서 비선진국가로 사회보장이 확산되는 것으로 제도의 최초 도입 시기만으로는 확산 과정을 설명하지 못한다. 확산이론 비판으로 쿤레(Kuhnle)는 스칸디나비아 국가의 사회보험을 분석하여 국가 간의 사회, 경제적, 정치적 조건의 차이를 무시했다고 비판하였으며, 제도의 현실화와 입법화는 보다 많은 변수들이 영향을 미치게 하는 현실을 간과하였다는 점이다.

## 2. 이익집단론

사회복지정책은 이익집단들의 영향력 행사이며 이익집단 간의 갈등과 타협의 산물로 간주한다. 경제발전과 민주주의의 진전으로 이익집단의 욕구가 커지며, 제도를 놓고 서로 다른 이해를 가진 집단들이 행사하는 영향력을 분석하면 근본적으로 파악할 수 있다.

공통의 이익을 중심으로 집단이 형성되고, 집단행동을 통해 이익을 관철한다. 이익집단의 성장은 국가에 압력으로 작용하여 정부의 복지비 지출 증대를 가져온다. 이익집단들이 자신의 이익의 실현을 위해 정치적 단체 활동을 하게 되며, 압력집단의 영향력은 점점 커지고 있다.

## 3. 사회양심이론

사회양심이론은 국민들의 이타적 양심이 성장하고 집적되어 사회복지제도가 성립, 발전하였다고 보는 이론이다. 국민의 이타적 양심을 기본으로 사회개량 및 사회개혁에 대한 의식이 발달되고, 이러한 의식으로부터 국가정책이 성립하여 사회복지에 반영된다.

사회적 양심이론(social conscience thesis)이 성립될 수 있는 가설에 대한 베이커(Baker, 1979)의 입장은 다음과 같다.

① 이타적 양심이 사회정책에 반영된다.
② 사회정책은 사회적 의무감의 확대와 욕구에 대한 반영이다.
③ 이타적 관심은 누적적으로 확대되며 지속적인 것이다.
④ 이타적 양심에 입각하여 비복지적 요소는 개선은 불가피하며, 현시점에 형성된 사회복지는 지금까지 시도된 것 중 최선의 것이다. 이타적 양심을 통한 사회적 욕구는 사회의 시대적 상황을 고려하여 진행된다.
⑤ 현재적 서비스가 완전한 것은 아니라고 하더라도 주된 문제의 해결과정에

있고 지속적으로 변화한다.

사회적 양심이론에 대한 히긴스(Higgins, 1981)의 비판은 다음과 같다.

① 사회정책이 인간의 본질적 가치나 이타적 양심을 실현하고자 하는 신념의 표현이라면, 모든 사회에서 사회복지의 동일한 변화와 발전을 발견할 수 있어야 하는데, 현실은 그렇지 못하다. 따라서 사회복지가 이타적 양심에 입각하여 발전한다는 논의는 부적절하다.

② 사회적 서비스의 발달을 인도주의적인 측면에서만 이해함으로써 정책과정에서 발생하는 정치적 맥락(다양한 이해집단 간의 정치적 갈등을 통해 발달을 통해 사회가 변천한다는 점을 이해하지 못하고 있다.

③ 사회적 양심이론은 영국의 특수성에 근거하여 성립된 이론으로 타문화의 사회정책을 이해하는 데 방해가 될 수 있다.

## 4. 시민권론

사회복지는 사회구성원이면 누구나 향유할 수 있는 권리로 보는 이론으로 공동체의 완전한 성원에서 부여된 여러 가지 권리와 권력을 향유할 수 있는 지위이다. 자본주의 사회에 나타난 불평등한 계급주조에 대해 사람들은 법 앞에서 개인적인 자유와 평등을 보장받기 위해, 사회적 불평등을 해소하기 위한 방법으로 시민의 권리를 주장한다.

1963년 마샬(Marshall)에 의해 제기된 이론으로 시민권은 크게 공민권, 참정권, 복지권 등으로 나눌 수 있으며, 현대사회의 사회복지급여는 시민의 기본 권리의 발전의 맥락을 통해 발전하게 된다는 이론이다.

시민권의 개념에 내포된 사회정책의 급여는 그것을 필요로 하는 사람들이 자유롭게 이용할 수 있어야 하는 보편성의 원칙에 입각해 있다. 이 원칙은 복지급여를 수혜 받는 사람이 그로 인해 낙인을 받아서는 안 된다는 것을 의미한다. 티트머스(Titmuss)에 따르면, 낙인은 '정체감의 손상'으로서 우리가 살아가는 사회에서 빈곤, 민족 집단, 계급 등의 기반으로 인해 경험하는 차별로부터 기인한다. 복지와 관련되어 낙인을 발생시키는 대표적인 사례는 자산조사인데, 자산조사에 결부된 낙인은 신청자의 자아감뿐만 아니라 정상인으로서 기능수행 능력을 위협한다.

공민권(civil rights)은 18세기에 확립되었으며, 개인의 자유, 표현, 사상, 신념의 자유, 사유재산권, 정당한 계약의 권리, 재판 받을 권리 등 개인의 자유에 필요한 권리이다.

정치권(political rights)은 19세기에 확립되었으며, 정치적 권위가 부여된 기구의 성원은 유권자(선거인)로 정치권력의 행사에 참여할 수 있는 권리이다.

복지권(welfare rights)은 20세기에 확립되었으며, 최소한의 경제적 복지와 보장에 대한 권리로부터 사회적 유산을 공유하고 사회의 통상적 기준에 따라 문명화된 삶을 향유할 수 있는 권리이다.

## 5. 음모이론

음모이론(conspiracy theory)은 사회적 양심이론과는 반대의 이론으로 사회복지정책의 발달은 이타적 양심에 의하기보다는 사회 전체의 안정과 질서를 유지하기 위한 사회통제와 현상유지의 목적으로 발달된다고 보는 이론이다.

피벤과 클로워드(Piven & Cloward, 1979)는 미국구빈정책의 연구를 통해 사회복지의 발달은 대량실업이나 사회혼란과 무질서가 발생하면 공공복지제도가 갑자기 발달하고, 사회적 안정이 회복되면 공공복지의 프로그램이 줄어들거나 폐지되는 경향성이 있으므로, 사회복지정책은 사회의 안정과 유지를 목적으로 발달한다고 본다.

마르크스주의자들은 사회정책이란 자본주의사회가 필요로 하는 안정과 효율유지를 위한 물리적 강압책의 대안으로 사회복지정책을 실시한다고 인식한다.

음모이론의 비판은 다음과 같다.

① 정치현실과 정책결정과정을 무시하고 정책의 목표만 중심적으로 관찰하였다는 점이다.

② 사회 안정에 위협을 주지 않는 복지혜택의 대상자들 예컨대 아동, 장애인, 노인 등에 대한 사회적 지원을 해석하기 어렵다는 점이다.

③ 사회복지는 지배 엘리트의 의도보다는 빈민의 사회복지급여 확대에 대한 압력의 결과이며, 지배계급의 교체가 빈번한 현대정치의 상황에 대한 설명으로 부족하다.

## 6. 국가중심적이론

국가중심적 이론(state centered approach)은 정책결정과정 속에서 국가는 행위자로서의 중요한 역할을 수행하고 사회의 모든 행위자들의 결정에 영향을 미치게 되는데, 복지국가란 역사적 발전과정 속에 등장하는 하나의 새로운 제도로 발전되는 것으로 보는 이론이며, 복지국가는 국가가 주도적으로 수행한 제도의 결과로 인식한다.

이것은 국가의 자율성, 제도적 맥락, 정책적 환류의 결과 속에서 복지국가를 이해한다. 국가란 중앙집권적이고, 조합주의적 형태, 혹은 예산을 팽창시키려는 경향이 있으며, 이러한 맥락을 통해 복지국가의 확대를 추구하게 된다고 본다.

국가론은 사회복지정책을 독립된 주체인 국가가 스스로 문제를 인식하고 해결하려고 하는 노력의 산물로 파악하며, 문제를 발견하고 해결책을 찾아 수행하는 정부 관료조직의 역할로서 사회적 쟁점과 그 해결책은 점차 복잡해지는 경향이 있으며, 정치인과 이익집단의 역할은 약화되는 반면 관료와 전문가의 역할은 중요하다.

테다 스코치폴(Theda Skocpol)의 네오 마르크스주의 국가론에 의하면 정치적 결과들은 추상적인 자본주의체제가 요구되는 자본가 계급의 의지 및 계급투쟁의 정치적인 효과에 독립적이나 정치 분석을 단순화시켰다는 데 한계가 있으며, 국가와 관료조직 그 자체가 국가 정책에 있어 결정적인 변수가 된다.

# 3 미시적 사회복지이론

## 1. 심리분석이론

구조적인 관점에서 보면 id(원초아·본능, 쾌락원칙), ego(자아, 현실원칙), superego(초자아, 도덕, 양심)으로 구분하고 id와 superego 사이의 긴장과 불안을 해소하기 위한 방어기제를 통한 심리상태의 이해라고 볼 수 있다.

예를 들어 억압은 어머니에 대한 갈망과 아버지에 대한 공포를 없는 것으로 눌러 버리는 것이고, 부정은 어머니의 죽음을 부정하고 하늘에 있다. 그리고 반동형성은 남근기적 엄마에 대한 흠모의 억압으로 여성에 대한 경멸, 자기 자식에 대한 구별흠모이다. 이지화는 성, 공격충동에 대해 충동들을 머리로 집착하는 것이고, 투사는 자신의 증오를 타인에게 투사하여 그가 나를 증오하고 있다고 한다. 투입은 영화 속의 주인공을 자신으로 연결시키는 것이고, 합리화는 아이를 학대하면서 아이를 잘해 주면 망친다는 합리화의 모순을 말한다. 그리고 자신의 아이를 미워하는 것을 조카나 이웃 아이를 미워하는 것으로 전위하며, 프로이트(Freud)는 문명의 발달을 성적·공격적 충동의 승화로 본다.

### 1) 지형학적인 관점

프로이트는 무의식 체계의 정신 과정을 '일차 과정', 전의식 체계의 정신 과정을 '이차 과정'이라고 불렀다. 또한 그는 전의식 체계의 이차 과정 사고는 합리적이며, 깨어 있는 의식 상태에서 정리된 생각과 말에 해당되며, 이에 비해 일차 과정은 비합리적이고, 꿈에서 발견되는 생각들에 해당한다고 설명했다. 이 정신 과정에서는 낮 동안의 논리와 규칙이 적용되지 않는다. 여기에서는 하나가 다른 것을 대표할 수 있으며, 모든 것이 가능하고, 비일관성이 문제가 되지 않는다. 일차 과정은 무의식 체계 안에서 발생하기 때문에 의식되지 않고 오직 추론에 의해서만 알 수 있을 뿐이다. 이러한 추론은 일차 과정이 이차 과정으로 침투하여서 두 체계를 분리시켜 주는 장벽을 혼란시킴으로써 가능해진다. 추론은 또한 아주 영리한 심리적 속임수가 분리 장벽을 '무력화시킴으로써' 가능해진다. 이런 속임수들 뒤에 있는 기제는 금지된 무의식적 소망들이 중요하지 않은 내용에 부착된다는 것과 관련되어 있다.

낮 동안의 잔재들은 트로이의 목마처럼 작용한다. 이것들은 전의식 안으로 침입하려는 위협적 소망들을 방어하는 감독자를 바보로 만든다. 프로이트는 감독자로서 기능하는 장벽을 '억압 장벽'이라고 불렀다.

프로이트는 인간의 정신적 활동의 에너지를 '생의 본능'과 '죽음의 본능' 두 가지로 나누었다. 생의 본능은 에로스(eros)라고 하여 생명을 유지 발전시키고, 사랑하게 하는 본능으로서, 이것이 있기 때문에 사람은 자기를 사랑하며, 생명을 유지 발전시키고 종족을 유지 번창시키는 것이다. 이 에로스의 에너지를 리비도(libido)라고 한다.

프로이트는 처음에 정신생활의 영역을 의식·전의식·무의식의 세 수준이 있다고 보았다.

의식은 현재 느끼고 식별하는 정신내용으로서 다른 영역보다 비교적 좁고, 작용되는 내용도 항상 변화·교체되는 것이 특징이다. 이 의식의 내용은 외계의 자극으로 말미암아 나타나고 변하기도 하지만, 많은 부분은 정신영역의 하위 부분에서 솟아오르는 것이다. 그러므로 이것은 무의식 속에 있던 것이나 전의식 속에 있던 것이 의식면으로 튀어나오는 것이 대부분이라고 보았다.

전의식은 의식된 것이 저장되는 곳으로서 연합에 의하여 쉽게 의식상으로 솟

아오를 수 있는 내용이 머무르는 곳이다. 무의식의 영역은 정신내용의 대부분을 형성하고 있으며, 본인 자신은 직접 의식할 수 없는 내용이지만 이것이 은연중에 사고나 활동에 영향을 끼치는 것이라고 본다.

프로이트는 정신생활의 영역을 의식·전의식·무의식으로 나누어 설명하다가 1923년부터는 사람됨의 구조를 이드(id), 자아(ego), 초자아(superego)의 세 요인으로 보고, 사람은 이 세 요인의 상호균형 속에서 생활해 나간다고 보았다. 이드는 전부 무의식적인 것이고 자아와 초자아는 의식·전의식·무의식을 다 가지고 있으나 역시 무의식적인 것이 대부분을 차지한다.

## 2) 유전학적 관점

0~18개월은 구강기로 성적 만족이 입과 입술, 혀의 기능과 관련된 기관과 관계되고, 분리, 개별화, 대상관계의 형성기이다. 18개월~3세는 항문기로 성적 만족을 배변을 통해 해소하는 시기이다. 3~6세는 남근기로 성적 만족이 성기로 옮겨오는 시기이며, 거세불안한 시기이다. 7세 이상은 사춘기며 잠재기이다.

### (1) 구강기(0~18개월)

빨고, 삼키고, 뱉는 것, 깨무는 것과 같은 활동과 그 기능을 하는 부위인 구강이 성격의 발달에 중요한 의미를 갖는 시기이다. 구강활동에서 얻는 쾌락은 지식 습득이나 소유에서 얻어지는 쾌락과 같은 다른 형태의 활동으로 전환, 대치될 수 있다고 보는 것이다.

### (2) 항문기(18개월~3세)

2~3세 사이로 대변의 배출과 보유가 만족의 원천이 되는 시기이다. 변 가리기 훈련은 아이의 성격에 영향을 미친다. 거칠거나 강압적 훈련방법은 고집이 세고 인색하며, 지나치게 청결하거나 지나치게 불결한 경향의 성격특성을 나타내게 된다.

### (3) 남근기(3~6세)

성적 에너지의 초점이 생식기로 옮겨가는 시기이다. 남아는 오이디푸스 콤플렉스, 여아는 엘렉트라 콤플렉스가 나타난다. 남아는 거세불안, 여아는 남근 선망을 갖게 된다.

### (4) 잠복기(잠재기)

6~13세경까지 리비도는 억압 또는 승화되어 지적 관심, 운동, 친구 간의 우정 등으로 나타난다. 성적 본능이 수면상태에 있는 시기로 나르시즘적이거나 내적이고 자기중심적인 선입견이 성격특성이다.

### (5) 생식기

12~18세로 성적 충동과 공격적 충동이 다시 나타나는 시기이다. 이기적이거나 자애적인 이유에서가 아니라 애타적 동기로 사람들을 사랑하기 시작한다. 이 시기의 주요 발달과제는 부모로부터 자유로워지는 것이다. 아들은 어머니와의 연결된 끈을 풀고 자신의 여성을 발견하고 아버지의 지배로부터 자유로워져야 한다. 딸도 마찬가지이다.

## 2. 행동주의이론

행동주의이론에서는 직접 관찰 가능한 인간행동에 초점을 두며 특정행동은 선행하는 사건, 즉 선행요인과 뒤이어 일어나는 사건으로 결과에 의하여 일어난다고 보고 있다. 행동주의이론은 고전적 조건과 조작적 조건화, 인지적 학습의 세 가지로 분류된다. 스키너(Skinner)와 반두라(Bandura)는 모든 인간의 행동을 불러일으키는 요인은 환경적 자극이라는 점에 동의를 하고 있고 인간본성이 가변적 속성을 지니고 있다는 점을 인정한다. 스키너와 반두라는 모두 관찰 가능한 행동에 초점을 두고 있기 때문에 과학적 연구를 통하여 인간의 본성을 설명할 수 있다고 주장한다.

스키너는 인간의 행동은 환경적 자극에 의해 동기화되고 행동에 따르는 강화에 의해 전적으로 결정된다고 보고 있다. 반두라는 인간행동은 외적 환경의 자극과 인간 내적 사건이 상호작용하여 결정된다고 보고 있다. 고전적 조건화는 반응적 조건화라 불리며, 이러한 조건화에 의해 형성된 행동을 반응적 행동이라 한다. 반응적 행동은 인간의 유기체가 특정 자극에 대해 자동적 반응을 보이는 것이다.

조작적 조건화는 특정 행동에 따르는 결과가 다음 행동의 원인이 되며, 행동은 결과, 즉 보상과 벌에 의해 유지 또는 통제가 된다는 것이다. 특정한 반응이 보상되거나 보상되지 않을 것이라는 단서, 혹은 신호로 작용하게 되는 자극을 변별자극이라 부른다. 특정행동에 뒤따르는 결과 중에서 행동재현 가능성을 높여 주는 것이 강화이며, 가능성을 낮추는 것이 벌이다. 즉 정적 강화, 부적 강화 그리고 혐오적 자극과 유쾌한 자극이다. 강화계획은 행동 증가를 목적으로 사용하는 강화물을 제시하는 빈도와 관련된 계획을 말한다.

## 3. 인지이론

인지란 일정한 자극을 조직하여 지식을 얻는 심리적 과정이다. 여기에는 의미 있는 사고를 말하는 인지와 의미 있는 감정을 의미하는 정서로 구분하기도 한다. 개인이 활용 가능한 정보를 지각하고, 조직하고, 평가하는 정신과정이 인지적 과정이다.

인지이론은 사고획득과 기능에 초점을 두는 이론으로 인간의 잠재력과 행동을 이해하고 이를 변화시키는 데 있어서 필수불가결한 이론적 기반이 된다. 인지이론에서는 인간을 매우 주관적인 존재로 규정하고 있다. 피아제(Piaget)는 인간의 인지는 환경과 상호작용을 통하여 변화하고 발달하고 있다고 본다.

인간은 외부의 행동에 수동적으로 반응하는 존재가 아니다. 개인은 스스로 사고하고 환경에 적응하며, 능동적이고 적극적으로 환경을 주도하는 존재이다.

피아제는 인간의 행동에는 반드시 어떤 심리학적인 기본단위와 기능이 관련되어 있다고 보았다. 여기서 기능은 모든 유기체가 유전적으로 타고난 두 가지 경향성을 말하는데, 적응(adaptation)과 조직화(organization)가 그것이다. 기본적인 인지의 기본단위는 지능, 도식, 개념, 명제가 있다.

### 1) 지능

지적 행위란 유기체의 존재에 최적조건으로 접근해 가는 것을 말한다. 지능(intelligence)이란 모든 살아 있는 유기체의 통합이다. 지능이 어떤 주어진 시간에서 어떻게 나타나느냐 하는 일은 조건이 바뀜에 따라 필연적으로 바뀌게 된다. 피아제의 이론을 종종 유전적 인식론(genetic epistemology)이라고 부르기도 하는데, 그것은 그가 지적 능력의 발달을 추적해 보려고 하기 때문이다.

### 2) 도식

사물이나 사건 또는 사실에 대한 전체적인 윤곽이나 개념으로 사건이나 자극을 인식하고 대응하는 데 사용되는 기본적인 이해의 틀을 말한다. 유아는 기본적 도식을 가지고 태어나지만, 환경과의 접촉을 통해 일생에 걸쳐 형성되며, 아기는 빨기, 보기, 잡기 등의 일반적 잠재력을 가지는데, 이 잠재력을 피아제는 도식(schema)이라고 불렀다. 즉, 2개월이 지난 영아는 빨기 도식이 형성된 것이다. 그에 의하면 도식은 인간 행동의 기본 단위이며, 영아기에 형성되는 도식은 대부분 경험에 의해서 형성되는 것으로 알려져 있다. 그리고 이들 도식은 앞에서 언급한 것과 같이 조직화라는 기능에 의해서 서로 협의하여 하나의 통합된 구조를 형성한다.

### 3) 개념

다양한 경험에서 나온 정보들이 공유하고 있는 특성을 통합하여 계층, 범주로 조직화한 것으로 현상 자체가 아니라 상징적·지적인 집합체이다. 현상을 관찰하고 지각한 것의 의미를 판단하고 행동노선을 결정하여 의사소통에 도움을 준다.

### 4) 명제

명제는 두 가지 이상의 개념들 사이의 관련성을 토대로 하여 규칙, 신념, 가설을 설정한 것이다. 과거 경험에서 나온 해석적 편견을 근거로 하여 현재 경험을 파악한다.

### 5) 조직화

신체적 심리과정에서 상이한 도식들을 결합하는 과정이다. 단순한 구조가 정교하게 결합되고 조정됨에 따라 더 효율적으로 변환된다.

우울증에 대한 인지적인 3요소는 다음과 같다.

첫째, 부정적 자기 지각이다. 자신을 결함이 있고 부족하며 가치 없고 아무도 원치 않았던 존재라고 생각한다.

둘째, 현재 경험에 대한 부정적인 자기 지각이다. 자신이 살고 있는 현재의 세계를 자신에 대해 부정적이고 패배시키는 장소요, 실패하고 처벌받는 장소로 생각한다.

셋째, 미래에 대한 부정적 시각이다. 미래에 대해 고생, 고통, 결핍, 실패가 계속 반복되리라는 예상 등이다.

피아제의 지능발달과정은 다음과 같다.

① 감각운동기(0~2세) : 반사행동에 의해 외계에 대한 기본도식(schema)이 형성되는 단계로 후반기에 상징적 사고가 가능하게 된다.

② 전조작기(2~7세) : 조작기 전의 과도기로 정신적 표상에 의한 사고가 가능하

며, 자기중심적 사고로 조작은 정신능력의 논리의 출발점(부피, 길이, 크기)이 된다. 신념체계, 생활양식, 사고방식, 인간행위와 감정결정에 관한 시기이다.

③ 구체적 조작기(7~12세) : 보존개념의 획득, 분류능력을 발달시킨다.

④ 형식적 조작기(12세 이후) : 상징적 추론이 가능하다.

## 4. 문제해결모델

펄만(Perlman)에 의해 개발된 모델로서 클라이언트(client)의 문제해결능력과 대처능력을 향상시키는 것을 목적으로 한 사회사업실천모델이다. 심리분석을 통한 진단과 행동과학에 뿌리를 둔 기능주의학파의 가교역할을 한다. 문제해결모델은 펄만이 창안한 모델로서 진단주의와 기능주의의 영향을 받아 절충주의적 입장을 취한다. 따라서 문제해결모델의 구성요소는 ① 문제(problem), ② 사람(person), ③ 장소(place), ④ 과정(process)의 4P 개념으로 이루어져 있다.

문제해결모델은 인생을 계속적으로 문제에 직면하여 해결하는 과정으로 보고 있다. 그러므로 문제해결과정의 주요한 목적은 개인이나 가족이 현재 직면하고 있는 어떤 어려움을 처리하거나 해결하도록 돕는 것이다.

문제해결모델은 진단주의학파가 진단 및 치료계획에 기초한 치료과정을 지나치게 경직하여 인식하는 데 대한 반대의 입장에서 나온, 보다 실용주의적이고 현재를 강조하고자 하는 노력에서 출발하였다. 1950년대 미국 시카고대학의 펄만은 사회복지사들이 문제를 대처하려는 시작을 하기도 전에 과거에만 의존해 클라이언트를 평가함으로써 그들의 역기능성을 부각시키던 당시 진단주의의 결정론적 사고에 회의를 가졌다. 이에 펄만은 클라이언트가 장기간의 내적 성찰 없이도 당면한 사안들에 효과적으로 대응할 수 있도록 개인적 강점들을 활용하는 데 초점을 두고자 했다. 이러한 배경에 의해 문제해결이론 및 실천모델이 생겨나게 되었으며, 이것은 차후 다른 많은 연구자들에 의해 보관되면서 거듭 발전하였다.

문제해결모델은 기본적으로 클라이언트의 어려움이 문제에 있는 것이 아니라 문제를 해결하는 태도에 있다고 보았다. 따라서 클라이언트의 문제해결방법이 비효율적일 때 치료가 필요하며, 치료의 목적은 문제의 해결이 아니라 클라이언트의 문제해결능력을 회복시키는 것이다. 이를 위해 사회복지사의 치료노력은 첫째, 변화를 위해 클라이언트의 동기를 개방시키고 활력을 주며, 방향성을 제시하는 것, 둘째, 문제에 대처하기 위해 클라이언트의 정신적·감정적·행동적 능력을 개방시키고 반복적으로 훈련시키는 것, 셋째, 문제의 경감 또는 해결에 필요한 자원을 클라이언트가 이용하게 하는 것과 같은 세 가지 요소로 구성된다.

문제해결모델의 초점은 개인과 상황의 상호작용 전체이며, 실천과정은 ① 접촉단계(문제 및 목표의 명확화, 탐색과 조사), ② 계약단계(평가, 활동계획의 공식화), ③ 활동단계(계획의 실시, 종결, 평가)의 3단계로 이루어진다.

## 5. 과제중심모델

문제해결모델과 클라이언트의 과업에 초점을 둔 스터트(Studt)의 영향을 받은 이론이며, 정서적 고통 등 생활상의 문제들을 다루기 위해 1970년대 미국 시카고 대학교의 레이드와 엡스타인(Reid & Epstein)이 진행한 프로젝트의 결과로 제시된 이론이다. 인지행동이론, 구조적 가족치료이론, 학습이론, 인지이론에 영향을 미치고 있다. 인간이란 내·외부의 영향에 종속된 존재가 아니라, 영향에 반응하는 의지와 마음을 가진 존재로 이해한다. 그리고 클라이언트가 수행해야 할 특정한 과업을 선택하며, 문제해결을 위한 시간제한적 단기개입으로 문제해결에 에너지를 결집하여 약 2~3개월에 걸쳐 8~12회기 전후로 이루어지며, 보통 4개월 이내에 종료한다. 과제선정에 있어서 사회복지사의 관점이 아니라, 클라이언트의 자기결정권의 존중, 환경에 대한 개입 그리고 개입의 책무성이 강조되는 모델이다. 클라이언트의 문제는 사회사업가가 진단하는 것이 아니라 클라이언트가 선정하며, 문제는 클라이언트 스스로가 인식하고 수용해서 변화하고자 해야 하는 것이다.

과제중심모델(task-centered model)은 개인의 문제를 문제해결과정으로 보는 펄만의 견해와 클라이언트의 과업을 서비스 초점으로 하는 스터트의 견해, 위기개입이론과 기법 등이 많은 영향을 주었다. 핵심적·구체적 문제에 초점을 두고 사회복지사의 능동적 개입이 요구되며, 간결하고 계획된 개입이 이 이론의 중요한 요소이다. 따라서 과제중심모델은 하나의 이론적 지향에 기초하기보다는 여러 이론을 절충하여 사용할 수 있는 실천의 틀을 제시한다고 볼 수 있다.

과제중심모델의 특성은 모델을 개발하기 위한 프로젝트의 목표와 연관된다. 이 모델은 위기개입이론이 정해진 시간 내에 수행해야 할 특정한 행동적 과업을 통해 스스로 문제를 해결한다는 점에서 다른 모델과 구별된다. 위기개입이론은 사회복지사가 계약한 구체적인 문제해결의 개입에 초점을 두는 구조화된 접근이다. 위기개입이론은 수행에 동의한 과제를 중심으로 조직된다.

표적문제(target problem)란 클라이언트가 직면하고 있는 문제 중 당장 해결해야 하는 문제를 말한다. 표적문제의 선정기준은 ① 클라이언트가 인정하는 문제일 것, ② 자신의 노력으로 해결 가능한 문제일 것, ③ 구체적 문제일 것이다.

과제(task)란 사회복지사와 클라이언트가 클라이언트의 문제를 해결하기 위해, 공동으로 목표를 달성하고자 하는 계획에 동의한 문제해결 활동을 말한다. 과제의 유형은 다음과 같다.

① **일반과제와 조작적 과제** : 일반과제는 행동방향을 대략적으로 기술하는 과제이고, 조작적 과제는 클라이언트가 취할 특정한 행동을 설명하는 과제로 일반적 과제에서 나온다.

② **단일과제와 복수과제** : 단일과제는 하나의 표적문제에 하나의 과제를 부과하는 과제이고, 복수과제는 두 개 이상의 과제를 수행하는 과제로 동시과제와 연속과제로 나뉜다.

③ **개방적 과제와 폐쇄적 과제** : 개방적 과제는 종결이나 도달점이 없으나, 폐쇄적 과제는 종결점이 설정된 과제를 말한다.

④ **공동과제와 상호과제** : 공동과제는 두 사람이 같은 목표를 함께 성취하는 과

제이고, 상호과제는 상호 관련된 과제를 두 사람에게 나누어 주고 이를 수행하게 하는 것이다.

⑤ **인지적 과제** : 사고 및 감정 활동과 관련된 과제이다.

## 6. 역량강화모델

역량강화는 증가하는 개인적 · 대인관계적 · 정치적 힘의 과정이다. 따라서 개인, 가족 그리고 지역사회가 그들의 상황을 개선하기 위해 행동을 취하는 것이다 (Guitierrez, 1994). 또한 역량강화는 과정과 결과 모두를 의미한다. 과정으로서 역량강화는 사회정치적 영역에서 사건의 방향에 영향을 미치는 것과 같이, 개인적 문제에 대한 심리적 통제감이 증가하는 것을 내포한다. 결과물로서 역량강화를 보면, 이는 개인적인 힘이나 정치적 힘을 쟁취한 상태를 의미한다. 역량강화는 마음 상태, 즉 가치가 있다는 느낌과 능력감 또는 힘과 통제를 가졌다는 느낌을 의미한다.

또한 역량강화는 자신의 삶에 대한 개인적 결정과 지역사회 생활에 있어서 민주적 참여 모두를 제안한다. 이는 종종 학교, 이웃 교회 그리고 다른 자발적 조직 등과 같은 구조들을 중재하는 것을 통해 이루어진다. 역량강화는 개인적 통제감이나 영향력 등의 심리적 상태 그리고 실제 사회적 영향, 정치적 힘 그리고 법적 권리 등에 대한 고려 모두를 시사한다. 이는 개인뿐 아니라 조직이나 이웃에 대해서도 적용할 수 있는 동시에 다단계적인 구성개념이고, 이는 맥락 안에서 사람에 대한 연구를 하도록 제안하는 것이다(Rappaport, 1987).

역량강화에 중점을 둔 사회복지사는 활용 가능한 개인적 · 대인관계적 · 사회적 자원과 일상의 요구를 충족하기 위해 필요한 자원 간의 불균형의 결과로 클라이언트의 문제가 발생한다는 이해를 실천 기반으로 한다. 이 부조화를 해결하기 위해, 사회복지 실천가들과 클라이언트는 자기효능감을 강화하고, 기술을 증진하고, 개인적 어려움과 공공문제 간의 관련성에 대한 인식을 높이고, 사회서비스 전달망 내 다른 사람들과의 관계를 맺고, 사회정치적 영역에서 변화를 촉진하는 행동을 실행하는 등의 다양한 수준의 기술을 발전시켜야 한다는 것이다. 사회복지실천에서의 역량강화 개념은 인간체계와 변화에 대한 실천 개념으로부터 나온다.

역량강화에 관한 가설은 다음과 같다.

첫째, 역량강화는 클라이언트와 실천가가 동반자로서 함께 임하는 협력의 과정이다.

둘째, 이 과정에서는 클라이언트 체계를 유능하며 자원과 기회로의 접근이 허용된 존재로 본다.

셋째, 클라이언트는 스스로를 변화에 영향을 미칠 수 있는 주체로 인식해야 한다.

넷째, 능력은 어느 누가 무엇을 하라고 지시하는 상황 속에서가 아니라 인생경험, 특히 유효성을 확인하게 한 경험을 통해 획득되거나 다듬어진다.

다섯째, 어떤 상황이라도 복합적 요인들이 관련되어 있으므로 효과적 해결을 모색함에 있어 다양한 접근을 해야 한다.

여섯째, 비공식적 사회관계망은 스트레스를 조정하고 통제감과 능력을 증대시키는 데 필요한 지지의 중요한 출처이다.

일곱째, 사람은 자기 자신의 역량강화에 참여해야 하는데, 목적이나 수단 그리고 결과에 대해서도 스스로 규정지어야 한다.

역량강화과정은 역동적이고, 시너지 효과가 있으며 변화하고 진화가 일어나는 것이라고 할 수 있으며, 개인적 발달과 사회경제적 발전의 대등한 구조를 통해 달성된다.

## ▣ 연구과제

**1. 행동주의이론에서 스키너의 조작적 조건화**
**2. 인지이론의 기본단위인 도식과 명제**

# 제 4 장

# 선진국의 사회복지

✦ 학습과제

1. 1941년 베버리지 보고서 설명
2. 스웨덴의 사회복지 논의와 쟁점
3. 한국의 고용보험에 대한 핵심내용

# 1 영국의 사회복지

영국은 복지개념을 가장 먼저 도입하였고, 20세기에는 '요람에서 무덤까지'라는 슬로건으로 잘 알려진 완벽한 복지체계를 형성했었다.

영국 사회복지정책사는 ① 복지국가의 맹아상태라고 할 수 있는 1601년의 구빈법시대, ② 1834년 신구빈법시대, ③ 개혁정책시대, ④ 제2차 세계대전 중 베버지리 보고서에 의한 개혁시대, ⑤ 1980년대 이후의 복지개혁시대로 구분되어진다. 영국은 재정적으로 사회보장제도에서 1985년에 전체 공공지출의 거의 30%를 차지하였으며, 보건·복지서비스와 교육부문을 합한 것의 거의 3배가 소요되고 있었다. 전체 가구의 75%가 사회보장급여를 받아 자신들 소득의 일부에 보태었고, 약 11%는 이러한 재원으로 자신들 소득의 90% 이상을 받고 있다.

1986년 사회보장법에 의하여 사회기금을 설치하여 1987년부터 사회보장법이 실시되었다. 영국의 복지지출은 계속하여 증가하여 오고 있다.

## 1. 20세기 : 사회입법시대

### 1) 1905년 자유당, 사회입법 시작

20세기에 접어들면서 영국은 빈곤에 대한 태도가 변화하기 시작했다. 그 이유는 노동자의 세력 성장(노동당 결성), 인도주의의 확산, 사회조사연구 등이다. 내용은 구빈법의 온건한 개혁, 사적 자선사업과 협조에 있으며, ① 1905년 노동쟁의법, ② 1905년 교육법(아동급식), ③ 1907년 교육법(아동보건), ④ 1908년 노령연금법, ⑤ 1908년 아동법, ⑥ 1908년 탄광규제법(8시간 노동), ⑦ 1909년 직업소개법, ⑧ 1909년 최저임금법, ⑨ 1909년 주택, 도시계획법, ⑩ 1911년 국민보험법을 들 수 있다. 특징으로는 ① 입법들이 단기간에 성립하게 된 원인은 당시의 사회적 요구를 잘 반영해 주는 것으로, ② 자본주의의 새로운 방향을 모색하는 전환기가 되었다.

### 2) 1941년 베버리지 보고서

제2차 세계대전으로 영국은 사회적 혼란과 함께 많은 사회적 문제(전쟁고아, 아동, 여성, 노인 등)가 발생한다. 이러한 상황에서 영국은 빈곤이 더 이상은 개인의 것이 아니라 사회경제적 요소라 보고 국가적 책임을 위한 사회복지에 관한 정책을 내놓게 된다.

내용은 ① 5대악을 발표하였는데 질병, 무지, 나태, 궁핍, 불결을 제시하였고, ② 국가적 책임을 강조한 사회보장제도였다. ③ 사회보험계획의 기본구상과, ④ 대표적인 제도로는 가족수당, 국민보험, 국가보조, 국민보건, 고용, 직업에 관한 보험을 들 수 있다.

3대 원리로는 포괄성의 원리, 평등성의 원리, 최저생활보장의 급여수준을 설정하였다. 그리고 6대 원칙으로는 최저생활급여의 균일, 소득에 관계없는 균일갹출, 관리책임의 동일화, 급여가 최저생활비로서 타당성이 있게 할 것 그리고 계획은 포괄적으로 되게 할 것, 즉 빈곤의 원인이 되는 일체의 사고를 포괄한 급여이다.

많은 사회보장제도가 실시되었으며, 1946년 국민보건서비스법은 전 국민을 위한 의료보호프로그램이다.

### 3) 1948년 국민보건서비스

그 내용으로는 ① 이 법에 적용되는 모든 영국 시민들은 무료로 의료를 제공받는다. ② 환자의 편의에 따라 가정의, 치과의, 병원 및 전문의를 자유로 선택할 수 있다. ③ 의사, 치과의사, 약제사, 간호사들도 국민보건서비스에서 일해야 한다는 강제성을 강요받지 않는다. ④ 자신의 개업에 종사 가능하며, 공공 의료기관과 민간 개업 양측 모두 활용이 가능하다.

11~14세기의 영국 사회복지체제는 종교제도의 발달로 인하여 교회가 중심이 되었다. 따라서 그 성격 또한 자선적이며 시혜적일 수밖에 없었다. 그러나 산업혁명으로 봉건제도가 붕괴되고 계급의 변화가 일어나면서 사회복지의 모습도 바뀌게 된다. 또한 종교개혁으로 인한 수도원의 붕괴 역시 많은 사람들을 부랑인으로 만들어 버렸다. 따라서 이후로는 도덕적이고 종교적인 특히 인도주의적인 구호사업은 사실 유명무실할 수밖에 없었다. 과연 빈민의 노동자 특히 어린아이까지도 노동에 참여하는 것이 어찌 구빈제도가 되겠는가?

시혜성 성격이 지나쳐도 사람이 무기력하게 되므로 무조건적인 구호제도도 바람직하지 못하다. 그러나 원내 구조의 작업장과 같은 강제적인 노역도 바람직하지 못하다. 국가는 국가대로 국민들이 수고하여 무엇인가를 얻을 수 있는 원인을 제공해 주는 것이 마땅하다고 본다. 당장 배고픈 사람에게 떡을 주는 것은 그 시기의 주린 배만 해결하여 주지만 고기 잡는 법, 떡을 만드는 법을 가르쳐 주면 생산성 있고 효율적인 복지가 이루어지리라 본다. 그런 이유로 인보관사업은 호감이 간다. 그러나 이것을 받아야 할 주체들도 문제가 된다. 도덕적 해이에서 벗어나서 적극적인 사고방식으로 사회에 참여하고자 할 때 서로에게 필요한 복지가 이루어질 것이다.

국가는 국가대로 개인은 개인대로 서로 해야 할 것들에 충실해야 한다. 그것이

미래 복지국가로 가는 초석이 될 것이라 믿는다.

## 2. 근대사회복지

영국 사회복지제도는 전 국민(거주 외국인 포함)에게 무료로 의료서비스를 제공하는 국민의료제도(National Health Service)와 노인, 불구자 및 불우아동 등의 복지를 위한 개인사회복지(Personal Social Service)가 있으며, 노인, 실업자, 가족생계를 위한 지원이 필요한 자 및 국가적 보상이 필요한 불구자 등 경제적 형편이 어려운 사람들의 최저 생계를 보장하기 위한 사회복지연금(Social Security) 제도로 구성되어 있다.

### 1) 국민의료제도(NHS:National Health Service)

영국의 의료제도는 국가가 의료비를 부담하는 것이 핵심으로, NHS에 가입한 모든 사람들은 개인 주치의가 생기고, GP(General Practitioner, 일반의, 지역보건의)에게 무상으로 진료 받을 수 있다. 대상은 '영국에 6개월 이상 체류하는 자격을 갖춘 모든 사람들'이다.

소득에 관계없이 모든 국민에게 무료로 의료서비스를 제공함을 목표로 하고 있으며, 1996~97년의 경우 정부예산(3,090억 파운드)의 17%에 해당하는 526억 파운드가 배정되었다. 동 재정의 82%는 일반 세금으로, 나머지는 국민보험 기여금 및 처방약품 판매대금(85%가 무료로 제공됨)으로 충당된다.

국가에서 의대교육 다 시키고 수련까지 시켜서 공공의료 투입하고 일정 기간 지나면 사의료까지 병행가능하다. 국가가 서비스하고 국민들은 받고 의사들은 중간에서 operator 역할만 하는 격이다.

### 2) 개인사회복지제도(Personal Social Service)

노인, 불구자, 불우가족 및 불우아동들에게 실질적인 도움을 주기 위한 각종 복지사업이 지방자치단체 및 자발적인 자선단체들을 통하여 시행되고 있으며, 그 내용은 주택, 음식, 간호, 생활기구 제공 등 다양하다.

### 3) 사회복지연금제도(Social Security)

국민보험(퇴직연금 등), 산업재해보상, 아동양육수당, 산모수당, 가족소득보전수당, 주택수당, 원호 연금, 실업수당 등으로 구성되며, 퇴직보험 등의 수당은 국민보험기금에 일정 기간 기여금을 낸 사람만 혜택을 받으나, 나머지는 기여금 납부 여부에 관계없이 모든 해당자가 혜택을 받는다.

노동당 정부는 고용촉진 목적에서뿐만 아니라 소득세 인상억제라는 총선 공약을 준수하면서 국민의료제도(NHS) 개선, 교육수준 개선, 범죄대처 강화정책 등에 필요한 재원 확보를 위해서 1,000억 파운드의 사회복지 예산 삭감을 목표로 복지제도 개혁을 추진하고 있다.

영국을 비롯한 유럽의 사회복지국가들은 국민을 위해 수많은 혜택을 제공해 준다. 프랑스 노인복지양로원, 영국의 의료서비스, 노르웨이의 공교육 혜택 등 국민을 위한 서비스가 무수히 많다. 물론 사회제도가 많은 만큼 국민들이 내는 세금도 비교적 높다.

# 2 선진국의 사회복지

## 1. 호주의 사회복지

호주는 세계최초의 노동당 정부가 수립될 정도로 노동운동이 유럽보다 훨씬 일찍부터 정치적으로 강력했다. 임금률의 책정권을 갖는 중재법원의 존재가 대표적인 증거다. 이것은 시장 이외의 힘에 근거하여 임금이 책정될 수도 있다는 의미였다.

국내보호전략이 임금노동자들의 복지국가로 이어졌다. 임금통제를 통해 모든 남성 노동자들에게 적절한 가족 임금을 보장하고, 모든 여성과 아동들은 남성에게 의존적이었으므로 국가의 추가적인 개입의 필요는 최소화되었다. 국가는 빈민에게만 그리고 임금 메커니즘이 부적절할 경우에만 개입했다. 욕구에 기초한 소득보장방식은 이들 국가의 독특한 것이었다.

호주의 가장 큰 특징은 개인존중과 평등사회 실현을 위한 사상적 기초 위에서 평등주의 사상이 강하며, 이에 기반을 두고 사회복지국가를 지향한다는 것이다.

보건의료체계는 연방정부, 주정부, 지방정부 세 단계로 구분되는데, 연방정부와 주정부는 호주 보건의료체계에서 일정한 역할을 분담해 의료체계를 운영하며, 보건의료체계의 주축인 메디케어(medicare)는 연방정부의 재정적·정책적 지원하에 있다.

### 1) 사회복지서비스 정책방향

가족 강화(stronger families)로 개인과 사회의 건강과 복지를 위해 가족의 중요성을 인식하고 가족 관계와 기능을 강화시키기 위한 지원사업을 적극 전개하고 있다. 그리고 지역사회 강화(stronger communities)사업으로 지역사회의 문제해결능력을 높이기 위해 기업, 민간조직, 정부 간 상호협력체계를 구축하고 있다. 경제·사회적 참여(participation) 강화는 모든 사람에게 균등한 기회를 제공함으로써 개인과 가족의 경제적·사회적 참여를 높여 모든 호주인들의 역량을 강화하고 있다.

보건의료서비스는 연방정부와 주정부의 역할로 구분할 수 있는데 연방정부는 보건서비스를 제공하는 데 소요되는 기금을 조성하며, 의료공급자 및 약국에 대한 보조, 지역노인 케어기금을 조성하고, 공공병원 및 커뮤니티케어 비용에 대한 주정부와의 공동 기금조성 등 추진하고 있다. 주정부는 공공병원 관리자, 정신보건서비스 및 지역보건서비스에 소요되는 비용을 연방정부와 공동 부담, 보건관계 종사자 관리, 민간병원 허가 및 규제, 공공보건활동에 있어 주도적 역할을 수행하며, 일반 조세에 의한 의료보험제도는 지역에서 제공되는 민간의료서비스 진료비의 85%를 환불하고, 민간병원 진료서비스는 75%, 공공병원서비스는 100% 지원해 주고 있으며, 약국의 경우 83.7%가 보조되고 있다.

보건의료체계의 경우 1차 보건의료체계는 국가보건서비스(national health service)에 의거하여 제공하며, 2차 및 3차 의료는 전문의에 의거하여 제공되고 있고, 그 재원도 혼합되어 있다.

## 2) 노인복지서비스

2000년 호주의 65세 이상 노인인구는 12.3%이고, 2050년에는 22.4%로 증가될 전망이다. 노인 정책방향은 재정보장 및 자립, 일자리 참여, 사회통합 및 참여, 건강한 고령화, 세계적 수준의 케어이며, 노인케어서비스는 너싱홈, 호스텔, 지역사회케어서비스 등 3개 제도가 운영되고 있다. 연방정부는 거주노인케어, 즉 너싱홈과 호스텔을 재정적으로 지원하는 데 우선적 책임을 가지고 있고, 주정부와 일부 지역정부와 같이 가정과 지역사회케어프로그램에 대한 재정적 지원으로 실시되고 있다. 대부분의 호주노인들이 가능한 한 오랫동안 자기 집에서 머무르고 싶어 하므로 지역보호서비스의 범위와 이용도를 증가시키기 위해 '가정·지역사회케어프로그램'을 통해 가정에 있는 노인과 수발자를 지지하는 폭넓은 가정봉사

서비스를 제공하고 있다. 호스텔은 자기관리, 요리, 청소와 같은 일상생활에 도움을 필요로 하는 사람들에게 도움을 제공하며 거주자들은 가능한 독립적으로 사회, 오락활동에 참여하는 시스템이다. 너싱홈은 지속적인 간호와 일상생활에 도움을 필요로 하는 사람들을 위한 곳으로 호스텔보다 더 높은 수준의 보호를 제공하며, 응급보호서비스를 받을 수 있는 self care unit, retirement apartment와 같은 마을형식의 거주보호시설을 운영한다.

호주는 전 국민 의료보장서비스인 메디케어와 높은 수준의 사회보장서비스를 갖추고 있으며, 출산율 저하와 고령화를 일찍부터 겪어 온 국가이다.

정부는 보건복지제도의 지속가능성을 확보하기 위한 노력의 일환으로 국민의 건강과 복지에 관한 데이터를 집적 연계하여 활용해 왔으며, 활용 목적은 정책 입안, 프로그램 평가, 서비스 전달체계 향상 등 보건복지사회 체계 개선에 기여하는 연구로 제한하고 있다. 특히 정부가 승인한 기관에만 데이터 융합 권한이 주어진다. 그 대표 기관인 통계청은 인구·사회·경제·교육의 공공 및 통계청 조사 데이터를 기준 파일로 하는 데이터 융합 프로젝트를 담당하며, 호주 보건복지연구소(AIHW: Australian Institute of Health and Welfare)는 메디케어 급여 수가, 약제급여 수가, 국가 사망원인통계, 국가 암등록통계를 기준으로 공공 데이터·조사 데이터를 융합하는 프로젝트를 수행한다. 호주는 공공 데이터 정책 성명서에 의거하여 모든 행정기관은 데이터 공개 의무가 있으며, 공공 데이터 융합 원칙에 따라 데이터 융합 기관과 데이터 제공 기관 모두 보안과 기밀에 대한 연대 책임을 진다. 기관 간에는 양해각서를 체결하고 협약에 따라 공공 데이터를 공유하고 있다.

## 2. 일본의 사회복지

일본의 사회복지정책은 제2차 세계대전 이후 미군정하에서 점령정책의 일환으로부터 출발하였다고 볼 수 있다.

1970년대 이후 다양한 재가복지서비스, 복지·갱생센터, 수산시설 등의 새로운 정책이 도입되었고, 공적부조, 사회보장, 보건위생 등의 관련제도의 질적인 변화가 있었다.

1980년대 후반부터 복지선진국의 고부담 고복지에 따른 거대정부를 지양하고, 능률적인 작은 정부를 사회복지정책의 방향으로 정하고 복지개혁을 추진하고 있다. 1990년의 사회복지8법 개정, 1997년의 개호보험의 도입 등 일련의 개혁조치를 통하여 복지개혁을 이루어 나가고 있다.

일본의 대표적인 빈곤정책은 생활보호법에 의한 생활보호제도이다. 일본의 생활보호제도는 패전 이후 전후복구사업의 일환으로 시작되었고, 이후 일본은 급격한 경제성장과 저출산 및 평균수명의 연장으로 인한 인구 고령화 등 많은 변화가 있었다. 그러나 일본의 빈곤정책의 근간을 이루고 있는 생활보호제도는 기본적으로 큰 변화 없이 이어져 내려오고 있다.

생활보호는 후생대신이 그때그때의 사회·경제 사정을 고려하여 법률이 규정하는 생활보호기준법을 토대로 연령·가족구성·건강상태 등을 감안하여, 해당 가구의 생활에 필요하다고 인정되는 최저생활비와 해당 가구의 전수입을 비교, 검토하여 결정하며, 가족 또는 본인 등이 보호를 신청하면 요보호자를 후생대신 보호기준에 의거 연령, 건강상태 등을 고려하여 세대 단위로 보호하게 된다. 보호실시기관은 거주지 구역소 민생과 사회복지사무소이다. 보호의 종류는 생활부조, 교육부조, 주택부조, 의료부조, 개호부조, 출산부조, 생업부조, 장제부조 등이 있다.

보호시설은 일상생활이 어려운 구호시설, 신체·정신상의 이유로 생활지도가 필요한 갱생시설 그리고 의료급부가 필요한 의료보호시설, 신체·정신적으로 어려운 자들에게 간단한 기술 등을 취득하게 해주는 수산(授産)시설, 숙소제공시설 등이 있다.

복지의료 및 노인보건제도 내용으로 의료보험제도는 총 의료비의 100%를 지원받으며, 0~69세는 보험급부 70%(0~2세 80%), 환자급부 30%(0~2세 20%)이며, 70~74세는 보험급부 90%, 환자급부 10%이다. 노인보건제도는 총 의료비

100%로 75세 이상은 노인보건의료급부 90%, 보험자 거출금 50%, 공비부담 50%, 환자부담 10%이다.

2016년 기준 일본의 고령화율(총 인구 중 만 65세 이상이 차지하는 비율)은 26.7%이다. 일본은 1994년 고령사회(고령화율 14% 이상), 2007년에 초고령사회(고령화율 21% 이상)로 접어드는 등 전 세계에서 가장 빠른 속도로 고령인구가 증가하는 국가 중 하나이다. 인구 고령화로 인해 발생하는 문제 중 하나로 '치매'인데, 일본에서도 치매가 심각한 사회문제의 하나로 인식되고 있다.

일본 경찰청의 발표에 따르면, 치매에 의한 배회(徘徊) 등이 원인이 돼 행방불명된 사람 수는 2016년 1년 동안 1만 2,000명을 넘었으며, 이 중 479명은 사망이 확인되었다. 2013년 이후 치매로 인한 행방불명자 수는 매년 2만 명을 초과하고 있다. 이 외에도 치매환자의 고독사(孤獨死)문제, 치매 환자 부양가족의 경제적·심리적 부담 문제 등이 이슈로 거론되고 있다.

일본정부는 2015년도 발표자료에서 일본의 베이비붐 세대인 '단카이 세대(1947~1949년생)'가 모두 75세 이상이 되는 2025년에 일본 내 치매환자 수가 700만 명을 넘을 것이라는 전망을 내놓은 바 있다.

최근 일본의 육아휴업과 관련된 또 다른 변화로는 육아휴업급부 재정운영의 재검토가 이루어진 점이다. 육아휴업법으로 근로자에게는 육아휴업을 취득할 권리가 인정되어 있고, 육아휴업기간 중의 소득보장은 육아휴업급부라는 형태로 고용보험에서 이루어지고 있다. 즉, 육아휴업중의 소득감소를 사회보험의 구조로 대처하고, 이는 결국 육아휴업중의 소득을 보장함으로서 육아휴업을 취득하기 쉽게 되는 것이다.

육아휴업급부의 증가 경향은 경기상황에 관계없이 계속 증가될 전망이고, 이러한 추세로는 향후 고용보험재정의 부하가 우려되는 상황이다. 그래서 2020년 3월에 성립된 개정 고용보험법에서는 안정적인 재원을 확보하는 목적으로 육아휴업에 관계되는 고용보험요율을 분리하게 되었다.

또한 고용보험요율 중에 육아휴업급부에 충당해야 하는 독자적인 보험요율을 마련하여 재정 운용을 하게 되었다. 따라서 육아휴업급부는 실업 등 급부에서 독립시켜 자녀를 양육하기 위해서 휴업한 근로자의 생활 및 고용의 안정을 도모하기 위한 급부로 자리매김하게 된다.

## 3. 스웨덴의 사회복지

스웨덴의 인구는 9백만 명이며, 지방자치가 발달한 스웨덴의 사회복지는 사회부조, 아동보호, 금주보호의 세 분야가 주체를 이루고 있다. 이외에도 노인, 심신장애인, 결손가정의 아동보호서비스가 있다. 스웨덴은 이미 인구의 17.3% 이상이 노인인구로 초고령사회이다.

19세기 스웨덴은 유럽에서도 가장 가난한 주변국의 하나였다. 19세기 말에 이르러서 산업혁명을 겪은 스웨덴은 19세기 초 봉건제도 붕괴와 농촌의 빈곤화가 이루어지고, 1870년경부터 산업화가 본격적으로 이루어졌다. 스웨덴의 경우 사회보장이라는 것은 민주적인 방법론을 실무화한 정치권력의 분산화, 빈부 격차보다는 세대차에 의한 재배분화 등의 투명도가 높고 책임 주체적인 사회를 의미한다. 스웨덴의 높은 세금 부담에 대해서 생각해 보면 언젠가는 자신에게 돌아올 수 있는 사회체계가 되고, 중립적 도구로 합리적인 논의가 이루어진다면 그렇게 크게 문제시될 필요가 없다. 그것은 사회보장 접근방법의 보편성 원리에 입각해 있다.

1932년 노동운동이나 생활협동조합운동을 배경으로 하는 사회민주당이 정권을 잡고, 1931년 스웨덴의 노동자 중 실업자가 1/4이었다. 1935년 왕립인구문제위원회에서 스웨덴 사회의 존립방법을 검토하여 1930년대 이후의 노동시장에 관한 문제 및 주택, 가정 등에 대한 나라의 시책에 대한 개혁을 제안했고, 그 후 사회복지정책의 청사진이 되었다. 뮈르달(Alva Reimer Myrdal)은 사회민주당의 리더로 활약했던 사람으로서 사회복지 동향에 대해서 다음과 같이 언급하였다.

"사회복지 역사는 민간 자선사업과 구빈제도의 시기로서 출발했다. 1910년경부터 노령보험이 가능했으며 사회보험의 시기에 이르렀다. 그러나 오늘날 이들이 통합되었고, 어떠한 경우에도 건강하고 문화적인 최저한도의 생활이 보장되고 모든 서비스가 준비되면서 권리로서 전개하는 시기가 왔다.”

이 시기는 사회사업의 개화기라고 말할 수 있는 시기이며, 구빈법의 시기에서 대상별로 처우에 대한 개선으로 이행된 시기라고 말할 수 있다.

## 1) 사회복지제도

1930년대의 정치적 혁명 이후 스웨덴의 사회복지는 고용정책을 전제로 소득보장, 주택보장을 기축으로 적어도 서로 건강하고 문화적인 생활이 보장되어지기 위한 노력이 계속되었다.

1937년 처음으로 보호를 중심으로 하는 노인홈의 설치, 노령연금이 개정됨과 함께 연금 수급자용 아파트 건축, 1943년 홈헬퍼서비스를 실시하였다. 아동복지면에서는 1937년 특별아동수당의 지급, 1944년 보육사업의 정부원조가 시작되었고, 1944년 장애인을 원조하는 지역사회 의무에 대한 최초의 입법이 이루어졌다. 1950년대에 이르러 소득보장, 주택보장이 이루어졌으며, 1960년대부터는 자립에 한계가 있는 사람들에 대한 원조서비스로 홈헬프서비스, 재활 등이 충실하게 이루어졌다. 또한 사회문제심의회에서 사회복지를 통합하고 국가의 책임을 명확히 하며, 구빈법을 공적부조법으로 바꿀 것을 제안했던 것을 실현하였다.

1955년 공적부조법이 입법화되었으며, 노인홈이 구빈시설이 아니라 사회복지제도의 일환으로서 복지시설이 되었다.

스웨덴의 사회복지 전체의 기본원칙은 정상화(normalization)의 원칙이다. 정상화란 서로가 어떠한 상황에 있든지 인간으로서 지역 속에서 함께 살아가며, 시설도 지역 속에서 열려진 상태에서 한 채의 주택으로써 존재할 수 있도록 한다. 그러고 나서 지역의 도로나 혹은 마을 조성 속에서 여러 가지 연구가 행해지고, 모두가 함께 사는 인간다운 생활을 하는 것이 정상적인 인간사회라고 하는 개념이다.

양적으로 확대를 보였던 사회복지제도에 대해서 질적 문제가 대두하게 되었고, 경제 보장에서 인간성의 보장이라는 관점으로 모색이 시작되었다. 평등한 소득보장으로 복지서비스에 의한 자기실현에 대한 원조, 인간복지의 새로운 전개가 요망되기 시작했다. 그 속에서 지역에서의 정상화의 원칙에 입각한 통합적 접근 방법이 요구되었다.

1980년 사회서비스법이 제정되어 아동, 노인, 장애인 등에 관한 재가복지서비스를 최소 단위의 지방자치체제인 지역의 책임으로 철저하게 기여하도록 하였다.

이러한 복지의 목적은 지역사회의 모든 주민에게 스스로의 성장과 자기실현의 가능성을 인식시키는 기반 조성을 중심으로 하고 있다. 정상화가 기본원칙으로 그 사람이 어떠한 신체적·심리적·사회적 장애를 갖고 있든 간에 그 사람이 보통으로 그의 인생을 보낼 수 있도록 환경을 정비한다면, 생활하고 노동하고 성장해 가는 것이 가능하다고 하는 확신에 의거하고 있다. 사회복지제도는 다른 소득 계층 간의, 혹은 인생의 다른 시기에 이어서 소득을 보다 공정하게 배분하는 역할을 담당하는 것이다. 지역 속에서 스스로 자립하여 살아갈 수 있는 물리적 환경을 마련해주는 것에 있다.

스웨덴 사회복지의 근본은 경제가 번영한 후 남은 몫을 복지비용으로 돌린다고 하는 사고가 아니라, 복지를 진행시키기 위한 재정이나 경제계획을 어떻게 할 것인가라는 점이 논의의 초점이 되고 있다. 자선사업에서 사회사업이 될 때에는 빈궁한 사람들의 문제를 전문적으로 생각하고 과학적으로 원인을 규명하여 가능한 한 그 사람들이 스스로 자립하도록 교육이나 의료 등 예방적인 활동을 조직한다고 하는 것이 사회사업이다.

사회복지가 어떠한 역사적 요인을 계기로 실현해 가는가?

① 역사 속에서 점점 경제가 발전하고 그 속에서 생활이 변해 가고, 생활의 구조도 변해 간다. 이와 같은 생활의 변화나 생활의 구조의 변화라고 하는 것이 기반이 되었다.

② 이 속에서 현대의 빈곤, 더욱이 생활 문제라고 불리는 상황이나 생활불안이 넓어져 가고 있는 것에 대한 사회적 인식이나 사회적인 활동, 사회운동이 높아져 갔다.

③ 이러한 상황에 대해서 권리로서의 사회복지를 인식하지 않으면 안 되었고

정책을 전환하게 되었다.

## 2) 사회서비스법의 내용과 이념

① **사회서비스법의 내용으로 서비스의 제공 주체** : 284개 시·구·읍으로 되어 있고, 보건의료서비스를 담당하는 23개의 도와 연계를 가지고 있다.

② **구조적인 접근방법** : 지역사회계획, 케이스 발견과 파악을 위한 프로그램 등에 의한 사회환경의 개선을 목적으로 한다.

③ **일반적 접근방법** : 어린이·노인 등 특정한 사람의 상태를 개선하는 것과 사회서비스에 대한 정보를 주는 일, 예방·방지적인 측면을 중시한다.

④ **개별적 접근방법** : 개개인의 요구에 대응한 원조를 의미한다. 경제적인 원조 외에 어린이의 양육, 공동생활상의 문제, 약물이나 알코올 등에 관한 상담, 조언 등을 들 수 있다.

⑤ **스웨덴 사회복지의 배경** : 복지의 영역을 넘은 또는 복지의 본질에 충실하려고 하는 생각의 깊이가 엿보인다고 하는 점이다. 사회복지서비스법은 복지를 사회서비스로 대신한다고 하는 차원을 넘어서 원조서비스를 어떻게 사회적으로 제공할 것인가 하는 수준에서의 문제만이 아니라, 현실적인 문제에 대한 연구를 통해서 새로운 사회상을 개척하는 획기적인 시도로 파악된다.

특이한 점은 스웨덴의 장애인고용제도이다. 스웨덴은 장애인고용의무제도가 아닌 비할당고용제도를 실시하고 있음에도 불구하고 고용의무제도를 실시하고 있는 한국보다 더 나은 장애인고용 상황을 가지고 있다.

사실 스웨덴에는 장애인만을 위한 고용촉진 관련 법률은 없다는 것이다. 대신 모든 국민의 완전한 사회참여와 평등이라는 스웨덴 정부의 정책 속에서 장애인을 고용에 통합하려는 목적의 법률제도가 다양하게 자리를 잡고 있다. 이러한 법률제도는 장애인들도 정상적으로 취업을 하거나 노동을 하며 생활할 수 있도록 지원하는 데 정책의 우선순위를 두고 있다.

스웨덴의 장애인고용제도는 크게 비할당고용제도와 보호고용으로 이루어져 있다. 우선 스웨덴에는 비할당고용의 촉진을 위한 다양한 법률 및 제도가 있는데 구성 법률로는 장애인의 기본적인 취업과 노동환경을 유지하고 개선하기 위한 고용촉진법, 고용안정법, 근로환경법과 더불어 조정그룹제도, 장애인 노동생활 차별금지법 그리고 장애인 옴부즈맨제도가 있다. 또한 스웨덴의 보호고용제도이다. 일반고용 대책으로써 자리잡고 있는 노동시장정책은 취업을 희망하는 장애인 가운데 일반직장에 취업할 수 없는 장애인에 대해서는 보호고용의 시설을 적극적으로 확충함으로써 그들에 대한 취업 기회가 보장될 수 있게 하고 있다.

스웨덴의 보호고용은 보호공장, 보호공장의 한 부분으로서 운영되는 재가고용, 화이트칼라 장애인들을 대상으로 공공기관이나 시설 등에서 문서보관을 중심으로 하는 문서보관업무, 블루칼라 장애인들을 대상으로 옥외작업을 주로 하는 특별실업대책사업 등 다양한 형태로 실시되고 있다. 이러한 보호고용에 대한 국가의 지원으로는 제도의 운영과 실시를 담당하고 있는 지자체에 대한 운영비보조가 있다. 또한 보호공장을 운영하는 스웨덴 공동산업재단에 대해서도 보호고용 장애인과 직원의 인건비 보조, 건물과 기계설비 등에 대한 보조 등도 이루어지고 있다.

취업을 희망하는 장애인 가운데 이러한 일반직장에 취업하기 어려운 경우도 있지만, 이러한 사람들에게는 스웨덴의 공공회사인 삼할(Samhall AB)사에 우선 채용될 수 있는 권리가 주어진다.

삼할은 독특한 형태의 기업그룹으로 장애인에 대한 보호고용을 실시하고 있는데, 스웨덴어로 재활공장을 의미하는 삼할은 스웨덴 고용부 산하의 정부출자기업이며, 공식명칭은 '스웨덴 사회복지사업단 그룹'이다. 주된 경영이념이 장애인 고용과 장애노동자를 숙련노동자로 양성하여 일반기업으로 전직시키는 것이라고 한다. 이 회사는 경영에 있어서 가장 중요한 것으로 작업장 개선과 작업편성이라 보고 그룹지향 접근방식으로 작업편성을 개선해 오고 있는데, 이러한 작업환경의 개선은 장애노동자들로 하여금 작업능력을 향상시켜 일반기업으로 전직할 수 있게 하는데 매우 중요한 역할을 하고 있는 것으로 평가되고 있다.

## 4. 노르웨이의 사회복지

노르웨이는 1967년 1월 1일에 사회보장법(National Insurance Act)이 제정되어 이전에 시행되었던 각종 사회복지제도를 대체하였다. 그리고 1997년 2월 '국가보험법(National Insurance Act)'이 제정되면서 노르웨이 사회복지제도의 근간인 국가보험제도(National Insurance Scheme)가 시행되고 있다.

노르웨이 국가보험제도의 종류는 ① 국민연금(National Pension Insurance), ② 실업보험(Unemployment Insurance), ③ 국민의료보험(National Health Insurance), ④ 직업재해보험(Occupational Injuries Insurance), ⑤ 출산·아동보험 등으로 대별된다. 이로써 노인연금, 의료혜택(질병, 신체적 불구, 임신, 출생 등), 구호금 지원, 실업자·무능력자·직업상해자·기타 대상자(과부, 홀아비, 미혼모 등)에 대한 보호, 사망 시 지원 등에 관한 포괄적인 사회보장이 가능하게 되었다.

노르웨이에 거주하는 자는 국적에 관계없이 사회보장의 혜택을 받는다. 다만 외국정부 또는 국제기구에 고용되어 노르웨이 내에서 근무하는 외국인은 혜택에서 제외된다.

2012년 노르웨이 총인구의 20%인 110만 명이 사회보장제도의 재정지원을 받고 있다. 이 중 90만 명이 노령연금 대상자이며, 나머지 20만 명은 재활보조금, 출산수당 또는 병가보조금 등을 지급받고 있다.

노르웨이는 광범위한 의료보호 혜택을 위해 주로 고용주와 피고용주의 국민의료 기여금과 고용주의 고용세(Payroll Tax)를 통해 재원을 마련하고 있다. 그러나 1990년대 이후 지속적으로 인구의 노령화가 진행되는 가운데 병가 보상금 및 장애자 자격 신청자가 급증하여 복지 재정 운용에 있어서 어려움이 크게 가중될 것으로 전망되자, 복지제도 운영 부담에 대처하기 위해 노르웨이 정부는 2011년 연금법을 개정하고, 긴축재정 기조를 유지하는 한편, 석유기금 조성·운영 등의 노력을 기울이고 있다.

경제협력개발기구(OECD)는 노르웨이가 조성한 석유기금을 제외하고, 노르웨이의 연금 및 의료보험 기금이 국내총생산(GDP)에서 차지하는 비율이 1955년

17.5%에서 2030년에는 28%로 증가할 것으로 전망했다.

### 1) 고령연금

노르웨이는 2011년 연금법 개혁을 통해 연금 수령 가능 연령을 기존의 67세에서 62세로 낮추는 대신, 근로기간이 길수록 연금을 많이 주는 '퇴직 연령 탄력 운영제'를 도입하였다.

고령연금은 기본연금, 보조·특별연금, 가족부양연금으로 구성된다. 기본연금은 16~62세 동안 3년 이상 연금기여금을 불입한 가입자에게 지급되며, 근로기간이 길수록 기본연금 수령액도 증가한다. 연금 비수령자인 배우자가 있을 경우에는 50%까지 증액되고, 18세 이하 자녀가 있을 경우에는 40%까지 증액 지급된다.

보조연금은 은퇴 후 급격한 생활수준의 저하를 방지하기 위해 1967년에 도입되었다. 특별보조연금은 보조연금이 없거나 적은 경우에 지급된다.

### 2) 가족연금

가족연금(survivors' benefits)은 배우자연금과 자녀연금으로 구성된다. 배우자연금은 67세 미만의 미망인에게 지급되며, 자녀연금은 부모가 모두 사망한 18세 미만의 자녀에게 지급된다.

### 3) 장애자연금

장애자연금은 출생시부터 장애인인 경우에 지급된다. 장애자연금은 기본수당, 재활·치료수당(attendance benefit), 장애수당으로 구성된다.

### 4) 재활연금

재활연금(rehabilitation benefits)은 질병으로 인해 매월 연금을 받던 대상자가 기간이 만료되어 연금 지급이 중지된 경우, 이전 근로소득을 반영하여 일정 비율로 지급되는 연금이다.

## 5) 질병보험

사회보장 가입자에게는 약품 및 입원비를 포함하여 모든 치료비가 무료로 제공된다. 하지만 병원 이외의 기관에서 받는 일반치료나 특수치료에 소모되는 비용은 일정 부분 본인이 부담해야 한다. 단, 7세 미만 아동에 대한 내과, 심리치료 등의 경우에는 환자가 부담하지 않는다. 그 밖에 질환에 걸린 아동을 보호하기 위해 부모가 일을 하기 어려운 경우에 지급되는 수당이 있다.

## 6) 출산 · 입양수당

임산부는 52주간 출산휴가를 받을 수 있다. 이 중 42주간은 임신 전 근로소득의 100%를 보전 받을 수 있다. 단, 수당 대신 일시금으로 3만 3,583노르웨이 크로네(NOK)[약 5,330달러(USD)]를 받을 수도 있다.

15세 미만의 아동을 입양할 경우에는 39주간 일비 보조금을 지급 받거나 일시금으로 2만 3,400노르웨이 크로네(NOK)[약 3,774달러(USD)]를 지급 받게 된다.

## 7) 실업수당

소정의 자격을 갖춘 실직 근로자의 경우, 과거 근로소득을 기준으로 일정액의 소득을 보전해 준다. 수당 지급 기간은 이전 근로소득에 따라 차이가 있으나 기본적으로 최소 78주(1년 5개월)에서 최장 2년까지 가능하다.

## 8) 기타수당

홀부모 수당(single parent benefit), 장례보조금[최고 2만 노르웨이 크로네

(NOK)], 자녀 수당[자녀당 1만 1,664노르웨이 크로네(NOK)], 영유아 수당 등이 있다.

노르웨이 사회복지제도는 1997년 2월 "국가보험법(National Insurance Act)" 제정을 계기로 노르웨이 사회복지제도의 근간인 국가보험제도(National Insurance Scheme)가 시행되고 있으며, 수혜 대상으로 12개월 이상 노르웨이에 거주한 자는 국적에 관계없이 국가보험제도의 혜택을 받고 있다. 다만, 외국정부 또는 국제기구에 고용되어 노르웨이 내에서 근무하는 외국인은 동 혜택에서 제외된다. 혜택 종류로는 고령연금, 실업수당, 가족연금, 장애수당, 의료 혜택(질병보험, 재활수당 등), 출산·육아 휴가, 영유아 수당 등이 있다.

재정 확대로 근로자, 자영업자, 고용주가 납부하는 세금 및 국가의 재정 지원을 통해 국가보험제도의 재원이 마련되었다. 근로자와 자영업자는 각각 총소득의 8.2%, 11.4%를, 고용주는 지불된 총임금의 14.1%를 부담한다. 국가보험제도 재원 중 정부의 기여율은 약 25% 정도이다.

사회보장 혜택으로 고령연금으로 법정 퇴직 연령은 67세이지만, 본인의 의사에 따라 70세까지 근로를 지속하며, 연금 포인트 적립이 가능하고, 노르웨이 인구 520만 명중 80만 명이 고령연금 수령자이며, 사회복지 비용의 40%를 차지한다.

가족연금(survivors' benefits)으로 배우자 연금은 67세 미만의 미망인에게 지급하며, 자녀연금은 부모 모두가 사망한 18세 미만 자녀에게 지급하고 있다.

실업수당은 근로 시간이 50% 이상 감소한 경우, 근로소득이 일정 수준 이하로 하락한 경우, 과거 근로소득을 기준으로 소득을 일정액 보전하며, 수당지급 기간은 기본적으로 최소 78주(1.5년)에서 최장 2년까지 가능하다. 다만, 실업수당 수혜자는 관계 기관에 2주마다 현재의 고용 상황을 보고해야 한다.

장애수당은 기본수당, 재활·치료수당(attendance benefit), 일시 장애수당 등으로 구성되며, 기본수당은 장애 등급을 6등급으로 나누어 지급하고 재활·치료수당은 장애인이 특별한 재활 치료나 간호를 필요로 하는 경우 지급되며, 장애 정도를 4등급으로 나누어 지급 한다. 일시 장애수당은 장애로 인하여 근로 능력이

50% 이상 영구적으로 하락한 18~67세 근로자에게 지급하고 있다.

그리고 질병보험으로 국가보험 가입자는 의약품 구입 및 입원비를 포함하여 치료비를 무상 제공받지만, 병원 이외의 기관에서 받는 일반치료나 특수치료에 소요되는 비용은 일정 부분 개인이 부담한다.

연간 의료비 개인 부담 상한선을 의회에서 책정하는 바, 지출액이 상한선을 넘을 경우 추가로 소요되는 치료비는 무료이다. 16세 이하 아동의 치료비는 부모의 연간 의료비 상한선에 포함되고 있다.

## 3 한국의 사회복지

우리나라의 사회복지발달사는 근대 이전과 이후로 구분하여 논할 수 있다. 근대 이전의 사회복지정책으로는 관곡의 진급, 사궁구휼, 조조감면, 진대사업, 혜민국 등에 의한 의료구제사업 등의 정책이 있었다.

1949년 보건부가 후생·방역·약정에 관한 행정을 관장하였고, 1955년 보건사회부가 의정·방역·약정·원호·부녀·노동에 관한 행정을 관장하여 오늘날 보건복지부의 기초가 되었다.

「사회보장기본법」 제3조 제1호에 의하면, "사회보장이란 출산, 양육, 실업, 노령, 장애, 질병, 빈곤 및 사망 등의 사회적 위험으로부터 모든 국민을 보호하고 국민 삶의 질을 향상시키는 데 필요한 소득·서비스를 보장하는 사회보험, 공공부조, 사회서비스를 말한다"라고 정의하고 있다.

사회보장이란 용어는 1940년에 개념이 확립되었으나, 처음으로 사용된 것은 1935년 미국에서 사회보장법(Social Security Act)이 제정된 때부터이며, 그 이후에 보편적으로 사용되어 왔다.

우리나라는 1960년 제4차 개정헌법에서 처음으로 '국가의 사회보장에 관한 노력'을 규정하였고, 1963년 11월 법률 제1437호로 전문 7개조의 「사회보장에 관한 법률」을 제정하였다. 그 후 1980년 10월 개정된 헌법에서 '사회보장'이라는 용어를 최초로 사용하였다.

사회보장이라는 의미는 역사적·사회적 배경과 시대 및 학자나 국가에 따라 여러 가지로 표현되고 있는데, '사회보장의 아버지'로 불리는 베버리지(W. Beveridge)가 1942년 영국정부에 제출한 보고서 '사회보험과 관련 서비스(Social Insurance and Allied Service)'에 의하면 사회보장의 정의는 실업·질병, 혹은 재해에 의하여 수입이 중단된 경우의 대처, 노령에 의한 퇴직이나 본인 이외의 사망에 의한 부양 상실의 대비 그리고 출생·사망·결혼 등과 관련된 특별한 지출을 감당하기 위한 소득보장을 의미하는 것으로 그는 빈곤과 결부시켜 사회보장은 '궁핍의 퇴치'라고 말하며, 이는 국민소득의 재분배로 실현할 수 있으며, 이를 통한 일정 소득의 보장은 결국 국민생활의 최저보장을 의미하는 것이라 하였다.

1960년대에는 공적부조의 일환으로 「생활보호법」, 「군사원호보상법」, 「재해구호법」의 제도를 확립하였고, 사회복지부문에 「아동복지법」, 사회보장부문에 「의료보험법」 등의 법률이 제정·실시되었다.

1970년 「사회복지사업법」이 시행되었다. 이로 인해 사회복지사업체들이 '사회복지법인'으로 변경됨으로써 사회복지사업운영의 기반과 질서가 확립되었다.

1980년 중반 이후 정부에서는 이용시설과 편의시설, 자립과 자활프로그램을 강조하며, 지역복지와 재가복지사상을 도입하였다.

1989년 의료보험과 의료보호제도를 확대하고 「장애자복지법」, 「노인복지법」을 개정·공포하였다.

1991년 지방의회가 성립됨에 따라 지역복지문제가 주된 이슈로 부상하였다. 1995년 초 정부는 '성장위주정책에서 벗어나 삶의 질과 생산적인 국민복지에 적극적 관심을 기울여야 할 것'이라고 강조되었고, 이에 기초해 공적부조에서는 모든 저소득 국민은 그 능력에 따라 자력으로, 기본생활 유지능력이 없을 때에는 국가의 책임으로 건강하고 문화적인 최저생활이 보장될 수 있도록 향상시키고 있다. 근로능력이 있어 자활이 가능한 국민은 자립지원시책의 효율적인 운영으로 조속히 자립할 수 있게 하였다.

공공부조부문에서는 「생활보호법」의 폐지와 「국민기초생활보장법」 제정(1999), 「의료보호법」을 「의료급여법」으로 전문 개정(2001), 사회복지서비스부문에서는 「모자복지법」을 「모·부자복지법」으로 전면 개정(2003)하였다.

노무현정부에서 제정 또는 개정된 사회복지관련법을 보면 사회보험부문에서는 「기초노령연금법」 제정(2007), 「노인장기요양보험법」 제정(2007), 공적부조부문에서는 「긴급복지지원법」 제정(2005), 사회복지서비스부문에서는 「건강가정기본법」 제정(2005), 「노인복지법」 개정(2007) 등이 있다.

「장애인차별금지법」이 2008년 4월 11일부터 시행되었으나 법의 실효성과 문제점에 대해 실생활에서의 「장애인차별금지법」의 현실에 대해 논의하고, 학문적 접근으로 실효성에 대해 국민의 복지에 대한 욕구를 수용하여 확대해야 하는 단계이다.

2010년 7월 1일 「장애인연금법」에 의해 장애인연금제도가 중증장애인의 생활안정을 돕기 위하여 시행되었다.

또한 '4대 사회보험 징수통합법'이 2009년 5월 국회를 통과함에 따라 2011년부터 4대 사회보험료를 국민건강보험공단에서 통합 징수하게 된다.

2021년에는 모든 장애인연금 수급자의 기초급여액(30만 원)으로 생애안정에 기여하고 있다. 또한 2020년 1월 7일에는 의료급여를 의뢰받은 의료기관에 상태가 호전된 제1종 또는 제2종 수급권자를 의료급여를 의뢰한 의료기관 등으로 회송하는 경우 해당 급여비용 총액 전부를 의료급여 기금에서 부담하도록 함으로써 수급권자가 회송을 기피하지 않도록 하는 것이다.

## 1. 공공부조

빈곤이란 절대적 관점에서는 '인간의 기본적인 생존욕구를 충족하는 데 있어서 필요한 절대적인 자원의 부족한 상태나 조건'을 말하며, 상대적 관점에서는 '현대사회의 특징으로 사회·문화·경제생활의 향상과 발전 및 풍요한 생활에서도 나타나는 불평등 혹은 상대적 박탈'이라고 파악된다.

공공부조는 모든 국민에게 최저한의 인간다운 생활을 보장하는 과제를 갖는다. 이를 보장하기 위해 국가는 사회보장 노력의무를 규정하고 있다. 생활보호법, 의료보호법은 보호대상자의 자활을 조성하는 것을 목표로 하고 있다.

공공부조의 목표와 과제는 소득보장과 신체적·정신적 건강한 생활을 보장하는 의료보장, 사회복지서비스의 세 가지 형태로 분류된다. 소득보장의 범주에는 생활보호사업이 해당되며, 의료보장의 범주에는 의료보호사업, 사회복지서비스의 범주에는 노인·장애인·아동 등 요보호대상자가 해당된다.

「사회보장기본법」 제3조 제3호에 의하면, "공공부조라 함은 국가와 지방자치단체의 책임하에 생활유지능력이 없거나 생활이 어려운 국민의 최저생활을 보장하고 자립을 지원하는 제도를 말한다"라고 정의하고 있고, 종래에는 '공적부조'라는 용어를 사용하였으나, 1995년 12월 30일 제정된 「사회보장기본법」에서 '공공부조'라는 용어로 변경하였다.

공공부조에 대한 또 다른 협의의 개념은 자본주의 사회의 모순이 심화됨에 따라 그 구조적 산물로서 빈곤이 발생됐다는 역사적 인과관계를 인정하여 국가의 책임하에 일정한 법령에 따라 공공비용으로 경제적 보호를 요구하는 자들에게 최저한도의 사회보장을 일컫는데, 이 역시 사회보장의 일환으로 이해되고 있다. 이와 같이 공공부조는 빈자의 생활보호기능에서 그 의의를 찾아 볼 수 있는데, 생활보호는 최저한의 수준에 그쳐야 하며, 이를 국가최저 또는 사회최저(social minimum)원칙이라 부른다.

공공부조제도는 사회보험계획을 추진하는 과정에서 대상자 적용에 문제가 발생하는 경우에는 이를 보완하기 위하여 사용할 수 있다. 따라서 공공부조가 지니는 제한점에도 불구하고 빈곤퇴치대책의 일환으로 이를 적용하게 된다. 공공부조와 관련해서는 「의료보호법」과 「국민기초생활보장법」이 적용되고 있다.

국민기초생활보장법은 2020년 6월 4일 시장·군수·구청장이 생계급여 등의 실시여부와 급여내용을 결정하여 수급권자 또는 신청인에게 통보하거나 보장기관이 생계급여 등의 종류·방법 등의 변경을 수급자에게 통지할 때 산출근거를 포함하여 통보함으로써 수급권자 등의 알권리를 두텁게 보장하려는 시행이었다.

## 2. 사회보험

사회보험이란 자본주의사회에서 노동력을 보전하고 근로자의 생활을 보장하기 위하여 사회정책의 일환으로 실시하는 보험제도이다. 사회보험은 근로자의 생활을 보장할 것을 목적으로 한다고 하지만, 생활일반을 모두 보장하는 것은 아니다. 그 대신 일정한 보험사고에 대하여 이를 사회보험제도에서 구제함으로써 근로자를 보호하고 있다. 사회보험은 민간보험과 비교하여 그 보험가입이 일반적으로 강제적이고, 계약조건이 덜 구체적이라는 점에서 차이가 난다. 이는 민간보험이 사건발생의 확률을 어느 정도 예측할 수 있는 우발사고에 대비하기 위한 것인 데 반하여, 사회보험은 예측 불가능한 우발사고에 대비하는 것이기 때문이다. 따라서 사회보험은 민간보험이 취급할 수 없는 위험으로부터 보호해 주는 것이다.

사회보험의 필요성은 다음과 같다.

현대 자본주의사회에서 사회보장제도는 여러 가지 사회적 위험으로부터 국민을 보호하고 빈곤을 해소하며 국민생활의 질을 향상시키기 위한 제도로서 그 필요성은 다음과 같은 사실들로부터 나온다.

① 산업화된 국민경제의 다수 성원은 생계보장을 위하여 그들의 노동력에 의존하게 되는데, 노동력의 일시적·지속적인 상실은 노동자 개인뿐 아니라 그 가족의 존재위협을 의미한다.

② 산업사회의 핵가족 세대는 확대가족에 비해 가족 성원에게 사고, 질병, 노령, 실업 등의 위험이 닥칠 때 이를 충분히 보장해 줄 수 없다.

③ 사회적 보장을 필요로 하는 자가 다수이기 때문에 종교단체나 협회 등의 사적 복지시설만으로는 충분한 보호를 제공할 수 없다.

④ 민간보험은 소득이 낮아 높은 보험료를 지불할 수 없는 많은 저소득가족을 보호해 주지 못한다.

사회보험은 사회적 위험에 대한 상호적이고 집단적 보장방식으로 탄생하였다. 사회보험도 기본적으로 보험이다. 사회보험은 보험가입자의 기여(보험료)를 통하여 보험가입자의 사회적 위험에 대응하기 때문이다.

그러나 사회보험에는 사회적 요소가 있다는 점에서 사보험(私保險)과 다르다. 사회적 요소는 일정한 사람들에게 상호 간 협력을 강제하고, 그럼으로써 그 사람들의 생활을 집단적으로 보장한다. 사회보험에 가입한 사람들은 사회적 요소로 인하여 서로의 생활에 대한 공동책임을 부담하게 된다. 의료란 인간의 질병예방, 조기발견 치료로 사회복귀 등을 목적으로 하는 의학의 실천이다. 의료보장이란 의료비의 보장과 건강보장으로 이해할 수 있으며, 건강검사·질병예방·환경위생·건강교육·지도훈련 등을 내용으로 한다.

의료보험제도는 최소한 의료비의 과중한 부담을 덜게 해주고, 나아가 질병의 예방·진찰·치료·재활 등의 포괄적인 보건의료를 보장해 주는 제도이다.

우리나라는 1963년 「의료보험법」이 제정·공포된 이후 1999년 2월 「국민건강보험법」 제정으로 통합 운영되고 있다. 2008년 7월 노인장기요양보험의 실시, 2011년 1월부터 사회보험징수통합으로 4대 보험이 운영되고 있다.

국민건강보험은 질병·부상·분만·사망 등의 사고에 대한 의료의 제공으로 모든 사람에게 의료혜택을 주어 건강하고 문화적인 생활을 영위하도록 질병의 비용과 건강보호를 집단적으로 부담하는 일을 사회에 위탁한다. 보험자에게 질병, 부상 등의 사고가 발생한 경우에 요양 또는 요양비를 제공하는 방법으로 사회보험의 원리를 기초로 하여 모든 사람이 건강보험에 강제로 가입한다. 국민건강보험은 부담능력에 따른 보험료의 차등부담으로 형평부과하고, 보험급여의 균등한 수혜, 보험료 납부의 강제성 그리고 건강보험은 단기보험이다.

2000년 7월 1일 의료보험의 완전통합으로 새롭게 출발하는 의료보험의 새 이름으로 기존의 의료보험이 주로 질병의 치료에 보험혜택이 주어진 반면, 새롭게 출발하는 건강보험은 질병의 치료는 물론 질병의 예방, 재활, 건강증진까지 보험의 혜택이 확대된다. 건강보험이란 질병·부상·분만·사망 등의 사고에 대한 의료의 제공을 조직하고 질병의 비용과 건강보호를 집단적으로 부담하는 일을 사회에 위탁함으로써 모든 사람에게 의료혜택을 주어 건강하고 문화적인 생활을 영위하도록 하는 것이다. 건강보험은 사회보험의 원리를 기초로 하여 모든 사람이 건강보험에 강제로 가입하도록 하여 보험자에게 질병, 부상 등의 사고가 발생한 경우에 요양 또는 요양비를 제공하는 방법이다.

코로나로 인해 병의원 매출이 50%이상 급감한 곳이 많다. 사람들이 코로나 감염을 우려해 병원치료가 꼭 필요한 사람이 아니면 병원방문을 하지 않는다. 그동안 가벼운 감기정도의 증세에도 병원을 방문한 사람들이 많았다는 것이다.

저렴한 의료비 때문에 한의원에 가서 수시로 침을 맞는 사람도 많다.

이렇게 가벼운 증세에도 병원을 수시로 이용하는 사람들 때문에 일년에 한번 병원에 가지도 않는 사람들이 많은 의료보험비를 부담하고 있다.

지역가입자는 더 큰 피해를 보고 있다. 소득이 적어도 직장가입자보다 몇 배로 더 많이 내는 구조 때문에 한 달에 수십만 원을 내야 한다. 쇼핑하듯 병원에 가는 사람들 때문에 한 달에 수십만 원씩 의료보험비를 내는 것은 불공정하고 비효율적이라고 본다.

또한 직장가입자와 지역가입자를 합쳐서 직장가입자도 재산에 따라 더 많은 의료보험비를 내게 하든가 지역가입자의 재산기준을 없애든가 하는 형평성을 고려해야 하는 시점이다.

그리고 2020년 정부 개정안에 따르면, 임신 24주 이내에 상담과 숙려기간을 거치면 낙태가 가능하고, 임신 14주 이내는 낙태가 전면 허용된다. 이와 함께 낙태 시술에 대한 건강보험 적용 확대도 이루어진다.

또한 개정안은 국외 체류 중인 건강보험 가입자나 피부양자가 입국한 달에 보험급여를 받고 그 달에 다시 출국하는 경우에는 해당 월의 건강보험료를 면제하지 않도록 하는 내용이다.

“기존에는 국외 체류자가 입국해 보험급여를 받고 같은 달에 출국하는 경우 건강보험을 이용했음에도 보험료를 내지 않아도 됐다"면서 법 개정으로 먹튀로 인한 건보 재정 누수를 줄일 수 있을 것으로 본다.

## 3. 국민연금

1988년 10명 이상 사업장을 중심으로 추진되었던 국민연금제도는 1992년 소득보장 혜택이 더욱 절실한 5명 이상 사업장으로 당연적용대상을 확대하였으며, 1995년에는 신경제 5개년 계획 및 WTO 체제하의 농어촌 발전대책의 일환으로 농어촌 지역까지 국민연금제도를 확대하였고, 1999년 4월 도시지역까지 국민연금제도를 실시함으로써 전 국민 연금시대를 열었다.

국민연금은 국민의 일상생활 가운데 노후생활과 불구·폐질·사망 등의 예기치 않은 위험 때문에 발생하는 소득의 상실이나 중단될 경우를 대비하는 소득보장 수단으로서 국민의 생활안정과 복지증진에 기여함을 목적으로 한다. 우리나라에서 국민연금제도를 처음 실시한 것은 1988년이며, 그 규모의 방대성으로 국가경제에 미치는 영향이 크므로 국가 전체 입장에서 합리적으로 운용되어야 한다.

국민연금은 노령연금, 장해연금, 유족연금, 반환일시금, 사망일시금으로 분류된다.

노령연금은 국민연금의 기초가 되는 급여로 국민연금 가입자가 나이가 들어 소득활동에 종사하지 못할 경우 생활안정과 복지증진을 위하여 지급되는 급여로써 가입기간(연금보험료 납부기간)이 10년 이상이면 60세('소득이 있는 업무'에 종사하지 않는 경우 55세) 이후부터 평생 동안 매월 지급받을 수 있다.

노령연금은 가입기간, 연령, 소득활동 유무에 따라 완전노령연금, 감액노령연금, 재직자 노령연금, 조기노령연금이 있으며, 이혼한 배우자에게 지급될 수 있는 분할연금이 있다.

국민연금을 비롯한 국내의 공적연금이 지속가능한지를 두고 의문이 커지는 것 역시 재정고갈과 세대 간 갈등과 같은 프레임 때문에 오히려 사회적 합의는 뒷전으로 밀려 있다는 지적이다.

문제는 오히려 연금 고갈과 같은 재정적 문제보다는 국민연금이 원래의 취지인 노년층 소득감소를 적절히 보완해주는 사회적 안전망의 기능을 충실히 하고 있느냐에 있다. 국민연금 실질 소득대체율은 지난해 기준 24%에 불과하다. 국민연금에 가입한 기간 동안의 평균소득을 100으로 볼 때 연금 수령액은 평균 24 정도에 그친다는 얘기다. 노인빈곤이 고령화와 맞물려 나타난 결과 중 하나는 연금 수급에서의 불평등이다. 한국을 비롯해 OECD 회원국 전반에서 저소득자는 고소득자보다 기대수명이 더 낮은데, 더 나아가 저소득자의 연금총액은 13% 더 적었다. OECD는 '불평등한 고령화 방지' 보고서에서 고령화 때문에 사회·경제적으로 분류된 집단에 따라 격차가 확대되는 한편, 그에 부수되는 다양한 요인들까지 결합해 다음 세대로 갈수록 소득불평등을 포함한 삶의 여러 분야에서의 불평등이 서로 연계되고 강화되는 경향이 있다.

향후 고령화가 진행됨에 따라 노인빈곤율은 지속적으로 증가할 가능성이 높은 것이 사실이며, 노인빈곤율 뿐만 아니라 전체 빈곤율도 지속적으로 증가시킬 것으로 우려되는 부분이다.

2020년에는 연금보험자의 납부의무자의 1인당 연체금을 1,500분의 1에서 1,000분의 20으로 그 상한을 인하하였다.

## 4. 고용보험

고용보험이란 피보험자인 근로자가 실업으로 인하여 그 소득의 원천을 상실할 경우와 그 근로자와 가족의 생활안정을 위하여 일을 할 수 있는 능력과 의사가 있음에도 적합한 직업에 취업하지 못하고 있는 경우에 보험에 의하여 일정 기간 일정 수준의 실업급여를 지급함으로써 근로자의 생활안정과 노동력을 유지하는데 그 목적이 있다. 고용안정사업, 능력개발사업, 생활안정사업으로 분류되어 구인개척·고용정보제공·취업알선·직업지도 및 훈련 등을 시행하는 고용정책수단으로 정착시키고 있다.

고용보험은 실직근로자에게 실업급여를 지급하는 전통적 의미의 실업보험제도 외에 산업구조조정의 촉진 및 실업예방, 고용촉진 등을 위한 고용안정사업, 근로자의 직업능력개발을 위한 사업을 상호 연계하여 실시하는 사회보험제도이며, 동시에 노동시장정책이다. 자유경쟁원칙에 입각한 자본주의 경제체제에서는 개개인이 자신의 능력을 개발하고 직업을 자유로이 선택하며 자신의 선택에 따른 결과에 대하여 자신이 책임을 지는 것이 원칙이다. 그러나 기술혁신이나 경기변동에 따른 실업은 국민 누구에게나 발생할 수 있는 사회적 위험이고, 국민 각자가 실업이라는 사회적 위험을 예측하고 충분한 대비책을 세우는 것은 극히 어려운 일이어서 국민경제 전체가 어느 정도는 개인의 실업에 대한 책임을 져야 한다.

자본주의가 일찍 발달한 서유럽 여러 나라들은 이러한 인식하에 19세기 중반부터 일부 노조를 중심으로 실업에 대비한 근로자들의 자발적인 실업공제기금제도가 실시되었으며, 일부에서는 사용자의 실업기금을 적립하여 실업자를 구제하는 실업공제제도가 실시되었다. 1905년 프랑스에서 임의적 실업보험제도가 입법화되었고, 1911년 영국에서 최초로 사회보험방식의 강제적 실업보험이 실시되었다. 1960년대 후반기부터 산업구조조정이 본격적으로 진행되면서 독일, 일본 등에서는 실업보험을 고용조정사업 및 노동정책사업과 연계시킨 고용보험제도로 발전되어 적극적 인력정책수단으로 운영되고 있으며, 우리나라의 제도는 이들 국가와 유사한 특징을 지니고 있다.

한국의 일자리 안정자금은 2018년 최저임금 인상에 따라 경영상 어려움에 처할 수 있는 30인 미만 고용 사업주에게 월급 190만 원 미만 근로자 1인당 13만 원을 지원하는 제도이다. 이와 함께 월급 190만 원 미만 근로자를 고용한 10인 미만 사업장(두루누리 지원대상)일 경우, 고용보험·국민연금 보험료를 최대 90%까지 지원한다.

고용보험 확대를 위한 「고용보험법」 개정안이 2020년 국회 환경노동위원회(환노위)를 통과했다. 그간 고용보험 사각지대에 놓여있던 문화예술인들까지 보험혜택을 보게 되는 내용이다. 한국형 실업부조인 국민취업지원제도의 법제화를 위한 법안도 고용보험 단계적 확대를 포함한 사회안전망 강화를 위한 것이다. 그리고 국민취업지원제도의 근거법이 되는 「구직자 취업촉진 및 생활안정지원에 관한 법」이 운영 중이다. 2020년 12월에는 예술인의 실업상태, 예술인의 출산에 따른 생활안정과 출산전후급여 등을 지급하도록 하였다.

## 5. 산업재해보험

노동자의 재해보상을 보장하는 제도는 1884년 독일에서 처음 실시하였으며, 많은 나라에서 이를 채택하고 있다. 산재보험은 공업화가 진전되면서 급격히 증가하는 산업재해 근로자를 보호하기 위하여 1964년 도입된 우리나라 최초의 사회보험제도로서 산재근로자와 그 가족의 생활을 보호하기 위하여 국가가 책임을 지는 의무보험이다. 원래 사용자의 「근로기준법」상 재해보상책임을 보장하기 위하여 국가가 사업주로부터 소정의 보험료를 징수하며, 그 기금(재원)으로 사업주를 대신하여 산재근로자에게 보상해 주는 제도이다. 또한 사업주의 의사와 관계없이 강제적으로 산업재해보상보험에 가입시키고 보험료를 전액 부담토록 하여 그 기업에서 산업재해가 발생할 경우 국가가 보상 문제를 직접 관장하여 사회보험방식으로 실시하고 있다. 산업재해보상보험제도는 산업재해보상보험사업을 행하여 근로자의 업무상 재해를 신속 공정하게 보상하고 이에 필요한 보험시설의 설치 운영과 재해예방 및 기타 근로자의 복지증진을 위한 사업을 행함으로써 근로자 보호에 이바지하여야 한다.

산업재해는 제조업의 노동과정에서뿐만 아니라 광업·토목·운수업 등 모든 분야에서 발생할 가능성이 있다. 산업혁명 이후 기계제 공업화의 진전이 가속화되면서 주로 제조업 중심으로 산업재해가 급속도로 증가하였다. 광부의 직업에 의한 폐계통의 질병은 고대에도 알려져 있었으나, 산업재해가 의학의 한 분야로 정착되기 시작한 것은 19세기 유럽에서이다.

굴뚝청소부의 폐암, 모자 만드는 사람들의 수은중독, 그릇 만드는 사람들의 규폐증(규토가루를 마셔서 걸리는 폐의 질환)과 납중독 등이 당시에 밝혀진 산업재해이다. 그 후로 많은 질병의 원인이 노동이나 작업환경에서 발견되었으며, 새로운 산업이 발생하면서 산업재해의 종류도 증가하였다.

산업재해의 발생 원인을 근로자 측에서 보면, ① 근로자의 피로, ② 근로자의 작업상의 부주의나 실수, ③ 근로자의 작업상의 숙련미달 등을 들 수 있으며, 사용자 측에서 보면 주로 산업재해에 대한 안전대책이나 예방대책의 미비·부실에 기인한다고 볼 수 있다.

한국의 경우도 공업화, 정보화의 진전과 더불어 산업재해가 격증하는 추세를 나타내고 있으며, 이 같은 경향은 취업인구의 증가와 제조업 중심으로 업종이 다원화되는 한편, 각종 산업공해의 급격한 증가에 따른 작업환경의 악화에서 오는 재해의 증가 등이 주요 원인이다.

근로자의 상황에서 업무상 일을 하다가 산업재해를 받게 되는 경우가 발생하곤 한다. 이러한 부분에 있어서 공정한 산재보상을 받기 위해서 재해근로자의 재활 그리고 사회복귀를 촉진하기 위하여 보험 시설을 설치·운영해야 한다. 그리고 재해예방뿐만 아니라 그 밖의 근로자의 상황에 있어서 복지를 증진시키기 위한 산재보상 제도를 위하여 「산업재해보상보험법」이 존재한다. 「민법」상으로 따진다면 산업재해보상보험법 손해배상청구에 있어서 사용자의 고의 혹은 과실에 있어서는 근로자가 증명해야 한다. 그런 상황에서 산재보상 상황에 있어 증명책임의 분배에 있어서 원칙상으로는 어려움이 있는 것이 사실이다. 판결이 되는 부분에 있어서 시간적으로도 오래 걸리는 것은 물론, 「산업재해보상보험법」에 있어서 사용자 고의 혹은 과실 여부와 관계없이 일정한 산재보상을 하고 있다는 면에선 근로자권익 보호가 되고 있다.

업무 사이에 상당한 인과관계가 있어야 하며, 이 부분에 대해서는 근로자 자신이 증명을 해야 한다.

2020년 정부는 「고용보험법」 및 「고용보험 및 산업재해보상보험의 보험료징수 등에 관한 법률(이하 '고용산재보험료징수법')」 시행령을 개정하여 예술인 고용보험과 관련하여 법률에서 위임된 사항과 그 시행에 필요한 사항을 규정한 것으로, 노·사, 전문가 등이 참여한 고용보험제도개선TF 논의와 관계자 의견수렴을 바탕으로 고용보험위원회 의결을 거쳐 마련된 것이다.

모든 자영업자가 산재보험에 가입해 혜택을 받을 수 있는 방안을 협의해 추진하기로 했다. 방문판매원, 방문교사, 대여제품 방문 점검원, 가전제품 설치기사 등 방문서비스 종사자와 화물차주 등 특수형태근로종사자(특수고용 노동자) 27만 명도 산재보험을 적용받을 수 있게 된다.

또한 상시 근로자 50인~300인 미만 사업주(4만 3,000명) 및 기존 12개 업종 외 모든 업종의 1인 자영업자(132만 2,000명)도 본인이 원할 경우 산재보험에 가입할 수 있게 되었다.

산재보험 보장성도 강화된다. 현재 장해보상연금 수급자(장해등급 7급 이상)의 장해등급 재판정 결과 장해 상태가 나아진 경우 재판정 진찰일과 결정일 사이 연금 감소분을 소급 환수하고 있어 생계가 어려운 연금 수급자에 부담이 돼왔다.

앞으로는 장해 등급 재판정 결과 장해 상태가 나아진 경우 재판정 결정일이 속하는 달의 다음 달부터 변경된 장해 등급에 따른 연금을 지급하도록 해 연금 감소분 환수가 이뤄지지 않는다.

또 장해보상연금을 미리 지급할 때 이자(선급금의 2%)를 공제하지 않고 연금액 전액을 지급하도록 개선했다.

이와 함께 사업주가 고용보험료를 잘못 납부한 경우 근로자가 자신이 부담한 고용보험료를 근로복지공단에 직접 반환 청구할 수 있도록 하는 규정도 신설되었다.

2021년 6월부터는 코로나19와 같은 공기전파성 질병도 업무상 재해로 인정될 수 있으나 확진자와 동선을 대조하여 업무관련성을 입증하기에 어려움이 있는바, 근로복지공단에 자료제공을 요청할 수 있는 기관에 질병관리청을 추가하여 명시함으로써 공기전파성 질병의 업무재해상 입증을 원활하게 하여 근로자를 두텁게 보호하려는 시행제도이다.

## ▣ 연구과제

1. 스웨덴의 장애인고용제도에 관한 연구
2. 2020년 한국정부의 자영업자 산재보험가입 등에 관한 연구

제 5 장

# 가족복지

✦ 학습과제

1. 가족복지와 관련된 이론에 대한 고찰
2. 가족복지사업의 기능에 대한 이해
3. 가족복지사업의 실천유형에 대한 설명

# 1 가족복지의 의의

## 1. 가족복지 개념

가족복지란 가족의 행복과 안녕을 보장하는 것을 말한다. 즉, 모든 국민은 인간다운 생활을 할 권리를 가진다는 기본 이념에 입각하여 가족생활을 보장하는 사회적·제도적·정책적·기술적 서비스를 총칭하는 말이다.

가족복지는 전체로서의 가족은 물론 그 구성원들의 사회적 기능수행을 효과적으로 증진시킴으로써 가족구성원들 모두에게 행복을 도모하도록 하기 위한 사회복지의 한 분야이다. 이러한 가족복지는 사회경제적·문화적 조건에 따라 다양하게 의미를 가질 수 있기 때문에 유동적인 개념으로 사용되고 있다.

가족복지의 광의·협의 개념을 살펴보면, 광의적 개념에서의 가족복지는 "가족생활을 보호·강화할 뿐 아니라 가족과 가족구성원의 사회적 기능을 높이기 위하여 행해지는 서비스 활동으로서 정부와 민간기관이 가족과 가족구성원들을 도와주는 일련의 사업"으로 정의된다.

따라서 광의의 관점에서 가족복지는 사회복지의 거의 모든 제도가 직·간접적으로 가족에 영향을 주기 때문에 사회보장정책, 고용, 임금, 물가 등에 관련된 경제정책, 생활보호서비스에 관련된 사회복지정책, 보건, 의료정책, 교육, 문화정책,

주택정책, 환경정책 등 정부의 다양한 행정활동을 가족복지의 영역으로 본다.

협의의 가족복지 개념은 "일시적 혹은 장기적으로 당면한 생활상의 곤란함, 즉 빈곤, 질병, 실업, 가족관계의 붕괴, 행동상의 문제, 신체적 혹은 정신적 장애 등으로 가족의 기능이 상실되어 중대한 위기에 처한 가족을 대상으로 가족의 긴장을 완화하고 문제를 해결하며, 가족의 기능을 강화하는 것을 목적으로 하는 사회적 조직 활동"으로 정의할 수 있다.

협의의 관점에서 가족복지는 사회복지서비스의 한 분야로 규정되는 것으로 아동복지, 노인복지, 여성복지, 장애인복지 등과 같은 수준으로 한정된 영역의 가족문제를 해결하는 분야이다.

어느 시대와 사회를 막론하고 가족은 여러 가지 문제를 안고 있으며, 오늘날의 사회도 예외는 아니다. 가족이란 1인 이상의 공동생활을 전제로 하기 때문에 삶의 사고와 방식에서 완전한 일치가 있을 수 없으며, 또 각 개인이 성장해 온 사회적 배경에 크게 영향을 받으므로 문제는 다양할 수밖에 없다.

가족복지는 문제의 해결과 예방, 인간의 상호적 기능수행으로 질적 향상 및 가족서비스의 과정과 정책을 포함한다.

가족복지정책은 가족정책의 한 영역으로서 가족 내적으로 뿐만 아니라 가족 간에 나아가 사회 전체적으로 평등과 권리를 보장하기 위한 제도적 개입이다.

'가족'은 인류의 역사와 함께 한 가장 오래된 제도 중의 하나로서, 가족구성원의 요구와 가족을 둘러싼 환경의 변화에 따라서 역동적으로 존재해 왔다. 이러한 가족을 바라보는 시선 또한 다양하게 형성되어 왔다.

다양한 가족과 관련된 이론들을 정리해 보면 다음과 같다.

첫째, 구조기능주의이론이다.

이 이론은 가족에 대한 관점은 가족을 사회의 하위체계로서 간주하고 자녀의 사회화와 가족구성원의 정서적 안정의 기능을 수행하는 단위로 본다. 가족과 사회가 목표나 기능에서 조화를 이루는 것을 중시하며, 성 역할 구분에서 남성은 도구적 역할을 하며 여성은 표현적 역할을 하나 이는 정치적 보수성과 성차별성이라는 비판을 받는다.

둘째, 갈등주의이론이다.

이 이론은 마르크스(Marx)와 엥겔스(Engels)의 주장에 기반을 두고 가족에 대한 관점은 가족과 가족의 기능을 자본주의 사회의 산물이라고 보며, 이로 인해 일과 가족이 분리되었다고 본다. 가족 내적으로는 구성원 간 권력 및 자원의 불평등에 관심을 둔다. 갈등의 해결을 통해 가족체계가 적응하고 유지되는 기제에 초점을 두며, 가족에서 생기는 다양한 갈등을 해결하기 위해서는 우선 자원이나 권력의 배분과 불공평에 대한 이해가 필요하다고 본다.

셋째, 교환이론이다.

가족에 대한 관점은 사회관계를 각 개인의 이익을 극대화하기 위한 장으로 이해하며, 공동체적 관심이나 이타심도 개인의 이기심에서 비롯된다고 본다. 따라서 결혼이나 출산도 그로 인한 보상이 있을 때는 선택하게 되지만, 그 손실이 크다면 이런 행위를 지연시킬 것이라는 주장이다. 적용은 배우자 선택, 의사결정과정, 임신결정, 성 역할 등을 들 수 있다.

넷째, 여권주의이론이다.

가족에 대한 관점은 가족체계의 가부장적 요소에 대해 비판적 태도를 견지하면서 현재의 가족이 권력을 가진 남성에게만 유리한 제도라고 주장하고, 가족 내에는 조화와 합의만 있는 것이 아니라 상호 갈등과 이해관계의 대립이 존재한다고 본다.

다섯째, 가족체계이론이다.

체계이론을 가족에 적용한 이론으로 가족체계의 하위체계(예: 부부 하위체계, 부모·자녀 하위체계)와 전체가 어떻게 서로 연관되어 있고 상호작용하는지에 관심을 두고 상호작용에 의한 원인과 결과의 직선적인 관계가 아니라 원인과 결과의 상호성과 복잡성을 전제로 한다. 또한 맥락 내에서 가족의 상호작용, 그 상호작용의 유형, 가족의 안정성 추구 경향, 시간에 따른 변화 등을 파악하고자 함에 있다.

## 2. 가족복지 대상과 서비스

### 1) 무자녀 가족

무자녀 가족이란 간단히 말하자면 자녀가 없음을 뜻하는 것이지만, 무자녀 선택의 자발성 여부와 그러한 선택의 지속 정도에 따라서 무자녀의 정의는 달라진다. 요컨대 자발적 무자녀 가족이란 생식능력을 가지고 있지만 영구적으로 자녀를 갖지 않는다는 확고한 결정을 내린 커플을 의미하며, 그러한 결정을 내린 시기에 따라서 결혼 초 혹은 결혼 전부터 무자녀를 선택한 초기 결정자와 자녀 갖기를 반복적으로 연기하다가 무자녀를 선택하는 후기 결정자로 구분된다. 최근에 등장한 DINK족 이란 용어는 "Double In come No Kid"의 줄임말로써 맞벌이 가족이자 무자녀 가족을 동시에 선호하는 신세대적인 가족형태라 할 수 있다.

또한 자발적 무자녀 가족에 대한 영향요인으로 전문직 부부, 맞벌이 부부, 교육수준의 향상, 여성취업 증가, 준거집단의 지지 등이 지적되고 있다. 무자녀 가족을 위한 복지 대책은 취업 여성의 증가에 따른 질 높은 보육시설의 확충, 부부 역할에 대한 의식의 전환, 다양한 고용제도 도입과 육아 휴직제의 확대실시, 부부간의 의사소통 기술의 증진, 가족치료 및 상담기관의 활성화 등이 있다.

### 2) 한부모 가족 지원

한부모 가족이란 부모 중 한쪽의 사망, 이혼, 유기, 별거로 인하여 편부 혹은 편모와 그 자녀로 이루어진 가족을 말한다. 이러한 모자가정에서의 심리사회적 문제점에서의 역할혼란, 즉 어머니가 부의 부재로 인한 부로서의 역할까지 기대받음으로써 긴장과 스트레스를 받는 것이며 자녀의 경우, 특히 맏이가 아들인 경우는 자녀로서의 역할로부터 아버지의 역할을 기대 받게 되는 것이 문제이다. 또한 부자가족의 문제는 경제적 문제와 가사문제, 가정관리의 문제 및 심리, 사회적 문제가 발생할 수 있다. 한부모 가족을 위한 복지정책은 공적부조 측면에서 생활보호사업, 즉, 「생활보호법」과 「의료보호법」에 의해 빈곤한 한부모 가족은 생활보호대상자로 지정되어 정부로부터 생계보호, 의료보호, 자활보호, 교육보호, 해산보호 등의 생계지원을 받는 것과 원호사업, 즉 특별원호법에 의해 군인이거나 경찰관인 배우자가 사망한 경우 한부모 가족은 원호금을 지원 받을 수 있으며, 자녀교육보호, 의료보호, 자영업 및 주택지원 등을 지원을 받는다.

사회보험제도 내에서의 한부모 가족에 의한 지원은 「공무원연금법」, 「군인연금법」, 「사립학교교원연금법」 등에 의해 배우자가 공무원이나 군인, 사립학교 교원인 경우 배우자 사망시에 유족연금이나 유족일시금을 받을 수 있다. 1988년에 시작한 국민연금제도는 피보험자와 그의 가족에게 노령연금, 장해연금, 유족연금 등을 보장하고 있어 한부모 가족은 유족연금의 도움을 받을 수 있다. 또한 한부모 가족의 가장 관심의 대상은 역시 자녀문제이다. 따라서 한부모 가족의 자녀양육을 위한 아동수당제도를 마련해야 한다.

「한부모가족지원법」 개정 (2020.10.20., 일부개정, 2021.4.21.시행)에 관한 내용은 다음과 같다.

다문화 한부모 가족 지원의 사각지대를 해소하고, 한부모 가족 지원대상자가 「국민기초생활 보장법」 등 다른 법령에 따라 지원을 받은 경우에도 이 법에 따른 아동양육비를 지급할 수 있도록 하며, 경제적·사회적 자립기반이 마련되지 못한 청년층 한부모의 양육부담을 덜기 위해서 추가 아동양육비 지급 대상을 확대하는 한편, 여성가족부장관으로 하여금 한부모 가족의 생활 안정과 복지 증진을 위하여 기본계획 및 연도별 시행계획을 수립하도록 하고, 민원의 투명하고 신속한 처리와 일선 행정기관의 적극행정을 유도하기 위하여 신고민원의 처리절차를 명확하게 규정하려는 것이다.

주요내용은 다음과 같다.

첫째, 외국인도 혼인 여부와 관계없이 대한민국 국적의 아동을 양육하면 한부모 가족 지원 대상이 될 수 있도록 하였다(제5조의2제3항).

둘째, 여성가족부장관으로 하여금 한부모 가족 정책에 관한 기본계획 및 시행계획을 수립하도록 하였다(제5조의5 및 제5조의6 신설).

셋째, 한부모 가족 지원대상자가 「국민기초생활 보장법」 등 다른 법령에 따라 지원을 받고 있는 경우에도 아동양육비를 지급할 수 있도록 하였다.(제12조제2항 신설).

넷째, 34세 이하의 모 또는 부가 아동을 양육하는 경우 추가 아동양육비를 지급할 수 있도록 하였다(제12조제3항제2호 신설).

다섯째, 특별자치시장·특별자치도지사·시장·군수·구청장은 한부모가족복지시설의 설치·운영 또는 변경 신고를 받으면 받은 날부터 일정 기간 내에 신고수리 여부를 신고인에게 통지하도록 하였다(제20조제4항 신설).

### 3) 입양 가족

입양이란 생물학적 과정을 통해서가 아니라 법적·사회적 과정을 통해 영원한 부모 자녀관계가 형성됨을 의미한다. 종류로는 입양기관을 통하지 않고 입양하는 독립입양과 아동복지기관에서 전문가에 의해 기관이 모든 법적 대리인이 되어서 입양하는 기관입양이 있다.

입양의 개념은 입양은 아동의 친가정에서 부모, 사망, 이혼, 혼외임신, 경제적 빈곤 등의 이유로 친부모에 의한 아동양육이 영구적으로 불가능하게 된 경우에, 친가정을 대신할 수 있는 대리가정을 찾아주는 것이다. 따라서 입양가족이란 출생에 의하지 않고 법적·사회적 과정을 통해 친부모-친자와 동등한 관계를 형성하게 된 가족으로 법적 관계 외에 정서적·사회적 관계를 형성하고 있어야 하나의 가족으로 기능할 수 있다.

「입양특례법」은 친부모가 의무적으로 출생신고와 가족관계 등록을 해야 한다. 그리고 입양에 대해 충분히 생각할 수 있도록 출생 후 7일이 지나야만 입양 동의 효력을 인정하고 관할 시·군·구 입양신고제를 가정법원의 허가제로 바꾸고 양자가 된 사람에게 자신에 대한 입양정보 접근권을 부여하고 국내 입양을 우선 추진한다.

비혼모와 관련하여 비혼모 정자기증에 의한 임신을 허용한 사유리법이 한국에서는 정자은행에서 비혼모로써 정자를 받는게 불법이라고 하여 일본으로 가서 기증 받은 후 출산에 성공을 했다고 하는 소식이 2020년 11월에 알려졌다.

네덜란드의 불임 전문의 얀 카르바트는 자신의 병원을 방문한 여성들에게 기증받은 정자를 속이고 자신의 정자를 사용해 56명을 출산케 한 것으로 밝혀졌다.

미국의 불임 전문의 도널드 클라인은 최소한 30여명의 여성에게 자신의 정자를 기증받은 정자를 속이고 사용했으며, DNA 검사 결과 61명이 그를 생물학적 부친으로 간주하고 있다

외국처럼 비혼모가 정자를 쇼핑하고, 이것이 당연시 된다면 인간의 존엄성은 과연 어떻게 되는가. 우생학적으로 더욱 완벽한 아기를 갖기 위해 결혼한 부부조차도 정자와 난자를 쇼핑하는 세상이 오지 않겠는가?

기증 정자로 태어난 자녀는 자신의 정체성을 확인하기 위해 결국 생물학적 부를 찾게 된다. 그런데 그 남성의 조건이 뛰어나서 나 말고도 수많은 자녀가 있고, 제대로 된 관계 형성이 불가능하다면 어떻게 될까?

우리나라에서 비혼모가 허용될 경우 처음에는 비영리 정자은행만 허용된다고 할 것이다. 하지만 결국 더 나은 조건의 정자를 원하는 여성의 주장이 반영될 것이고 영리 정자은행까지 허용될 것이다. 궁극적으로 생명윤리가 무너지는 현상이 초래될 것이다. 비혼모 허용은 간단한 문제가 아니다.

### 4) 장애인 가족

장애인 가족이란 신체적·정신적으로 영구적인 손상을 입거나 만성적인 신체적, 정신건강 문제를 가진 사람, 즉 장애인이 있는 가족을 의미한다.

장애인 가족에 대한 복지는 장애아동 부양수당이 있으며, 장애아동을 위한 서비스로는 장애아동 방과 후 교실 프로그램, 주간보호센터(장애아동 어린이집), 후원결연사업, 교육 및 사회재활사업 등이 있다.

장애연금은 국민연금에서 지급하며 연금수급은 1~3급이다. 장애인연금은 「장애인복지법」상 보건복지부에서 주관하고, 장애급여의 경우 고용노동부의 산재보

상보험에서 주관하며 등급심사는 근로복지공단이다. 그 외 등급심사는 국민연금공단에서 심사하고 있다. 장애연금, 장애인연금, 장애인 활동지원, 경증장애(아동)수당 등은 국민연금공단에서 장애등급심사를 하고 있으나 장애연금과 장애인연금의 등급 구분이 다르다. 예를 들어 국민연금 가입 중에 장애를 당한 경우 장애연금과 장애인연금을 받을 수 있으나 이원화되어 있어 두 번 심사를 받아야 하고 등급도 따로 받고 있다. 그리고 장애연금은 국민연금에서 지급을 하며, 장애인연금은 「장애인복지법」상 보건복지부에서 주관한다. 장애급여의 경우에는 고용노동부의 「산재보상보험법」에서 주관한다.

### 5) 계부모 가족

계부모 가족이란 재혼 가족, 재결합 가족, 혼합 가족, 양부모 가족 등의 용어들로 혼용되어 사용되며, 오늘날 가장 복잡한 가족체계의 일부를 구성한다. 즉, 계부모 가족은 2명의 성인과 그들 중 한쪽 혹은 양쪽에서 나온 자녀들로 이루어진 다양한 유형의 가족을 말한다. 이러한 계부모 가족은 대부분 많은 상실과 변화를 겪은 후에 형성되며, 계부모 가족에 대한 사회의 지지가 부족할 뿐 아니라 계부모 자녀관계는 법적 관계가 없거나 모호하다.

### 6) 알코올중독자 가족

중독이란 남용, 의존, 습관 등을 거치며 진행되는 진행성 질병이기 때문에 완전히 중독 결과들이 드러나야 알 수 있는 병이다. 알코올중독이란 일반적으로 허용되는 양 이상의 음주를 하여 개인의 건강이나 사회적·직업적 기능에 장애가 있음에도 불구하고 음주를 계속하는 경우를 말한다.

알코올중독자의 가족은 가족 중 한 사람이 알코올중독자인 경우이다. 알코올중독증은 육체적·정신적·심리적 의존으로 발전되기 때문에 고혈압이나 당뇨병 같이 의학적인 수치로 판별할 수도 없다.

이런 알코올중독자 가족에 대한 대책으로는 알코올 교육, 가족 친목, 가족치료,

단독 가족치료, 부부치료 등이 있다.

## 7) 이혼 가족

이혼이란 법률상으로 완전 유효하게 성립된 혼인을 당사자인 부와 처가 살아 있는 동안에 그 결합관계를 해소시킴으로써 혼인으로 인하여 발생했던 일체의 효과를 소멸시키는 것을 말한다.

이혼 가족 대책으로는 정부 차원에서 경제적 지원제도를 마련하는 것, 정부나 정부의 지원에 의한 사회단체에서 자녀양육, 교육 및 이혼 가족 자녀들에게 심리적 지지를 위한 시설이나 프로그램을 운영, 실시하는 것 등이 있다.

현행 「민법」상 협의 이혼과 재판상 이혼이 있으며, 협의 이혼은 가정법원으로부터 이혼의사의 합의가 이루어졌다는 확인서 등본을 교부 또는 송달받은 날로부터 3개월 이내에 그 등본을 첨부하여 등록기준지 또는 주소지를 관할하는 가정법원의 확인을 받아 신고하여야 한다.

재판상 이혼의 사유는 ① 배우자의 부정행위, ② 배우자가 악의로 다른 일방을 유기한 때, ③ 배우자 또는 그 직계존속으로부터 심히 부당한 대우를 받았을 때, ④ 자기의 직계존속이 배우자로부터 심히 부당한 대우를 받았을 때, ⑤ 배우자의 생사가 3년 이상 분명하지 아니한 때, ⑥ 기타 혼인을 계속하기 어려운 중대한 사유가 있을 때이다.

## 8) 방임 학대 가족

아동학대의 정의는 주양육자가 의도적으로 아동에게 가하는 명백한 신체적 손상을 의미한다. 아동학대가 아동방임을 포함한 의미로써 주양육자 및 주위의 모든 환경이 아동의 적절한 발달이나 복지의 보장을 저해할 가능성이 있거나, 현재 저해하고 있는 모든 발달영역상의 손상을 말한다. 아동학대는 신체적 학대, 정서적 학대, 언어적 학대, 성적 학대 방임 등으로 구분되며, 방임의 종류로는 신체적 방임, 정서적 방임, 교육적 방임, 의료적 방임, 성적 방임, 아내 학대 등이 있다.

## 3. 가족복지서비스 유형

가족복지서비스는 국가 차원의 제도적 정책적인 것과 민간기관의 전문적인 원조 방법들이 있다. 가족복지사업은 일시적 혹은 장기적으로 당면하고 있는 생활상의 곤란성, 즉 빈곤, 질병, 실업, 가족관계의 붕괴, 행동상 문제, 신체적 혹은 정신적 장애 등으로 가족의 기능이 상실되어 중대한 위기에 처한 가족을 대상으로 한다.

① **가정을 위한 서비스의 제공** : 가족복지사업의 핵심으로서 치료가 문제중심이 아니고 가족중심으로 행해지며 지역사회사업의 중요한 부분을 차지한다.

② **사회환경 개선** : 가족복지사업은 지역사회의 건강과 복지자원의 개선을 지향하는데, 이는 가족이 지역사회의 근간이 되기 때문이다.

③ **집단교육 활동** : 여러 가족들을 대상으로 가정생활 교육이나 사회교육 등을 실시한다.

④ **전문교육 참여** : 사회복지전문가의 개입이 필히 요구된다.

⑤ **사회조사 참여** : 가족조사 연구를 통한 가족의 욕구 및 실태를 정확히 파악하여야 한다.

# 2 가족복지사업

가족복지사업과 다른 사회복지분야와의 차이점은 다른 사회복지분야가 아동복지, 청소년복지, 장애인복지, 노인복지 등이 문제를 갖고 있는 개인을 대상으로 하고 있는 데 비하여 가족 전체를 서비스 대상으로 한다는 것이다. 가족복지사업의 내용은 일반가정의 복지증진뿐 아니라 문제가정 발생의 예방, 가족기능 상실 혹은 기능에 장애가 있는 가족을 위한 지원사업 및 제반 서비스를 포함하며, 일반인과 여러 가지 형태의 어려움으로 도움을 필요로 하는 아동, 청소년, 여성, 장애인, 노인 등이 대상으로, 그 가족을 서비스 단위로 한다. 우리나라 가족복지정책은 가족 전체가 아니라 가족성원 개개인을 대상으로 하므로 고유한 가족복지정책이 존재하느냐에 대한 논란이 있으나, 명시적 의미의 가족복지정책이 존재하지 않더라도 공적부조, 사회보험, 모자보건 및 가족계획 등 가족과 관련된 복지정책과 서비스는 존재하며 묵시적·간접적인 영향을 미치고 있다.

장인협은 가족복지에서 다루어야 하는 문제와 서비스 대상을 다음과 같이 세 가지 측면으로 분류하였다.

① 개인과 가족의 기능과 가족관계에 관한 문제 : 부부갈등, 별거, 이혼, 부모-자녀관계, 청소년 문제, 직장부적응, 일탈행동, 미혼모 문제, 아동학대, 아동유기, 가족유기 등

② 빈곤이나 사회자원의 결핍에 관한 문제 : 경제문제, 직업문제, 주택문제, 건강문제 등을 의미하는 것으로 저소득, 실업, 만성질환, 신체장애, 정신장애, 세대주의 사망, 한부모 가족, 청소년가장 가족, 노인문제 등

③ 일시적 긴장에 의한 문제 : 가족성원들이 정상적인 생활능력을 가지고 있으나 일시적으로 긴급하거나 긴장상황 때문에 역할수행이 어려운 것을 말하는 것으로서 실직, 질병, 사업실패, 이주, 불의의 사고, 가족원의 자살, 수감 등

## 1. 가족복지사업의 기능

① **예방적 기능** : 가족원이 가진 잠재력을 극대화하여 그들의 생활주기에 닥칠 위험과 긴장에 잘 대처하기 위한 기능이다.

② **치료적 기능** : 파괴된 가족을 빨리 원상태로 회복시키거나 가족에게 발생한 문제를 그 가족이 스스로 해결할 수 있도록 도와주는 기능을 말한다.

③ **개발적 기능** : 사회적 조건의 개선이나 향상을 위한 정책이나 제도 수립에 적극 참여하여 가족의 복지를 유지시켜 나가고자 하는 기능이다.

펠드먼과 셀츠(Feldman & Scherz)는 가족복지의 기능을 ① 가족성원이 갖고 있는 잠재력을 최대화시켜 그들의 생활주기에 부딪힐 위험과 긴장에 잘 대처할 수 있는 능력을 증진시키는 예방적 기능, ② 발생한 문제를 해결하는 치료적 기능, ③ 파괴 또는 손상된 가족의 기능을 이전의 형태로 환원시키기 위한 재활적 기능으로 구분하여 제시하고 있다.

가족복지사업 내용을 기능측면에서 지원적·보조적·대리적 서비스로 구분하여 분류하면 다음과 같다.

① **지원적 서비스** : 가족의 기능을 지원하고 강화시켜 주는 서비스로서 가족상담, 아동·청소년상담, 가정생활교육, 가족관련 서비스(가정부서비스, 법률상담, 건강상담, 취업상담 등), 가족문제, 가족치료, 혼전 후 상담, 직업교육 등이다.

② **보조적 서비스** : 가족성원들의 역할과 기능의 일부를 보충해 주는 서비스로서 주로 소득보조, 즉 공적부조에 의한 생활보호를 말하고 탁아사업도 여기에 포함된다.

③ **대리적 서비스** : 가족해체 이후 가족에서 이탈하거나 가족의 보호가 불가능한 개인에 대한 시설보호사업, 입양사업 등이다.

한국에서의 가족복지사업을 위에 비추어 보면 보조적 서비스와 대리적 서비스는 가족복지정책으로, 가족구조관계와 가족기능상에 발생하는 문제들에 대한 접근은 민간기관의 가족복지사업을 통해 주로 제공되고 있다. 최근 점차 심각해지고 있는 가족의 제 문제, 특히 부부갈등, 별거, 이혼, 청소년 문제, 맞벌이부부, 경제적 문제 등을 해결하기 위해서는 전문적인 지원 서비스의 필요가 요청되며, 이를 위해 인간관계를 이해하기 위한 기초이론, 즉 임상심리학, 성격이론, 정신의학, 사회심리학, 사회문제, 이상행동, 가족의 역동성, 행동수정이론, 개별 및 집단상담이론, 가족치료이론 등 관련이론에 관한 학습이 필요하다.

## 2. 가족복지에 대한 관점

### 1) 자유방임주의적 관점

오랫동안 사회복지의 궁극적 관심은 개인에게 있었고, 사회적으로도 가족은 사적영역으로 사회적 개입을 가능한 한 배제하는 것이 가족과 사회를 위해 바람직한 것으로 간주되어 왔다. 이런 관점을 자유방임적 관점이라 한다. 개인에 대한 보호의 일차적 책임은 가족이 맡아야 하므로, 가족에게 버림받은 경우에만 사회가 도움을 제공하게 된다. 이러한 경우 도움을 받는 개인은 가족에게조차 버림받는 문제 많은 사람이며, 그 가족은 구성원을 보호하지 못하는 무능한 가족이라는 낙인이 강하다.

자유방임주의적 관점의 한계는 가족의 가장이 가족구성원의 보호 의무를 충실하게 수행하지 못하는 경우가 발생하며, 사회적 불평등이 재생산되는 경우 이를 방지하지 못한다는 것이다.

### 2) 국가 개입주의

가족을 기본적인 사회단위로 인식하고 개인의 고통의 중요한 원인 중 하나가 가족이라는 인식, 가족이 구성원을 제대로 보호하지 못하는 중요한 원인이 사회에 있는 경우가 많다는 인식이 증대되면서 그러한 경우 책임이 있는 국가가 가족에 개입해 가족구성원을 보호해야 한다는 관점이다.

이 관점의 한계는 국가가 각각의 가정에 개입하는 과정에 막대한 사회적 자원이 필요하다는 것과 사회적 자원이 불충분한 경우 오히려 가정의 보호보다 더 부적절한 대체보호를 초래하게 될 수 있다는 것이다. 마지막으로 국가가 가족을 보호한다는 명목으로 개입하는 데 있어서 적정선을 결정하는 것이 매우 어려워 사생활보호와 인권침해의 우려가 있을 수 있다.

### 3) 가족보호의 사회책임 관점

이 관점에서 국가는 가능한 한 대체보호가 필요하지 않도록 가족 자체에 대한 지지를 제공해야 하며, 대체보호가 필요한 경우에도 그 가족구성원이 가정으로 다시 돌아갈 수 있도록 가족에 대한 지원과 유대관계 유지에 최선을 다해야 한다고 본다.

이 관점이 갖는 한계는 가족구성원의 문제가 경제적 빈곤과 같은 사회적 박탈이 원인이 아닌 가족구성원과 보호자의 개인적·심리적 특성인 경우 자기보호능력이 부족한 가족구성원을 가족에게 돌려보내는 것은 그 사람의 생존권 자체를 위협하는 행위가 될 수 있다는 것이다.

# 3. 빈곤가족

## 1) 빈곤가정을 바라보는 시각

지금까지는 빈곤가정이나 빈곤가정 자녀들이 겪는 문제, 그들의 성공적인 적응생활을 방해하는 위험요인(risk factor)에 대한 관점이 강했다. 그 연구들에 의하면 사회경제적 수준이 낮은 빈곤가정은 자녀들이 이용할 수 있는 교육적 기회와 자원이 부족하고, 가정불화나 부모의 정신병리, 가족구성원의 약물사용, 또래집단의 비행 등의 비율이 높다. 이는 개인적 변인인 성격, 자존감, 대인관계 기술 등과 함께 저소득 가정 자녀들을 둘러싼 환경적 스트레스에 대해 취약하게 만들고, 결국 여러 가지 정서 및 행동상의 문제를 일으키는 것으로 밝혀지고 있다.

그러나 시간이 갈수록 위험요인보다 경제적·심리사회적·정서적으로 결핍되고 열악한 환경에서도 가족과 그 자녀들이 성공적으로 적응하는 것을 돕는 보호요인(protective factors)이나 가정의 적응유연성(resilience), 가족의 강점 중심의 관점이 강해지고 있다.

빈곤지역 내 다양한 가족형태에 대한 이해와 함께 가족은 문제의 원인이 아니라 문제의 해결을 위한 자원이며, 불가능해 보이는 만성적·복합적 문제를 가진 가족에 대해서도 가족의 잠재력을 신뢰하고 문제해결과정에 가족의 참여를 최대화하는 것이 필요하다.

## 2) 가족에 대한 신념

다음은 아동문제 해결을 위해 가족에 개입하기 전 가족에 대해 지녀야 할 신념이다. 다음의 모든 항목에 대해 정말 믿음이 가는지, 혹시 신념이 흔들릴 위기를 경험하는 데 영향을 준 가족과의 만남이 있었는지 점검해 볼 필요가 있다. 그러나 어떤 부정적인 경험이 있었다 하더라도 가족은 다음의 성질을 가진다.

① 가족은 건강하기를 원한다.
② 가족은 함께 있으면서 자신들의 어려움을 극복하기를 원한다.
③ 부모는 관계를 유지하고 자녀를 양육하는 일로 인한 도전을 이해하고 지지받을 필요가 있다.
④ 부모가 지지, 지식, 기술을 받는다면 그들 자녀에 대한 긍정적이고 효과적인 반응양식을 배울 수 있다.
⑤ 부모는 기본적인 자신의 욕구를 충족하고 난 후에 자녀의 욕구에 효과적이고 긍정적으로 반응할 수 있다.
⑥ 모든 가족원은 보살핌을 필요로 한다.
⑦ 가족원은 성이나 연령에 상관없이 서로에게 존경받을 만한 가치가 있다.
⑧ 아동이 정서적·행동적 어려움은 가족 상황 밖에서는 보이지 않을 수 있다.
⑨ 모든 사람은 가족을 필요로 한다.
⑩ 가족 내의 대부분 문제들은 하룻밤 사이에 갑자기 나타난 것이 아니다. 해를 거듭하면서 점차 전개된 것이다.
⑪ 양육에 있어 사고와 행동 간의 차이가 존재한다. 부모는 자녀를 다룰 때 이따금씩 압도당할 정도로 좌절감을 느낄 수 있다.
⑫ 완벽한 부모가 되는 것과 "충분히 좋은" 부모가 되는 것과는 차이가 있다.
⑬ 가족은 환경체계로부터 공정하고 공평한 대우를 받기 원한다.

### 3) 가족사회사업에 지침이 되는 원칙

아동의 문제를 접하다보면 우선 쉽게 그 아동에 대해 서비스를 제공하고 자원을 연결하게 된다. 그러나 아동의 문제해결, 자아성장을 더욱 효과적으로 그리고 근본적으로 돕기 위해서 가족과의 연계는 필수적이다. 아동을 지원하기 위해 가족과 함께 일하는 데 있어 다음의 지침들이 유용하다.

① 가족을 돕는 가장 좋은 장소는 그 가족의 집이다.
② 가족사회사업은 가족이 스스로 문제를 해결하도록 가족의 역량을 강화한다.

③ 개입은 개별화되어야 한다. 특정 가족의 사회, 심리, 문화, 교육, 경제, 신체적 특성에 대한 사정에 토대를 두어야 한다.
④ 우선 가족의 즉각적인 욕구에 반응하고, 장기적인 목표를 추구해야 한다.
⑤ 가족은 하나의 사회체계이다. 그러므로 한 가족원에게 향한 개입노력은 전체 가족에게 영향을 줄 수 있다.
⑥ 협력적인 원조관계가 가족사회복지사와 가족 간에 존재해야 한다.
⑦ 가족사회사업의 목표는 인종, 신념, 국가에 상관없이 모든 집단을 위한 사회정의를 증진하는 것이다.

# 3 가족복지 실천영역

## 1. 가족복지와 복지사업

### 1) 가족과 일반사회복지사업

인권을 유지하고 지원하는 「사회보장기본법」과 사회복지의 일반적인 규정을 제시한 「사회복지사업법」 등은 시설과 인적 기준 등에 관해 제시하고 있다. 사회보험이나 공공부조 관련법을 통해 일반적인 가족과 사회를 지원하고 있다. 실제 의료보호나 의료보건 문제, 산재문제, 퇴직 이후의 삶, 고용의 문제 등은 우리 개개인의 삶에 매우 중요한 주제이다. 특히 생활복지의 가장 기본적인 문제인 생활보장이나 건강에 관하여 국가가 최소한의 노력을 해줌으로써 인간다운 삶, 즉 well-being에 도달하는 것이다.

### 2) 가족구조의 결손과 복지사업

최근에 가족복지의 관심은 역시 이혼, 재혼 가족이다. 이혼을 하려는 가족은 협의 이혼 및 재판 이혼을 지원하고 재혼을 위한 각종 상담과 교육이 진행 중이다. 이는 국가적인 개입보다는 민간차원의 상담소에서 이루어지고 있지만 날로 이혼가족은 늘어나고 있다. 이와 함께 이혼을 예방하려는 예방교육과 이혼조정을 위한 정책이 입안되도록 하였다. 이는 사후·사전적인 지원이 모두 요청되는 영역이다.

한부모 가족이나 소년소녀가장 가족은 부모의 사별이나 이혼, 사고 등으로 가족의 구조적 결손이 일어난 경우이다. 이는 가족역할의 부재현상이 있을 수 있으나, 국가는 이들을 위한 제도적 지원을 통해 건강한 가족으로 살아갈 수 있도록 한다.

가족복지의 중요한 대상으로 또 하나는 입양 가족이다. 가부장적이고 부계 순수혈통을 강조하는 한국 가족문화 때문에 입양아의 해외수출은 국가의 망신이다. 태어나자마자 버려지는 신생아들과 베이비 박스의 문제를 야기하는 「입양특례법」에 관한 고찰이 필요하다.

### 3) 가족문제증상과 복지사업

가족의 문제행동과 증상으로 인하여 가족복지대상이 되는 경우는 가정폭력, 아동학대, 성폭력 등의 문제이다. 관련 법들이 1990년대에 이르러 제정되면서 가정폭력, 아동학대, 성폭력 등은 더 이상 감추어지는 문제가 아니다. 특히 「아동학대특례법」에 의한 신고의무 강화이다. 국가 및 민간단체 등이 개입하여 가족을 지키고 지원하려는 중요한 가족복지사업이 되고 있다. 여기에는 가족을 치료하는 전문기술과 훈련을 받은 전문가의 개입과 지원이 필요하다.

가족의 스트레스와 부양부재, 교육, 조정 등의 실패로 인해 나타나는 증상으로는 약물중독, 알코올중독, 비행청소년 가출 등의 문제가 있다. 이는 가족의 해체뿐 아니라 가족원의 사회심리적 파괴를 가져오기도 하지만 사회의 또 다른 병리가 된다. 이에 증상별 치료와 예방적인 사회적 지원체계가 필요하다. 가족이 이러한 상황을 헤쳐나갈 수 있도록 전문적인 상담기관과 지원센터, 예산지원 등이 요청 되는 분야이다. 치매노인이나 와상가족원을 부양하는 가족의 경우도 가족복지의 대상이 된다. 이는 가족의 주요 기능인 부양기능에 부담을 주어 가족원의 불행을 가져 오기도 한다. 따라서 가족부양체계와 부양원조, 부양기술학습, 부양시설 네트워크 등에 관해 실천해야 한다.

### 4) 가족기능보완과 복지사업

기혼여성의 취업은 모성과 자녀양육, 돌봄(care) 등 가사관리의 주요 역할의 부재를 일으키는 중요 사안이다. 이로 인해 국가는 자녀의 교육과 보호를 위한 보육정책이 필요하게 되었으며, 이로 인한 보육사업과 모성보호, 부양 가사노동의 사회화 등이 현대사회의 주요 이슈가 되었다. 여성취업은 가족복지의 현장을 보편적으로 넓히게 되는 계기가 되었으며, 가족정책의 보편적 방향전환을 하게 하였다.

가족 안에 장애인이 있는 경우, 노인부양을 해야 하는 가족, 노인단독 가족 등은 가족발달과업과 가족이 최소한의 생활을 하는 데 다른 기능을 대리하거나 보완해 주어야 한다. 이에 대한 전문적인 케어기술과 지원이 필요하다. 또한 인간의 마지막 길인 죽음에 이르는 과정에 죽음의 방식도 가족복지의 중요 현장이다. 이는 가정생활문화와 의식의 문제이자 사회의 또 다른 문제이다. 매장문화가 가져오는 자연환경의 파괴, 고비용의 장례비용 등은 바뀌어야 할 가족문화이다. 노숙자 역시 가족을 잃어버린 중요한 가족복지 대상이다. 노숙자가 늘어날수록 가족과 사회의 불안정이 높아지고 복지의 수준이 낮아지게 된다. 이 또한 가족복지의 실천현장이 된다.

## 2. 가족복지사업의 실천방법

가족복지사업은 가족을 직접 또는 간접으로 대면하여 가족 또는 가족원의 욕구를 충족시켜 만족한 가정생활을 하게 하는 데 목표가 있다. 이는 가족에 대한 전문적인 지식과 가족을 다룰 수 있는 전문기술, 가족문제의 본질을 파악하고 해결할 수 있는 지식이 갖추어진 가족복지전문가가 필요하게 된다.

가족복지사업은 개인, 집단, 기관, 제도 등을 통합할 수 있어야 하므로, 실천방법은 크게 두 가지로 나눌 수 있다.

### 1) 가족 예방적인 접근방법

가족의 어려움이나 장애, 스트레스 등이 일어나지 않도록 사전에 예방하는 시스템을 갖고 가동하는 것이다.

#### (1) 사회생활에서 발생하는 가족문제 예방

모든 개인을 사회복지에 연계시켜서 개인의 요구를 충족하고 지원하여 가족생활상의 문제가 없도록 한다.

#### (2) 가족생활의 건강성 유지

건강한 가족생활이 되도록 지역사회나 가족관계, 직장 등에서 유능성을 갖도록 하여 가족의 건강성을 유지한다.

#### (3) 가족서비스기능의 강화

가족의 욕구를 충족시킬 수 있는 다양한 기관과 교육 등을 통하여 가족서비스를 강화한다.

#### (4) 가족자원의 개발

다양한 사회관계활동, 정보제공, 자원봉사, 지역자원과의 연계성을 통해 가족자원 개발을 한다.

#### (5) 가족의 자생력 향상

가족발달상 예측되는 발달과업을 성실히 수행하고 가족능력을 키움으로써, 가족생활이 향상하도록 한다.

### 2) 치료적인 방법

가족문제가 발생한 후 가족문제를 해결하고자 하는 다양한 노력이나 활동이다. 지금까지 잔여적 가족복지사업이기도 하였으며, 이 사업은 여전히 중요한 위치를 갖는다.

여기에 무엇보다 예방과 치료의 통합이 요구된다.

가족생활은 다양한 차원으로 구성되어 있다. 이는 어느 하위영역이나 하위체계에서 문제가 나타날 수 있다. 따라서 문제가 나타나면 치료하고 해결하는 것이 아니라 어느 영역에서든 관심을 가지고 치료와 예방을 동시에 진행해야 한다. 그런 의미에서 통합적인 접근과 과정중심의 관점, 보편적인 가족복지사업이 되어야 한다.

### 3) 가족복지사업의 실천유형

가족복지사업으로 실천하는 유형을 분류해 보면 다음과 같다.

#### (1) 가족치료 및 상담

문제 가족을 직접 만나고 개입하여 문제를 해결하고 치료하는 방법이다. 이에 대한 전문적인 기술과 개입방법론은 학습하여야 한다.

### (2) 상담과 교육

가족원의 삶의 질 향상을 위한 다양한 지식을 제공받고 필요시에는 교육을 통하여 학습한다. 이는 가족생활 교육부터 부모교육, 은퇴 이후의 교육, 재무교육, 재활교육, 치매 가족교육 등 다양하게 제시될 수 있다.

### (3) 가족문화 운동

가족문화를 건강하게 만들기 위한 운동부터 가족자원봉사, 사회단체연합을 통한 의식개혁운동, 법제정운동 등이 있을 수 있다. 예를 들면, 성폭력, 가정폭력, 아동학대 추방운동, 가족환경운동, 시민의식운동 등을 통해 가족유대와 가족가치를 향상시킬 수 있다.

### (4) 가족개입 직접사업

사회복지관, 보건소, 상담소, 직장 보육기관 등을 통하여 가족문제를 직접 해결하고 지원하는 사업이다. 특히 이혼, 가출청소년, 자녀입양, 재가노인돌보기, 가정법률상담, 쉼터운영 등은 긴급한 가족문제를 해결하게 된다.

### (5) 가족위탁보호

가족의 기능을 전혀 수행할 수 없을 때에는 그룹홈이나 재가시설을 통해 가족의 역할을 대행해 준다. 예를 들면, 치매 노인의 그룹요양홈, 위탁아동, 위탁청소년의 집 등이다.

### (6) 가족복지서비스 대행

가족의 욕구를 해결해 주는 다양한 지원서비스 형태이다. 예를 들면, 가정봉사원제도, 가사관리파견사업, 맞벌이가족의 가족생활지원, 24시간 보육놀이방 등이 서비스를 제공해 준다. 주로 민간복지서비스 형태가 된다.

## ▣ 연구과제

1. 가족복지에 대한 자유방임주의적 관점
2. 가족복지사업의 실천유형

# 제 6 장

# 아동복지

1. 아동복지의 의의
2. 아동발달이론
3. 아동복지정책과 프로그램

✦ 학습과제

1. 아동복지의 원칙에 대한 이해
2. 아동발달이론에 대한 논의
3. 아동복지시설에 대하여 사례설명

# 1 아동복지의 의의

## 1. 아동복지의 정의

아동복지란 아동의 권리를 강조하면서 아동의 삶의 질 향상과 다양한 서비스를 제공해 주기 위한 사회사업실천을 의미하는 것으로 아동에 대한 사회복지적 대응책이라 할 수 있다.

공통적 개념으로 사회복지의 한 분야로서 특수한 장애를 가진 아동은 물론, 모든 아동들이 가족과 사회의 일원으로 건전하게 성장하고 발달할 수 있도록 지역사회나 사회복지 분야의 기관들이 협력하여 실천에 옮기는 조직적인 활동을 의미한다. 협의의 개념은 장애아동 또는 가족의 기능에 이상이 있을 때 전문기관이 행하는 조직적인 활동이고, 광의의 개념은 아동과 관련된 경제·교육 등의 모든 분야에서의 서비스나 입법 등을 포함한다.

아동복지란 아동과 복지의 복합개념으로서 아동을 위한 사회복지서비스의 한 분야로 아동의 기본적 욕구 및 그 가족의 욕구를 충족하기 위한 복지적 개입 및 서비스라 할 수 있다.

일반적으로 아동의 연령은 16세 이하로 보는 성향이 있으며, 우리나라 「아동복지법」에서는 18세 미만으로, 「소년법」에서는 19세 미만으로 보며, 「근로기준법」에서는 18세 미만에 속하는 아동으로 분류할 수 있다.

아동복지의 개념은 다양한 의미로 설명될 수 있지만, 카두신(A. Kadushin)에 의하면 아동복지는 넓은 의미에서 모든 아동의 행복과 사회적응을 위해 심리적·육체적 잠재력을 개발시켜 주기 위한 각종의 방법을 말하며, 좁은 의미로는 특수한 문제를 가진 아동과 그 가정을 대상으로 전문적인 기관에서 행하는 서비스라고 강조하였다.

즉, 아동복지는 사회복지의 한 분야로서 특수한 장애를 가진 아동은 물론, 모든 아동이 가족과 사회의 일원으로 건전하게 성장하고 발달할 수 있도록 지역사회나 사회복지분야의 기관들이 협력하여 실천에 옮기는 조직적인 활동이라 할 수 있다.

베이커(Barker, 1995)는 아동복지를 아동의 건전한 발달, 양육을 지향하는 인간서비스와 사회복지프로그램 및 이데올로기의 한 부분으로, 아동복지사업은 건전하고 긍정적인 아동발달을 방해하는 상황을 방지하기 위해 계획된다고 정의하고 있다.

길(Gil, 1985)은 아동복지를 가족이 정상적인 아동보호와 사회화 기능을 수행할 수 없을 때 국가와 사회제도가 후원하고 승인하고 직접 실천하는 구체적이고 명백한 정책과 서비스의 총체로 정의하고 있다.

## 2. 아동복지의 이념과 권리

### 1) 아동복지의 이념

아동은 미래를 준비하는 성인인 동시에 주역으로 그 존엄성과 가치에 있어서 성인과 차이가 없다는 인식에서 연유하여 소파 방정환은 1921년 "어린이"라는 말을 처음 사용했으며, 1923년 5월 1일 어린이날 행사를 거행하였다.

1924년 국제연맹의 아동권리에 관한 '제네바선언' 채택과 1959년 국제연합의 '아동의 권리선언' 채택, 1979년 '국제 아동의 해' 등의 제정은 아동이 권리를 가진 주체라는 인식을 확산시키는 계기는 되었으나, 법적 구속력을 갖지 못하는 하나의 선언적 의미일 뿐 아동인권의 실질적 실현에 기여할 수 없는 측면이 있었다. 이러한 선언의 내용을 법적 구속력을 가진 하나의 협약으로 승화시키려는 노력은 1989년 아동의 권리에 관한 국제협약으로 매듭지어졌다.

우리나라는 1991년 이 협약의 발효로 2000년 1월 12일 「아동복지법」을 개정하여 '아동은 어떠한 종류의 차별도 받지 않고 자라나야 하며, 완전하고 조화로운 인격 발달을 위하여 안정된 가정환경에서 행복하게 자라나야 하고, 아동에 관한 모든 활동에 있어서 아동의 이익이 최우선적으로 고려되어야 한다'는 아동복지의 기본 이념을 명시하고 있다.

## 2) 아동권리의 보호

아동의 권리보장은 아동복지 실현의 전제가 되는 핵심적 과제이다. 아동은 수동적인 보호의 대상에서 능동적인 권리의 주체라는 사상으로 발전하게 되었으며, 자선이나 박애에 의한 소극적인 보호에서 권리와 책임에 의한 적극적인 복지가 요청된다.

1922년 세계아동헌장, 1924년 제네바선언 5개 조항, 1959년 유엔아동권리선언 10개 조항을 아동권리에 관한 내용으로 들 수 있다.

1990년 아동권리에 관한 국제협약에 의하여 우리나라는 1991년 12월 20일부터 협약 당사국이 되어 1994년, 1999년에 아동인권상황을 보고서로 제출하였고, 국내 NGO에서도 2002년 별도 보고서를 제출한 바가 있으며, 유엔아동권리위원회는 보고서를 심사하여 2003년 대한민국에 대한 유엔아동권리위원회의 권고의견을 채택하였다.

아동권리는 인간의 보편적 권리로서 인권의 개념에 기반을 두고 있는데, 1948년 유엔이 채택한 세계인권선언이 추구하는 가치는 생명, 자유, 평등, 정의, 연대책임, 사회적 책임, 점진적 변화와 평화, 인류와 자연의 관계를 포함하고 있으며,

유엔아동권리협약은 세계인권선언과 국제협약의 정신을 구체적으로 구현하는 국제적인 제도적 장치이다.

아동권리 기본요소는 다음과 같다.

아동권리는 아동의 특성을 고려하여 수동적 권리와 능동적 권리의 특성을 동시에 가진다.

① **수동적 권리** : 아동은 기본적으로 성인과 동등한 인권을 가지나, 성인의 보호를 필요로 하는 의존적 존재이므로 부모와 가족, 사회, 국가의 보호와 양육에 의하여 성장하고 발달하며, 아동의 권리는 보호와 양육을 제공하는 주체의 의식과 행동에 따라 수동적으로 보호되는 특성을 가진다.

② **능동적 권리** : 아동은 권리의 주체로서 자신의 삶에 영향을 미치는 사안에 대하여 자신의 의견을 표현하고, 주장하여, 결정하며, 참여할 수 있는 권리를 갖는다는 특성이 있다.

아동권리의 기본요소는 제공, 보호, 참여라는 3P의 개념이 있다.

① **제공(Provision)의 개념** : 아동이 필요로 하는 욕구충족, 인적·물적 자원의 제공과 이것을 사용할 권리이다.

② **보호(Protection)의 개념** : 특별히 보호를 받아야 하는 아동의 보호개념은 난민아동, 무력분쟁상의 아동을 포함하여 법적 분쟁상황이나 착취상황으로부터 보호를 받아야 한다는 것이다.

③ **참여(Participation)의 개념** : 아동이 자신의 삶에 중요한 영향을 미치는 결정에 대하여 알고 능동적으로 참여할 수 있는 권리이다.

아동권리협약원칙은 무차별의 원칙, 아동이익 최우선의 원칙, 아동생명, 생존과 발전 보장의 원칙, 아동 의사존중과 참여의 원칙 등이 있다. 자유권적 권리는 시민적 권리와 자유에 관한 내용을 포함하고 있으며, 사회권적 권리는 가정환경과 대안양육, 기초보건과 복지, 교육, 여가, 문화활동, 특별보호조치 등 아동의 삶의 질을 보장하는 구체적인 내용을 포함한다. 이것은 1966년에 유엔이 채택한 자유권협약(B협약)과 사회권협약(A협약)의 권리를 반영한 것이다.

## 3. 현대사회와 아동문제

### 1) 가족문제

빈곤이나 실업에 의한 가족의 경제적 불안정, 전통적 가족제도의 붕괴, 가족구조상의 결함, 부모 양육상의 결함 등은 곧 아동문제로 귀결된다. 특히 빈곤으로 인한 영양실조, 불결한 주거환경 등은 아동의 건전한 성장·발달에 커다란 장애요인이 되며, 교육기회의 박탈과 함께 나아가 비행으로까지 연결될 수 있는 것이다. 부모의 이혼, 별거, 사망 등으로 인해 가족이 해체되거나 결손가정이 될 경우 아동에게 심각한 정서적 상처를 주게 된다.

### 2) 사회환경의 문제

환경오염, 공해문제, 슬럼지역, 위험지역 등은 아동에게 부정적인 영향을 미칠 뿐만 아니라 심각한 사회문제로 대두되고 있다. 선정적이고 폭력적인 대중매체의 영향, 무절제된 성인들의 행태 역시 아동의 건전한 성장·발달에 부적합한 주변환경을 제공하고 있다.

### 3) 부적응의 문제

정신지체·자폐아동 등 특수한 문제나 욕구를 지닌 장애아동의 경우 심리적으로 자기학대, 자살, 비행, 학업포기 등의 문제행동을 일으킬 소지가 있기 때문에 특별한 보호조치를 강구해야 한다. 이러한 욕구를 지닌 아동문제는 가족이나 사회환경의 무관심과 무지, 방치에서 기인되는 경우도 있으므로 이에 적합한 개입이 필요하다.

### 4) 지원체계의 부족문제

현대사회가 산업사회화, 도시화, 다원화되면서 핵가족의 증대, 맞벌이 부부의 증가, 결손가정 등으로 인한 아동문제가 확산되고 있다. 저소득층에서 현저하게 나타나고 있는 이러한 현상은 사회적 지원체계의 부족과 제도적 미비로 아동이 가정에 홀로 방치됨으로써 다양한 아동문제를 야기하고 있다.

### 5) 경제적 문제

가정의 경제적 불안정은 아동들의 최소한의 욕구가 충족되지 못하는 상태로서 건전한 성장과 발달의 장애 요인이 되고 있다. 이러한 문제는 아동의 생명, 보건을 해칠 뿐만 아니라, 적절한 교육, 건전한 여가활동 등 교육의 기회마저 박탈함으로써 지능이나 정서에 커다란 장애를 주게 된다. 따라서 아동은 양육과 보호를 받을 권리가 있다는 사실에 입각하여 아동에 대한 인식과 책임을 강화하여야 하며, 공적·사적 프로그램을 통해서 경제적 혜택과 안정이 보장되어야 한다.

## 4. 아동복지의 원칙

### 1) 권리와 책임의 원칙

아동복지서비스는 아동－부모－사회의 상호관계를 바탕으로 실시되어야 하며, 이러한 3자관계는 항상 권리와 책임을 가져야 한다. 아동은 아동으로서의 권리와 책임을 부여받고, 부모는 부모로서의 권리와 책임을 감당해야 하며 그리고 사회는 사회로서의 권리와 책임을 충실히 이행할 때 아동복지를 실천하게 된다.

## 2) 보편성과 선별성의 원칙

아동복지서비스에서의 보편성은 전체 아동을 대상으로 하는 포괄적이고 기회균등적인 시여제도로 예방적 서비스를 목적으로 하고 있고, 선별성은 요보호아동·특수아동을 대상으로 하는 보충적이고 열등처우적인 서비스 제공을 의미한다. 기존의 특수아동을 중심으로 한 보충적 서비스에서 벗어나 전체 아동을 위한 보편적인 수준에서 질적인 서비스가 제공되어야 한다.

## 3) 개발적 기능의 원칙

개발적 기능은 사회의 부정적인 문제들에 대해 의도적인 변화를 초래하게 하여 개발체계와 보조를 맞추는 일련의 활동이다. 따라서 아동에게 국가발전에 능동적으로 참여하여 활동할 수 있는 기회를 제공함으로써 건전하게 성장할 수 있도록 각별한 관심을 가져야 한다.

## 4) 포괄성의 원칙

아동복지사업은 다양한 아동문제에 접근할 수 있도록 프로그램 서비스가 통합적으로 제공되어야 하며, 어느 분야에서든 상호 간의 의뢰, 조정, 보완함으로써 아동의 전인적인 특성을 살려야 한다.

## 5) 전문성의 원칙

산업화, 도시화, 정보화 사회에서 기존의 보모활동이나 자원봉사자만으로는 당면한 아동문제를 쉽게 해결할 수 없다. 아동복지사업을 효율적으로 전개하기 위해서는 아동의 욕구를 충족시킬 수 있는 전문적인 지식과 기술을 지닌 전문인력이 요청되고 있다.

아동들의 욕구나 사고 및 행동문제에 관한 전문적 지식이나 기술 없이는 올바른 문제해결을 얻기 어렵다. 아동들의 건전한 발달을 위해서는 이를 위한 전문기구와 아울러 전문인력의 활용이 절실하다.

아동복지사업을 효율적으로 전개하기 위해서는 사회복지학을 비롯하여 교육학, 심리학, 아동복지학 등의 전문인력의 활용이 반영되어야 하며, 현행지도자에 대한 체계적 훈련을 통해서 전문 인력을 양성, 활용해야 한다.

한편 아동복지의 시설과 단체에서는 전문인력에 대한 관심을 새롭게 하여 아동을 위한 프로그램 개발과 실천에 노력하여야 하며, 정부수준에서도 제도적 보장에 대한 지지와 격려가 따라야 할 것이다.

이상의 원칙들은 가정·학교·일반사회 및 국가적 차원에서 제도적인 조치나 전문적인 프로그램이 병행되어야만 실현 가능할 것이다.

# 2 아동발달이론

## 1. 아동발달이론

### 1) 정신분석학이론

정신분석학적 관점은 프로이트의 심리성적 이론으로부터 기원되며 인간은 타고난 성본능과 공격본능에 따라 움직이며, 이 본능은 통제되어야 한다고 설명한다. 성격의 세 구성요소인 원초아, 자아, 초자아가 나타나고 통합되어 가는 과정을 5개의 심리성적 발달단계인 구강기, 항문기, 남근기, 잠복기, 생식기로 설명하면서 생후 5년 동안 뚜렷한 성격형성의 결정기를 거친다고 주장한다. 불안의 개념은 행동장애를 설명하는 데 매우 중요한 역할을 하는데, 불안은 수용될 수 없는 원초아의 충동이 의식 밖으로 나오려고 한다고 자아에게 위험신호를 보내는 것이며, 불안을 다루기 위해 자아는 억압이나 투사 같은 방어기제를 만든다.

## 2) 심리사회적 이론

생애 초기 성본능에 대한 초점을 상대적으로 축소하고 환경적·사회문화적 결정요인을 더욱 강조하는 입장이다. 영아기의 '신뢰 대 불신'에서 시작해서 노년기의 '통합 대 절망'까지 일련의 8가지 심리사회적 갈등을 거치며 전 생애적으로 발달하게 된다. 이러한 단계 이론들은 인간의 성장과 발달이 정해진 순서에 따라 이루어지며, 특정 발달단계의 행동특성은 그것이 나타날 수 있는 심리적 구조가 일정 정도 형성되었을 때 가능한 것이라고 주장한다. 따라서 각 발달단계는 질적으로 차이가 있는 행동특성에 따라 구분된다.

## 3) 행동주의이론

인간의 모든 행동은 자극과 반응의 연합이며 외적 조건과 경험으로 형성된다. 왓슨(John B. Watson)이나 스키너(B. F. Skinner)는 영아가 지속적인 행동을 학습하여 습관을 발달시킨다고 주장한다. 관찰 가능한 사건과 경험을 강조하고 단계적인 이론과 달리 행동주의이론에서는 학습이 전 생애에 걸쳐서 계속되고, 그래서 성격이 어떤 연령에 완성되는 것이라고 보지 않는다. 아동기 행동문제나 장애도 다른 행동이 학습되는 것과 같은 방법으로 학습되는 것으로 보고 있다. 사회기술훈련과 같은 역할극과 모델링 등 실제경험과 훈련을 통해 익숙해지도록 돕는 개입방법 등도 행동주의적 관점에 근거한 방법이다.

## 4) 인지발달이론

피아제의 인지발달이론은 아동의 인지발달을 적응능력의 발달로 보고 이 과정을 '동화와 조절'이라는 개념으로 설명하고 있다. 아동은 자신의 이해의 틀로 특정한 현상을 이해하고 해석하는데, 때로 이런 기존의 이해의 틀에 맞지 않는 현상에 부딪쳤을 때 자신의 인식의 틀을 바꾸는 형태로 적응과정이 이루어진다. 이러한 동화와 조절 과정을 통해 이루어지는 인지도식의 구축은 불균형상태를 해결하고 환경에 성공적으로 적응할 수 있도록 도와준다.

## 2. 아동발달이론에 대한 쟁점

### 1) 천성 대 양육

인간의 발달이 천성적인 생물학적 결과인지 아니면 양육, 즉 환경에 의한 결과인지에 대한 논란이 제기된다. 발달의 상이한 측면에 따라 천성과 양육의 상대적 기여가 달라지며, 따라서 양자의 영향이 어떻게 상호작용하여 발달을 가져오는지에 대한 논의가 필요하다.

### 2) 능동 대 수동

아동이 환경을 선택하고 결정하는 능동적인 존재인가, 아니면 환경으로부터 일방적으로 영향을 받는 수동적인 존재인가에 대한 논란이 있다. 아동은 환경에 따라 상당 부분 영향을 받는 것이 사실이지만, 환경을 조성하는 데도 능동적인 역할과 책임을 가지고 있다.

### 3) 연속성 대 비연속성

인간의 발달이 점진적인가 아니면 급진적인가에 대한 논란이 제기된다. 연속성을 주장하는 학자들은 발달적 변화가 양적이라고 생각하는 반면에 비연속성을 주장하는 학자들은 발달이 질적이고 급진적인 것으로 보고 발달단계를 강조하는 입장에서는 각 단계를 거치면서 질적으로 현격하게 상이한 변화가 있음을 주장하고 있다. 연속적인 측면을 강조하는 입장에서는 아동들의 연령이 많아짐에 따라 점점 더 커지고 빨라지며, 세상에 대한 지식을 더 많이 습득하게 되는 과정에 주목하게 된다.

## 3. 아동발달의 특성

### 1) 신체 및 운동발달

아동의 신체적인 성장은 수정된 순간부터 일반적인 원리를 따라 예측 가능한 방식으로 이루어지며, 신체 각 부위는 일생을 통해 서로 다른 속도로 발달된다.

운동발달도 보편적인 순서로 이루어지며, 수의적 운동은 머리에서 아래쪽으로 진행되는 두미원리를 따르므로 다리보다 팔을 먼저 사용할 수 있게 된다.

최근의 연구에서는 개인에 따라 앉거나 기고, 걷거나 말하는 데 필요한 신경-근육 연계능력을 갖추는 시기가 다르기 때문에 유아들의 발육에 대해 '빠르다'거나 '늦다'는 판단이 무의미하다는 주장이 제기되고 있다. 그러나 신체 및 운동발달과 관련된 포괄적인 발육기준은 아동의 장애를 조기에 발견하는 실마리를 제공한다는 점에서 중요하다.

### 2) 인지발달

#### (1) 인지발달과정

아동들은 부모를 비롯한 여러 사람들과 상호작용하고, 다양한 대상들을 경험하면서 세상을 이해하는 방법을 학습한다.

① 감각운동기 : 출생부터 2세 정도까지의 감각운동기 유아들은 감각경험과 운동행동을 조절하는 것을 배운다. 이 단계의 중요한 발달적 특징은 대상영속성(object permanence)의 개념을 획득한다는 점이다.

② 전조작기 : 2세부터 7세 정도의 아동은 언어와 같은 상징적 기호를 사용하

면서 사고능력에서 큰 진보를 보여준다.

③ 구체적 조작기 : 7세부터 12세까지의 아동은 보존개념을 획득하고 논리적으로 조작할 수 있으며, 사물들 사이의 개념을 이해한다.

④ 형식적 조작기 : 12세 이후의 청소년기에 이르면 상징적 추론이 가능하다. 가설을 상정하고 체계적으로 검증할 수 있을 뿐 아니라 가능한 해답을 논리적으로 검토할 수 있다. 인지적 능력이 가장 뛰어나 기계적인 암기나 지적 과제의 수행속도 등이 엄청나게 발달되는 시기로 판단, 추론, 창의성 등의 인지능력은 전 생애를 통해 발달할 수 있다.

### (2) 기억의 발달

기억의 종류에는 사건 기억과 전략적 기억이 있으며 전략적 기억이 학습성취와 유관한 기억이다. 이 기억의 효율적인 사용은 연령에 따라 증가하는 반면에 사건기억은 의도적이지 않기 때문에 생애 초기의 기억들은 성장하면서 상당부분 상실한다.

### (3) 지능의 발달

지능지수는 성인기에 이르면 비교적 안정되지만, 아동기를 거치는 동안 많은 변화를 나타내게 된다. 지능지수가 시간경과에 따라 등락을 보인다는 것은 지능지수가 선천적인 사고 및 문제해결능력을 측정하는 것이 아니라 지적 수행을 측정하는 것을 시사하는 것이다. 안정적이고 적절한 자극을 제공해 준 가정환경에서 성장한 아동들은 시간경과에 따라 지능지수가 안정성을 보이거나 증가하는 경우가 많으며, 반면 빈곤계층과 같이 소외되고 열악한 환경에서 성장한 아동들은 지능지수에서 누적적인 결손을 보이기도 한다.

#### (4) 인지발달의 이상조짐

① 정신지체 : 적응행동에 결함을 가지고 있으며 발달기간 중에 드러나고 일반적인 지적 능력이 유의미하게 평균에서 뒤떨어져 있는 상태를 의미한다.

② 학습장애 : 정상지능이고 대체적으로 적응능력이 있으면서도 읽기, 쓰기, 계산 등 특정 부분에서 특별한 어려움을 겪고 있다. 정서나 사회환경적인 문제가 없으면서도 학습과 연관된 뇌기능 장애 혹은 발육지연 장애로 학업성취가 떨어진다. 지각장애, 뇌손상, 미세뇌기능 장애, 난독증, 난서증 등이 포함된다.

### 3) 언어발달

언어발달의 과정은 다음과 같다.

① 언어전기 : 인간은 생애 초기부터 언어를 위한 준비 시작은 출생 직후 아동의 울음의 음조와 강도, 2개월부터 시작되는 의미 없는 옹알이도 대화의 기초가 된다.

② 일어문기 : 6개월 정도부터 자신이 소리를 만들어 내서 연습하는 시기로서 반복적 소리를 내며, 생후 8개월부터는 완전하지 않지만 간단한 어휘를 말한다.

③ 단순문장기 : 9~15개월쯤 되면 한 마디의 언어로 다양한 의미를 함축하는 식의 언어를 구사하게 되며, 18~20개월이 되면 두 단어를 결합하여 자신의 의사와 감정을 표현한다.

④ 학령전기 : 점차 긴 말을 하게 되고, 평서문, 의문문, 부정문, 명령문, 복합문, 관계문 등으로 변화시킬 수 있는 변형문법의 규칙을 학습한다.

⑤ 학령기 : 아동의 인지능력과 언어기술이 풍부해지고 언어를 사회적 의사소통 도구로 사용하는 역량도 함께 발달한다.

## 4) 정서발달

### (1) 정서발달과정

① 불안 및 공포 : 여러 가지 근원에서 비롯되는 불안과 공포심을 경험하며, 대부분 상상에 근원을 둔 비합리적인 사고가 보편적이며, 부모는 공감적인 태도로 수용해 주고 이해해 주어야 하며, 강제로 금지하거나 놀려서는 안 된다.

② 분노 : 분노의 표출은 폭발행동, 떼쓰기, 침묵, 고집부리기, 말 안 듣기 등으로 나타난다.

③ 기쁨 : 기쁨을 유발하는 자극은 어린 아기일 때는 생리적·감각적·운동적인 것이지만, 점차 사회적 인간관계에서 유발되는 사회적 자극이 첨가된다.

### (2) 기질과 정서발달

기질이라는 용어는 타고난 행동성향을 가리키는 용어로 성격에 대한 생물학적 접근에서 주로 활용하는 개념이며, 개인의 정서적 반응양식, 환경과 상호작용하는 행동양식을 의미한다. 예를 들면, 아동은 세 가지 유형으로 구분된다. 순한 아이, 둔한 아이, 까다로운 아이로 구분한다.

① 순한 기질 : 차분하고 전형적으로 긍정적인 감정을 보인다. 새로운 경험에 매우 개방적이고 습관도 규칙적이며 예측이 가능하나, 외부의 관심이나 자극을 유도하지 않으므로 발달이 늦어질 수 있다.

② 둔한 기질 : 활발하지 못하고 성미가 까다롭고 새로운 상황에 느리게 반응하며 지나치게 둔하고 느리게 반응하는 것이 특징이며, 낯선 것에 대해 비교적 부드럽게 반응한다.

③ 까다로운 기질 : 적극적이고 민감하며 불규칙한 일상생활 속에서 사소한 변화들에도 매우 강하게 반응하고 새로운 상황에 대한 적응력도 떨어진다. 부정적 기분, 자극에 대한 강렬한 반응, 불규칙한 수면 등의 특성을 가지고 있다.

### 5) 사회성 발달

#### (1) 애착과 사회성 발달

① 애착발달 과정 : 초기 애착이 형성된 이후에는 다수의 사람들과 애착이 형성되는 다인수 애착단계에 이른다.

② 애착의 유형과 장기적 영향 : 애착의 유형은 안정애착, 양가적 애착, 회피애착, 혼란애착 등을 들 수 있다(Ainsworth).

③ 또래 간 상호작용과 사회성 발달 : 동등한 위치에서 경험하는 또래 간 접촉이 대인 간 이해능력 발달에 중요하게 영향을 미치며, 또래 간 인기는 사회적 경험을 평가하는 편리한 측정치가 되기도 한다.

#### (2) 사회적 자극

기쁨을 유발하는 자극은 어린 아기일 때는 생리적·감각적·운동적인 것이지만 점차 사회적 인간관계에서 유발되는 사회적 자극이 첨가된다.

# 3 아동복지정책과 프로그램

## 1. 아동복지정책과 프로그램

### 1) 아동복지정책의 개념

아동복지정책이란 카두신(Kadushin), 마틴(Martin)은 아동에게 영향을 미치는 모든 정책, 프로그램 및 활동이라고 하였으며, 공계순은 아동의 복지를 위한 정부의 원칙이나 지침 또는 조직화된 노력으로 보고, 앤틀러(Antler)는 아동 및 가족복지분야에 관한 정책, 프로그램, 법령을 의미한다고 하였다. 캐머맨(Kamerman), 칸(Kahn)은 아동만의 복지를 목표로 하는 전통적인 정책에서 아동이 있는 가족의 삶의 질 향상, 아동이 있는 가정의 복지를 지향하는 아동 및 가족복지정책으로 개선된 것으로 보고 있다. 아동의 환경이 되는 가정의 적절한 기능 수행을 강화하고 가족을 유지시킴으로써 아동복지를 보장하는 모든 정책, 프로그램 및 활동들에 관한 원칙으로 정의하고 있다.

따라서 아동복지정책은 아동복지를 위한 정부의 원칙이나 지침, 또는 조직화된 노력으로 아동의 물질적·비물질적 욕구를 충족시키기 위한 법이나 법에 기초한 정부의 급여와 서비스이다. 아동복지는 가족의 복지와 밀접한 관련을 갖고 있으므로 아동의 복지증진을 위한 정책의 수행은 가족이라는 단위를 매개로 한다.

아동복지는 기본적으로 모든 아동을 대상으로 삼고 있으나, 구체적으로는 요보호아동에 대한 서비스와 일반 아동에 대한 서비스로 분류된다.

### (1) 요보호아동

부모나 가족에 의해서는 정상적으로 양육되기가 어렵거나, 불가능하여 외부의 원조가 필요한 아동이나 부적절한 양육환경에서 자라는 아동, 발달상의 문제나 장애를 가진 아동, 사회적·법적 보호를 요하는 아동, 특별보호를 요하는 아동 등이다.

### (2) 일반아동

보편적 서비스의 원칙하에 주로 예방적 관점에서 일반아동들이 건강하게 성장하도록 하기 위한 서비스를 제공한다. 영유아보육, 모자보건, 유아상담, 부모교육 및 부모상담, 어린이 전용시설의 설치, 아동수당제도, 아동단체의 육성, 아동복지대책의 강화 등에 해당된다.

### 2) 아동복지정책의 유형 및 범위

아동복지정책의 유형은 다음과 같다.

첫째, 가족유지 및 지원정책은 아동양육을 지원하는 정책으로 소득보장에 의한 방법과 가족을 지원하는 서비스정책이 있다.

둘째, 대체가정서비스정책은 가정위탁, 친족보호, 주거시설보호 등 일시적인 대체가정보호정책 및 입양과 같은 영구적인 대체가정보호정책이 있다.

셋째, 아동강제보호서비스정책은 아동의 학대와 유기에 대한 대응으로 학대 및 방임부모나 기타 보호자로부터 아동을 분리시켜 보호하는 정책이 있다.

아동복지정책의 구성은 그 특성을 기준으로 사회보험과 공공부조, 데모그란트로 구성되는 사회보장과 사회복지서비스로 구분된다. 대부분의 나라에서는 아동복지정책이 아동을 대상으로 하는 데모그란트와 서비스 그리고 아동을 보호하는 가정을 대상으로 포함하는 사회보험 및 공공부조로 구분되고 있다.

## 2. 아동복지법과 관련법

### 1) 아동복지법의 내용

「아동복지법」의 목적은 아동이 건강하게 출생하여 행복하고 안전하게 자라도록 복지를 보장하는 데 있다. 대상은 모든 아동이며, 책임주체는 국가와 지방자치단체, 아동의 보호자, 국민에 있다.

아동의 보호를 위한 절대적 금지행위는 다음과 같다.

① 아동의 신체에 손상을 주는 학대행위

② 아동에게 성적 수치심을 주는 성희롱, 성폭행 등의 학대행위

③ 아동의 정신건강 및 발달에 해를 끼치는 정서적 학대행위

④ 자신의 보호, 감독을 받는 아동을 유기하거나 의식주를 포함한 기본적 보호, 양육 및 치료를 소홀히 하는 방임행위
⑤ 아동을 매매하는 행위
⑥ 아동에게 음행을 시키거나 음행을 매개하는 행위
⑦ 장애를 가진 아동을 공중에게 관람시키는 행위
⑧ 아동에게 구걸을 시키거나 아동을 이용하여 구걸하는 행위
⑨ 공중의 오락 또는 흥행을 목적으로 아동의 건강 또는 안전에 유해한 곡예를 시키는 행위
⑩ 정당한 권한을 가진 알선기관 외의 자가 아동의 양육을 알선하고 금품을 취득하는 행위
⑪ 아동을 위하여 증여 또는 급여된 금품을 그 목적 외의 용도에 사용하는 행위

아동에 대하여 필요한 보호조치는 다음과 같다.
① 전담공무원 또는 아동위원에게 요보호아동 또는 그 보호자에 대한 상담, 지도하게 하는 것
② 보호자 또는 대리양육을 원하는 연고자에 대해 그 가정에서 보호·양육할 수 있도록 필요한 조치를 하는 것
③ 아동의 보호를 희망하는 자에게 요보호아동의 보호를 위탁하는 것
④ 보호를 필요로 하는 아동에 적합한 아동복지시설에 입소시키는 것
⑤ 약물 및 알코올 중독, 정서장애, 발달장애 등으로 특수한 치료나 요양 등의 보호를 필요로 하는 아동에 대하여 전문치료기관 또는 요양소에 입원 또는 입소시키는 것

아동복지시설은 다음과 같다.
① **아동양육시설** : 요보호아동을 입소시켜 보호·양육
② **아동일시보호시설** : 요보호아동 일시 보호
③ **아동보호조치시설** : 보호위탁된 불량행위아동 선도

④ **자립지원시설** : 복지시설 퇴소 아동의 자립지원

⑤ **아동상담소** : 아동과 그 가족문제에 관한 상담, 치료, 예방

⑥ **아동전용시설** : 어린이대공원, 어린이 놀이터, 아동회관 등

⑦ **공동생활가정** : 요보호아동에게 가정 같은 주거여건, 보호제공

⑧ **지역아동센터** : 지역사회 아동의 보호, 교육, 건전한 놀이와 오락의 제공, 보호자와 지역사회의 연계 등의 아동복지서비스 제공

국가는 아동학대 예방사업을 활성화하고 지역 간 연계체제를 구축하기 위하여 중앙아동보호 전문기관을 둔다. 지방자치단체는 학대받은 아동의 발견, 보호, 치료에 대한 신속처리 및 아동학대예방을 담당하는 지역아동보호 전문기관을 시·도 및 시·군·구에 1개소 이상 두어야 한다. 다만 조례로 정하는 바에 따라 둘 이상의 시·군·구를 통합하여 하나의 기관을 설치할 수 있다.

2017년 9월 19일 일부개정된 내용은 다음과 같다.

지방자치단체의 아동정책 수립 및 보호대상아동의 보호조치 등에 관한 사항을 심의하는 아동복지심의위원회를 활성화함으로써 아동에 대한 체계적이고 적절한 보호를 하기 위하여 아동복지심의위원회의 구성 및 운영 현황을 연 1회 보건복지부장관에게 보고하도록 하고, 아동을 대상으로 교육 및 보호 등을 수행하는 기관임에도 불구하고 아동학대 관련 범죄전력자의 취업제한 대상기관에서 제외되어 있는 학습부진아 교육 실시기관, 소년원 및 소년분류심사원을 포함하여 아동보호의 사각지대를 해소하고 아동학대를 적극 예방하려는 것이다. 주요 내용은 시·도지사 및 시장·군수·구청장은 아동복지심의위원회의 구성 및 운영 현황에 관한 사항을 연 1회 보건복지부장관에게 보고하도록 하며(제12조), 아동학대 관련 범죄전력자의 취업제한 대상기관에 「초·중등교육법」 제28조에 따른 학습부진아 등에 대한 교육 실시 기관, 「보호소년 등의 처우에 관한 법률」에 따른 소년원 및 소년분류심사원을 추가(제29조의3)하고 있다.

## 2) 아동복지 관련법 내용

「영유아보육법」에 의하면 보호자가 근로 또는 질병, 기타 사정으로 인하여 보호하기 어려운 영아 및 유아를 심신의 보호와 건전한 교육을 통하여 건강한 사회 구성원으로 육성함과 아울러 보호자의 경제적·사회적 활동을 원활하게 하여 가정복지증진에 기여함을 목적으로 한다. 6세 미만의 취학 전 아동을 대상으로 하며, 취업모의 증가에 따른 가정 내 아동양육의 취약성을 보완하고 있다. 또한 보육위원회, 보육정보센터, 보육시설에 관한 규정을 포함하고 있다.

「한부모가족지원법」은 모·부자가정의 생활안정과 복지증진을 목적으로 하며, 모·부자 상담실, 상담원, 단체관련 규정과 생계비, 아동교육지원비, 직업훈련비 및 훈련기간 중 생계비, 아동양육비 등으로 구성되는 복지급여와 모·부자복지시설에 관한 규정을 포함한다.

「입양특례법」은 요보호아동의 입양을 촉진하고 양자가 되는 아동의 권익과 복지를 증진하는 것을 규정하고 있으며, 입양조건, 입양절차, 입양기관, 양육보조금 지급과 같은 입양 아동에 대한 복지시책을 포함하고 있다. 여기서 아동이란 18세 미만인 사람을 말한다.

청소년 관련 법은 9세 이상 24세 이하 대상으로 청소년육성정책에 관한 청소년기본법, 청소년육성위원회, 청소년기본계획 수립, 청소년수련활동지원, 청소년 수련시설, 청소년유해요인금지, 청소년비행예방 등을 담은 청소년복지, 청소년육성기금과 관련된 내용 규정이 있다.

청소년보호법은 청소년에게 유해한 매체물과 약물 등이 청소년에게 유통되는 것과 청소년이 유해한 업소에 출입하는 것 등을 규제하고, 청소년을 청소년폭력, 학대 등 청소년 유해행위를 포함한 각종 유해한 환경으로부터 보호, 구제함으로써 청소년이 건전한 인격체로 성장할 수 있도록 함을 목적으로 한다. 여기에 청소년유해매체물, 청소년유해업소, 약물, 청소년유해행위규제, 청소년보호위원회 등과 관련된 내용을 규정하고 있다.

소년원법은 소년원과 소년분류심사원의 조직과 기능, 기타 소년의 교정교육 등에 관하여 필요한 사항을 규정하고 있고, 소년원의 청소년 수용보호, 분류심사,

교정교육, 출원 등과 관련된 규정도 포함하고 있다.

아동복지법(시행 2020.10.8., 법률 제17206호, 2020.4.7.) 일부개정에 관한 내용은 다음과 같다.

첫째, 아동학대전담공무원은 법원의 학대아동사건 심리에 있어서 보조인이 될 수 있도록 한다(제21조제1항).

둘째, 아동보호전문기관의 업무 중 일부를 이관하여 시·도지사 또는 시장·군수·구청장이 아동학대 신고접수, 현장조사, 응급보호, 피해아동과 그 가족 및 아동학대행위자에 대한 상담·조사 업무 등을 수행하도록 하고, 이를 위하여 아동학대전담공무원을 두도록 한다(제22조제3항부터 제5항까지 신설, 제46조).

셋째, 시·도지사 또는 시장·군수·구청장은 피해아동에 대한 조사 후 피해아동보호계획을 수립하도록 하고, 전문적인 판단이 필요한 경우에는 보건복지부에 두는 아동학대사례전문위원회의 의견을 들어 피해아동보호계획을 수립할 수 있도록 한다(제22조의4 및 제22조의5 신설).

넷째, 보건복지부장관은 「방송법」 제2조제3호의 방송사업자에게 비상업적 공익광고 편성비율의 범위에서 홍보영상을 채널별로 송출하도록 요청할 수 있도록 한다(제24조).

다섯째, 법원이 아동학대관련범죄로 형 또는 치료감호를 선고하는 경우 판결과 동시에 선고하도록 되어 있는 취업제한명령의 대상기관으로 다함께돌봄센터, 육아종합지원센터, 시간제보육서비스지정기관, 「아이돌봄 지원법」에 따른 서비스제공기관을 추가한다(제29조의3제1항).

## 3. 아동복지프로그램

아동복지프로그램의 목표는 가정중심, 지역사회중심의 아동보호로의 변화와 요보호아동뿐 아니라 일반아동의 건전육성을 위한 예방적 서비스 강화에 주력하여, 그들의 권리를 존중받으며 성장할 수 있도록 지원한다.

추진방향은 아동의 안전하고 건강한 성장여건을 조성하고 예방적 서비스 강화로 사후적 서비스 수요를 감소하여 가정친화적 아동보호기능을 강화하고, 지역사회 저소득층아동을 위한 지원체계를 강화하는 데 있다.

아동복지프로그램 내용은 다음과 같다.

첫째, 예방적·보편적 서비스이다. 가정 내 안전사고 예방사업, 실종아동 찾아주기 사업, 아동의 권리 보장을 위한 지속적 모니터링과 아동위원 활동지원 등을 말하며, 안전통계작성, 원인 파악과 대책 마련, 교육 및 홍보, 실종아동 찾기 공익광고, 실종아동 발견 가능성이 높은 시설에 대한 주기적 점검을 실시하여야 한다.

둘째, 사후적·선별적 서비스이다. 빈곤아동을 주 대상으로 하는 아동급식지원, 지역아동센터 운영지원, 결연사업, 소년소녀가장지원과 아동보호를 목적으로 하는 아동학대예방 및 보호서비스, 국내입양활성화 및 입양사후 관리서비스, 가정위탁서비스, 그룹홈 운영의 확대지원, 아동시설 지원, 시설퇴소 아동지원 등을 말한다.

서비스가 수행하는 기능에 따른 분류는 아동복지 3S 모델이다. 이는 카두신이 제시한 분류로 서비스가 가정에 대하여 어떠한 기능을 지니는가에 따라 구분한다. 즉, 지지적·보완적·대리적 서비스이다.

아동복지서비스프로그램은 다음과 같다.

첫째, 지지적 서비스이다.

부모와 자녀가 자신들의 책임성을 효율적으로 수행할 수 있도록 그들의 능력을 지원하고 강화시켜 주는 서비스로 아동이 자신의 가정에 머물면서 받을 수 있는 서비스이다. 아동복지관, 아동상담소, 가족상담소 등 이와 관련한 서비스기관은 부모나 아동의 역할기능을 대행해 주는 것이 아니라, 외부에서 사회적 기능수행을 원조해 주는 기능을 담당한다.

둘째, 보완적 서비스이다.

보완적 서비스는 가정 내에서 이루어지는 서비스의 형태로, 부적절하거나 제한된 부모역할의 일부를 보조하거나 대행하는 서비스이다. 탁아보호서비스는 자녀양육이라는 가족기능의 일부를 전문적 사회제도가 맡아주는 것으로 여성의 사회진출로 탁아보호서비스에 대한 욕구는 점차 증가하고 있다. 아동학대예방서비스는 아동이 유기, 학대, 착취당하는 경우 전문기관에 의해 수행되는 서비스이고, 홈메이커서비스는 훈련받은 종사원이 가사 전반을 돌보는 서비스를 제공하는 것이다. 소득보완사업으로 소득의 산출이란 부모의 역할을 대신함으로써 아동이 정상적인 성장과 발달을 할 수 있도록 도와주는 서비스이다.

셋째, 대리적 서비스이다.

대리적 서비스는 부모의 사망, 이혼, 심한 장애, 유기 등으로 부모-자녀 관계가 해체되어 아동이 다른 체계에 의해서 보호받는 서비스를 말하는 것으로 입양, 가정위탁보호, 시설보호 등으로 구분된다.

① 대리적 서비스는 부모가 역할을 전적으로 수행할 수 없어 부모역할의 전부를 제3자가 대신하여 맡는 경우를 말한다.
② 부모가 당면한 문제를 해결할 수 없어 양육기능을 일시적 또는 영구적으로 포기하고, 아동은 자신의 가정을 떠나서 다른 가정이나 시설에서 생활하게 된다.
③ 대리적 서비스는 아동을 양육하기 위한 마지막 대책으로 가정위탁서비스, 입양서비스, 시설보호서비스 등이 포함된다.
④ **가정위탁서비스** : 자신의 가정에서 도저히 양육하기 어렵거나, 시설보호가 불가능하거나 바람직스럽지 못할 때, 일정 기간에 타인의 가정에서 제공하는 대리보호를 의미한다.
⑤ **입양서비스** : 법적·사회적 관계에 의해 영원한 친자관계를 맺는 서비스이다.
⑥ 가정위탁서비스와 입양서비스는 비록 원가정은 아니더라도 구조적으로 원가정과 비슷한 대리가정을 아동에게 제공한다는 점에서 제2차 방어선에 해

당된다.

⑦ 시설보호서비스(제3차 방어선)는 소규모의 아동들로 구성된 그룹홈에서 대규모 아동양육시설에 이르기까지 그 규모와 형태가 다양하다.

## ▣ 연구과제

1. 아동권리의 기본요소인 제공, 보호, 참여에 대한 설명
2. 아동복지의 원칙에 대한 이해와 설명

제 7 장

# 청소년복지

1. 청소년복지의 의의
2. 청소년복지의 발달
3. 청소년복지정책

✦ 학습과제

1. 청소년의 특성과 문제점에 대해 논의하기
2. 청소년의 실천원칙에 대한 논의하기
3. 구조적 가족상담이론과 청소년의 영향을 논의하기

# 1 청소년복지의 의의

## 1. 청소년복지의 정의

### 1) 청소년복지의 개념

청소년기는 성적·신체적·심리적·지적으로 현저한 변화와 발달을 가져오는 시기로서 자기의 참모습을 주관적인 측면에서 객관적으로 자각하게 되며, 부모의 보호나 통제로부터 점차적으로 벗어나 독립된 하나의 인격체로 인정받고 불안정한 생활에서 안정된 생활로 재구성해 가는 시기이다. 청소년기는 아동에서 성인으로 발달해 가는 과도기로 급격한 신체적 발달과 함께 인지적·사회적 발달에 있어 질적인 변화를 경험하게 된다. 1980년대까지 청소년복지는 아동복지와 개념 구분이 없이 통합적으로 사용하다가 1990년대에 들어와서는 청소년에 대한 관심의 증가와 사회문제에 있어서 청소년의 비중이 커짐에 따라 아동을 포함하지 않은 상태에서 청소년복지에 대한 논의가 활발하게 진행되었다. 아동·청소년복지란 사회구성원으로서 아동과 청소년의 기본적 욕구를 충족시키고 건전한 성장과 발달을 도모하기 위하여 여러 가지 활동을 가능케 하는 공적인 방법과 절차를 말한다.

청소년복지란 청소년의 인권보장과 가족구성원 및 사회의 일원으로서 바람직한 삶을 영위할 수 있도록 하는 사회복지정책과 서비스의 지원체계를 의미하는 것으로, 청소년들이 성장하고 발달할 수 있도록 공적·사적 복지서비스를 실천에 옮기는 조직적인 활동이라 할 수 있다.

모든 청소년은 심신의 불완전한 상태를 극복하는 정상화를 지향하며, 다양한 서비스의 제공은 결국 이들이 원만한 인격체로 성장할 수 있는 바람직한 환경의 조성을 위한 제도적 개선을 지향한다.

① 청소년을 둘러싼 부정적 환경을 긍정적으로 변화시켜 주는 사회 환경의 개선이 필요하다.

② 왜곡된 사회화를 정상적인 것으로 바꾸어 줌으로써 청소년 문제를 미연에 예방하는 것을 목적으로 하는 구체적인 서비스의 제공을 말한다.

③ 이미 존재하고 있는 문제청소년이나 요보호청소년에 대한 치료나 교정을 통해서 청소년 문제를 해결함으로써 사회적 통합을 이루는 과정으로 정의할 수 있다.

사회복지가 인간다운 삶의 유지, 삶의 질 향상에 근거를 두고 있는 것처럼, 청소년복지 역시 청소년들에게 인간 상호 간의 이해와 철학을 가르치는 것이 되어야 하며, 욕구를 최대한으로 해결해 주는 다양한 서비스를 인본주의에 바탕을 두고 행해져야 한다.

이러한 청소년복지의 이념은 다음과 같은 목표에 대한 성실한 실천이 전제되어야 한다. 첫째, 청소년과 관계된 부정적인 환경을 긍정적인 환경으로 개선시키며, 둘째, 청소년 문제의 사전예방을 위한 왜곡된 사회의 정상화와 공·사적인 지원체계의 강화, 셋째, 문제청소년과 요보호청소년의 적극적인 치료와 교정을 통한 사회적 통합을 들 수 있다.

청소년복지의 필요성은 다음과 같다. 첫째, 현 사회의 가정문제이다. 전통적 가치관의 상실, 경쟁주의와 물질지상주의의 팽배로 인해 핵가족화와 소가족화로 인한 가정양육기능의 약화, 높은 이혼율로 인한 가족해체, 성 개방으로 인한 미혼모 문제 등에 기인하기 때문이다. 둘째, 안정적인 가정환경은 감수성이 예민한 시기에 있는 청소년의 인격형성에 바람직한 기초를 마련한다. 셋째, 가족구성원 간의 사랑, 부모의 가치관, 교육적 식견, 부부관계, 자녀와의 이해 정도, 교육에 대한 열의, 가정교육의 방침, 부모의 양육방식 등은 청소년의 성장에 중요한 역할을 하기 때문이다. 넷째, 불안정하고 위기에 노출되어 있는 가정에서 성장하는 청소년은 정서적으로 불안정하여 다양한 문제를 일으키는 비행청소년이 될 가능성이 높다는 것이다.

## 2) 청소년의 특성과 문제

### (1) 청소년의 특성

주변인, 질풍노도의 시기, 사춘기 등 청소년기를 지칭하는 다양한 용어가 있다. 연령적 범위에서는 더욱 다양하게 구분되는데 발달심리학에서는 12~13세에서 22~23세까지, 「소년법」에서는 소년이란 명칭으로 19세 미만까지, 「아동복지법」에서는 아동이란 명칭으로 18세 미만, 「청소년기본법」에서는 9세에서 24세까지로 규정하고 있다. 따라서 우리나라에서 청소년의 연령적 범위는 9세에서 24세까지로 보는 것이 일반적이다.

청소년의 신체적 특성으로 15세에서 17세까지의 고교시기는 신체적 변화가 현저하고, 청소년 후기인 18세에서 23세까지의 대학시기는 성적 기능이 성숙되어 급격한 성적발달에 대해 수치심과 불안감을 느끼기도 한다.

청소년의 심리적 특성으로 청소년기는 내면세계에 눈을 뜨기 시작하여 자기의 주관적 세계 속에서 자아를 찾고 자기를 발견하여 독립적인 자아형성을 희구한다. 청소년 전기에 외향적인 심리가 발달하고, 심리적인 이유기가 시작되면서, 중기는 내향적이고 관념적인 심리로 이상주의를 추구하게 된다. 청소년 후기는 사회적인 이해와 현실적인 감각을 느끼는 특징이 있다.

청소년의 사회적 특성으로 청소년들은 자신의 존재를 사회적 관계 속에서 우리 감정(we-filling)의 공동체적 차원으로 자각하고, 사회의 존재는 너와 나의 일부로서 협력체적 구성임을 인식하게 된다. 청소년은 자신을 독립적인 개인으로 인정해 주기를 바라면서 공동체적 집단의 구성원으로 인식하며, 그러한 의식 속에서 자신을 발견하는 존재로 인식하게 된다.

### (2) 청소년 문제

첫째, 가정적 문제이다.

전통적인 가족제도의 붕괴, 결손가정, 빈곤가정, 부도덕가정, 부재가정 등의 가정문제는 성장하는 청소년에게 정서적으로 불안정하고 다양한 문제를 일으키게 하는 요소가 되며, 성인이 되어도 지속적으로 일상의 생활을 지배하게 된다.

둘째, 학교적 문제이다.

학교생활은 청소년에게 각자의 가치관, 의지력, 지적 능력 등을 형성하는 교육과정이 되어야 함에도 불구하고, 입시위주의 학문이나 학원폭력, 집단따돌림 등 학교의 기능 상실은 물론 반사회적이고 반항적인 불량교우 집단화의 문제를 야기시키게 된다.

셋째, 사회적 문제이다.

전통사회가 해체되고 도시화, 산업화, 정보화가 진행되면서 많은 청소년들은 사회부적응과 가치관의 혼란으로 인해 현실도피, 반항, 비행화하는 경향이 짙어지고 있다.

급박한 사회 속에서 청소년들은 사회와의 비정상적인 조화로 인해 개인중심의 고독감에 도취되어 사회구조의 모순에 회의와 분노를 느끼며 비행을 저지르게 된다.

### (3) 청소년복지프로그램

청소년복지는 개별사회사업과 집단사회사업 · 지역사회조직 · 사례관리 등의 기술론적인 접근법과 사회복지 정책 · 사회복지 행정 · 사회복지 법제 등의 정책론적 접근으로 전개해 나갈 수 있다.

청소년복지를 추구하기 위해서는 이들 접근법을 개별적으로 사용하기보다는 청소년복지의 이론과 접근 방법을 조직화하여 보다 더 포괄적인 준거 틀을 구성하고, 전문 사회복지사들이 팀을 이루어 서비스 제공 방법의 통합화를 이루어야 할 것이다.

### ❶ 건전 가정의 육성

가정은 청소년의 성장에 중요한 영향을 주는 곳으로 청소년에게 일차적인 방어선으로서의 기능을 수행한다. 따라서 가정은 이들에게 삶의 희망과 꿈을 주며 성실하게 생활할 수 있는 환경을 조성해 주어야 하며, 부모들도 교육기회를 가져 올바른 자녀로 성장시키는 데 필요한 지식과 방법을 터득하는 동시에 신뢰받는 조언자가 되도록 해야 한다.

청소년이 인내심과 자립심을 갖도록 진지한 가정교육이 필요하고 가정을 통한 최소한의 물질적인 욕구가 충족되도록 경제적인 혜택과 안정이 보장되는 서비스가 전개되어야 한다.

### ❷ 교육기회의 제공

청소년들에게는 각자가 희망하는 학교에서 학문할 교육기회가 제공되어야 함은 물론, 그들의 능력과 적성에 적합한 직업교육, 여가활동이 이루어지도록 배려되어야 한다. 종합사회복지관, 청소년상담센터, 4H 클럽, BBS 등의 교육시설과 각종 단체 활동에 참여시켜 건전한 청소년기를 맞이할 수 있도록 다양한 사회복지서비스가 제공되어야 한다.

### ❸ 청소년의 선도

정부에서는 청소년을 보호, 지도, 육성하기 위한 기구와 단체를 설립하여 청소년의 국가관 및 윤리관의 확립과 교육지도를 강화, 청소년 건전육성 시설과 체육시설 등을 확충, 근로청소년의 직업훈련과 교육기회를 확대, 불우청소년의 보호와 심신장애 청소년의 재활 사업을 실시, 청소년 유해환경을 정화, 비행청소년의 예방과 교정 등의 주요 사업을 전개하고 있다.

#### ❹ 사회봉사활동의 기회제공

청소년이 사회복지의 공동체에서 공익에 대한 책임성과 공동체 의식, 사회연대감을 갖도록 하기 위해서는 각종 사회적인 조직 활동에 참여시킴으로써 공동체 의식과 사회성을 기르고, 사회봉사활동의 기회와 아울러 소중한 경험을 갖게 하는 것이 필요하다.

#### ❺ 유해환경의 정화

유해하고 열악한 환경은 청소년의 불량화와 비행화 등의 유발요인이 되므로, 정부와 사회단체는 청소년에게 유해한 제반 환경을 정화하고 열악한 여건의 보강을 위해 적극적이고 체계적인 노력이 필요하다.

## 2. 청소년복지의 실천과 상담

### 1) 청소년복지의 실천개념

청소년복지의 실천이란 청소년을 대상으로 사회복지실천의 가치, 원칙, 기술을 적용하여 청소년이 인간다운 삶을 영위할 수 있도록 사회복지서비스를 제공하는 것을 말한다.

또한 청소년이 자신의 발달단계에 맞추어 적절하게 성장하고 사회집단의 한 성원으로서 요청되는 기능과 역할들을 잘 수행할 수 있도록 도움을 제공함은 물론 필요한 자원에 접근할 수 있도록 하는 것이다. 그리고 모든 역할 수행에는 개인과 개인 사이, 개인과 집단 사이, 개인과 지역사회 사이에 상호적인 활동, 즉 상호작용 관계가 필요하며 청소년복지 현장에서의 실천은 이러한 관계가 원만히 이루어지도록 돕는 것을 말한다.

청소년복지 개입실천의 방법은 청소년복지 차원에서 청소년들이 갖고 있는 문제의 해결을 위하여 청소년 개개인에 대한 개별지도를 하며, 이를 통해 청소년들이 원만한 성격형성과 사회화 과정을 갖도록 하는 것으로 청소년의 필요에 따라 서비스 제공, 문제 요인의 조기발견 및 치료보다 건전한 사회인으로 성공할 수 있도록 하는 데 의의가 있다.

### (1) 개별개입의 기본 원칙

① 개별화이다. 모든 청소년은 다른 사람과 다르며 각 청소년의 감정, 사고, 행동, 독특한 생활양식, 경험 등은 각기 존중되어야 할 권리가 있다.

② 의도적인 감정표현이다. 청소년이 자신의 감정을 자유롭게 표현하도록 하는 것으로, 특히 자신이 비판받게 될지도 모르는 감정을 자유롭게 표현하도록 한다.

③ 통제된 정서적 관여이다. 청소년의 감정에 민감해야 하며, 감정의 의미를 이해하고 청소년의 감정에 목적을 가지고 이에 대해 의도적이고 적절히 반응한다.

④ 무조건적 수용이다. 사회복지사가 청소년의 장단점, 바람직한 성질과 바람직하지 못한 성질, 긍정적 감정과 부정적 감정, 건설적 및 파괴적 태도와 행동을 포함하여 있는 그대로를 인정하고 존중해 주는 것이다.

⑤ 비심판적인 태도이다. 청소년이 가진 문제나 욕구의 발생 원인에 대해서 청소년의 유·무죄, 책임 정도 등을 심판하지 않으며, 청소년의 특성 및 가치관을 비난하지 않는 것이다.

⑥ 자기결정이다. 사회복지실천의 개입과정에서 청소년이 자신의 삶에 대해 스스로 결정할 수 있는 권리와 욕구를 실제로 인정하는 것이다.

⑦ 비밀보장이다. 실천과정 동안 청소년과의 전문적 관계에서 노출한 비밀스러운 정보를 사회복지사가 전문적 치료목적 외에 타인에게 알려서는 안 되는 것이다.

⑧ 공감이다. 사회복지사가 실천 과정 중 자신의 관점을 유지하면서도 청소년

이나 그 가족의 느낌과 경험에 몰입할 수 있는 능력을 말한다.

⑨ 임파워먼트이다. 사회복지사가 청소년들이 강한 자존감을 가지고, 자신의 부적절함을 잘 다루도록 도와주는 것으로, 청소년의 독자성과 존엄성을 수용하고, 전달하며 결과적으로는 청소년의 자기결정의 권리를 지지하고 격려한다.

#### (2) 면접 기술

면접이란 개별청소년지도에서 가장 중요한 수단으로 인간의 행동과 반응에 대한 전문적 지식과 정교한 인간관계 기술을 갖춘 사회복지사가 청소년과 그의 문제를 이해하고 원조한다는 목적을 가지고 의도적으로 이끌어 나가는 전문적 대화이다. 여기서 경청은 면접의 가장 기본적이며 가장 중요한 기술로 단순히 듣는 것이 아니라 마음으로 가슴으로 전달하는 말 안에 포함하고 있는 청소년의 생각과 감정을 이해하기 위한 적극적 청취를 의미한다.

또한 관찰은 사회복지실천의 전 과정 동안 사용하는 기술로 청소년의 비언어적 행동, 즉 얼굴 표정, 몸동작, 손놀림, 눈 맞춤, 억양, 얼굴 붉힘, 발과 다리의 움직임 등에 주의를 기울이는 것이다. 그리고 질문은 청소년 상담 시 질문을 통해 문제해결에 필요한 정보를 얻을 수도 있고, 청소년의 내면을 탐색하는 데 도움이 되며 개방식 질문, 폐쇄식 질문, 유도적 질문, 이중적 질문 등을 고려해야 한다.

### 2) 청소년상담

청소년 문제의 다양화와 심각성 증가에 따른 다면적인 대책의 수립이 필요하다. 청소년의 기본적인 문제는 청소년의 수험행동, 행복도, 소비행동, 미래의식, 놀이문화, 또래관계 등의 일반적인 과제이다. 그리고 사회적인 이슈와 관련된 주제들로서 성폭력, 성추행, 가정폭력, 청소년의 주술행동, 엽기놀이, 동반자살, 패륜아의 부모와 가족들, 따돌리는 아이들과 따돌림을 당하는 아이들, 청소년 가출, 교실에서 잠자는 아이들, 알코올중독, 도박중독, 인터넷중독, 스마트폰중독, PC중독 등이 바로 문제들이다.

청소년 개별상담이 추구해야 할 목표는 다음과 같다.

① **행동변화의 촉진** : 생산적, 만족스러운 삶을 위한 동기적 부여이다.

② **적응기술의 증진** : 다양한 환경으로부터의 요구와 자신의 욕구를 조율해서 원만한 사회적 기능을 수행하도록 한다.

③ **의사결정 기술의 함양** : 합리적인 의사결정은 청소년기에 습득해야 할 중요한 기술이므로 청소년은 바람직하고 합리적인 의사결정을 하는 방법을 습득한다.

④ **인간관계의 개선** : 청소년기는 아동기에 비해 대인관계가 확대되고 다양하며, 대인관계에 의해 자아정체감을 형성, 사회생활의 적응력을 향상한다.

⑤ **청소년의 잠재력 개발** : 자신에 대한 올바른 인식과 미처 발견하지 못한 능력을 새롭게 발견한다.

⑥ **자아정체감 확립과 긍정적 자아개념의 형성**

## 3. 청소년 가족상담의 특성

청소년 가족상담의 목표는 부모와 청소년 사이에 발생하는 갈등의 해결에 있다.

첫째, 상담자는 가족의 상담에 대한 자발성의 정도에 따라 가족들의 참여의사 및 상담에의 동기를 형성하는 과정이 필요하며, 가족 내 학대나 폭력 문제가 있다면 이 문제를 다루기 위한 개인면담이 필요하다.

둘째, 청소년기 부모의 자녀 문제는 가족 내의 갈등과 그에 수반되는 부정적 정서 수준이 높은 상호작용이 특징이며, 가족상담자들은 치료적이고 대화적인 접근이나 상호작용적인 접근을 선호한다.

셋째, 가족상담자가 청소년의 적응문제를 평가하기 위해서 점검할 주요요인으로는 가족의 문제해결 능력, 가족 의사소통 능력, 신념체계 및 인지적 왜곡의 종류와 정도, 가족 구조, 가족관계 내 밀착과 격리 그리고 역기능적 패턴의 세대 간 대물림에 있다.

# 2 청소년복지의 발달

## 1. 청소년복지의 발달

우리나라가 청소년복지에 관심을 갖기 시작한 것은 1960년부터이며, 아동과 별도로 청소년을 복지의 대상으로 한 정책은 1987년 「청소년육성법」이다. 한국 청소년복지는 산업사회의 도래로 청소년기가 부각되면서 청소년정책과 복지에 대한 관심이 증대하였으며, 산업기술의 발전은 질적인 노동력을 키우기 위해서 아동과 청소년에 대한 공교육기간을 늘려왔고, 1946년에 아동노동법규가 제정되었다. 한국에서 아동과 청소년복지는 일차적으로 가족의 영역으로 인식되었다. 「아동복리법」이 제정된 1961년에 아동복지의 대상은 요보호아동이었으며, 1981년 아동복지법」 제정으로 복지의 대상이 전체 아동으로 확대되었다.

1987년 「청소년육성법」의 제정 의의는 다음과 같다. 첫째, 아동과 별도로 청소년을 복지의 대상으로 한 정책이고, 둘째, 청소년육성에 대한 국민적 관심을 반영하며, 셋째, 청소년 건전육성에 대한 정부의 책임과 의무를 강화하여, 넷째, 청소년 전담 행정부서의 설치에 있다. 문제점으로는 청소년에 대한 소득, 보건, 교육, 직업, 주거, 여가 등의 다양한 욕구를 충족시키기에는 매우 미흡하다. 청소년 정책에 대한 장기계획으로 청소년 기본계획을 수립하고, 이를 효과적으로 수행하기 위해서 1991년에 「청소년기본법」 제정, 청소년기본계획 3대 사업의 하나로 청소년복지를 제시하고 있다.

「청소년육성법」(1987)의 제정으로 한국에서 청소년복지가 아동복지와 구분이 이루어졌으나, 청소년복지라는 용어는 없지만 청소년복지의 근거 법으로 의미가 크다. 이어 「청소년육성법」의 대체법으로 제정된 「청소년기본법」(1991)은 청소년의 복지 증진을 법의 목적으로 규정하고 있다.

2005년 4월 27일 국무총리 소속하의 청소년위원회를 공식적으로 발족함으로써 청소년복지에 있어 확대기를 맞았다고 할 수 있다. 국무총리소속 청소년위원회 설치 확정으로 2004년 12월 20일 청소년위원회 설립 추진단을 구성·운영하였고, 2005년 4월 27일 그 후, 「청소년기본법」 개정에 따라 2006년 3월 30일 청소년위원회를 국가청소년위원회로 명칭을 변경하였다.

국가청소년위원회는 국가인적자원개발의 한 축으로 시대적 변화와 다양한 사회적 요구를 반영하여 새로운 청소년복지정책을 펼쳐나갈 제도적 기반을 마련하고자 「청소년육성법」(1987)과 「청소년기본법」(1991) 이후에 이를 보다 확대시킨 「청소년복지지원법」(2003)의 제정을 통해 법적 기반을 마련하였다. 사회적 필요성을 반영하기 위하여 2005년부터 위기청소년을 위한 안정망구축을 위해 지역사회 청소년통합지원체계를 구축하고(Community Youth Safety-Net: CYS-Net), 청소년쉼터의 증설과 방과 후 지도에 정책의 강조점을 두었다.

가족문화 형성정책으로는 2003년 「건강가정기본법」이 제정되면서 여성부 산하에 건강가정지원센터가 설립되어 아동양육에 대한 전문적인 상담·교육 및 정보를 제공하였으며, 2006년 발표된 '저출산·고령화 사회 기본계획시안'에서는 자녀양육·교육비 부담완화 지원정책, 친밀하고 평등한 가족생활의 문화조성과 방과 후 아카데미(공부방) 등 가정에 대한 정책적 개입을 표명하였다. 2008년 시행 확정된 정부의 저출산 대책은 건전한 미래세대 육성을 위한 아동·청소년지원시스템을 구축하여 취약지역 아동에 대한 맞춤형 통합서비스를 제공하는 희망스타트 사업으로서 지역아동센터, 방과 후 아카데미, 청소년 공부방 등을 확충·운영하고 있다.

## 2. 청소년기의 특징

가족상담은 가족에 관한 이론이며 기법이다. 가족상담 혹은 치료에서 내담자는 지목된 그 개인보다는 전체 가족에 초점이 맞추어진다. 이 상담의 기본개념은 치료를 받을 필요가 있는 것으로 여겨지는 개인에 집중하기보다는 하나의 관계체계를 구성하는 모든 가족구성원들을 치료하는 것이 더 논리적이고 빠르며 또한 더 만족할 만하고 경제적이라는 것이다. 가족치료자의 과제는 문제를 가진 가족성원들 간의 관계를 바꿈으로써 증상행동이 사라지도록 하는 것이다. 이를 달성하기 위해 가족치료자는 상이한 이론에 기초를 둔 다양한 치료전략과 기법들을 개발하여 왔다.

가족상담에서 상담에 적용되는 이론들에는 보웬(Bowen)의 가족체계이론, 페어번(Fairbairn)의 대상관계이론, 미누친(Minuchin)의 구조적 가족치료, 헤일리(Haley)의 전략적 개입 그리고 사티어(Satir)의 경험적 가족치료 등이 있다.

그런데 가족들이 안고 있는 임상적 문제는 어떤 발달단계에서 다음의 발달단계로 이행할 때 생기는 어려움과 관련이 있는 경우가 대부분이므로 상담자는 각 개인이나 가족의 생활주기에 관한 많은 지식을 가져야 할 것이다. 카터와 맥골드릭(Carter & McGoldrick)은 모든 가정은 일정한 단계를 통과한다고 주장하면서 가족 발달의 6단계를 주장한다. 그 가운데 세 번째 단계가 바로 청소년기의 자녀를 가진 가족이라고 할 수 있다. 청소년은 가족으로부터 독립을 추구하는 시기로 부모는 중년기에 속하면서 가족 체제 내에서 융통성을 개발해야 하는데, 그 이유는 규칙의 개방성과 폐쇄성의 갈등이 생겨나기 때문이다. 청소년 자녀를 둔 가족은 힘들 수밖에 없는데, 부모들은 중년기 위기에 속해 있고, 자녀들은 사춘기 위기를 겪으면서 가족 갈등이 배가되는 기간이기 때문이다.

## 1) 청소년기의 특징

### (1) 신체적 성숙

우선 신체적으로 키와 몸무게가 갑작스럽게 증가하는 성장 급등(growth spurt)을 하는데, 소년은 12~13세, 소녀는 10~11세경부터 일어나며 소녀들이 소년들보다 보통 2년 정도 앞서는 것으로 알려져 있다. 성적인 변화도 일어나서 사춘기에는 성장에 필요한 호르몬 분비를 활성화시키면서 2차적 성 특징들이 나타난다.

청소년기에는 신체적 발달과 연관해서 외모와 체중 이상, 신체 변화에 기인된

심리적 변화라고 할 수 있는 고립감, 수줍음, 불안감 등과 호르몬 변화에 따른 심리적 상태와 행동의 상관관계 등을 주의 깊게 살펴보아야 한다.

### (2) 지적 · 인지적 발달

청소년기에는 아동과는 다른 방식으로 인지하고 행동한다. 즉, 추상 개념이나 새로운 것을 학습하는 능력, 문제를 해결하는 능력 등에서 새로운 변화를 보인다. 피아제의 인지발달론에 의하면 청소년기는 구체적 조작기와 형식적 조작기에 해당한다고 볼 수 있다. 따라서 이 시기에는 정보처리능력이 발전되어 주의집중능력과 기억능력이 향상된다. 반면에 청소년기의 위험 감행 행동이 사고의 발달과 연관이 있는 것으로 본다.

### (3) 심리사회적 자아발달과 정서적 발달

에릭슨(Erikson)은 '8단계 평생발달주기이론'에서 청소년기는 5단계 "정체감 대 역할 혼동(Identity vs. role confusion)"의 시기로 본다. 특별히 이 시기에는 친구, 학생들과의 관계에서 자아 정체감, 직업, 전공에 대한 정체감 가운데 그 결정을 유예하는 기간이며, 역할 혼란 가운데 청소년 비행이 생겨난다고 말한다. 청소년기의 단계는 위기이면서 도전의 기회가 된다. 이 단계에서 친구와의 관계를 통해 자아 정체감이 형성되기 때문에 친구를 사귀고 우정을 나누는 데 큰 가치를 두고 가족과의 관계는 점차 소원해지는 경향이 있다.

이와 연관해서 청소년기에는 정서적 변화를 경험하는데 긍정적 정서로서는 행복, 기쁨, 사랑과 애정의 감정이 있고, 부정적 정서로서는 우울, 공포와 불안, 죄책감, 분노 등의 정서들이 있다. 청소년기에 가장 조절이 힘든 정서는 성적 충동과 관련된 정서이다.

## 2) 가족문제

가족체계에서 볼 때 이 단계에 보이는 커다란 변화는 부모와 자녀의 경계가 모든 면에 걸쳐서 명료해진다는 것이다. 자녀는 가정 외의 활동에 대해서는 부모에게 거의 아무런 말도 하지 않기 때문에 자녀에 대한 부모의 신뢰가 동요되기 시작한다. 부모가 아직 어린아이처럼 자녀가 부모에게 순종하기를 기대할 경우에는 자녀에 대한 불신감은 더욱 증폭된다. 한편 자녀의 부모에 대한 불신감은 자녀의 의사를 인정하지 않는 부모의 완고한 태도에 직면하게 될 때 더욱 커진다. 게다가 자녀들이 보이는 강한 자립의 요구 이면에는 부모에게 의존하고 싶다는 요구가 남아 있기 때문에 신뢰의 문제는 점점 뒤엉키게 된다.

이 단계의 주된 어려움은 자녀의 반항에 관한 문제이다. 자녀의 안정되지 않는 행동은 부모로부터 자립하고 싶은 행동과 어린아이로 남아 있고 싶다는 소망이나 부모로부터 좋은 아이로 인정받고 싶다는 기분의 갈등에서 비롯된 것이다. 반항적인 자녀와는 정반대로 자립을 요구하지 않는 자녀도 문제를 가진 경우가 많다. 그들 중에는 학교 가기를 거부하거나 학교생활에 적응하지 못하는 특징이 있을 수 있다.

한편, 십대의 자녀 중에는 외모, 신장, 체중 등에 지나치게 신경을 써서 사회생활을 회피하는 경우도 있다. 때로는 가정 내에서 신체적인 폭력이나 말에 의한 공격이 심해지며, 그것을 견딜 수 없을 때 상담기관을 찾게 되는 경우도 있다.

### 3) 가족의 발달과제

이 단계의 기본적인 움직임은 자녀가 가족경계의 밖에 자유롭게 드나드는 것에 의해 가족경계의 확대가 이루어진다는 것이다. 따라서 이 단계에 있어서 가족의 발달과제는 다음과 같다.

첫째, 자녀들이 자유롭게 드나드는 것을 허용하는 부모자녀관계로 이행하는 것이다. 청소년기의 자녀는 자유롭게 가족 밖으로 나가 같은 또래의 친구와 친밀한 관계를 가지며 부모에게서 벗어난 자기를 확립하여 이성과의 정서적 친밀감을 얻게 되는 것이다.

둘째, 중년기를 맞이하는 부모의 가족생활주기상의 문제이다. 즉, 부부관계의 갈등에 직면하거나 아버지의 사회적 또는 직업적 문제, 어머니가 새로운 형태로 사회참여를 하는 것 등이 중요한 과제가 될 수 있다.

셋째, 조부모와 관련된 여러 가지 문제와 직면하게 된다. 조부모가 노화하여 허약해지면서 동거하는 문제나 병든 조부모를 돌보는 데 따른 여러 가지 스트레스가 가족에게 부각될 가능성이 높다.

## 3. 청소년복지 실천원칙

청소년복지의 실천원칙으로는 다음과 같다.

권리와 책임의 원칙, 보편성과 선별(선정성)의 원칙, 예방성과 치료성의 원칙, 개발성의 원칙이 있다.

### 1) 권리와 책임의 원칙

청소년정책 수립 때 청소년들이 직접 참여하고, 정책에 불만이 있으면 거부할 수도 있는 청소년 자치권이 새로 도입된다. 또 가출·저소득·학업중단 등 사회 그늘 속 청소년들에게 금융·의료·취업 등이 특별 지원되고, 전문지식과 경험을 갖춘 제3자가 이들의 생계·교육·성장 과정을 돌봐주는 복지후견인제도가 추진된다. 앞으로 국가·자치단체가 청소년관련 정책을 자문·심의할 때 청소년 대표를 선정, 참여토록 했다. 청소년 스스로 부당하다고 판단한 정책 결정에 대해 거부권이 주어지고, 거부된 의사가 수용되지 않으면 광역·기초 자치단체마다 새로 구성될 청소년복지위원회에 신고해 조정받을 수 있게 된다. 청소년의 정보 접근과 의사반영이 쉽도록 한 청소년 자치권은 현재 프랑스 등 유럽에서 정착된 선진국형 제도이며, 향후 각종 청소년단체 이사회에도 청소년 대표가 참여할 수 있게 될 전망이다. 법안은 경제적·사회적·신체적 생활이 어려운 18세 이하 청소년들에 대해 특별지원 청소년으로 지정, 「국민기초생활보장법」상 생계비와 의료비를 지원토록 했다. 이들 청소년에게 직업체험이나 취업알선 때 우선권을 주고, 이

비용은 국가나 자치단체가 융자·지원할 수 있다. 특별지원 청소년은 가출·결손가정·저소득·학업중단·북한이탈·혼혈·외국인 자녀와 비행보호시설·교정시설 퇴소자가 포함된다. 법안은 이밖에 본인 동의 없이 서신·전자메일·건강검진 결과 등 청소년의 사적 정보 공개를 금지하고, 청소년증 소유자의 공공·수송시설 무료·할인 이용이 가능토록 제도화했다.

현행 「청소년기본법」은 너무 추상적이고 공공지원이 제한적이다. 선진국처럼 미래사회 주역인 청소년에 대해 가정·사회·국가의 책임과 의무를 높여야 한다.

## 2) 보편성과 선별성의 원칙

「청소년육성법」은 청소년단체의 지원과 청소년시설의 설치·운영을 핵심적인 내용으로 담고 있다. 그 중 청소년시설은 청소년 전용시설과 청소년 이용시설로 구분되었다. 청소년시설은 「청소년기본법」에서 청소년수련시설로 바뀌면서 생활권 수련시설, 자연권수련시설, 유스호스텔로 정리되고, 수련시설이 아닌 전용시설과 이용시설은 법적 지원과 감독의 대상에서 제외되었다. 이처럼, 「청소년육성법」 제2조는 청소년시설에 "학교시설 외에 청소년의 심신단련과 정서계발을 목적으로 설치된 시설"을 모두 포괄하고, 「청소년기본법」은 문화체육관광부가 관장할 수 있는 시설만을 수련시설로 분류하였다.

선별성의 원칙은 근로청소년에 대한 교육과 여가사업에서 찾을 수 있다. 일반학교에 부설한 야간특별학급과 산업체 부설교의 개설은 중·고등학교에 취학할 기회를 박탈당한 근로청소년에게 중등교육 기회를 제공하였다. 이 사업은 산업체에게는 고용안정을 주고 근로청소년에게는 일하면서 공부할 기회를 준 이중적 목적을 가졌지만, 배움을 갈망하는 근로청소년에게 매우 의의 있는 사업이었다. 근로청소년의 학력과 연령이 높아지면서 이 사업은 점차 축소되었지만, 아동이 아닌 청소년에게 직접적인 혜택을 주는 사업이었다. 또한 근로청소년의 건전한 여가생활을 도모하기 위하여 주요 공단지역에 근로청소년회관을 건립하기 시작하였고, 미혼 여성근로자의 주거욕구를 충족시키기 위해서 근로청소년 임대아파트를 건립하기 시작하였다. 청소년기는 부모의 보호를 받으면서 살아가는 시기이기 때문에 부모가 없거나 한부모밖에 없다는 것은 그 자체가 결손이다. 결손가족은 대체로 낮은 소득으로 말미암아 경제적인 문제를 갖게 된다.

### 3) 예방성과 치료성의 원칙

청소년기는 신체적·정신적으로 성장하는 시기이기에 자신의 몸과 마음의 변화에 대해서 민감하고, 자신의 욕구를 충족시키고자 노력하지만, 적절한 자원을 찾지 못한 경우가 많다. 우리나라 청소년은 주로 학습에 관한 고민과 성적 문제를 호소하고 있다. 청소년이 고민하는 문제는 정확한 정보를 제공함으로써 해결할 수 있는 것이 있고, 가치판단과 절도 있는 생활에 의해서만 해결할 수 있는 것도 있다. 그런데 우리 사회는 학교에서는 입시위주의 교육 때문에 체험학습의 시간을 충분히 확보하지 못하였고, 성교육은 청소년이 이미 알고 경험하는 것을 적절히 지도하지 못하였다. 정부는 청소년상담을 체계화하기 위하여 시·도 단위에 청소년종합상담실, 시·군·구 단위에 청소년상담실을 설치하고, 이들을 지원하기 위하여 한국청소년상담원을 설립하였다. 이러한 상담기관에서는 전화상담과 면접을 통하여 청소년에게 다양한 상담을 실시하고, 부모교육 등을 통해서 청소년에 대한 이해와 관심을 촉구하기도 한다. 최근 중·고등학교에서 집단따돌림, 학교폭력 등이 심각하게 인식되면서, 청소년 문제를 예방하거나 조기에 치료할 수 있도록 학교사회사업이 도입되어야 한다는 주장이 일고 있다. 정부는 전체 청소년의 건전한 육성과 특히 요보호계층 청소년의 고민상담, 취업과 진로, 여가문제 등을 지원할 수 있는 청소년상담지원센터를 운영하고 있다.

치료성의 원칙과 관련하여 부모의 이혼, 별거, 가출, 사망 등으로 인하여 아동과 청소년들이 가정에서 적절히 보호받지 못하는 사례와 함께 청소년 가출이 끊임없이 일어나고 있지만, 이에 대한 정부의 대책은 매우 소극적이다. 과거에는 가족의 빈곤 때문에 취업을 겸한 탈출형 가출이 많았지만, 최근에는 입시위주의 교육환경에서 벗어나고 유흥업소주변에서 즐기려는 추구형 가출이 많아지고 있다. 가출청소년은 가출횟수와 가출기간이 늘어날수록, 유흥업소나 관련 업소에서 일하기 쉽다. 청소년의 가출이 단순가출에서 만성가출, 일회성 가출에서 반복성 가출로 악화됨에도 불구하고 가출청소년에 대한 정부의 대책은 일회성 단속과 귀가조치에 불과하다. 현재 가출청소년을 위한 일시보호시설은 일부 청소년쉼터만이 정부의 재정지원을 받고 있다. 청소년복지사업으로 하고 있는 청소년상담실, 청소년쉼터, 청소년공부방 등을 포함하고, 학대받는 아동의 치료시설, 약물오남용 청소년치료시설 등을 신설하여 청소년복지시설로 규정하여야 한다.

### 4) 개발성의 원칙

1977년에 제정된 「특수교육진흥법」은 장애인에 대한 특수교육을 증진하여 그들에게 필요한 생활 지식과 기능을 전수함으로써 일반 사회생활에 참여하게 함을 목적으로 하였다. 장애인에는 시각, 청각, 정신박약, 정서장애, 언어장애, 기타 심신장애자 등이 포함되었다. 이들은 국·공립 특수교육기관에 취학하거나 사립교육기관 중 의무교육과정에 취학할 경우 무상교육을 받을 수 있도록 하였는데, 일차적인 수혜자는 장애아동과 청소년이었다. 장애인복지에 대한 관심은 1981년 세계장애자의 해를 계기로 증대되어서 「심신장애자복지법」이 제정되고 보건사회부에 전담부서인 재활과가 설치되었다. 이 법은 장애인복지에 대한 국가와 지방자치단체의 책임이 미약하고 장애발생의 예방과 장애인의 고용촉진에서 한계가 있다는 비판도 받았지만, 「장애인복지법」(1989)으로 전문 개정될 때까지 장애인복지사업의 근거법이 되었다.

청소년활동은 우리나라 청소년분야의 성격을 특징짓는 가장 핵심적인 것으로 자리매김해 왔다. 청소년분야의 정체성을 확인하기 위해서는 "청소년분야가 왜 생겨났는가?"라는 물음과 함께 학교를 중심으로 한 교육청은 다른 청소년분야의 성격을 이해해야 하는데, "청소년활동"은 그 중심내용이 되고 있는 것이다. 특히 청소년활동은 그 법적 정의에도 불구하고 청소년의 역량개발을 위한 정책적·실천적 노력을 포함하는 것으로 새롭게 이해될 필요가 있다. 청소년의 심리적 성격발달은 주로 가정에서 이루어진다고 볼 수 있지만, 한 개인이 사회적인 인격체로서 완성되기 위해서는 어떠한 형태로든 사회화 과정을 거쳐야 한다.

그 중 지역사회는 가장 직접적인 생활의 장으로서 청소년들에게 교육적 기능을 통하여 건전한 인격과 전문성을 겸비한 성인으로 성장할 수 있는 터전이 되기도 한다. 최근 청소년개발에 관한 논의의 핵심을 청소년 자신들이 소속된 지역사회의 문제를 해결하고, 건전한 변화를 도모하기 위해 어른들과 함께 문제를 토의하고 결정하는 파트너십을 강화시켜야 한다는 주장이 제기되고 있다.

## 3 청소년복지정책

### 1. 청소년정책의 의의

우리나라의 경우 청소년을 「청소년기본법」에서는 9세에서 24세까지로, 「청소년보호법」에서는 19세 미만으로 규정하고 있다. 이러한 청소년을 대상으로 시행하는 정책이 청소년육성정책이다. 청소년육성정책이란 청소년에 관한 정책 또는 청소년을 위한 정책으로, 청소년들이 그 본래의 역할과 사명을 다할 수 있도록 육성·지원하기 위한 재정운용의 기본방침과 청소년활동의 지침을 국가가 제시한 것이다. 모든 청소년의 바람직한 상태를 목표로 하여 국가와 지방자치단체가 청소년의 사회적 욕구를 충족시키고 청소년 문제를 해결하고자 법령과 시책을 통하여 밝힌 기본방침, 청소년관계제도가 기초하고 있는 청소년에 관한 국가적 목표와 이를 실천하기 위한 행동지침으로 정의한다.

청소년육성정책의 필요성은 다음과 같다.

첫째, 청소년의 사회적 영향력이 증가하기 때문이다. 인구학적 측면에서 볼 때, 청소년 인구가 한국사회구성원의 1/3을 차지하고 있다는 점에서 청소년 인구가 주요한 사회적 영향세로 부각되는 잠재적 가능성을 고려할 수 있다.

둘째, 청소년의 육성이 국가 경쟁력 확보와 연결되기 때문이다. 무엇보다도 인적자원의 개발을 통해서 국제 경쟁력을 확보해야 할 한국사회에서는 차세대의 주역이 될 청소년들을 어떻게 육성하느냐가 미래사회를 대비하는 데 있어 관건이 된다.

셋째, 청소년과 사회문제가 결부되어 있기 때문이다. 인생주기의 측면에서 볼 때, 현대 사회의 삶의 조건은 과거 그 어느 때보다도 청소년기가 장기화되었기 때문에 청소년 인구의 관심, 이해, 요구가 사회의 모든 부문과 제 측면에 확대·반영되고 있으며, 한국사회가 안고 있는 문제들이 직·간접적으로 청소년과 결부되고 있는 성향이 점차 두드러지고 있기 때문이다.

청소년복지 지원법(시행 2019.3.19., 법률 제15988호, 2018.12.18., 일부개정)의 개정내용은 다음과 같다.

첫째, 청소년의 복지 향상을 위해 여성가족부장관은 여성가족부령으로 정하는 방법으로 의식·태도·생활 등에 대한 실태조사를 3년마다 실시하고, 그 결과를 발표하도록 근거규정을 마련하였다(제2조의2 신설).

둘째, '교육적 선도'를 '예방적·회복적 보호지원'으로 그 명칭을 변경하고, 보호지원의 목적 및 그 내용을 법률에 보다 구체적으로 규정하고 있다(제19조 및 제19조의2 등).

셋째, 특별자치시장·특별자치도지사 또는 시장·군수·구청장은 청소년복지시설의 설치·운영신고를 받은 경우 법령에서 정한 기간 내에 신고수리 여부를 신고인에게 통지하도록 하고, 그 기간 내에 신고수리 여부나 처리기간의 연장을 통지하지 아니한 경우에는 신고를 수리한 것으로 간주(看做)한다(제32조 및 제33조).

## 2. 구조적 가족상담이론

가족상담은 가족에 관한 이론이며 기법이다. 가족상담 혹은 치료에서 내담자는 지목된 그 개인보다는 전체 가족에 초점이 맞추어 진다. 이 상담의 기본개념은 치료를 받을 필요가 있는 것으로 여겨지는 개인에 집중하기보다는 하나의 관계 체계를 구성하는 모든 가족구성원들을 치료하는 것이 더 논리적이고 빠르며 또한 더 만족할 만하고 경제적이라는 것이다. 가족치료자의 과제는 문제를 가진 가족 성원들 간의 관계를 바꿈으로써 증상행동이 사라지도록 하는 것이다. 이를 달성하기 위해 가족치료자는 상이한 이론에 기초를 둔 다양한 치료전략과 기법들을 개발하여 왔다.

가족상담에서 상담에 적용되는 이론들에는 보웬(Bowen)의 가족체계 이론, 페어번(Fairbairn)의 대상관계 이론, 미누친(Minuchin)의 구조적 가족치료, 헤일리(Haley)의 전략적 개입 그리고 사티어(Satir)의 경험적 가족치료 등이 있다.

그런데 가족들이 안고 있는 임상적 문제는 어떤 발달단계에서 다음의 발달단계로 이행할 때 생기는 어려움과 관련이 있는 경우가 대부분이므로 상담자는 각 개인이나 가족의 생활주기에 관한 많은 지식을 가져야 할 것이다.

구조적 가족상담이론은 미누친(Salvador Minunchin)에 의해서 개발되었고, 1960년대 필라델피아를 중심으로 발전되었다. 이것은 주로 사회경제적 지위가 낮은 가족들에게 잘 적용되는 가족상담이론이다.

이 이론에서는 인간의 내면적 주제들에는 관심이 없고 인간 행동의 표현적 형태에 관심을 가진다. 인간 행동의 표현적 형태는 관계하는 인간들의 구조적 특성을 통해서 나타난다. 일정한 구조를 이루고 있는 인간들은 그 구조적 특성에 의해서 예측 가능한 행동을 하게 된다. 미누친은 둘 이상의 비행청소년을 가진 가정에 관한 연구를 통하여 비행청소년 가정의 역동적 측면의 초점을 둔 구조적 가족치료이론을 발전시켰다.

구조적 가족치료이론은 세 가지 원리에 근거하고 있다. 첫째, 사회적 상황은 개인의 정신생활에 영향을 미친다. 또한 개인이 사회상황에 영향을 미치기도 하고 영향을 받기도 하여 끊임없이 상호작용이 반복된다. 둘째, 가족구조를 변화시키면 체계성원의 정신 내적 과정과 행동을 변화시킬 수 있다. 셋째, 치료자가 환자나 환자 가족과 일할 때, 그 행동은 사회적 상황의 일부가 된다. 미누친은 가족을 하나의 체계로 보고 가족 내 하위체계 간의 경계가 불분명하고 체계 간의 상호 관계가 적절히 조정되지 않을 때, 가족갈등이 야기된다고 보았다. 즉, 개인의 문제를 정신 내적 요인보다 체계와의 관련성에 두고 가족의 구조를 변화시킴으로써 체계 내의 가족의 경험이 변화되어 결국 개인에게 변화를 이끌 수 있다고 보는 것이다.

가족체계는 세 가지 특성을 가졌으며 그 특성을 치료에 이용할 수 있다. 첫째, 구조의 변형은 다른 변화를 가능하게 하며, 둘째, 가족구조는 구성원의 지지, 규율, 보살핌, 사회화에 의해 구성된 것으로 치료자가 직접 교육하거나 사회화시키는 것이 아니고 기능을 수정하는 것이다. 셋째, 가족체계는 자체유지기능을 가지고 있으므로 한 번 변화가 시작되면 계속적인 개입 없이도 변화를 유지하며, 가족구성원의 경험을 끊임없이 발전시킨다. 그러므로 치료자는 보다 적극적으로 가족에 개입하여, 구조를 평가하고 새로운 구조로 변화시키는 기술을 가져야 한다.

가족과의 교류기법으로는 다음과 같은 것이 있다.

가족은 변화가 일어나기 위하여 상담자를 수용해야만 하고 상담자의 개입에 반응해야 한다.

상담자는 가족 속에 참여하기 위하여 그들을 수용하며 그들의 방식에 대한 존중의 마음을 가족에게 전해야 한다.

구조적 가족상담은 가족이 제시하는 문제를 체계적 관점에서 재명명화하여 행동변화를 유도한다. 구조적 가족상담은 역동적이며 다른 상담기법보다 상당히 구체적이다. 그러나 기법에 앞서 보다 중요한 것은 자연성 또는 자발성이라는 점을 강조하고 있다.

구조적 가족상담의 기법은 가족이 보다 바람직한 교류 유형을 발달시킬 수 있는 맥락을 만들어 내는 것이 중요하다는 이론적 근거를 가지고 있다.

### ▣ 연구과제

**1. 청소년복지의 실천원칙에서 예방성과 치료성의 원칙에 관한 사례연구**
**2. 현대 청소년육성정책에 필요한 내용에 관한 연구**

제 8 장

# 장애인복지

**✦ 학습과제**

1. 국제장애분류(ICIDH)에 대해 설명과 해석하기
2. 자폐성장애인과 지적장애인에 대해 비교설명
3. 장애인직업재활시설에 대해 설명과 역할사례

# 1 장애의 의의

## 1. 장애의 정의

장애를 구분하는 기준에는 수많은 유형이 존재한다. 그중 하나의 기준으로 장애 소유의 유무에 따라 장애인과 비장애인으로 나뉜다.

우리나라도 장애인을 위한 복지정책들은 사회적 인식개선과 물리적인 환경조성을 위해 시행되고 있다. 특히 장애인의 경우 비장애인 가구에 비하여 저소득층인 경우가 많고 장기간의 치료와 고가치료를 요하는 경우가 상대적으로 많기 때문에 의료 및 재활에 큰 부담을 느끼고 있다. 이 중에서 가장 많은 신경을 쓰고 있는 분야는 장애인 의료부문이다.

1980년 세계보건기구(WHO)에서 내린 공식적인 정의에 의하면 장애는 의학적 손상의 직접적인 결과로서 발생하는 것을 의미하며, 손상된 능력이 장애를 구성한다고 하였다.

우리나라의 장애유형은 외부 신체기능의 장애, 내부 기관장애, 정신적 장애로 나눌 수 있다.

장애인복지는 심신의 손상으로 인해 사회생활에 곤란을 겪고 있는 사람에 대해 의료적·교육적 서비스 등을 제공하는 것을 말한다.

장애인복지의 특성은 문제의 복잡성에 따라 복합적인 접근을 시도해야 하고 종합성이 요구되며 시대의 변화에 적응하여야 한다.

장애인이란 선천적 또는 후천적으로 신체의 일부에 장애가 있거나 정신적으로 결함이 있어서 능력의 불완전으로 일상생활이나 사회생활에 자기 스스로 완전히 또는 부분적으로 수행할 수 없는 사람을 의미한다.

세계보건기구에서 1938년 제정한 국제질병분류(ICD) 5판(ICD-5)에서 처음으로 정신장애를 언급하였으며, 6판(ICD-6)에서부터 정신장애를 별도의 항으로 다루기 시작했다. 미국에서는 1869년 미국정신과학회 연례회의에서 처음 분류를 소개한 후 1952년 정신장애진단 통계편람 제1판(DSM-I)에서 mental disorder categories에 대한 기술이 처음 체계적으로 시도되었다. 이후 세계보건기구에서 제정하는 ICD의 개정판들과 서로 보완하면서 차례로 DSM-II(1968), DSM-III(1980), DSM-III-R(1987)로 개정되었다. 1992년 ICD-10이 발표되었고, 1994년 DSM-IV가 발간되었다. ICD는 세계에서 널리 사용되고 있는 공식적 통계방법이며, 우리나라에서도 공식적으로 이를 채택하고 있다.

정신장애의 분류는 두 가지 진단분류체계인 ICD-10과 DSM-4가 있다. DSM-4란 미국 정신의학회의 진단기준 매뉴얼 제4판이다. ICD-10이란 세계보건기구의 국제질병분류의 제10판이다. 이 두 가지 진단기준 모두 서로 중복되는 내용이 많으며 약간의 차이점만 있다. 한국에서는 미국 정신의학회에서 만든 통계적 진단분류를 많이 따르고 있다.

### 1) 한국 장애인복지법

장애인이란 신체적·정신적 장애로 오랫동안 일상생활이나 사회생활에서 상당한 제약을 받는 자를 말한다.

여기서 장애인은 대통령령으로 정하는 장애의 종류 및 기준에 해당하는 자로서 첫째, 신체적 장애란 주요 외부 신체기능의 장애, 내부기관의 장애 등을 말한다. 둘째, 정신적 장애란 발달장애 또는 정신 질환으로 발생하는 장애를 말한다.

지체장애, 시각장애, 청각장애, 언어장애 또는 정신지체 등 정신적 결함으로 장기간에 걸쳐 일상생활 또는 사회생활에 상당한 제약을 받는 자로서 대통령령이 정하는 기준에 해당하는 자로 정의하고 있다.

이슈가 되고 있는 정신장애가 우리나라에서 자리를 잡기 시작한 것은 그리 오래되지 않는다. 그동안 우리나라는 장애인의 범주를 지나치게 신체구조 및 기능상의 기준으로 판정함으로써 정신장애를 「장애인복지법」이나 「장애인 고용촉진 및 직업재활법」에서 규정하는 사회보장이나 직업재활서비스에서 배제시켜왔다. 정신질환자의 의료 및 사회복귀에 관한 사항을 규정하는 「정신보건법」조차 지난 1968년 이후, 법 제정을 위해 대한 신경정신의학회, 사회복지협의회, 한국사회복지사협회, 대한의료사회사업가협회, 한국정신의료사회사업가협회, 한국정신보건가족협회와 가족들이 지속적으로 노력하여 1995년이 되어서야 법적으로 제정되었다.

## (1) 장애인복지법의 개정

장애인복지법의 개정(시행 2020.6.4., 법률 제16733호, 2019.12.3., 일부개정) 내용은 다음과 같다.

장애인에 대한 인식개선교육이 충실하게 수행될 수 있도록 인식개선교육에 대한 사후관리를 강화하고, 장애인에 대한 인식개선교육을 체계화하고 교육의 질을 높이기 위하여 인식개선교육기관 지정·위탁 제도를 도입하는 한편, 장애인학대가 의심되는 경우 피해장애인에 대한 보호조치를 강화하는 등 현행 제도의 운영상 나타난 일부 미비점을 개선·보완하려는 것이다.

첫째, 국가와 지방자치단체는 점자정보·무지점자단말기 등의 의사소통 보조기구를 개발·보급하고, 시청각장애인을 위한 의사소통 지원 전문인력을 양성·파견하기 위하여 노력하도록 하고 있다(제22조제5항).

둘째, 보건복지부장관은 장애인에 대한 인식개선 교육 실시 결과에 대한 점검을 매년 실시하도록 하고, 점검 결과 이수율 등이 기준에 미치지 못하는 국가기관 등에 대하여 특별교육 등 필요한 조치를 취하도록 한다(제25조).

셋째, 국가기관 등의 장은 장애인에 대한 인식개선 교육을 보건복지부장관이 지정하는 인식개선교육기관에 위탁할 수 있도록 하고, 인식개선교육기관이 준수할 사항과 갖추어야 할 요건을 정하고 있다(제25조의2 신설).

넷째, 사법경찰관리는 장애인 사망 및 상해사건, 가정폭력 사건 등에 관한 직무를 수행하는 과정에서 장애인학대가 있었다고 의심할 만한 사유가 있는 경우 장애인권익옹호기관에 그 사실을 통보하도록 하고, 통보받은 장애인권익옹호기관은 피해장애인 보호에 필요한 조치를 하도록 한다(제59조의14 신설).

### 2) 국제장애분류(ICIDH)의 개념

1980년 세계보건기구에서는 장애의 개념을 광의로 이해하여 기능장애, 능력장애, 사회적 불리의 세 차원으로 구별해야 할 필요성을 강조하면서 국제장애분류(ICIDH)를 제시하였다. 이 분류법에 의하면 어떠한 질병으로 인하여 기능장애가 발생하고, 기능장애로 인해 능력장애가 발생하게 되고, 능력장애 때문에 일상의 사회적 역할을 수행함에 있어 어떠한 사회적 불이익을 초래하게 되는 사회적 불리라고 할 수 있다. 손상, 능력저하, 사회적 불리의 세 가지 측면에서 설명하고 있다.

첫째, 기능장애(impairment)는 생리적·해부학적인 구조나 기능의 손실, 손상 또는 비정상을 말한다.

둘째, 능력장애는 기능장애에서 야기된 것으로 인간에게 정상적인 것으로 간주되는 범위 내에서 활동을 수행하는 능력의 제약이나 결여를 의미한다.

셋째, 사회적 불리는 기능장애나 능력 장애에서 야기되는 것으로서 연령, 성, 사회문화적 요소와 관련된 개인의 정상적인 역할의 수행을 제약 또는 방해하는 불이익을 의미한다.

## 2. 외국의 장애인

### 1) 미국

#### (1) 미국 지적장애 및 발달장애협회

1876년에 설립된 미국 정신지체협회(AAMR)의 개정된 명칭으로 2007년 1월부터 공식적으로 사용되고 있다. 정신지체 및 관련 장애에 대해 관심 있는 전문가들이 모인 가장 오래된 최대 규모의 전문 기관으로 정신지체 및 발달장애 학생 및 성인들을 위한 연구와 교육, 지원을 위해 노력하고 있다. 미국과 세계 55개국의 7,000여 명이 넘는 회원들을 보유하고 있다. 2006년 6월에 협회원들에게 투표를 실시하여 미국 지적장애 및 발달장애협회(American Association on Intellectual and Developmental Disabilities: AAIDD)로 기관명을 개정하기로 결정하였으며, 2007년 1월부터 새로운 기관명을 공식적으로 사용하고 있다.

#### (2) 미국 장애인법(Americans with Disabilities Act: ADA)

재활법을 확장시킨 법으로 고용에서 차별을 받지 않고, 모든 공공서비스, 편의시설, 통신 및 교통시설 이용의 접근성 보장 등의 장애인 권리를 보호하기 위해 1990년 미국에서 제정된 법이다.

사업자가 고용에 있어 구인 응모 절차, 채용이나 해고, 보수, 승진, 훈련 및 기타의 고용 조건이나 특전에 관하여 가하는 적극적인 차별뿐만 아니라, 소극적으로 아무 조치도 취하지 않는 것도 차별 행위로 규정하고 있다. 중요한 규정은 다음과 같다.

첫째, 장애 때문에 일할 능력이 있는 사람을 고용하기를 거부할 수 없으며, 고용된 장애인을 위한 편의시설을 제공하여 작업을 수행할 수 있도록 해야 한다.

둘째, 장애인이 모든 종류의 공공 교통시설을 이용할 수 있게 해야 한다.

셋째, 모든 편의시설은 장애인이 이용 가능해야 한다.

넷째, 일반인을 대상으로 하는 전화 회사는 청각 장애인을 위한 통신시설을 24시간 제공해야 한다.

미국은 의학적 기준보다 노동능력 감퇴 여부로 정의하며 사회보장장애연금(SSDI)과 공적부조(SSI)에 의하여 의학적 판정과 실질적인 소득활동에 참여하지 못하는 자로 정의하고 있다.

### 2) 독일

첫째, 중증장애인법 제정(1986년 7월 24일)은 먼저 개념상의 많은 혼란을 일으켰던 직업수행능력의 저하(Minderung der Erwerbsfaehigkeit: MdE)라는 개념을 장애의 정도(Grad der BehinBehinderter: GdB)라는 개념으로 변경하였다.

하지만 장애인에 대한 각종 보상기준은 생업능력상실률에 근거하며, 이 생업능력상실률의 개념은 모든 생활영역에서의 장애 또는 신체적·정신적 또는 심리적 능력이 결함으로 인한 결과에 따른 척도이다.

둘째, 의학적 진단측면에서 장애의 개념은 생업능력상실률(MdE)을 기준으로 해서 MdE가 30% 이상인 사람을 장애인이라 하고, 50% 이상인 사람을 중증장애인이라 하며, 80% 이상인 경우 최중도장애인이라 한다.

셋째, 고용정책과 관련된 모든 특수 수혜의 권리들은 중증장애인만이 향유한다.

## 2 장애인복지의 이념과 시설

### 1. 장애인복지의 이념

장애인복지의 기본이념은 장애인이 인격적 존엄성을 가지며, 그 인간적 권리를 회복하기 위한 존재임을 확인함과 동시에 자립의 노력과 사회참가 기회보장 등의 이념에 입각하여 본인의 노력뿐만 아니라 국가 및 지방공공단체가 장애인의 재활을 원조하며, 필요한 보호를 행하고, 국민도 그 재활에 협력하는 책무를 짐으로써 그들의 장애를 가능한 한 경감시켜 일반인과 같은 생활조건과 생활안정을 향유할 수 있도록 완전참여와 평등을 지향하는 것이다. 이러한 장애인복지의 필요성은 다음과 같다.

첫째, 사회·경제적 여건의 변화와 약물남용의 원인으로 인한 기형아 출산의 증가

둘째, 교통사고와 산업재해에 의한 장애발생이 증가

셋째, 인구의 고령화 현상에 의한 노령 장애인 수의 급격한 증가

넷째, 도시화·핵가족화의 진전으로 가족 및 지역연대 기능의 감퇴

장애인 문제가 큰 사회문제로 대두되고 있으며, 국가의 책임 아래 장애인에 대한 종합적인 복지시책 수립이 요구된다.

장애인복지의 주요 가치와 이념은 다음과 같다.

### 1) 인권의 존중과 존엄성

자기실현의 기회를 보장해 주는 것을 기본 의무로 하는 현대 민주주의 사회는 소수집단인 장애인이 인간으로서의 당연한 권리에 대하여 사회 전체가 분명히 책임을 인식해야 한다.

장애인복지의 가장 중요한 목적은 장애인의 인격을 인정하고 존중하는 데 있으며, 이는 인권보장의 가장 기본적인 전제조건이라고 할 수 있다.

### 2) 생명존중

모든 사람은 존귀한 가치가 있으며, 삶의 권리에 있어서도 경중이 있을 수 없다는 인식은 최근 장애의 중증화, 중복화, 다양화 경향에 따라 정당한 가치를 부여받게 되었다.

### 3) 전인격의 존중

장애를 지닌 신체의 일부분에 주목하여 사람으로서의 본질을 왜곡해서는 안 되며, 한 사람으로서 하나의 전체로 장애인을 대해야 한다. 즉, 장애는 그 삶이 지닌 신체의 일부이며 건전한 사람의 한 부분에 더해진 하나의 특징인 것이다.

### 4) 정상화

정상화(Nornalization)이론은 1960년대 후반 스칸디나비아에서 정신지체인의 서비스 실천원칙으로 제기된 이론으로 시설보호에 대하여 반대하며, 정상적인 삶, 생활리듬과 패턴이 정상적인 생활을 하도록 강조하는 개념이다.

심신의 장애와 같은 불리한 조건을 가진 모든 사람에 대한 편견이나 차별을 배제하고 단지 평범한 한 인간으로 지역사회에서 가치 있는 역할을 할 수 있도록 교육·훈련·노동을 하며, 완전한 사회참여를 하여야 함을 나타내는 이념이며, 장애인복지의 궁극적 목표인 사회통합의 전제조건이라 할 수 있다.

장애인을 장애를 가진 한 사람의 인간으로서 보통 생활환경 속에서 정상의 생활을 할 수 있는 사회를 실현하려는 이념이다.

### 5) 평등의식의 존중

장애인이 직면하고 있는 근본적인 문제는 편견이나 차별의 구조적인 문제로 이것은 장애인에게 장애가 존재하는 이상 중요한 문제이다.

### 6) 자립생활

정상화와 사회통합을 기초로 하여 시설에 수용하지 말고 지역에 살 수 있도록 해야 한다는 주장에서 비롯되었다.

남의 도움을 받지만 장애인 스스로가 생활의 주역이 되어 생활의 주체자로서 자기결정권과 자기선택권을 행사하며, 자신의 생활전반에 대하여 조정하고 관리하는 것을 의미한다.

### 7) 탈시설화

지역사회 정신보건운동(community mental health movement)이 가장 대표적인 탈시설화(deinstitutionalization)이다. 중증장애인이나 정신손상 장애인들의 경우, 탈시설화를 위한 건축물이나 지역사회 환경상의 보완과 수정 그리고 장애인과 비장애인이 더불어 살 수 있는 사회통합에 대한 시민태도와 인식의 성숙이 우선되어야 한다.

### 8) 사회통합

통합이란 한 개인이 있는 방법에 의해 정상적인 지역사회 안에서 인격적인 개인으로서 성공적으로 참석하게 하는 것으로 장애인이 생물학적으로나 기능적으로 가지는 장애(impairment)와 능력장애(disability)는 있을 지라도 사회적 불리함(social handicap)을 제거해 줌으로써 사회통합(social integration)을 촉진한다.

사회통합의 내용은 다음과 같다.

① **물리적 통합** : 위치, 물리적 조화, 접근성, 규모와 분포

② **사회적 통합** : 프로그램의 형태, 낙인, 사회인식

장애인과 비장애인의 모든 사람들이 사회구성원의 한 일원으로서 차별 없이 모든 기회를 서로 공유하고 협력해 나가면 사회활동에 참여하는 복지사회 구현을 할 수 있다.

사회가 장애인의 통합에 장애가 되는 물리적·심리적·문화적인 제약조건들을 없애는 것이 필요하다.

장애인복지의 특성은 다음과 같다.

① 장애유형과 나타나는 문제의 복잡성에 따라 복합적인 접근을 시도해야 한다.

② 종합성이 요구되는 복지로 이해해야 한다.
③ 시대적인 상황에 따라 역동적으로 움직여야 한다.
④ 개인·가족에게 국한되는 문제가 아니라 사회와 국가 책임이 강조되며 상호 간 협력하여 해결해야 한다.
⑤ 장애인 개인을 위한 개별적인 복지, 이들의 사회적·통합적인 서비스가 요구된다.

## 2. 장애인복지정책

유엔이 1981년을 '세계장애인의 해'로 정한 이후 전 세계적으로 장애인에 대한 관심 증대되었고, 우리나라 역시 그 이전에는 전쟁으로 인한 장애아동들에 대한 수용구호 중심으로 정책이 추진되었다.

1980년대부터 본격적으로 장애인복지에 대한 연구 및 정책을 수립·추진하였다.

- 1981년 심신장애자복지법을 제정
- 1986년 국립재활원 개원
- 1987년 장애인등록 시범사업을 시작하여 1988년 전국으로 확대
- 1988년 제8회 서울장애인올림픽 개최

1990년대에는 장애인의 권리보장을 위한 기틀을 마련하여 저소득 장애인에 대한 생계비 지원 등 기본적 복지서비스 확충 및 장애인에 대한 의료, 직업, 교육, 재활의 기초를 마련하여 장애인의 인권과 인간다운 삶을 보장하는 원칙과 기준을 제시하였다.

- 1989년 「심신장애자복지법」을 「장애인복지법」으로 전면 개정
- 1990년 저소득 중증·중복장애인 생계보조수당 지급 및 의료비 지원, 「장애인 고용촉진 등에 관한 법률」 제정
- 1992년 저소득 장애인가구 자녀(중학생) 교육비 지원 및 자립자금 대여, 재

가장애인 순회재활서비스 설치·운영

- 1994년「특수교육진흥법」 전면 개정
- 1997년「장애인·노인·임산부 등의 편의증진보장에 관한 법률」 제정
- 1998년「장애인인권헌장」 제정·공포
- 2015.12.29., 일부개정
- 2017.12.19., 일부개정, 2019.7.1. 시행
- 2019.12.3., 일부개정, 2020.6.4. 시행 장애인 인식개선교육

현행 장애인에 대한 인식개선을 위하여 교육기관에서 실시하는 교육 대상으로 대학과 평생교육시설 등의 교육기관이 포함되어 있지 않아 동 교육기관에 재학하고 있는 장애학생에 대한 차별 사례가 계속 발생하고 있어 이에 대해 개선하고자 하였다.

장애등급제 개편 사항을 반영하기 위하여 '장애 등급'을 '장애 정도'로 변경하고, 맞춤형서비스 제공을 위하여 '서비스 지원 종합조사'를 실시할 수 있는 법적 근거를 마련하며, 자립생활지원과 관련하여 국가와 지방자치단체의 책무 대상을 중증장애인에서 장애인으로 확대하고, 장애인에 대한 방문상담 및 사례관리 수행 근거를 마련함으로써 복지사각지대를 해소하고자 하였다.

2000년대에는 장애인정책의 확대발전을 가져오게 되어 장애인 편의시설 설치 확대, 장애수당 도입,「장애인차별금지 및 권리구제 등에 관한 법률」 제정, 활동보조지원사업 실시 등 장애인의 생활영역 전반으로 정책의 범위를 확대·발전시켜나갔다.

장애인관련 국가종합계획의 수립으로 정부 부처별로 시행 중이던 장애인복지 사업을 총망라한 '장애인정책종합계획'을 수립하여 1차: 1998~2002, 2차: 2003~2007, 3차: 2008~2012, 4차: 2013~2017로 구분하여 시행하고 있다.

'제3차 편의증진을 위한 국가종합 5개년 계획'을 수립(2010)하여 공공시설, 주거환경, 교육환경, 작업환경, 문화시설, 근린생활시설에의 편의시설 확충 등을 추진하였다.

장애인정범위의 확대 정책으로 지체·시각·청각·언어·지적 장애에 국한되어

있던 장애범주를 15개 유형으로 확대하였는데, 1차(2000)에 뇌병변, 자폐, 정신, 신장, 심장 등 5종 추가, 2차(2003)에는 안면변형, 장루, 간, 간질, 호흡기장애 등 5종을 추가하였다. 또한 「장애인차별금지 및 권리구제 등에 관한 법률」 제정(2007.4.10.) 및 시행(2008.4.11.)과 정보통신·의사소통 등에서의 정당한 편의제공의무 관련 개정('10.5.11)이 이루어졌다.

또한 장애인시청편의서비스 제공 방송사업자(인터넷 멀티미디어방송사업자 포함)의 단계적 범위 설정, 기간 통신사업자에 대해 통신중계서비스 제공의무 부과 등 사법·행정절차 및 서비스 제공에 있어서의 차별금지 관련 개정(2012.10.22.)이 이루어져 형사사법 절차에서 조력을 받을 수 있음과 그 구체적인 조력의 내용을 알려주어야 한다.

그리고 장애인 활동보조지원사업 실시로 인하여 장애인장기요양 시범사업 실시(2009.7.~2010.1.), 장애인활동 지원에 관한 법률 제정(2011.1.4.)에 이어 장애인활동 지원제도가 시행(2011.10.5.)되었다.

### 1) 장애인·노인·임산부 등의 편의증진에 관한 법률(1997.4.10.)

- 생활을 영위함에 있어 이동과 시설이용 및 정보에의 접근 등에 불편을 느끼는 자
- 1999년 '장애인복지법' 전면 개정 : 법정장애를 10종으로 규정
- 장애인·노인·임산부 등의 편의증진 보장에 관한 법률 2019.1.15., 일부개정 (2021.1.16. 시행)

현행법은 장애인 등이 편의시설에 관한 정보를 쉽게 인지할 수 있도록 하기 위하여 편의시설의 세부기준과 함께 안내표시에 관한 사항을 보건복지부령으로 정할 수 있도록 하고 있다.

### 2) 장애인고용촉진 및 직업재활법(2000.1.12.)

- 신체 또는 정신상의 장애로 인하여 장기간에 걸쳐 직업생활에 상당한 제약을 받는 자
- 2003년 2차 장애범주 확대로 안면변형, 장루, 간, 간질, 호흡기장애 등 5종 추가
- 장애인고용촉진 및 직업재활법 (일부개정 2020.6.9., 시행 2020.12.10.)

주요내용은 사업주가 자체적으로 직장 내 장애인 인식개선 교육을 실시하는 경우 교육의 품질이 제고될 수 있도록 강사의 자격기준에 대한 법적 근거를 마련하려는 것이다.

### 3) 장애인차별금지법(2007.4.10. 장애인차별 및 권리구제에 관한 법으로 명칭 전환)

- 신체적·정신적 손상 또는 기능상실이 장기간에 걸쳐 개인의 일상 또는 사회생활에 상당한 제약을 초래하는 상태의 자
- 장애인차별금지 및 권리구제 등에 관한 법률 (2019.12.3., 일부개정 2020.12.4. 시행)

주요내용은 2009년부터 보건복지부는 관공서·문화시설·의료기관 등 대상기관을 선정하여 장애인 차별행위에 대한 모니터링을 실시하고 있으나, 이에 대한 법적 근거는 부재한 상황인바, 보건복지장관이 장애인차별 해소 정책의 수립·시행에 필요한 기초자료를 확보하기 위하여 실태조사를 실시할 수 있는 법적 근거를 마련하려는 것이다.

### 4) 장애인 연금법(2010.7.1.)

2010년 7월부터 실시되는 장애인 연금법은 생활이 어려운 중증장애인에게 매월 일정액의 연금을 지급하는 사회보장제도로 지급 대상은 18세 이상의 중증장애인으로서 본인과 배우자의 소득과 재산을 합산한 금액이 선정기준액 이하인 자 또는 중증장애인은 장애 등급 1급, 2급 및 3급 중복 장애인이며, 여기서 3급 중복장애란 3급에 해당하는 장애유형 외에 다른 유형의 장애가 하나 이상 있는 자가 그 대상이다.

18세 이상의 중증장애인 중 본인과 배우자의 소득과 재산을 합산한 금액(소득인정액)이 선정기준액 이하인 자, 신청일 당시 18세 이상인 자, 단 20세 이하로서 「초·중등교육법」에 따른 학교에 재학 중인 자는 제외한다.

- 장애인연금법 시행규칙 (시행 2020.5.12. 농림축산식품부령 제424호, 2020.5.12., 타법개정), 소득평가액의 구체적인 산정방식

### 5) 장애인 활동지원법(2011)

「장애인활동지원에 관한 법률」에 의하여 신체적·정신적 장애 등의 사유로 혼자서 일상생활과 사회활동을 수행하기 어려운 장애인에게 제공하는 활동지원금에 관한 내용으로 장애인의 자립생활을 지원하고, 그 가족의 부담을 경감함으로써 장애인의 삶의 질을 향상시키는 데 그 목적이 있다.

여기서 언급되는 용어의 정의는 다음과 같다(동법 제2조).

활동지원급여는 수급자에게 제공되는 활동보조, 방문목욕, 방문간호 등의 서비스가 있다.

- 수급자란 제9조제2항에 따라 수급자로 인정되어 활동지원급여를 받을 예정이거나 받고 있는 사람을 말한다.
- 활동지원사업이란 국가와 지방자치단체가 이 법에 따라 수행하는 활동지원급여에 관한 사업을 말한다.

- 부양의무자란 수급자(제6조제1항에 따른 신청인 포함)를 부양할 책임이 있는 사람으로서 수급자의 1촌 이내 직계 혈족 또는 수급자의 배우자 및 그 밖에 수급자의 생계를 책임지는 대통령령으로 정하는 사람을 말한다.
- 활동지원기관이란 제20조에 따라 지정을 받은 기관으로서 수급자에게 활동지원급여를 제공하는 기관을 말한다.
- 활동지원인력이란 활동지원기관에 소속되어 수급자에 대한 활동지원급여를 수행하는 사람을 말한다.

국가와 지방자치단체의 책무는 다음과 같다(동법 제3조).

① 국가와 지방자치단체는 적절한 활동지원급여를 제공하여 장애인이 일상생활과 사회생활을 원활히 할 수 있도록 시책을 마련하여야 한다.

② 국가와 지방자치단체는 활동지원사업이 장애인의 자립생활을 지원하고, 그 가족의 부담을 줄일 수 있도록 매년 필요한 재원을 조달하여야 한다.

신청자격은 만 6세 이상 65세 미만의 등록 1급 또는 2급 장애인으로 소득수준이나 장애유형에 관계없이 누구나 신청할 수 있으며, 장애인생활시설 등에서 생활하는 장애인, 노인장기요양급여 이용 장애인 등은 신청할 수 없다. 신청방법은 주소지 읍·면·동 주민센터 또는 국민연금공단 지사에 연중 수시로 신청이 가능하다. 그 외 「장애아동복지지원법」이 있다.

## 3. 장애인의 유형 및 기준

### 1) 장애유형

첫째, 장애유형의 발전과정은 다음과 같다.

- 1999년 법 개정 전까지는 지체장애, 시각장애, 청각장애, 언어장애, 정신지체 등의 5대 장애를 포함

- 2000년 정신장애와 발달장애, 신장과 심장의 내부장애 등이 포함되면서 10가지의 장애로 확대
- 2003년 지체, 뇌병변, 시각, 청각, 언어, 정신지체, 발달장애, 정신, 심장, 신장, 호흡기, 간, 안면변형, 장루·요루, 간질장애 등 15종으로 확대
- 2007년 정신지체를 지적장애, 발달장애를 자폐성장애로 명칭이 변경

둘째, 지적장애 등급기준은 연령과 지능에 따라 등급 구분을 할 수 있다.

- 만 18세 이하, 지능지수(IQ) 70 이하인 자
- 1급 : 지능지수 20~34 정도(중도)
- 2급 : 지능지수 35~49 정도(중등도)
- 3급 : 지능지수 50~70 정도(경도)

지적장애의 등급은 웩슬러 지능검사 등 개인용 지능검사를 실시하여 얻은 지능지수와 사회성숙도검사 등에 따라 판정한다.

### (1) 지체장애인

① 한 팔, 한 다리 또는 몸통의 기능에 영속적인 장애가 있는 사람

② 한 손의 엄지손가락을 지골 관절 이상의 부위에서 잃은 사람 또는 한 손의 둘째손가락을 포함한 두 개 이상의 손가락을 모두 제1지골 관절 이상의 부위에서 잃은 사람

③ 한 다리를 리스프랑(lisfranc: 발등뼈와 발목을 이어주는) 관절 이상의 부위에서 잃은 사람

④ 두 발의 발가락을 모두 잃은 사람

⑤ 한 손의 엄지손가락기능을 잃은 사람 또는 한 손의 둘째 손가락을 포함한 손가락 두 개 이상의 기능을 잃은 사람

⑥ 왜소증으로 키가 심하게 작거나 척추에 현저한 변형 또는 기형이 있는 사람

⑦ 지체에 위 각 목의 어느 하나에 해당하는 장애 정도 이상의 장애가 있다고

인정되는 사람

### (2) 뇌병변장애인

뇌성마비, 외상성 뇌손상, 뇌졸중 등 뇌의 기질적 병변으로 인하여 발생한 신체적 장애로 보행이나 일상생활의 동작 등에 상당한 제약을 받는 사람

### (3) 시각장애인

① 나쁜 눈의 시력(만국식시력표에 따라 측정된 교정시력)이 0.02 이하인 사람
② 좋은 눈의 시력이 0.2 이하인 사람
③ 두 눈의 시야가 각각 주시점에서 10도 이하로 남은 사람
④ 두 눈의 시야 2분의 1 이상을 잃은 사람

### (4) 청각장애인

① 두 귀의 청력 손실이 각각 60데시벨(dB) 이상인 사람
② 한 귀의 청력 손실이 80데시벨 이상, 다른 귀의 청력 손실이 40데시벨 이상인 사람
③ 두 귀에 들리는 보통 말소리의 명료도가 50% 이하인 사람
④ 평형기능에 상당한 장애가 있는 사람

### (5) 언어장애인

음성기능이나 언어기능에 영속적으로 상당한 장애가 있는 사람

### (6) 지적장애인

정신 발육이 항구적으로 지체되어 지적 능력의 발달이 불충분하거나 불완전하고 자신의 일을 처리하는 것과 사회생활에 적응하는 것이 상당히 곤란한 사람

### (7) 자폐성장애인

소아기 자폐증, 비전형적 자폐증에 따른 언어·신체표현·자기조절·사회적응 기능 및 능력의 장애로 인하여 일상생활이나 사회생활에 상당한 제약을 받아 다른 사람의 도움이 필요한 사람

### (8) 정신장애인

지속적인 정신분열병, 분열형 정동장애(여러 현실 상황에서 부적절한 정서 반응을 보이는 장애), 양극성 정동장애 및 반복성 우울장애에 따른 감정조절·행동·사고기능 및 능력의 장애로 인하여 일상생활이나 사회생활에 상당한 제약을 받아 다른 사람의 도움이 필요한 사람

### (9) 신장장애인

신장의 기능부전으로 인하여 혈액투석이나 복막투석을 지속적으로 받아야 하거나 신장기능의 영속적인 장애로 인하여 일상생활에 상당한 제약을 받는 사람

### (10) 심장장애인

심장의 기능부전으로 인한 호흡곤란 등의 장애로 일상생활에 상당한 제약을 받는 사람

### (11) 호흡기장애인

폐나 기관지 등 호흡기관의 만성적 기능부전으로 인한 호흡기능의 장애로 일상생활에 상당한 제약을 받는 사람

### (12) 간장애인

간의 만성적 기능부전과 그에 따른 합병증 등으로 인한 간기능의 장애로 일상

생활에 상당한 제약을 받는 사람

#### (13) 안면장애인

안면 부위의 변형이나 기형으로 사회생활에 상당한 제약을 받는 사람

#### (14) 장루 · 요루장애인

배변기능이나 배뇨기능의 장애로 인하여 장루(腸瘻) 또는 요루(尿瘻)를 시술하여 일상생활에 상당한 제약을 받는 사람

#### (15) 뇌전증장애인

뇌전증에 의한 뇌신경세포의 장애로 인하여 일상생활이나 사회생활에 상당한 제약을 받아 다른 사람의 도움이 필요한 사람

### 2) 장애인복지시설

#### (1) 장애인복지의 기본내용

1989년에는 장애인등록제도를 실시하였고, 같은 해 「심신장애자복지법」을 전문 개정하여 「장애인복지법」으로 변경하였다. 「장애인복지법」은 이후 1999년의 전면 개정을 포함한 수차례의 개정이 이루어져 현재의 법에 이르고 있다.

장애인의 인간다운 삶과 권리 보장을 위한 국가와 지방자치단체 등의 책임을 명백히 하며, 장애 발생의 예방과 장애인의 의료, 교육, 직업재활, 생활환경 개선 등에 관한 사업을 정함으로써 장애인복지대책의 종합적 추진을 도모하며, 장애인의 자립, 보호 및 수당의 지급 등에 관하여 필요한 사항을 정하여 장애인의 생활안정에 기여하는 등 장애인의 복지 증진 및 사회활동 참여 증진에 기여함을 목적으로 한다. 기본이념은 장애인의 완전한 사회참여와 평등을 통한 사회통합을 이루는 데 있다.

### (2) 복지시설 및 단체

장애인의 연령 및 장애의 종별과 정도를 고려하여 장애인복지시설에서 적절한 보호, 의료, 생활지도와 기능회복훈련 등의 서비스를 제공하여 장애인이 기능회복과 향상을 도모할 수 있도록 한다.

장애인복지시설에는 장애인생활시설, 장애인지역사회재활시설, 장애인직업재활시설, 장애인유료복지시설, 기타 대통령령으로 정하는 시설이 있다. 국가와 지방자치단체는 장애인복지시설을 설치할 수 있으며, 국가와 지방자치단체 외의 자는 시설 소재지 관할 시장·군수·구청장에게 신고하고 장애인복지시설을 설치·운영할 수 있다.

### (3) 장애인복지시설 종류 및 설치

장애인복지시설의 종류는 다음과 같다.

① **장애인 거주시설** : 거주공간을 활용하여 일반가정에서 생활하기 어려운 장애인에게 일정 기간 거주·요양·지원 등의 서비스를 제공하는 동시에 지역사회생활을 지원하는 시설

② **장애인 지역사회재활시설** : 장애인을 전문적으로 상담·치료·훈련하거나 장애인의 일상생활, 여가활동 및 사회참여활동 등을 지원하는 시설

③ **장애인 직업재활시설** : 일반 작업환경에서는 일하기 어려운 장애인이 특별히 준비된 작업환경에서 직업훈련을 받거나 직업 생활을 할 수 있도록 하는 시설

④ **장애인 의료재활시설** : 장애인을 입원 또는 통원하게 하여 상담, 진단·판정, 치료 등 의료재활서비스를 제공하는 시설

⑤ 그 밖에 대통령령으로 정하는 시설이다.

# 3 장애인재활

## 1. 재활의 의의

재활이란 1943년 샌프란시스코에서 개최되었던 미국재활전국회의에서 최초로 사용되었다. 이 회의에서는 재활을 "신체적으로 장애를 가지고 있는 사람으로 하여금 그가 가지고 있는 잔존기능을 최대한으로 발휘시킴으로써 신체적·정신적·사회적·직업적 그리고 경제적인 능력을 회복시켜주는 것"이라고 정의하고 있으며, 1976년 제29차 세계보건총회에서 결의된 장애예방과 재활은 제2의 의학으로 정의하면서 의료적·사회적·교육적·직업적 조치를 통합적으로 사용하여 개인을 훈련시키고 재훈련시켜 개인의 기능적 능력을 가능한 최고의 수준으로 높이는 것이라고 정의하고 있다.

미국에서 재활의 정의는 사람답게 살 권리와 자격과 존엄 등을 회복하는 것을 의미한다. 미국재활협회에서는 장애인의 신체적·정신적·사회적·직업적·경제적 가용능력을 최대한으로 회복시켜주는 것을 말한다.

미국의 재활 기본이념은 인간의 가치실현이다. 각 인간은 존경받을 만한 가치를 지니며 또한 민주사회 내에서 생계를 유지할 수 있는 천부의 권리를 부여받았다(McGowan & Porter).

미국 헤리티지지(American Heritage) 사전에 의하면 재활(rehabilitation)이란 "첫째, 치료나 교육을 통하여 바람직한 건강과 생활을 회복시키는 것, 둘째, 바람직한 상태, 기능 또는 능력을 회복시키는 것, 셋째, 이전의 특권이나 권리를 회복시키는 것" 등의 개념으로 나타나 있다. 따라서 사전적 의미에서 재활은 장애인으로 하여금 자신의 장애를 극복하고 바람직한 상태, 기능, 능력, 권리 등을 회복하는 것을 의미한다.

재활이라는 용어가 처음 사용된 것은 1943년 미국재활회의에서였는데, 이 회의에서 재활의 개념을 “장애인에게 그가 가진 잔존기능을 최대한 발휘하게 함으로써 신체적·정신적·사회적·직업적·경제적 능력을 회복시키는 것”이라고 규정하였다. 미국재활협회는 재활이란 인도주의에 바탕을 두며, 자기실현을 위한 동기조성을 전제로 하며, 장애인의 잠재능력에 대한 신뢰와 인간의 효용성과 적응성을 길러주며 인간을 만족하고 생산적 생활에 이르게 함을 목적으로 하는 단편적이 아닌 전체적인 개념이라고 하였다. 세계보건기구에서는 재활을 의학적·사회적·교육적·직업적 수단을 동원하고 이를 상호 조정하여 훈련 또는 재훈련을 통하여 장애인의 기능적 능력을 가능한 한 최고수준에 달하도록 하는 것으로 정의하여 장애인의 기능적 능력의 향상에 초점을 맞추고 있다.

또한 크루센(Krusen)은 재활을 장애인이 신체적·심리적·사회적·직업적으로 정상의 생활이 영위되도록 그 가능성을 최대한 발휘시키는 것을 목적으로 하는 치료훈련으로 정의하였으며, 러스크(Rusk)는 장애인으로 하여금 신체적·정신적·사회적·직업적·경제적으로 잠재능력을 최대한 회복시켜 충분한 생활을 영위할 수 있게 하는 것으로 정의하였다.

재활의 사전적 의미는 ‘회복시키다’, ‘복귀시키다’라는 의미이다. 결국 재활은 인간다운 권리, 자격, 존엄이 어떠한 원인에 의해 손상된 사람에 대해 그 권리, 자격, 존엄을 회복하는 것을 의미한다.

재활이란 장애인을 대상으로 그가 가진 능력 및 잠재력을 최대한 발휘하게 함으로써 장애로 손상된 신체적·정신적·직업적·사회적 능력을 회복시켜주는 일련의 활동이다. 따라서 재활은 단순한 치료나 훈련의 기술적인 것만이 아니고 장애인들이 사회의 한구성원으로서 보다 가치 있게 생활할 수 있도록 하는 종합적인 서비스체계이며, 이러한 재활사업의 주요 영역에는 의료재활, 교육재활, 직업재활, 사회재활 등이 있다.

## 2. 장애인재활서비스 종류

### 1) 의료재활

의료재활은 종합적 재활서비스 영역에서의 첫 번째 단계이자 재활영역 전체에 지속적으로 관여하는 중심 분야이다. 즉, 질병이나 외상에 대한 실질적 치료와 함께 조기발견 및 치료를 통한 장애 심화 예방, 장애 발생 이후 일상생활에서의 당사자의 기능을 최대화할 수 있는 훈련과정에의 관여 등 추후관리에 이르기까지 광범위한 과정을 포함한다. 이로써 의료재활은 장애를 가진 사람의 정상화와 사회통합에 기여할 수 있는 근본적인 기회 부여의 과정이자 전인적 재활의 기초라고 할 수 있다. 아울러 이 과정에서는 타 재활영역과의 상호협력 및 보완적 관계가 중요하게 인식되어야 한다.

세계보건기구는 의료재활의 개념을 질병이나 사고에 의한 후유증, 만성질환, 노인병 등 치료 기간이 장기화되기 쉬운 환자의 잠재력을 활동시켜 자연치료를 적극적으로 촉진시키는 기술이며, 내과적·외과적 치료의 응용과 함께 소위 심리적·물리적 수단을 보완하고 보충하는 의료적 조치로 정의하고 있다. 이러한 정의는 의료재활이 단지 치료를 위한 의학적 조치뿐만 아니라 작업치료, 언어치료, 물리치료, 보장구의 처치와 훈련, 사회복지사의 개입 등을 포함한 의료의 가능성을 최대로 활용하는 적극적 지지와 원조를 의미한다.

재활의 첫 번째 단계로서 가장 기본적인 재활분야가 의료재활이다.

의료재활의 목표는 장애를 완화하거나 장애발생을 예방하여 신체적인 기능을 최대한 증대시키는 데 있다. 의료재활은 치료뿐만 아니라 장애의 발생을 최소화하는 예방의 역할도 한다.

의료재활팀 구성은 재활의학 전문의, 물리치료사, 작업치료사, 언어치료사, 재활간호사, 의지·보조기 기사, 의료사회복지사, 임상심리사 등으로 구성되어 있다.

재활의료서비스의 종류는 약물치료, 수술치료, 물리치료, 작업치료, 언어치료가 있다.

### (1) 의료재활서비스의 역할

- 입원 및 통원, 낮 병원을 통한 장애인 진료
- 장애의 진단 및 포괄적이고 전문적인 재활치료
- 장애인에 대한 의료재활상담
- 장애인의 기타 질환에 대한 진단 및 치료
- 재활보조기구의 제작 및 수리
- 장애인재활에 관한 교육
- 장애인 등록을 위한 진단 등이 모두 의료서비스에 포함

### (2) 의료재활에 대한 서비스 준비 부족

- 재활의료기관의 부족
- 전문의 및 재활전문요원 부족
- 의료재활 영역 간의 상호협력 부족
- 재활보조기구의 낙후

### (3) 의료재활서비스의 전망

- 의료재활분야에서 지역사회 중심 재활영역확대 전망
- 노인인구 증가로 인한 노인재활의 비중이 커질 전망
- 첨단 인체공학 등의 발달로 재활보조기구의 활용이 확대될 전망

어떤 원인으로든 일단 장애가 발생된 경우에는 장애인이 신체적·정신적·사회적 또는 직업적으로 사회에서 정상에 가까운 생활을 할 수 있도록 최대한의 기능을 회복시켜 주어야 한다. 이러한 측면에서 의료재활서비스는 여러 과정 중에서 첫 단계에 해당하는 가장 기초적이고 필수적인 과정이며, 장애의 예방, 조기발견, 조기치료 및 추후관리까지의 모든 과정을 포함한다. 질병이나 외상은 치료시기, 치료내용, 치료방법 등에 따라서 그 결과가 현저히 달라질 수 있으므로 발병 초

기나 외상 직후부터 예상되는 장애에 대해 미리 적절한 조치를 취한다면 장애를 최소화할 수 있는 반면, 이미 발생한 장애에 대하여 적절한 재활치료를 하지 않는다면 중증장애인이 될 수도 있으므로 의료재활이 중요하다.

## 2) 교육재활

교육재활이란 장애인이 가지고 있는 능력을 최대한 향상시키고 잠재능력을 개발하여 사회생활에 적응하도록 도움을 주는 교육적 서비스를 지칭한다.

장애아도 비장애아동과 동등한 교육의 의무와 권리를 가진다.

교육재활은 아동뿐만 아니라 장애인이 전 생애에 걸쳐 이루어질 필요가 있다. 교육재활은 시각장애, 청각장애, 지체장애, 정신지체 등으로 통상적인 학교나 일반학급에서 교육의 효과를 기대할 수 없는 학생을 위하여 특별한 학교, 학급을 마련하고 각 장애의 특성에 맞는 교과과정에 따라 실시하는 특수교육이 주가 된다.

초기 특수교육은 분리교육 방법이지만 20세기 후반에 이르러 사회통합이 강조됨에 따라 장애아에 대한 특수교육도 분리교육보다는 통합교육이 강조되고 있다. 통합교육의 일환으로 일반 학교내 특수학급이 다양한 형대로 운영되고 있다.

## 3) 직업재활

직업재활은 장애인의 직업적인 능력을 최대한 개발하여 직업인으로서 사회참여를 돕는 과정이다. 장애인으로 하여금 의존적인 생활에서 독립적인 생활을 하게 함으로써 자기실현과 자존감을 갖게 한다. 직업재활을 할 때에는 장애인 개개인의 능력과 개성, 한계성 등을 고려해야 한다.

### (1) 직업재활과 문제

「장애인고용촉진 및 직업재활법」이 시행된 지 5년 여가 지난 지금도 장애인에게는 취업의 어려움과 함께 어렵게 취업을 하게 되더라도 고용유지의 어려움이 존재하며, 고용사업체의 열악한 고용환경과 장애인에 대한 고용주나 동료들의 편견이 있고, 저임금과 장시간 노동 등의 현실적 어려움이 직장생활에 갈등요인으로 많은 문제점을 갖고 있다. 이러한 문제점을 극복하려면 장애인복지시설로서 요구되는 측면을 얼마나 달성하고 있는지 파악하고 개선방안이 계속 진행되어야 한다고 본다.

### (2) 장애인 직업재활시설 구분

① **장애인 작업활동시설** : 작업능력이 극히 낮은 장애인에게 주기능으로 작업활동, 일상생활훈련 등을 제공하여 기초 작업능력을 습득시키고, 부기능으로 작업능력평가 및 사회적응훈련 등을 실시하는 시설

② **장애인 보호작업시설** : 직업능력이 낮은 장애인에게 주기능으로 직업훈련 및 일거리 등을 제공하여 보호적 조건에서 생산 활동에 참여하게 함으로써 이에 상응하는 노동의 대가를 지급하고, 부기능으로 직업알선 등을 실시하는 시설

③ **장애인 근로작업시설** : 직업능력은 있으나 사회적 제약 등으로 취업이 어려운 장애인에게 주기능으로 근로의 기회를 제공하여 생산 활동에 참여하게 함으로써 최저임금 이상을 지급하고, 부기능으로 직업알선 등을 실시하는 시설

④ **장애인 직업훈련시설** : 직업훈련을 받고자 하는 장애인에게 주기능으로 직업능력평가, 사회적응훈련 및 직업훈련 등을 일정 기간 실시하여 직업능력을 향상시키고, 부기능으로 직업 알선 및 사후 지도 등을 실시하는 시설

⑤ **장애인 생산품판매시설** : 주기능으로 장애인생산품의 판매활동을 대행하고, 부기능으로 장애인생산품에 관한 상담, 홍보, 판로개척 및 정보제공 등을 실시하는 시설

## 4) 사회재활

장애인이 사회생활이나 가정생활에 적응하도록 원조하는 전문적 과정이며, 물리적 환경, 법적 환경, 사회 및 문화적 환경, 심리적 환경 등에서 활동 능력을 획득하고 개선하기 위한 과정이라고 한다.

일반적으로 사회재활영역은 세 가지 의미를 가지고 있다.

① 사회활동과 관련된 환경조건의 개선
② 재활영역에서 사회적인 측면 강조
③ 특수한 사회재활방법

사회재활서비스 내용으로는 재활상담, 사회적응훈련, 심리치료, 성교육, 장애가족지원, 자조집단, 결혼상담, 공동생활가정, 주간보호센터, 단기보호센터, 활동보조서비스 등이 있다.

「장애인복지법 시행규칙」에 의한 지역사회 재활시설의 종류와 기능은 다음과 같다.

① 장애인복지관
② 장애인주간보호시설
③ 장애인체육시설
④ 장애인수련시설
⑤ 장애인심부름센터
⑥ 수화통역센터
⑦ 점자도서관
⑧ 점자도서 및 녹음서 출판시설
⑨ 장애인재활치료시설

## 3. 지역사회 및 시설중심의 재활

### 1) 지역사회중심재활(Community Based Rehabilitation : CBR) 접근

장애인의 재활과 사회통합을 달성하기 위하여 지역사회의 자원, 즉 장애인 자신과 그 가족 및 지역사회의 인적·물적 자원을 활용하고, 이를 위하여 지역사회를 기초로 하여 채택된 모든 재활방법이다. 1976년 세계보건기구가 처음으로 이 사업을 소개하면서 다음과 같이 기본원칙을 제시하고 있다.

첫째, 지역사회가 그 지역사회 내의 장애발생 예방 및 그 발생된 장애인에 대한 재발 및 복지서비스 제공에 일차적인 책임을 진다. 그러나 여기서 지역사회의 일차적인 책임은 지역사회차원에서 모든 것을 해결해야 한다는 의미가 아니라 지역사회가 지역사회중심재활의 기초가 되고, 그 위에 중간차원 및 국가차원의 재활서비스가 연계된 서비스를 실시하여야 한다.

둘째, 지역사회 내에서 가능한 인적·물적 자원을 최대한 개발, 동원한다. 지역사회중심재활사업은 먼저 재활을 받아야 하는 장애인을 명확히 규정한 후에 훈련자를 가족구성원 중에서나 훈련자가 될 의지가 있는 이웃이나 친구 중에서 찾아야 하며, 이들에게는 훈련패키지가 제공되고 재활에 어떻게 적용할 것인가를 제시하여야 한다.

셋째, 지역사회의 경제적·사회적 발전수준에 적합하며 저렴한 비용으로 구할 수 있고 효과도 기대할 수 있는 간소화된 재활기술을 활용해야 한다.

#### (1) 지역사회중심재활의 목적

지역사회의 인적·물적 자원을 최대한 활용하여 장애인에 대한 재활서비스를 체계적으로 제공함으로써 장애인의 재활을 촉진하고 사회참여의 증진을 도모한다.

### (2) 지역사회중심재활의 내용

순회재활은 전문가가 재가장애인을 순회방문하여 서비스를 제공하는 것이고, 재가복지는 장애에 관한 지식 및 기술을 장애인과 장애인 가족에게 알리면서 동시에 지역 사회 주민들에게 홍보하여 재활을 위한 서비스 자원을 지역사회 안에서 확보한다.

사업 내용은 다음과 같다.

① 지역사회 장애인의 요구와 지역자원 파악을 위한 지역사회 진단
② 재활대상자 선정기준 마련 및 등록, 의뢰 등의 원칙 구축
③ 재가중증장애인을 대상으로 하는 보건의료재활서비스
④ 이동가능 장애인을 대상으로 하는 재활서비스
⑤ 연계병원을 선정하고 정기적인 자문체계 구축
⑥ 지역사회기관 및 자원과의 연계체제 구축
⑦ 지역사회중심재활사업 관련 교육 및 홍보

1985년 두 곳을 선정하여 시범적으로 실시하였고, 본격적으로 1992년 정부차원에서 지역사회중심재활사업을 확대하여 장애인종합복지관 및 사회복지관에 순회재활서비스 및 재가봉사센터를 설치하여 실시하였다.

사업초기는 순회방문 또는 직접 가정방문하여 진료, 치료하고 장애의 정도, 재활가능성을 평가하였으나 지역주민의 인식 부족으로 호응과 참여가 미흡하고 행정조직체로부터 지지받지 못하였으며, 지역 내 서비스 기관과의 전달체계의 연결이 되지 않아 활성화되지 못하였다. 따라서 지역사회 주민의 인식 고취를 위한 노력과 장애인 조직을 통한 사회활동 확대로 1995년 이후 보건소에서 재활업무를 수행하여 지역보건의료와 사회복지사업 연계성을 확보하고, 2000년부터 지역사회 여건에 맞는 재활사업프로그램을 개발하여 확대에 노력하고 있다.

보건소를 중심으로 지역사회의 인적·물적 자원을 최대한 활용하여 장애인에게 재활서비스를 체계적으로 제공함으로써 장애인의 재활을 촉진하고 사회참여의 증진을 도모하고 있다.

재활서비스 기관은 다음과 같다.

### ❶ 주단기보호센터

- 장애인을 대상으로 한 일시적인 보호사업으로 재가장애인 가족의 보호부담 경감
- 장애인의 발달능력과 특성을 이해하고 교육의 방향과 가족의 역할을 제시
- 조기교육, 일상생활훈련, 사회기술훈련, 사회적응훈련 실시

### ❷ 재가복지봉사센터

- 지역 내 재가장애인을 대상
- 의료, 교육, 직업, 사회재활 및 지역사회 적응 유도

### ❸ 심부름센터

- 등록된 시각장애인 대상
- 민원업무를 대행하거나 직장 출퇴근, 장보기, 외출 등

### ❹ 순회재활서비스센터

- 장애인복지관에서 운영
- 재가장애인이 이용신청을 하고 초기면접을 통해 가정의 실태 및 욕구조사
- 식사, 목욕, 이미용, 의료서비스 외에도 외출서비스

### ❺ 수화통역센터

- 청각장애인과 언어장애인 대상
- 출장수화통역서비스와 상담지도 및 사후관리, 수화교육

### ❻ 공동생활가정(그룹홈)

- 저소득층의 재가장애인 및 시설입소자로 공동가정생활이 자립에 효과적이라고 인정되는 지적장애인을 대상으로 한다.

### ❼ 보건복지부

- 기본계획을 수립하고 사업 전반에 대한 지도·감독

## 2) 시설중심재활(Institutional Based Rehabilitation) 접근

시설중심재활은 재활서비스가 장애인을 위한 수용시설에서 수용된 특정장애인을 대상으로 제공되는 상황을 의미한다. 일반적으로 수용시설이란 심신의 미발달, 미성숙, 노화 또는 심신의 장애 등으로 타인에 의존 없이는 가정생활이 곤란한 조건하에 있는 사람이다. 즉, 보호·양육해야 할 가족이 어떠한 이유에서든 현재 없다던가 있다 하더라도 가족의 부양기능이 결여되어 가족 내에서의 생활이 곤란하거나 부적당한 자를 말한다. 또한 각종 장애 등의 치료, 보호로 가정 또는 가족이 대처할 수 없는 경우이거나 경제적 곤궁에 의하여 자립생활이 곤란한 경우에 있는 사람들에게 그의 생활, 치료, 재활상의 여러 가지 장애에 대응하여 모든 서비스를 제공하여 그들의 생존권을 보장하는 시설을 의미한다. 구빈원과 같은 집단적 수용보호시설 형태로서 최초 수도원에 부설하였던 숙박소를 그 기원으로 하고 있다.

### ▣ 연구과제

1. 장애인복지의 이념에서 정상화와 탈시설화에 대한 연구
2. 장애인복지시설 중 장애인직업재활시설에 대한 연구

제 9 장

# 사회복지행정론

1. 사회복지행정의 의의와 발전
2. 사회복지행정의 기초이론
3. 예산제도의 유형

✦ 학습과제

1. 사회복지행정의 이념과 유형에 대해 논의
2. 맥그리거의 X이론과 Y이론에 대해 비교·설명
3. 항목별예산과 성과주의예산에 대해 사례 예시

# 1 사회복지행정의 의의와 발전

## 1. 사회복지행정의 의의

### 1) 사회복지와 사회복지행정

사회복지는 광의의 개념으로 이상을 강조하고 전 국민을 대상으로 환경을 개선하고자 하는 목적에서 고정적인 제도와 정책을 사용하는 사전적이고 적극적인 기능을 의미한다. 사회사업은 협의의 개념으로 현실에서의 실천에 집중하고 특정 수요층을 대상으로 클라이언트의 복지를 개선하고자 하는 목적에서 역동적인 서비스를 사용하는 사후적이고 치료적인 기능을 의미한다.

행정이란 조직을 통해 정책이 서비스로 전환되는 과정을 말한다. 협의의 행정은 수단으로서의 실천방법들만 국한해서 주어진 목표를 달성하기 위해 필요한 업무와 기능적 역할을 수행하는 관리의 의미를 가진다. 광의의 행정은 목표형성, 기획, 실행, 평가, 변화를 포함하는 조직의 전반적인 활동까지 포함한 것으로 조직의 정책부분에 해당하는 목표설정까지를 포함하는 경영과 관리를 통합한 보다 포괄적인 규정이 된다.

사회복지행정은 사회정책을 사회복지서비스로 전환시키는 데 필요한 사회복지조직에서의 활동을 의미한다. 협의의 사회복지행정은 개별사회복지, 집단사회복지, 지역사회조직사업과 같은 하나의 실천방법으로 보는 것으로 사회복지 조직의 목표달성을 위해 주로 관리자에 의해 수행되는 상호의존적인 과업을 의미한다. 즉, 사회사업 조직을 대상으로 변화를 초래시켜 가는 것이기에 사회사업의 한 개입방법 또는 실천방법이라고 할 수 있다. 광의의 사회복지행정은 사회복지 조직에서의 총체적 활동을 의미하며, 사회복지적 지식과 함께 사회과학 지식의 적용을 강조한다. 사회복지행정은 위로는 정책 형성에서부터 아래로는 사례관리를 포함하는 관리 영역에 이르기까지 다양한 영역들을 포함하고 있다.

사회복지행정은 클라이언트와 직원의 행위를 규정, 업무의 한계와 책임을 명확화, 업무내용을 조절, 각 조직원이 효과적으로 배치되어 업무를 수행하게 하는 기능, 지역사회 내의 조직의 역할과 조직의 미래에 대해 홍보, 다양한 사회복지 활동을 조정해 나가고, 조직 활동을 중심으로 제공되는 사회복지서비스를 클라이언트에게 제공, 사회복지조직 자체의 유지와 발전을 위해서 사회복지행정은 중요하다고 할 수 있다.

사회복지행정과 일반행정과의 관점에서 비교해 보면 우선 둘 다 기본적으로 문제해결과정으로 목표를 달성하기 위한 기본적인 행정기능은 공통적으로 수행된다. 즉, 조력의 과정을 요구하고, 조직 내 동기부여와 직무만족을 가져오며, 인적·물적 자원을 동원하고 조직화하는 기능을 갖는다. 차이점은 사회복지조직이 산출하는 서비스는 독특한 성격을 갖는 사회복지서비스이다. 이에 사회복지행정은 일반행정과 관리에 관한 지식을 초월하는 범위를 갖고 있으며, 전문사회복지사의 직무수행에 의존하며, 환경의 영향을 많이 받고 목적과 목표가 불확실하며 클라이언트가 복잡 다양하다.

사회복지행정은 지역사회 내의 욕구충족을 위해 존재하며, 지역사회를 대표하는 위원회가 존재하고, 지역사회와 관련된 책임을 지며, 관리운영의 객관화와 인적자원의 활용 간에 적절한 균형을 유지하는 것은 다른 행정과 같이 사회복지행정에도 적용된다.

따라서 사회복지행정의 특징은 국가의 이념, 방향, 정책에 따라 결정되며, 사회적으로 인지된 욕구를 충족하기 위한 방법으로 적용한다. 이윤추구나 가격관리를 목적으로 하지 않고 대상자와 지역사회에 대한 윤리, 공적책임, 전문인력관리 등에 주안점을 둔다.

그리고 복지정책의 목표를 달성하는 이행수단, 방법의 선택, 서비스 제공조직과 기구에 관심을 갖고 지역사회 욕구충족을 위해 존재하며, 자역사회를 대표하는 이사회, 위원회가 존재하고 지역사회와 관련된 책임을 진다.

## 2) 사회복지행정의 이념

사회복지행정의 이념은 사회복지행정이 지향하고자 하는 최고 가치와 정신을 의미한다. 이는 사회복지정책을 서비스에로 전환하는 행정과정의 기준이 되고 목표가 되며 실천적 방향을 제시해 준다. 일반적으로 행정이념에서 논의되고 있는 것은 합법성, 능률성, 민주성, 효과성, 생산성 및 사회적 형평성이다.

사회복지행정에서도 일반적으로 논의되고 있는 행정이념이 모두 적용되어야 함은 당연하다. 특히 사회복지서비스는 욕구를 명확히 하고, 그 욕구의 충족을 어떻게 행할 것인가가 중요한 과제가 된다는 점에서, 특히 효과성, 효율성, 공평성, 편익성 또는 접근성이 요구되고 있다.

### (1) 효과성

효과성은 목표의 달성 정도를 의미한다. 욕구의 충족 또는 해결에서 조직과 서비스가 어느 정도 유효한가를 의미하는 것이다. 즉 욕구충족을 위해 선택된 서비스가 어느 정도 적합한가의 관점에서 판단되며, 이는 사회복지 조직의 목표가 명확하게 설정되어 있어야만 그 달성 여부를 파악할 수 있다. 사회복지서비스가 대상자에게 의존성을 조장하였다면 자주성과 주체성을 위배하여 효과성이 없는 것이다.

### (2) 효율성

효율성은 최소의 자원으로써 최대의 효과를 어떻게 거둘 것인가라는 것이다. 이 이념은 자원의 유한성을 전제로 하는 경우 항상 문제가 되며, 자원의 제한성이 있는 사회복지서비스의 공급에 있어서는 중요시되는 이념이다. 그러나 사회복지의 특성상 이 효율성의 이념은 현장에서 추구되기가 어려운 것도 사실이다. 이는 보통 효율성을 경영의 개념과 함께 인식함으로써 비용, 시간, 인력 등의 자원을 극소화하려는 것으로 파악하고 있기 때문이다.

따라서 사회복지행정에 있어서 효율성은 자원의 극소화라는 시각을 넘어서서 동일한 자원으로 보다 최적의 서비스와 최대한의 만족을 클라이언트에게 주어야 한다는 것으로 이해하는 것이 좋을 것이다.

### (3) 공평성

공평성이란 동일한 욕구를 가진 대상자는 동일한 혜택을 받아야 한다는 것이다. 특히 사회복지서비스의 공급에 있어서는 공평성이 특별히 배려되지 않으면 안 된다. 공평성은 서비스를 받는 기회와 내용뿐만 아니라 그 비용 등을 포함하여 수반할 필요가 있다.

사회복지서비스의 공급은 필요한 서비스 또는 시책 등이 충분히 준비되지 않기 때문에 서비스의 수익자와 비수익자 간에 공평성을 결정하는 점이 있으며, 사회복지시설 발전의 불균형에서 생기는 불공평 등이 있다. 그러나 공평성은 반드시 형식적 평등만을 의미하는 것은 아니다. 가령 기회의 평등이 확보되어도, 그것은 반드시 결과의 평등을 가져오는 것은 아니다. 즉, 필요에 따라 장애를 가진 대상자에게 특별한 서비스를 제공하였지만 결과의 평등에 관계없는 경우도 있다. 이러한 의미에서 공평성의 판단은 사례에 따라서 유동성 있게 행할 필요가 있다.

### (4) 편익성 또는 접근성

편익성 또는 접근성은 사회복지욕구 중 특히 비화폐적 욕구충족의 경우에 문제가 된다. 이것은 대상자가 서비스를 쉽게 이용할 수 있도록 되어야 한다는 것이다. 비화폐적 욕구충족은 금전급부와는 달리 현물 또는 상담서비스로 되기 때문에 이용자의 신변에 쉽게 이용되도록 하는 것이 문제가 된다. 어떤 종류의 욕구충족에 있어서 시설서비스를 필요로 할 때 시설이 충분한 설비·기능을 갖추고 있어도 그 설비가 이용자에게 물리적으로 떨어져 있고 또는 그 시설의 운영관리가 지나치게 관료적이면 그 서비스는 욕구충족의 해결에 기여할 수 없다.

## 2. 사회복지행정의 발전

### 1) 미국 사회복지행정의 발전

첫째, 1900~1935년에 걸쳐 미국 사회복지행정이 명목상 인정된 시기이다. 즉, 케이스워크 중심이었던 사회사업방법이 1929년 미국의 대공황을 맞이하면서 큰 타격을 입은 이후 사회복지행정의 필요성이 대두되었다. 이 시기는 하나의 전문직업으로서 사회사업이 정체성을 형성하였으며, 리치몬드(Richmond)의 사회사업방법론으로 개별사회사업(case work)의 이론이 시작되었다. 개별사회사업은 병원, 교정, 학교, 정신과로 확산되었다. 그리고 사회사업학교 및 사회사업전문직협회가 설립되기 시작하였고, 사회복지행정은 개별사회사업을 위한 하나의 기술로서 간주되었다.

둘째, 1935~1960년은 사실상의 인정단계로서 사회복지행정이 사회사업실천에 보조적 역할을 수행하는 분야로 인정된 시기이다.

1930년대 초 경제대공황에 따른 빈곤 및 실업문제의 해결에서 민간단체의 노력만으로는 역부족이었기 때문에 1934년 연방긴급구호청을 설립하였고, 이것이 사회복지행정으로 인정받았다. 1935년 사회보장법의 제정에 따라 연방과 각 주에서 공적부조제도가 생겨나면서 공동 사회복지서비스부문에 공무를 담당할 인력수요가 급증하였다.

대학에서 행정이 필수과목이 되었고, 개별사회사업과 집단사회 집단기술이 공공복지부문의 행정 및 감독책임에 어떻게 적용될 수 있으며 또한 그러한 내용이 공공의 사회정책에 어떻게 결합될 수 있는지를 검토하게 되었다.

또한 사회복지행정은 일반 행정과 다르거나 적어도 일반 행정과 구별되는 속성을 갖고 있는 것으로 생각하였다. 사회복지행정의 중요한 특성은 급여 및 서비스의 적절성, 클라이언트중심의 서비스, 전문적 능력, 프로그램의 효과성, 운영의 효율성 등에서 서비스의 질을 강조하고 있다. 그리고 사회복지행정의 민주적이고 참여적인 성격과 대인 및 집단과정에 대한 관심은 필연적으로 인간관계기술이 사회복지행정의 기초를 이루는 데 기여하도록 하였다.

사회복지행정을 개별사회사업이나 집단사회사업과 본질적으로 같은 선상에 놓음으로써 사회복지행정가는 개별사회사업 및 집단사회사업에서의 확립된 원칙과 실무를 활용할 수 있었다.

셋째, 1960~1970년은 사회복지행정이 사회복지방법론으로 인정된 시기이나 실제로 이루어진 것이 별로 없는 정체 단계이다.

1960년대에는 청년, 소수민족집단, 박탈당한 집단 등이 사회제도를 인식하고 관계하는 방식에 중요한 변화가 있었다. 이는 국가가 빈곤, 인종차별, 도시문제와 같은 사회문제를 잘 다루지 못한 데 원인이 있었고, 사회복지기관들이 서비스의 제공보다는 조직의 유지와 안정에 더 힘쓰면서 변화하는 욕구에 반응하지 않고 있음이 널리 비난의 대상이 되었다.

사회문제의 해결을 위해 사회복지조직들의 활동에 기대를 가졌다가 기대가 좌절된 사람들은 지역사회 조직사업을 사회복지행정에 대한 대안으로 생각했으며, 실제로 지역사회 조직사업은 행정에 대한 대안으로 나타나게 되었다.

행정에 대한 대안으로서의 지역사회 조직사업의 획기적 발달은 상대적으로 사회복지행정의 발달을 정체시키는 결과를 가져왔다.

1970년대 이후에는 사회복지예산의 팽창과 환경적 변화의 시대로서 국가 재정의 효율적 활용을 위한 사회복지 연구 및 실천의 주요 분야로 부상한 시기이다. 사회복지조직의 환경변화는 기존 조직구조의 변화와 리더십 변화를 가져다주었다. 전통적으로 관료조직구조를 형성하던 사회복지조직들이 수직적인 조직구조를 수평적 구조로 변화시켜 여러 형태의 팀제와 태스크포스집단을 형성하여 이들 하부조직들이 유기적인 네트워크를 구성하며 작동하도록 하였다.

사회복지조직의 관리자 리더십에도 변화가 초래되었는데, 그것은 내부지향적이며 성과에 의한 보상을 강조하는 거래적 리더십보다는 외부지향적이며 새로운 아이디어와 도전을 중요시하는 변혁적 리더십이 점차 강조되고 있는 경향을 보인다.

넷째, 1980년대 이후에는 민간의 사회복지행정 참여가 크게 증대되어 공공 관료 조직 퇴조, 민간부문의 직접 서비스 전달과 역할 증대로 이어지고, 조정, 연계, 책임성 이행 및 기술을 강조하여 서비스 연계조직의 출현과 자원제공처의 다양화를 가져왔다.

다섯째, 1990년대 이후에는 미국 사회복지조직의 관리 및 사회복지행정의 변화양상으로 크게 눈에 띄는 것은 사회복지조직의 합병과 연합이다. 영세한 민간 사회복지조직들이 보다 경쟁력 있는 대규모 조직의 합병과 협력으로 공동사업과 클라이언트 확보전략을 세우고 있다.

1990년대에는 보수적 성향이 강한 시대로 기획에서 서비스 전달까지를 직접 담당했던 거대 공공관료조직들이 퇴조했다. 민간과 공공의 엄격한 조직적 구분이 없어졌고, 계약이나 서비스 구입 등의 방법을 통한 민간부문의 직접 서비스전달에서의 역할이 증대되었다.

그리고 서비스의 목적 실현을 위해서는 느슨하게 연결되어 있는 다양한 서비스 조직들을 연계할 서비스전달체계의 통합이 필요하다는 인식이 확산되었다.

2014년 오바마 대통령은 미국 내에서 벌어지고 있는 경제적 불평등을 해결하기 위한 조치의 일환으로 정부에서는 연방정부의 계약직, 건설노동자 등의 시급을 7.25달러에서 10.10달러로 40% 가량 올리는 행정명령을 발동했고, 이어서 장기실업보험, 직업훈련프로그램 등 복지정책들을 행정명령을 통해 추진하였다.

미국 대통령 트럼프가 2016년 11월 제45대 대통령에 당선되었다.

트럼프는 향후 10년간 세금 수입이 1조 5,000억 달러 줄어드는 세제 개편을 관철했다. 그중 1조 달러는 법인세 감면, 나머지도 고소득 전문직 소득세 감소, 상속세 면제 범위 확대 등 전부 부자감세다. 그러한 감세로 기업이 고용, 투자를 늘려 장기적으로 3~5%의 경제성장과 개인당 연 4,000달러의 소득 증대 효과가 있을 것이라는 주장이었다.

이명박정부가 법인세 인하 등 부자감세를 하며 주장한 구성과 같다. 상위 1% 세금을 감면해준 이후 우리 경제가 살아났다고는 볼 수 없을 것이다. 기업이 투자를 늘리는 경우는 판매가 늘어나 생산을 늘려야 할 때다. 판매가 증가하려면 소비가 되살아나야 하는데, 그 소비자는 99% 서민이다. 부자감세는 투자 · 고용이 아니라 재정적자를 늘려 경제에 무거운 짐만 지운다.

트럼프정권에게 재정적자 해결 방안이 없는 것은 아니다. '2018회계연도 예산안'을 발표(5.23)하면서 향후 10년간 재정적자를 3조 6천억 달러 축소할 방법도 동시에 내놨다. 즉, "여러 복지 예산을 삭감함으로써 10년 동안 3조 6천억 달러를 줄인다는 것이다(VOA.2017.5.24.)."

조바이든 46대 미국 대통령은 강력한 경기 부양책을 내세우면서 재정정책 확대 기조를 유지할 것으로 예측하고 있다.

그리고 복지 부문에서는 ① 3~4살 유아에 대한 보편적 교육, ② 중산층 8,000억 달러 세액공제를 통한 보육지원, ③ 돌봄서비스와 유아교육종사자 임금인상 등 복지정책을 추구하고 있다.

복지예산 삭감정책으로 메디케이드(빈곤층 건강보험) 8천억 달러, 푸드스탬프(빈곤층 식료품 보조) 1,930억 달러, 연방 공무원 연금 630억 달러, 실업수당 532억 달러 등 복지예산이 감축된다. 재정적자를 줄인다고 복지예산을 대폭 깎으면 의료비 부담이 늘고, 연금과 수당이 줄면 가뜩이나 위축된 소비는 더욱 얼어붙고 경제는 더욱 악화될 것으로 보인다.

2021년 노인복지예산은 18조 8,587억 원으로 전년 추경예산 대비 2조 1,331억 원 증가함. 보건복지부 총예산은 전년 대비 9.2%, 사회복지지출은 전년 대비 9.4% 증가한 것에 비해 노인복지예산의 전년 대비 증가율은 12.8%로 상대적으로 높은 편이다.

## 2) 한국 사회복지행정의 발전

### (1) 한국 사회복지행정의 의의

한국에서의 사회복지행정은 1950년대 이전의 미인식 단계, 그 이후의 명목상 인정 단계를 거쳐 1970년대에는 학계나 교육분야에서 중요성이 상당히 인식되어 있었지만, 실무 현장에서는 여전히 필요성이 인식되지 못한 상태였다.

1980년대 이후 공공조직 및 민간조직에 의한 사회복지가 진척되고 정책 및 프로그램이 다양화되기 시작하면서 사회복지행정의 중요성이 실질적으로 인식되기 시작하였고 1990년대에 들어서 더욱 확산되었다.

외국원조기관에서 공적자금인 보조금지원은 기존 조직의 운영방식에 변화를 요구하였다. 이것이 공적자원의 활용에 대한 책임성과 투명성을 보장하기 위한 요구가 증대되고 관리와 행정에 대한 필요성을 인식하는 계기가 되었다.

새로운 형태의 전문 사회복지조직인 종합사회복지관, 각종 상담 및 치료전문 사회사업기관의 등장으로 자원의 관리와 서비스 전달을 위한 행정관리의 필요성이 증가하였고, 이러한 형태는 공공부문에 있어서의 변화를 가져와 사회보장과 관련한 공적부조 서비스의 전달 인력을 사회복지 전문인력으로 대체하여 공공부문에 있어서의 사회복지행정에 대한 새로운 필요성을 인식하였다.

#### ❶ 사회복지행정의 미인식단계(1945~1950년대)

1921년 태화여자관 설립과 1947년 이화여대에 기독교사회사업학과 설치, 1953년 중앙신학교(현 강남대학교 전신)에 사회사업학과가 설치되었으며, 1958년에는 이화여대의 기독교사회사업학과에서 사회사업학과로 분리·독립되었고,

같은 해 서울대학교 대학원에 사회사업학과 설치되었다. 1959년에는 서울대학교 학부과정(당시 문리과대학)에도 사회사업학과가 설치되었다. 1964년에는 키드네이그(Kidneigh) 박사가 서울대학교 4학년 과정의 과목에 '사회사업행정'을 포함하였으며, 그 당시 3개 대학에 사회사업학과가 개설되었다.

### ❷ 사회복지행정의 명목상 인정단계(1960~1970년대)

명목상 인정단계로 1960년대는 6.25전쟁의 복구에서 벗어나 경제발전정책을 시행하던 시기로서 정부예산의 2배가 넘는 민간외원단체의 원조로 사회복지문제와 욕구를 해결하였다.

1960년대에 7개 대학에 새로이 사회사업학과가 설립되어 총 10개 대학에서 사회사업교육이 이루어졌으며, 1961년 서울대학교에서 사회사업행정을 가르치기 시작하였고, 교육계에서 명목상 사회복지행정의 중요성을 인식하게 되었다. 1970년대 말 총 13개 대학에 사회사업학과가 추가로 개설되었고, 사회사업행정까지 모두 개설되어 가르쳤으나, 사회사업행정을 전공필수로 했던 대학은 반 정도에 그쳤다. 1970년대에는 학계나 교육분야에서는 중요성이 인식되었으나, 실무의 현장에서는 여전히 필요성이 인식되지 못한 상태였다.

### ❸ 사회복지행정의 실질적 중요성 인식단계(1980~1990년대)

1980년대 이후에 산업화의 급속한 진전과 경제발전 위주의 국가정책추진 결과 다양한 사회문제가 나타나기 시작하였으며, 아동, 노인, 장애인을 위한 사회복지서비스 관련 법들이 제정 및 개정되기 시작하였다. 이에 따라 공적 사회복지조직인 보건사회부조직과 지방자치단체의 조직도 사회복지대상자 및 문제별로 분화되기 시작하였다.

그리고 1980년대에는 전국적으로 사회복지학과 또는 사회사업학과가 30개 대학에 설립되었고, 국가공무원 임용분야에 5급 사회직이 새로이 신설되어 공적 사회복지행정 분야에 대한 관심이 증가되었다.

### ❹ 지방자치의 전면적 실시(1990년대)

1990년대 전반기에 일어난 중대한 정치질서의 변화였던 지방자치단체의 전면적 실시는 공공과 민간부문에 있어서 사회복지서비스 전달체계가 보다 체계적으로 정비되었다. 이에 사회복지전문요원이 채용되었으며, 사회복지관을 중심으로 각종 민간 사회복지조직들이 증가하면서 사회복지행정에 대한 교육 및 연구가 점차 활성화되고 사회복지행정을 전공하거나 가르치는 교수들이 늘어나기 시작하였다.

IMF 체제하에서는 산업화 이후에 경험하지 못한 경제위기와 대량실업, 빈곤의 문제에 직면하여 각종 사회복지대책이 강구되면서 그 어느 때보다 사회복지행정의 역할이 절실히 요구되었다. 민간복지 부문에서는 사회복지조직의 급증과 더불어 1997년에 「사회복지사업법」이 개정되어 시·도 사회복지협의회의 독립법인화가 이루어졌다.

1998년부터 사회복지 공동모금법에 의한 공동모금제도의 도입이 이루어져 민간 사회복지조직과 재정의 자율성이 강화되었고, 1990년대는 대학에서 사회복지행정에 관한 논문들이 점차로 증가하였고, 사회복지적 관점에서 기술한 사회복지행정 관련 단행본들이 속출하였다.

그리고 1999년 8월에 「국민기초생활보장법」이 제정되면서 사회복지 전문요원이 새로 채용되었고 꾸준히 공공사회복지행정의 범위가 확대되고 있다.

### ❺ 「국민기초생활보장법」의 시행

「국민기초생활보장법」의 시행은 사회복지행정환경의 새 변화를 맞는 계기가 되었다. 2000년 10월 1일부터 시행된 이 법은 기존의 시혜성 보호에서 탈피하여 수급자와 수급권자를 구별하는 한편, 수급권자의 인구학적 기준을 철폐하고 주거급여를 신설하는 등 국민의 생존권을 법으로 보장하는 권리성 급여로 전환하였다. 2003년 제1회 사회복지사 1급 국가시험을 시작하였고 2004년 사회복지사무소 시범사업을 실시하였다. 그리고 2005년 시·군·구 지역사회복지협의체, 지역사회사회복지협의회 운영과 2006년부터 시·군·구에 주민생활지원국을 설치·운영하였다.

2000년대 들어와서 사회복지 환경이 지속적으로 변화하였다.

- 2004 사회복지서비스의 중심축이 중앙에서 지방으로 이동 : 지방정부에서 지역사회복지계획 수립 의무화
- 2005 사무복지 사무 지방이양과 재정분권화
- 2006 공공복지 전달체계의 개편 : 주민생활지원서비스 행정체계를 수요자 중심으로 개편
- 사회복지 실천영역의 세분화와 통합화 : 서비스중심에서 인간중심으로, 개인중심에서 가족중심으로 통합화와 사례관리

2014년 박근혜정부는 경제민주화, 복지확대, 기초연금, 현실적인 민생대책을 언급하면서 신자유주의의 폐단을 극복하기 위하여 국정운영과 목표를 제시하였다.

2018년 도입되는 대표적인 복지정책은 아동수당 도입, 최저임금 인상, 실업급여 인상, 신입 유급 휴가 11일 부여, 기초연금 인상 등이다. 치매국가책임제에 따른 경증치매 환자 지원 확대도 포함된다.

- 0~5세 아동, '양육수당'에 '아동수당' 추가

2018년 9월부터 0~5세 아동이 있는 가정은 월 10만원 씩 아동수당을 지급 받는다. 다만 2인 이상 전체 가구의 소득 상위 10%는 제외된다.

아동수당은 양육수당과 중복 수혜가 가능해 홑벌이 가구 등의 기대가 크다. 양육수당은 0~5세 아동을 어린이집에 보내지 않고 가정에서 키울 경우 받는 현물지원으로 아동 연령에 따라 10~20만 원을 지급한다.

- 최저임금 인상에 '신입 유급 휴가 11일' 확보

2018년 최저임금은 시간당 7,530원으로 2017년 최저임금(6,470원)보다 16.4% 올랐다. 이는 지난 2000년 16.6%에 이어 두 번째로 높은 인상률이다. 통계청

조사에 따르면, 최저임금 인상으로 직접적인 수혜를 받는 근로자는 약 460만 명이다.

정부는 최저임금 인상에 따른 물가상승 등 부정적인 요소를 완충하기 위해 '일자리 안정자금' 신청을 받는데, 영세 기업과 소상공인이 부담해야 하는 인건비 일부를 지원하는 정책으로 월 보수 190만 원 미만 근로자를 한 달 이상 고용한 30명 미만 고용 사업주에게 근로자 한 명당 월 13만 원을 지원한다.

2018년 6월부터는 재직 기간 1년 미만인 신입 사원도 연간 최대 11일의 연차 휴가를 받게 됐다. 「근로기준법」 개정에 따라 신입 사원은 입사 1년차에 최대 11일, 2년차에 15일의 휴가를 갈 수 있게 됐다. 현재까지는 1년차 때 쓴 휴가 일수가 다음해 연차 휴가 일수에서 차감돼 불편하다는 지적이 있었다.

참고로 2020년 최저임금 8,590원이며, 2021년 최저임금 8,720원으로 1.5% 인상하여 역대 최저 인상폭이 되었다. `

### (2) 한국 사회복지행정의 발달요인

첫째, 민간복지재단이 사회복지사업에 관한 사업계획서를 엄격히 심사하여 재정적인 지원을 하기 시작한 것과 사회복지공동모금제의 본격적인 시행으로 사회복지프로그램 관리에 관한 중요성이 크게 부각되었다.

둘째, 사회복지시설 및 기관에 대한 평가제도의 시행은 1997년부터 사회복지시설 3년 1회 평가 의무화가 이루어져 사회복지기관의 조직관리, 인사관리, 프로그램관리, 재정관리 등 사회복지행정 전반에 대한 관심과 실천적 노력을 증대시켰다.

셋째, 사회복지시설 및 기관의 증대에 따른 지역사회에서 기관운영에 대한 경쟁적 분위기가 고조되고 이에 따른 자원확보의 중요성이 강조되었다.

넷째, 2021년에는 장애인활동지원이 65세 이상까지 확대되어 노인장기요양과 활동지원 중에 하나를 선택할 수 있다.

현재 15개 장애유형은 유지하고 장애유형별 세부 인정기준과 판정기준을 개정해 장애인정질환을 확대하고 있다.

# 2 사회복지행정의 기초이론

## 1. 사회복지행정이론과 유형

고전이론으로는 과학적 관리학파, 공공행정학파(행정관리론), 관료제이론이 있다. 인간관계이론은 메이요(Mayo)의 호손실험(Hawthorne experiment)과 인간관계이론, 맥그리거의 XY이론, Z이론이 있으며, 구조주의이론은 고전이론과 인간관계이론의 결합·갈등이 있고 순기능을 하며, 체계이론은 위 세 가지 이론의 절충 통합과 하부체계론 등이 있다. 기타 이론으로는 상황적합이론이 있으며, 조직환경 이론으로는 구조·상황이론, 정치경제이론, 제도이론, 자원의존이론, 조직군생태이론 등이 있고, 현대조직이론은 목표관리, 총체적 품질관리, 전략적 관리, 학습조직론, 애드호크러시이론, 벤치마킹, 다운사이징 등이 있다. 그리고 고전이론, 인간관계이론은 폐쇄체계관점에서 상황이론과 환경이론 등은 개방체계적 관점에서 볼 수 있다.

### 1) 고전이론

고전이론(classical theory)은 조직 구성원들이 주로 경제적으로 동기부여되고 조직은 합리적 체계이며 기계와 같이 계획될 수 있는 것이라고 가정한다.

#### (1) 과학적 관리론

1923년 테일러(Taylor)에 의하여 제시된 이론으로 과업관리로서 고임금, 저노무비의 우려에 입각한 경영이념이다. 시간연구, 성과급제, 직능식 조직, 표준화, 분업, 성과에 따른 임금 등의 수단과 방법을 추구한다.

조직은 기계로 보고 조직 성원들은 그 부품으로 인식했다. 따라서 그 성원들이 일을 어떻게 해야 기업에서 효율성과 생산성을 극대화하느냐에 대한 연구이다. 현대 조직들에 있어서 생산성 가치와 기법들의 기초가 되었다.

① 과학적인 업무분석은 시간과 동작의 연구에 기초한 과학적 관리의 원칙
② 과학적 인력선발과 개발, 업무수행의 표준화 작업
③ 관리와 실제 작업의 분리
④ 관리자와 작업자 간의 긴밀한 협조

과학적 관리론에 대한 비판은 다음과 같다.

① 조직을 관료제이론과 마찬가지로 폐쇄된 환경을 염두에 두고 환경적인 요인이 조직의 목적과 구조에 미치는 영향을 등한시하고 있다.
② 조직의 목적을 상하의 일치성에 기반을 두고 있는데, 상부관리자와 하부 작업자의 목적이 반드시 일치되지 않거나 상반되는 경우에는 문제가 된다.
③ 관리주의적 관점에 치중하여 작업자들의 비인간화와 그로 인한 소외 현상이 발생 가능하다.
④ 인센티브가 주로 금전적인 것에만 한정되어서 작업자들이 조직에 대해 바라는 인간적인 욕구와 같은 것들이 대개 무시된다.

사회복지조직에 대한 시사점은 다음과 같다.

사회복지조직으로 적절하지 않는 것은 사회복지조직은 목표가 상충되고 모호하다는 것이다. 과학적 관리론이 의사결정과정에서 엘리트주의적이고 인간에 대한 기계적 견해 때문이다.

① 휴먼서비스조직들에서 작업자의 능력과 기술을 과학적인 기술 체계로 환원하여 체계화할 수 있는지 의문이 제기되고, 이런 것들은 사회복지조직의 전문직들이 규범적 선택에 의한 직무수행을 하는 것과 일치되지 않는다. 외부적인 환경에 의존하기 쉬운 사회복지조직들을 이해하는 데 뚜렷한 한계를 가진다.
② 사회복지조직의 효율성을 증진시키기 위해 과학적 관리기법이 도입될 필요

가 있고 조세나 후원금과 같은 공공자금으로 운영되는 사회복지조직에서 행정의 비효율성, 서비스의 중복, 서비스의 낭비와 남용에 대한 비난이 많고, 이를 극복하기 위해 경영과학을 도입할 필요가 있다. 즉, 사회복지 조직도 명백한 조직목표를 규정해서 조직 내 각 부서의 확실한 활동평가척도를 개발해야 한다. 자원의 할당은 목표의 우선순위에 따라 이루어지고 각 부서의 효율성은 목표달성에 대한 공헌도에 의해 평가할 수 있다. 작업수행평가의 피드백에 의거하여 조직은 생산성이 낮은 부서를 독려하고 더욱 효율적으로 자원을 재분배해야 한다.

### (2) 행정적 관리론(administrative management, 공공행정학파)

굴릭과 어윅(Gulick & Urwick)이 1937년에 주장한 이론이다.

아래로부터의 생산성·효율성보다 위로부터 연구하여 조직의 최적방법을 설계하기 위해 행정관리기능의 향상에 초점을 둔 연구이다.

이 이론은 분업, 과업분류, 통제의 통일을 강조하며 목적, 과정, 수혜자, 지리적 영역에 따른 전문화를 주장한다.

주요과업은 두음문자의 POSDCoRBE로 다음과 같다.

- 기획(Planning) : 목표설정, 활동선정, 방법결정을 포함한다.
- 조직(Organizing) : 작업할당 구조(역할과 책임) 설정을 요한다.
- 인사(Staffing) : 직원의 채용과 해고, 직원의 교육훈련, 활동조건의 유지이다.
- 지시(Directing) : 합법성, 위임능력, 창의력, 격려의 능력이 요구된다.
- 조정(Coordinating) : 상호관련성, 의사소통 통로가 유지되어야 한다.
- 보고(Reporting) : 기록유지, 정기적 감사, 조사연구 활동이다.
- 재정(Budgeting) : 조직상의 계획, 재정계획, 재정운영의 통제의 구성요소이다.
- 평가(Evaluation)에 관한 기능이다.

행정적 관리론에 대한 비판이론은 다음과 같다.

① 개인적 동기, 리더십, 비공식 집단 등과 같은 조직 내에서의 인간적인 요소

들을 무시했다.

② 보편적인 진리와도 같은 원칙들을 경험적으로 구체화하는 데 성공적이지 못했다.

③ 사회복지조직들에 이 이론을 적용하는 데에는 적지 않은 문제들이 예상된다.

### (3) 관료제이론

관료제이론은 1947년 웨버(M. Weber)가 주장한 이론이다.

합리적인 규칙과 최대한의 효율성을 목적으로 하는 행정의 관료화가 완전히 성취되는 것이 사회체계 내에서 자원과 권력을 동원하는 가장 합리적인 도구라고 보고 있다. 권력에 정당성, 즉 전통적 지배, 카리스마적 지배, 합법성 지배가 부여되었을 때 권한 또는 권위가 생기게 되고 관료제 조직이 성립한다. 고도의 전문화, 계층제적 권한 구조, 조직 구성원 간의 비저의적 관계, 실적과 기술적 지식에 따른 임명, 직무권한의 사전 명시, 정책과 행정결정의 분리, 제반 관계를 규정하는 규칙이 특징이다.

사회복지조직에 대한 시사점은 다음과 같다.

첫째, 현대 사회의 대다수 조직 체계들은 기본적으로 관료제적 속성들을 내포하고 있다. 사회복지조직은 관료제적인 조직양상이 일정 정도 나타날 수밖에 없다.

둘째, 머톤(R. K. Merton)은 사회복지조직 직원이 규칙과 법규를 엄격히 준수하고 클라이언트의 다양한 욕구를 충족시켜 주지 못하게 되면 이들의 요구에 방어적 태도를 취해 관료적 성격을 형성하게 된다고 하였다.

셋째, 웨버의 관료제이론이 "판에 박힌 듯한 일정한 업무"를 수행하는 데는 가장 효과적이고 합리적일 수 있으나, 사회복지조직에서 일하는 전문직들은 규칙이나 법규보다 전문직의 규범에 따라 자율적으로 업무를 수행하게 된다.

넷째, 사회복지조직에서는 규칙과 규제에 지나친 의존, 비인간화, 융통성 결여 등의 문제가 발생한다.

비판적인 점은 다음과 같다.

첫째, 전문화가 증가하는 방향인 사회복지조직에서 행정통제와의 불협화음이 딜레마이다.

둘째, 규칙이행과 통제 강조는 직원의 자발성과 창의성에 제약이 된다.

셋째, 환경의 중요성을 간과하고 있다.

넷째, 조직 내의 인간적 요소를 간과하고 있다.

## 2) 신고전이론

### (1) 인간관계론

메이요를 중심으로 행하여진 호손공장의 실험을 계기로 전개되었다. 비공식 조직구조에 초점을 두고 그 조직을 구성하는 인간이 다양한 사회심리적인 욕구와 현상들을 통해 상호작용하고 있고, 이것은 일과 동료에 대한 태도에 영향을 미치고 궁극적으로 조직의 업무수행의 결과에도 영향을 준다고 본다. 조직 내의 작업자들이 고립된 개념의 개인이 아닌 다른 개인들과 사회적 관계를 맺고 있는 집단 속의 개인들임을 발견하고, 이들의 사회적 욕구인 집단의 지지, 교우관계, 집단의 승인, 인정, 지위, 자아실현의 욕구가 조직의 생산성에 큰 영향을 미친다는 것이다. 따라서 조직에서의 인간적 요소의 중요성을 강조한다. 즉, 조직 내의 비공식 집단이 개인의 태도와 생산성과 밀접한 관련이 있으며, 비경제적 요소가 동기부여 요인이라는 점을 강조한다.

인간관계론에 대한 비판은 다음과 같다.

사회심리적 변수 이외의 조직변수인 조직의 환경, 조직의 목적, 조직의 크기, 클라이언트의 속성과 요청, 서비스기술, 전문가의 능력, 임금 등의 변수를 고려하지 않고 조직의 분석차원을 대부분 사회심리학적인 것에 둠으로 조직의 효과성을 단순히 작업자들의 심리적인 욕구와 민주적 참여 등의 함수로만 간주하는 오류를 범했다. 조직 내의 정치 및 경제적 과정을 무시하는 경향이 있다.

사회복지조직에 대한 시사는 다음과 같다.

인간관계론은 사회복지조직의 행정가들에게 큰 영향을 미쳤다. 인간관계론에서 중심적인 과제인 태도와 헌신, 동기부여 등은 사회복지조직에서 사회복지실천 기술의 발휘에 매우 중요한 것이다. 그러나 실천가들이 자신의 활동을 조작하는 결과를 초래할 수도 있다. 조직의 실제 요인으로부터 관심을 멀어지게 하고 연구 결과를 잘못 해석하게 할 수도 있다.

#### (2) 맥그리거(McGregor)의 X이론과 Y이론

X이론은 고전적 관리이론에서 인간은 본래 일하기를 싫어하는 존재로 보기 때문에 조직의 목표를 달성하기 위해서는 인간들은 지시받고 강제되어야 한다고 보고 있다. 명령, 통제, 감시 등의 관리기법을 중시한다.

Y이론은 인간관계적 시각으로서 인간은 본래 일하기를 좋아하며, 조직의 목표가 주어지면 자기통제와 자기지시를 할 수 있다. 이때 목표달성에의 헌신은 인간들이 창의력과 상상력을 발휘하고 조직 내에서 잠재력을 실현할 수 있도록 동기부여가 되면 가능하다는 것이다. 적절한 동기부여를 중시한다.

룬트슈테트(Sven B. Lundstedt)의 Z이론은 권위주의적 관리를 대변하는 X이론과 민주적 관리를 대변하는 Y이론에 대비하여, 자유방임형의 관리를 지칭한다. 롤리스(David Lawless)의 Z이론은 변동하는 환경 속에서 살아가는 조직을 관리할 때 상황을 객관적으로 파악하여 이에 상응하는 관리전략을 세우고 변화시켜 나아가야 한다는 상황적 접근방법을 말한다. 그리고 윌리엄 오우치(William Ouchi)의 Z이론은 미국 내의 일본식 경영관리를 지칭하는 개념이다.

### 3) 통합이론

#### (1) 구조주의 모형

구조주의는 사물의 참된 의미가 사물 자체의 속성과 기능에서가 아니라, 사물들 간의 관계에 따라 결정된다는 인식을 전제로 한다. 세계 안에서 사물은 언제나 다른 사물들과 유기적인 관계를 맺으며 존재한다. 그 관계망 안에서 사물이 지니는 위치에 따라 사물의 의미는 규정되며 변화한다. 따라서 사물의 의미는 개별적으로 인식될 수 있거나 고정되어 있는 것이 아니다. 그것을 부분으로 삼고 있는 전체 체계와 구조 안에서 사물의 의미는 비로소 인식될 수 있으며, 체계의 변화에 따라 사물의 의미도 변화한다. 따라서 구조주의는 전체 체계 안에서 사물들의 관계를 기술하고, 그 의미를 이해하려 시도한다. 그리고 개개인의 행위나 인식 등을 포괄하고 그것들의 최종적인 성격을 규정하는 구조와 체계의 원리를 밝히려 한다. 1964년에 에치오니(Etzioni), 레비-스트로스(Levi-Strauss)가 주장한 이론이다.

그 특징은 고전 모형과 인간관계 모형을 조화시키고 총합하는 다요인적 접근을 하고 있다. 그러나 대조적으로 개인과 조직의 목표가 일치할 수 있다는 가정을 하지 않고, 조직에서 발생하는 갈등을 순기능적인 것으로 보고 있다. 즉, 갈등은 조직의 문제를 노출시키고 그에 따라 해결책을 찾게 한다고 본다. 한편 조직에 대한 환경의 영향을 강조하고 있다.

비판적인 요소는 인간의 욕구와 성격을 무시하므로 조직을 비효율적이며 건조하게 만드는 경향이 있다.

### (2) 체계이론

파슨즈(T. Parsons)와 머톤(R. K. Merton)이 주창한 이론으로 고전이론, 인간관계이론, 구조주의이론이 하나로 통합된 이론으로 볼 수 있다.

생물학적 체계는 조직을 하나의 유기적 총체로 보고 이 총체들은 항상 변화하는 환경 속에서 조직의 생존과 유지에 기여하는 상호의존적인 단위체계들로 구성된 것으로 본다. 조직의 하위체계들의 기능 표준을 제시하여 관리자가 어느 부분이 잘못 기능하는지 진단할 수 있게 해준다(고전주의 관점). 관리자에게 유리한 이론으로 하위체계 간의 갈등과 모순이 불가피한데 구조주의 관점에서 관리하위체계가 이를 통합·조정하는 역할을 한다.

# 3 예산제도의 유형

## 1. 예산의 유형

예산제도의 종류는 존슨(Lee & Johnson) 및 파이르(Phyrr)의 분류에 의하면 항목별 예산, 성과주의 예산, 프로그램기획 예산, 영기준 예산 등으로 분류하고 있다.

항목별 예산(LIB)은 구입하고자 하는 물품, 서비스별로 편성하는 투입중심예산이다.

성과주의 예산(PPBS)은 활동을 기능별 또는 사업별로 구분한 후에 이를 다시 세부사업으로 나누고 각 사업의 단위원가와 업무량을 계산하여 편성하는 과정중심예산이다.

프로그램기획 예산(PPBS)은 목표달성을 위한 장기적 기본계획을 수립하고 기본계획을 연차적으로 실행하기 위하여 사업별로 편성하는 산출중심예산이다.

영기준 예산(ZBB)은 전년도 예산을 전혀 고려하지 않고 계속사업, 신규 사업의 정당성을 매년 새로이 마련하고 우선순위를 정하여 편성하는 예산이다.

예산의 수립과 운영은 예산편성의 과정으로 조직의 목표 설정, 기관의 운영에 관한 사실의 확인, 운영대안의 검토, 우선순위의 결정, 예산에 관한 최종적인 결정, 적절한 해석과 홍보의 과정으로 이루어진다.

예산편성의 원칙은 공개성, 명료성, 사전의결, 정확성, 한정성, 통일성을 지녀야 한다. 이러한 예산관리의 세 가지 목적은 첫째, 예산관리의 통제로서 기관과 프로그램의 재정 상태는 어떠한가, 둘째, 예산관리의 성과로서 기관과 프로그램의 생산성은 어떠한가, 셋째, 예산관리의 기획으로 기관과 프로그램은 얼마나 효과적인가에 있다.

### 1) 항목별 예산(Line-Item Budgeting: LIB)

구입하고자 하는 물품 또는 서비스별로 편성하는 투입중심의 예산으로 가장 오래되고 전통적이며 일반화된 예산체계이다. 지출항목별 회계와 전년도에 기초하여 작성하는 점진주의적 특성으로 대개 1회계연도를 기준으로 하는 가장 기본적인 예산형식이다. 전년도에 기초하여 작성하고 지출근거가 명확해 예산통제에 효과적이며 회계에 유리하다. 그러나 예산증감의 신축성이 없고, 프로그램 목표나 내용, 결과에 대한 고려가 부족하다.

### 2) 성과주의 예산(Performance Budgeting: PB)

조직의 활동을 기능, 프로그램으로 나누고 다시 세부 프로그램으로 나누어 비용을 편성하는 과정중심의 예산 형식으로 프로그램 목표와 운영의 모니터링이 가능하고, 자금배분을 합리적으로 할 수 있다. 예산비용의 범위를 정하기가 쉽지 않고, 단위비용 및 비용산출 단위 책정에 어려움이 있다. 따라서 기능주의 또는 프로그램 예산으로 활동을 기능별 또는 프로그램별로 구분한 후에 이를 다시 세부 프로그램으로 나누고 각 프로그램의 단위 원가와 업무량을 계산하여 편성하는 예산이다. 과정중심예산으로 예산 = (단위원가 × 업무량)으로 산출된다.

장기적 계획을 고려하지 않고, 효율성을 중시하며, 관리기능이 강하고, 관리자에 유리한 예산이다. 그러나 예산통제가 어렵고, 효과성이 무시되고, 비용산출의 단위설정과 직접비와 간접비 계산 등 비용책정이 어렵다.

### 3) 프로그램기획 예산(Planning-Program Budgeting System: PPBS)

기획·계획·예산제도의 약어로서 특히 거대한 조직에서 자원배분의 효율성을 높이기 위하여 정책책정, 사업별 실시계획, 예산화 등을 유기적으로 결합한 시스템이다.

계획지향으로 계획자에게 유리하며 포괄적이고 계통적인 예산심의를 한다.

행정조직의 경계에 구애받지 않고 목적별로 검토하여 목적을 가장 효율적으로 달성할 수 있는 수단을 선택하는 일이다.

성과주의 예산과 유사하나 성과주의는 산출물에 예산비용을 결부하는 데 비해 프로그램기획 예산은 프로그램 목표, 즉 프로그램 중심으로 예산과 비용을 수립한다.

목표와 프로그램을 명확히 알 수 있고 재정을 합리적으로 배분하고 프로그램의 효과성을 높일 수 있으나, 중앙집권화의 우려와 목표설정이 곤란하며, 과정을 등한시하기 쉽고, 성과의 계량화가 곤란하다.

### 4) 영기준 예산(Zero Base Budgeting: ZBB)

전년도 예산과 무관하게 현재의 프로그램의 효과성·효율성·시급성에 따라 예산의 증감을 결정하며, 프로그램 쇄신 및 효과성·효율성·탄력성에 기여하며, 전년도 예산을 전혀 고려하지 않고 계속 프로그램 또는 신규 프로그램의 정당성을 매년 새로이 마련하고, 다른 프로그램과의 경쟁적 기반 위에서 우선순위를 정하여 편성하는 예산이다. 매년 프로그램 목표와 수행능력-다양한 프로그램을 비교평가, 우선순위를 정하여 프로그램을 선택하며, 성과의 한계 증가량에 관심을 둔다. 의사결정기능이 강하며, 소비자에게 유리하다. 그리고 예산절약과 프로그램의 쇄신에 기여할 수 있고 예산배분의 합리성을 기하며 재정운영과 예산배정에 탄력성을 도모하고, 프로그램의 효율성과 효과성, 관리에의 참여를 확대할 수 있다. 따라서 효과적 의사소통, 의사결정, 프로그램 평가에 대한 관리자의 훈련이 필요하다.

그러나 정치적·심리적 요인을 무시하며, 장기계획에 의한 프로그램 수행이 곤란하고, 관리자의 전문성과 객관성이 요구되며, 장기적인 계획으로는 부적절하다.

## 2. 재정관리의 의의

### 1) 재정관리와 예산 수립

재정관리란 조직의 목표달성을 위해 필요한 재정자원을 합리적이고 계획적으로 동원·배분하고 효율적으로 사용하고 관리하는 과정을 의미한다. 재정관리는 예산을 수립하고 예산상의 수입지출 활동을 관리기록하여 재정관리의 전반적인 사항을 평가하는 절차로 이루어진다.

예산 수립에서 예산은 일정 기간 예상되는 수입과 지출을 목록화하는 중요한 도구이다. 또한 조직의 목표를 금전적으로 표시하고 일정 기간 동안의 재정활동의 감시 장치이기도 하다. 공공사회복지조직의 경우 예산회계법이 적용되고 민간사회복지조직에서는 사회복지법인 재무, 회계규칙 등이 적용된다.

### 2) 예산의 기능

① **정치적 기능** : 국민의 대표기관인 의회를 통하여 정부를 통제하는 수단이다.
② **법적 기능** : 예산 자체가 법률은 아니지만 의회에 의한 행정부의 재정권 부여라고 할 수 있다. 예산회계법의 기초가 된다.
③ **경제적 기능** : 예산을 국민경제에 미치는 중요한 도구로 인식하고 이를 활용하고 있으며, 경제안정기능, 경제성장 촉진기능, 소득 재분배기능, 자원 재분배기능이 있다.

### 3) 예산 수립절차

최하부단위에서 지출예산을 수립하고 차상급단위에서 하부단위들의 예산안을 취합하여 자체 예산 수립에서 다시 상부단위로 제출하여 최고행정 책임자에게 제출하는 계통을 밟는다.

## ▣ 연구과제

1. 예산의 유형 중에서 성과주의 예산과 영기준 예산의 장단점과 사례 적용
2. 예산의 기능에 대한 연구

제 10 장

# 사회복지실천론

1. 사회복지실천의 의의
2. 사회복지실천 발달과정
3. 사회복지실천모델

✦ 학습과제

1. 사회복지실천의 기능에 대한 설명
2. 사회복지실천의 전문적 관계의 기본요소
3. 사회복지실천모델에서 클라이언트의 중심모델

# 1 사회복지실천의 의의

## 1. 사회복지실천의 의의

### 1) 사회복지실천의 정의

사회복지실천이란 사람의 삶의 질 향상을 위해 개인, 소집단, 가족 또는 지역사회의 문제 및 욕구에 권한 부여적 문제해결 접근방법으로 개입하는 종합적인 전문활동이다.

사회복지실천은 개인, 집단 또는 지역사회가 사회기능(social functioning)을 향상시킬 수 있는 자신들의 능력을 회복하거나 증진시키고, 자신들의 목표달성을 위한 사회조건을 창조하도록 돕는 전문적인 활동(National Association of Social Work: NASW, 1974)이다. 개인 한명 또는 개인 집단의 사회기능(social functioning)을 향상시키는 것으로 손상된 능력의 복귀, 개인적 또는 사회적 자원의 제공 그리고 사회 역기능의 예방(Boehm, 1959) 그리고 사람의 삶의 질 향상을 위해, 개인, 소집단, 가족 또는 지역사회의 문제 및 욕구에 권한 부여적(empowering) 문제해결 접근방법(problem-solving method)으로 개입하는 종합적인(generic) 전문활동(professional activity)이라고 할 수 있다.

사회복지실천의 목적은 삶의 질 향상이다.

광의의 사회복지는 하나의 이념이고, 사회복지실천은 협의의 사회복지라고 볼 수 있다.

## 2. 사회복지실천의 기능

욕구가 있는 개인의 사회역할 증진의 기능이고, 사회정의 향상의 기능이다. 사회정의 향상은 사회복지사들의 옹호활동을 통해 그리고 사회기능 증진은 예방, 재활, 치료 활동을 통해 실천될 수 있다. 전자의 기능은 표출 된 욕구와 직접적으로 관련이 있지 않은 사람들이 대상이 되는 것으로 작게는 개인 및 집단, 크게는 지역사회 및 대사회가 될 수 있다. 후자는 욕구를 표출한 사람들이 직접적인 관련이 있는 것으로 주로 개인이나, 가족 및 집단 또는 지역사회 전체가 될 수 있다.

### 1) 협의의 사회복지실천기능

① 개인, 집단, 지역사회의 손상된 능력을 회복하도록 돕는다.
② 개인적·사회적 자원을 제공한다.
③ 사회적 역기능을 예방한다.

### 2) 광의의 사회복지실천기능

① 개인이 자신의 문제를 해결하거나 다루는 능력을 증진시킬 수 있도록 돕는다.
② 사람과 자원체계가 연결될 수 있도록 돕는다.
③ 사람과 자원체계 간의 상호작용을 촉진시키고 수정한다.
④ 자원체계 내에서 개인 사이의 상호작용을 촉진시킨다.

⑤ 사회정책을 개발하고 수정하는 데 기여한다.

⑥ 물질적 자원을 배분한다.

⑦ 사회통제의 매개체로서 기능한다.

# 2 사회복지실천 발달과정

사회복지실천은 18세기 중반부터 19세기 후반까지 빈민을 원조하고 개혁하기 위한 전문적인 훈련으로 조직된 형태였다. 초창기 활동은 실습제도의 체계에서 기술과 지식을 습득한 자원봉사자에 의해서 수행되었다. 사회복지는 그들의 사명을 성취하기 위한 필요성에 따라 이론과 실천을 통합하여 점차 전문적인 영역으로 자리 잡게 되었다.

## 1. 서구 사회복지실천의 발달과정

### 1) 전문적 사회복지실천 태동기( ~19세기 말)

전근대적 사회복지실천의 기원은 영국의 교회중심의 구제활동에서 비롯된다. 12~15세기 직업적인 길드(guild) 조직에서 구호활동을 시작하여, 1531년 헨리 8세 법령은 영국 최초의 국가차원 구호법령으로 부랑자와 걸인을 처벌하는 것이 주 목적이었다. 이에 1601년 엘리자베스 구빈법은 이전 영국 빈민구호 법령을 집대성하여 성문화한 법으로 세계최초의 공적인 복지법률이며, 이후 미국을 비롯하여 여러 나라 사회복지실천에 영향을 미쳤다.

## 2) 사회복지실천 전문직 확립기(1900~1920년대)

1900년에서 1920년대에는 전문직으로 전환하기 위한 움직임이 시작되었는데, 먼저 무급 자원봉사자인 우애방문가에게 보수를 제공하여 지속적인 활동과 책임성을 높이고, 그들의 역할을 확대시켰다.

1917년 메리 리치몬드(Mary Richmond)의 「사회진단(Social Diagnosis)」은 사회복지실천에 관한 이론과 방법을 체계화시킨 최초의 출판이며, 이로써 이론적 정립의 기반이 다져지게 되었다.

이어서 미국병원사회사업협회(1918), 미국사회복지사협회(1920), 미국정신의학사회복지사협회(1924) 등 전문가협회들이 설립되었다.

## 3) 사회복지실천 전문직 분화기(1920~1950년대)

다양한 영역에서 사회복지사 역할이 확장되면서 사회복지실천 공통의 지식기반을 마련하자는 움직임이 나타났다.

### (1) 3대 방법론으로 분화

첫째, 개별사회사업(Case Work)이다.

19세기 말 빈민층을 원조하는 기관에서 자원봉사자를 포함한 실천가들에 의해 출발하였다. 특히 자선조직협회(Charity Organization Societies: COS)가 큰 영향을 주었다. 개별사회사업의 초기적 모습은 1900년대 초 사회복지사(worker)들은 자원봉사라기보다는 고용인의 성격을 띠고 임무가 구체화되면서 케이스워커로 알려지게 되었다.

여러 학자의 의견을 종합하면, 개별사회사업의 특징은 문제를 가진 개인이나 가족을 대상으로 하고, 과학적 지식과 전문적 기술을 지닌 사회복지사에 의해 실시되고, 대상에 따라 그 방법이 개별적으로 이루어지고, 환경의 적응과 인격의 발달을 돕기 위한 의식적인 노력이고, 사회복지사와 복지대상자 간의 인간관계가 중요시되고, 개별사회사업은 단계적 과정으로 실시되고, 복지대상자의 심리적 재조정과 치료에 중점을 두며, 개인과 사회 환경 간의 상호작용 등을 중요시한다는 것을 알 수 있다.

둘째, 집단사회사업(Group Work)이다.

코노프카(Konopka, 1972)는 집단사회사업이란 의도적인 집단경험을 통하여 인간의 사회적 기능을 증진시키고, 개인·집단·지역사회의 당면문제들에 대해 더욱 효과적으로 대처하기 위한 사회사업의 한 방법이라고 강조하였다.

트랙커(H. B. Trecker, 1975)는 집단사회사업이란 사회사업의 한 방법으로 집단에 속하는 개인이 프로그램 활동을 통해 전문가의 도움으로 그들의 욕구와 능력에 따라 타인과의 결합이나 성장기회의 경험을 쌓도록 하며, 개인·집단·지역사회의 성장과 발전을 도모하는 것이라고 주장하고 있다.

학자들의 정의를 요약해보면, 집단사회사업은 개인의 사회적 기능을 향상시키기 위해 집단을 그 수단으로 삼고, 집단사회사업의 과정은 개인과 집단의 욕구와 능력, 발단 단계 등을 기초로 의도적이고 계획적으로 시행한다는 것이다. 또한 전문가의 도움으로 기능상의 문제를 가진 집단구성원을 취급함에 있어 특수한 전문적 지식과 기술을 사용하는 사회사업방법 중의 하나이다.

1930년대 초에 개별사회사업과 구별하기 위한 목적으로 집단사회사업이라는 용어가 사용되었고, 집단사회사업의 이론이 지속적으로 발전하면서, 1950년대에는 집단사회사업이 사회사업 전 분야에서 실천되었다. 이후 1960년대까지 다양한 모델들이 개발되었는데, 사회적 모델, 치료모델, 성장 및 지지모델을 들 수 있다.

셋째, 지역사회조직(Community Organization)이다.

지역사회조직과 지역사회실천은 상호교환적 의미로 사용되는데, 지역사회조직의 기원은 자선조직협회와 인보관운동에 두고 있다. 자선조직협회(charity organization society)의 운동은 서비스전달의 과오를 없애고 효율적 측면을 강조한 반면, 인보관운동은 변화를 성취 및 환경적 원인으로부터 나오는 문제를 제거하기 위한 입법화 운동을 벌이는 사회행동에 초점을 두었다.

지역사회조직은 지역주민들이 복지와 관련된 보건, 주택, 소득, 교육, 기타 사회봉사 등의 계획과 조정이 요구되는 사회복지의 한 방법이며, 인간관계나 사회제도에 바람직한 변화를 일으키는 사회사업의 개입과정이라고 할 수 있다. 지역사회 조직의 기원은 19세기 후반 자선조직협회의 운동에서 찾을 수 있고, 미국에서는 제1차 세계대전 후 지역공동모금, 대공황 후 공공복지사업 그리고 1960년대 '빈곤과의 전쟁'으로 정착되었다.

### (2) 진단주의와 기능주의의 갈등

미국은 1929년 경제대공황을 맞이함으로써 빈곤과 고통이 절정에 이르렀다. 10년간에 걸친 대공황으로 많은 국민은 경제적인 어려움을 겪었으나, 이 기간에 공적구제에 대한 후버(Hoover)대통령의 태도는 호의적이지 못했다. 이후 1933년 루즈벨트 대통령은 뉴딜 정책(New Deal)을 통해 사회복지사의 역할을 다시 변화시켰다.

경제대공황 기간 동안 진단주의와 기능주의 간에 논쟁이 대립하였다. 1920년대 개별사회사업은 클라이언트의 초기 아동기에 발견되지 않은 문제와 이해를 기초로 하는 치료와 클라이언트의 생육사(Life History)를 탐구하는 것을 기반으로 하는 진단이 강조된 정신분석 지향적인 접근에 기초하며, 무의식, 전이, 저항 그리고 정신적인 결정론을 포함하는 개념과 동일시하였다.

진단학파의 중요한 이론가인 해밀턴(Hamilton)은 사회복지에 정신분석이론을 결합하여 개념적 기초를 발전시켜 인간을 기계적·결정론적 관점에서 바라보고, 인간은 무의식의 힘에 의하여 좌우되며 유년기의 내면화된 부모의 영향력에서 벗어나지 못한다고 보았다. 또한 개인과 환경을 연결하여 환경 속의 개인이라는 개념을 발전시켰다. 진단학파는 현재 심리사회적 접근방식으로 불리며, 홀리스(Hollis, 1964)가 심리사회모델의 이론발전에 공헌하였다.

기능주의학파는 1930년대 후반에 진단주의에 반기를 들고 등장하였다. 대표적인 학자 오토 랭크(Otto Rank)는 프로이트의 인간관에 이의를 제기하여 인간은 그들 과거에 생산물이 아니라 그들 스스로 계속적으로 창조하고 재창조할 수 있다는 인간에 대한 낙관적 견해를 채택했다. 그들의 초점은 워커와 클라이언트의 관계에 있었다. 인간의 성격에 있어서 자아의 창조적 통합력을 인정하고, 어디까지나 클라이언트를 중심으로 사회복지사가 소속한 기관의 기능을 자유롭게 활용하게 함으로써 클라이언트 스스로 자아를 전개하도록 원조하는 것을 과제로 삼았다. 따라서 제한된 시간 안에 기관의 기능 범위에 속한 쟁점에 초점을 맞추는 전략을 강조하였고, 성장할 수 있는 클라이언트 내부의 힘에 대한 믿음을 전제로 하여 치료라는 말을 거부하고 대신 원조과정(helping process)이라는 표현을 사용하였다. 기능주의의 핵심은 원조과정이 전개되는 기관의 기능과 중요한 관계를 갖고 있었다. 진단학파와는 달리 사회사업 기관이 워커에 실천을 위한 초점, 방향, 내용을 공급해야 한다고 생각한 것이다. 이후 문제해결모델, 클라이언트 중심모델 등으로 발전하게 되었다. 1950년대 혼란이 어느 정도 안정을 되찾았을 때 기능주의는 사라져버렸다.

### 4) 사회복지실천 통합기(1950~1960년대)

점점 복잡하고 다양해지는 사회변동과 사회문제를 과거 방법론별 접근방법으로는 대응하기에 힘들어지자 사회복지실천 방법론을 통합하려는 움직임이 일어났다. 그 결과 사회복지실천이라는 용어가 일반화되었다.

먼저, 전통적인 방법을 상황에 맞게 조절하여 사용하면서 통합하였다. 이후 각 실천방법 간에 공통 기반과 준거 틀을 명확하게 하면서 사회복지실천의 공통기반을 완성하게 된다. 이 공통 기반을 토대로 통합적인 사회복지실천이론을 형성하면서 통합하게 되었다. 이 과정은 단계적으로 진행되었으며, 대표적인 통합모델로는 4체계 모델, 단일화모델, 생활모델, 문제해결모델 등이 있다.

다음은 기술의 통합으로 개별사회사업, 집단사회사업, 지역사회조직이라는 방법론의 틀을 탈피하였다. 미시적 관점에서 정책, 행정 등 거시적 관점으로 시각을 확대하였다. 사례관리(case management), 자조집단 지원 등 새로운 수준에서 개입하기 시작하였다.

이와 함께 전문직 단체가 통합되기 시작하였다. 사회복지사는 분야, 방법에 구분없이 모두 사회복지사로 같은 정체성을 가지게 되었다. 제2차 세계대전 후 대졸 수준의 워커들이 전문협회의 회원으로 가입함으로써 지금까지 낮게 평가받아 온 신분상의 지위가 올라갔다.

마지막으로 사회복지교육이 통합되었다. 사회복지관련 교과과정에 대해 연구하고 그 결과 공통의 교과과정을 마련하여 전문직으로 통합하는 데 기여하였다.

### 5) 사회복지실천의 발전기(1960~1980년대)

1970년대 생태체계이론의 등장과 함께 환경과 인간을 함께 이해하는 관점에서 다양한 실천 모델이 등장하였다.

상담실에서 클라이언트를 맞이하는 것에서 직접 클라이언트가 있는 곳으로 나가 접근하는 '현장접근방법(outreach)'을 시도하였으며, 지역사회를 개입 대상의 한 단위로 보게 되었다. 빈곤뿐 아니라 비행, 장애, 보건, 정신건강 등 다양한 문제를 다루게 되었고 각 방법론과 통합 방법론을 정착시켰다. 그 결과 사회복지실천에서 새로운 모델들이 발전하였고 전문직 영역이 확대되었으며, 사회복지사 수가 증가하면서 개인문제와 사회문제를 함께 다루는 전문직으로 발전하게 되었다.

### 6) 새로운 관점 등장과 개입전략의 확장(1980년~현재)

이 시기에는 개인의 책임성을 강조하는 보수적 관점이 뚜렷이 나타나는 경향이 있었다. 공공부문에서 다양한 사회복지프로그램들에 대한 예산의 삭감과 해결중심의 단기개입이 이루어졌으며, 지역사회 내 다른 자원들과 연계하는 데 주안점을 두었다. 또한 페미니스트 관점으로 클라이언트들이 자신들에게 영향력을 행사하는 외부체계들에 대응하는 방식과 스스로에게 힘을 부여하는 법 등을 배우도록 하는 데 주력하였고, 비슷한 사안들을 가진 사람들과 연계시킴으로써 일종의 지지망을 구축하고자 하였다.

생태학적 관점, 지역사회와 가족중심 접근방법들은 사회에서 소외된 사람들에게 적절한 서비스를 제공하고 폭넓게 프로그램을 수행하려고 노력하였다.

## 2. 사회복지실천의 관계

### 1) 사회복지실천의 관계

관계란 “공통된 이해관계를 지닌 두 사람 간의 정기적 또는 한시적으로 감정의 상호작용이 일어나는 조건”으로써, 사회복지실천에서는 인간 상호작용의 중요성을 인식하고 관계의 개념을 의식적이고 의도적으로 사용하려고 시도해 왔다.

비에스텍(Biestek, 1957)은 관계란 “클라이언트와 사회복지사 간에 혹은 사회자원들과의 교류를 가능하게 하는 연결통로로써 클라이언트와 그를 둘러싸고 있는 환경 간의 더 나은 적응을 가져오도록 개인의 능력과 지역사회 자원을 적절히 동원하고 활용할 수 있도록 돕는 관계”라고 정의하였다.

사회복지실천에서의 관계는 사회복지사와 클라이언트 간의 감정이나 태도의 역동적 상호작용을 말하며, 긍정적인 목적은 클라이언트가 자신과 사회 환경 사이에서 보다 효율적인 적응을 하도록 도와주는 데 있다.

### 2) 사회복지실천의 전문적 관계 특성

사회복지사와 클라이언트와의 관계는 사회복지사가 클라이언트에게 도움을 주는 전문적 대인관계라고 할 수 있다.

전문적 관계는 클라이언트의 문제해결 및 적응이라는 분명한 목적을 가지고 제한된 시간 동안 이루어지는 특수한 관계이다. 즉, 클라이언트는 도움을 요청하고 사회복지사는 전문가로서 도움을 주는 관계이다. 따라서 전문적 관계는 언제나 클라이언트의 입장에서 출발해야 하며, 사회복지사는 관계의 전반적인 과정에 대한 전문적 책임을 지게 된다.

전문적 관계의 기본요소는 다음과 같다.

### ❶ 수용

클라이언트를 자신의 감정과 사고에 대한 권리를 가진 독특한 개인으로서 배려하고, 클라이언트에 대한 진실된 관점과 인식, 경청하는 태도, 그들의 행동에 대한 주의 집중, 돕고자 하는 열망의 전달, 클라이언트에 대한 진실된 염려를 의미한다.

### ❷ 감정이입

수용과 밀접한 관계를 가지고 있다. 타인이 경험한 것을 이해하기 위하여 타인의 감정과 생각에 자신을 투사시키는 능력이다.

### ❸ 타인에 대한 관심

타인에 대한 관심은 클라이언트에게 일어난 일에 대해 진심어린 관심을 가지며, 이들의 감정과 교류할 수 있어야 함을 의미한다. 원조관계에서 타인에 대한 관심이란 책임감, 배려, 존중, 타인에 대한 이해 및 그들의 더 나은 삶에 대한 바람을 포함한다.

### ❹ 헌신과 의무

헌신과 의무는 돕는 과정에서의 책임감을 의미하는 것으로 일관성을 포함하는 개념이다.

### ❺ 권위와 권한

권위는 클라이언트와 기관에 의해 사회복지사에게 위임된 권한으로 정의된다. 사회복지사는 일정한 지식과 경험을 보유함으로써, 또한 일정한 지위에 있음으로써 영향력을 미칠 수 있는 권한을 갖는다.

### ❻ 진실성과 일치성

진실성과 일치성은 사회복지사가 클라이언트와 관계를 맺을 때 일관성 있고, 정직한 개방성을 유지하며, 대화의 내용과 행동이 항상 일치하면서도 전문가로서의 자아와 가치 체계에 부합하여야 함을 의미한다.

전문적 관계 형성의 요인은 다음과 같다.

### ❶ 공감

클라이언트 입장에서 그의 감정과 생각, 표현을 존중하고 이해하며 인정하는 것, 즉 클라이언트의 느낌과 감정들을 사회복지사도 함께 느껴보고 그것을 클라이언트에게 표현해 주는 것이다.

### ❷ 온정

사회복지사가 클라이언트에게 배려하는 마음으로 의사소통하는 정도를 말한다.

### ❸ 존중

사회복지사가 클라이언트의 독특한 개성과 자질을 이해함에 따라 그를 존중하는 마음이 생기게 된다.

### ❹ 구체성

초기단계에서 사회복지사는 클라이언트의 이야기에 높은 수준의 구체성을 강화해줌으로써 클라이언트의 문제에 관한 구체적인 자료에 반응한다.

### ❺ 성실성

자신의 마음 속 깊은 곳의 느낌을 각성하고 그것을 받아들이며 또 그 느낌에 맞추어 적절한 언어적·비언어적 의사소통을 정확하게 구사할 수 있는 정도를 가리킨다.

### ❻ 자기노출

자기노출이란 클라이언트의 문제해결을 돕는 선상에서 사회복지사가 자신의 느낌이나 생각, 경험을 클라이언트에게 전달하는 것을 말한다.

### ❼ 직면

클라이언트의 행동과 표현하고 있는 말 사이의 불일치를 사회복지사가 지적해 주는 것이다. 직면의 가치는 클라이언트가 자신을 평가하는 과정에서 고려할 수 있는 또 다른 견해를 그에게 제공한다는 점이 있다.

### ❽ 나 전달법(I-Message)

의사소통의 효과성을 증진하는 메시지 구조의 한 유형이다. 이는 분명하고 직접적인 메시지를 보낼 수 있도록 하고 메시지를 받는 사람이 방어적이 되지 않도록 하는 방법이다.

비에스텍(Biestek, 1957)은 관계의 목적을 심리·사회적인 욕구와 문제를 가진 클라이언트를 원조하는 것에 있다고 보았다. 비에스텍의 관계의 기본원칙은 다음과 같다.

- 원칙 1: 모든 클라이언트는 개별적인 욕구를 가진 존재 개별화해야 한다(개별화).
- 원칙 2: 클라이언트가 감정을 자유롭게 표현하도록 해야 한다(의도적 감정표현).
- 원칙 3: 클라이언트의 감정에 대해 사회복지사는 민감성과 이해로서 반응해야 한다(통제된 정서적 관여).
- 원칙 4: 클라이언트를 있는 그대로 인정하고 받아들여야 한다(수용).
- 원칙 5: 클라이언트를 심판하거나 비난하지 않아야 한다(비심판적 태도).
- 원칙 6: 클라이언트의 자기결정을 최대한 존중해야 한다(클라이언트의 자기결정).
- 원칙 7: 클라이언트의 비밀을 보장해야 한다(비밀보장).

# 3 사회복지실천모델

## 1. 클라이언트중심모델

### 1) 클라이언트중심모델의 등장배경

칼 로저스(Carl Rogers)는 1940년대 체계화에 의해 비지시적 치료에서 클라이언트 중심으로 그리고 인간중심모델로 발전하였으며, 모든 인간은 각자의 계속적인 성장에 궁극적인 관심을 가지고 있으며, 인간은 누구나 이와 같은 계속적인 성장을 위한 잠재능력을 갖고 있다는 인본주의에 사상적 바탕을 두고 있다.

클라이언트중심모델의 이론적 배경은 ① 철학적 관점, ② 인간이 긍정적인 방향으로 자발적인 성장을 할 수 있는 잠재력, ③ 주관적 세계가 행동의 원천이 된다고 보는 견해, ④ 인간에 대한 관점: 합목적적 · 전진적 · 건설적 · 현실적 존재인 동시에 신뢰할 만한 선한 존재에 그 배경을 두고 있다.

클라이언트중심모델의 목표는 다음과 같다.

#### ❶ 내담자의 자기실현을 돕는다

성장을 촉진하는 적절한 양육환경을 제공하면 스스로 문제를 해결할 수 있다는 내담자에 대한 신뢰와 믿음을 바탕으로 한다. 즉, 내담자 자신의 경험을 부정하거나 왜곡하지 않고 있는 그대로 수용할 수 있게 되면 심리적 문제는 저절로 해결될 수 있다고 본다.

### ❷ 자아실현의 첫 단계는 사회화 과정을 통해 왜곡된 자기 개념의 참 모습을 발견하는 것이다

내담자의 내면적 경험을 강조한다. 내담자가 자신의 내면적 경험을 정확히 지각하고, 이를 부정하거나 왜곡하지 않고 있는 그대로 수용할 수 있을 때 심리적 문제해결은 물론 건설적인 성격 변화, 즉 자아 성장이 가능해진다.

클라이언트중심모델의 주요 개념은 다음과 같다.

① 자아개념 : 자아구조를 의미

② 성격이나 행동양식의 결정 요인이므로 성격변화를 원한다면 자아개념을 변형시켜야 함

③ 후천적, 타인의 평가를 받아들여 조성되는 것

④ 실현경향성 : 유기체 자신이 갖고 있는 고유한 가능성들을 건설적인 방향으로 성취하고자 하는 경향성

⑤ 인간에게 생득적이며 행동의 최상 동기임

⑥ 자아실현 : 평생을 지속하는 과정으로 한 인간이 자신이 되는 과정, 개인의 독특한 특성들과 잠재력을 발달시켜 가는 과정

⑦ 긍정적 관심

⑧ 조건적 가치 : 타인들의 긍정적인 관심이 조건적으로 주어짐에 따라 인간이 어떤 측면에서는 자신이 존중되고 있지만, 다른 면에서는 그렇지 않다고 느낄 때 일어난다는 것이다.

## 2) 개입기법

성장을 촉진하는 양육조건을 제공한다. 즉, 치료적 관계가 관건이다. 치료적 관계를 형성하는 상담자의 태도 세 가지는 일치성과 진솔성, 무조건적이고 긍정적인 존중, 공감적 이해이다.

### (1) 일치성과 진솔성(congruence)

매 순간 경험하는 자신의 생각과 느낌을 그대로 솔직하게 인정하고 개방한다. 긍정적인 내용뿐 아니라 부정적인 내용까지도 포함된다. 내담자에 대한 상담자의 부정적 감정의 경우, 오랫동안의 사회화 과정을 통해 자기의 진정한 바람보다는 외적 가치 조건에 맞추어 행동하고 사고함으로써 타인으로부터 인정을 받는 방식이 습관화되었기 때문에 스스로 왜곡된 자기의 참 모습을 자각하기가 어렵다. 따라서 상담자의 '촉진'이 필요하다.

'촉진자 역할'이란 상담자가 아무런 조건 없이 내담자를 있는 그대로 존중하고 수용하는 것이다. 이를 반영이라고 한다. 반영이란 내담자의 마음에서 일어나고 있는 갖가지 감정들을 거울로 비추듯이 내담자에게 보여주는 것이다. 대부분의 내담자는 자신의 내면적 감정들을 명확히 지각하지 못하고 있다.

표현이 내담자의 성장에 기여하지 못한다면 의미가 없다. 상담자 자신의 경험이 왜곡되어 있거나 자신의 심리적 문제가 미해결된 상태에서 부정적인 감정들을 충동적으로 표현하는 것은 미숙한 태도이다. 즉, 상담자의 진솔성은 어느 정도 상담자의 인격적 성숙을 전제로 한다.

### (2) 무조건적이고 긍정적인 존중(unconditional positive regard)

인간은 누구나 자신을 긍정적인 존재로 여기고 싶어하는 욕구를 지니고 있다. 이를 위해 다른 사람의 긍정적인 인정, 사랑, 수용, 존중이 필수적이다. 따라서 성인이 부여한 가치조건에 자신을 짜맞추게 된다.

무조건적이고 긍정적인 존중을 통해 그러한 가치의 조건화 태도를 바꾸어 간다. 무조건적이란 수용해주는 사람의 가치조건에 비추어 판단하거나 평가하지 않음을 뜻한다.

#### (3) 공감적 이해(empathic understanding)

내담자의 입장에 서보는 것을 뜻한다. 풍부한 정서적 상상력이 필요하며 이를 통해 내담자의 마음의 세계를 있는 그대로 관찰하고 경험하도록 한다. 이 과정에서 상담자 자신의 감정이나 생각들이 개입되면 공감적 이해가 어려워진다. 공감이란 '마치 ~처럼', 즉 '상담자가 마치 내담자인 것처럼' 내담자의 내면세계를 파악한 뒤 이를 내담자에게 되돌려 주는 것이다.

## 2. 심리사회모델

### 1) 심리사회적 모델의 의의

심리사회모델에서는 인간의 문제를 심리적이고 사회적인 문제로 이해하면서 '상황 속의 인간'을 강조한다. 하지만 심리사회모델의 주요 이론적 배경은 정신역동이며 '상황 속의 인간'의 시각을 강조하지만, 개입의 초점은 역시 클라이언트 심리의 내적인 과정에 편중되어 있다.

모든 사회복지실천에 있어서 심리사회적 개념들은 사회복지에서 차지하는 비중이 매우 크다고 볼 수 있다. 사회복지 역사의 관점에서 볼 때 심리사회적 접근은 개인 및 가족의 복지를 지지하고 사람들이 가지는 사회적 기능의 회복 및 대인 관계의 향상이라는 욕구에 부응하려는 노력에서 성장했다고 할 수 있다.

#### (1) 심리사회적 모델의 특성

사회복지사와 클라이언트의 의사소통 유형으로서 문제를 해결하기 위한 능력을 고취하도록 원조하는 것을 강조한다. 심리사회모델을 사용하는 사회복지사들이 어떤 활동에 주로 관여하는지를 연구한 우즈와 홀리스(Woods & Hollis, 1990)는 사회복지사와 클라이언트의 의사소통 유형을 다음의 여섯 가지로 제시하였다.

### ❶ 지지

지지(sustainment)과정은 심리사회모델에 따른 사회복지사의 활동 가운데 가장 기본적이고 핵심적인 활동이다. 이러한 지지 과정은 클라이언트의 불안감, 자존감의 결핍, 자신감의 결핍 등을 감소시키기 위해 사용된다.

### ❷ 직접적 영향

직접적 영향(direct influence)이란 클라이언트의 행동을 향상하고 직접적 영향이 효과적이기 위해서는 지지 과정을 통해 관계를 형성하는 것이 무엇보다 중요하다. 또한 사회복지사 자신이 조언하고 싶은 욕구에 의해 조언하는 것이 아니라 클라이언트의 욕구에 따라 조언해야 하며, 이러한 경우라도 클라이언트의 자기결정권이 존중되도록 주의해야 한다.

### ❸ 탐색 · 기술 · 환기

탐색(exploration)과 기술(description)은 클라이언트의 문제와 관련하여 클라이언트, 클라이언트의 환경 혹은 클라이언트와 환경과의 상호작용에 관한 사실을 진술하고 설명하도록 원조하는 것이며, 환기(ventilation)는 사실과 관련된 감정을 끄집어냄으로써 카타르시스를 경험하도록 원조하는 것이다.

### ❹ 인간 · 상황에 대한 고찰

인간·상황에 대한 고찰(person situation reflection)은 사회복지사가 클라이언트를 도와 클라이언트 자신의 상황과 그 상황 안에서 자신의 위치나 기능, 상황 속에서 경험한 생각·느낌·감정 등에 대해 더 잘 이해할 수 있도록 해 주는 의사소통이다.

### ❺ 유형 · 역동에 대한 고찰

클라이언트의 행동 경향, 클라이언트로 하여금 어떤 특정 행위에 도달하게끔 하는 생각이나 감정의 패턴 또는 어떤 사건에 대한 생각 경향 등을 클라이언트 스스로 찾아낼 수 있도록 도와주는 의사소통행위이다.

사회복지사는 클라이언트의 성격 혹은 행동의 유형과 이드, 자아, 초자아의 심리 내적 역동에 대해 고찰(pattern dynamic reflection)한다. 또한 클라이언트가 사용하는 방어기제를 분석하고, 클라이언트가 자기고 있는 내부 대상에 대해 고찰하며, 분리와 개별화 정도 등에 대해 고찰한다.

#### ❻ 발달적 고찰

인간 발달적 고찰(developmental reflection)은 상황에 대한 고찰과는 달리 성인기 이전의 생애 경험과 이런 경험이 현재 기능에 미치는 영향에 대해 고찰하는 것을 의미한다. 클라이언트의 현재의 성격이나 기능에 영향을 미친다고 생각되는 원가족에서의 경험 또는 유아기 때의 경험에 대해 생각해 보도록 하는 의사소통 행위로, 발달적 요소란 현재의 행동에 아직도 나쁜 영향을 미치는 유년기의 경험을 말한다.

### (2) 사회복지사의 역할 유형

① 사회복지사가 적극적으로 환경에 대해 대처할 때에는 많은 상이한 역할을 맡게 되는데, 이러한 역할과 관련하여 강조되어야 할 두 가지 중요한 사항으로는 비밀보장과 클라이언트의 책임성을 들 수 있다. 비밀보장은 활동과정에서 클라이언트 신상에 대한 내용이 공개되지 않도록 유의하는 것을 의미하며, 클라이언트의 책임성은 환경에 대한 개입과 관련한 의사결정에 대해 사회복지사가 아닌 클라이언트가 책임을 진다는 것이다.

② 홀리스(Florence Hollis)와 우즈(Mary E. Woods)가 제시한 사회복지사의 역할을 살펴보면 다음과 같다. 기관에서 자원 제공의 기능을 가진 사회복지사라면 '자원의 제공자'로서의 역할을 하여야 하며, 지역사회에 대해 자세히 알고 클라이언트가 무엇을 필요로 하는가를 정확히 파악하고자 하는 경우, '자원 발견자'로서의 역할을 하여야 한다. 또한 사회복지사는 사회복지기관 또는 관련 기관들이 새로운 프로그램을 신설하도록 독려하는 '자원의 창출자'로

서의 역할을 하여야 하고, 클라이언트 주변의 사람들이 클라이언트를 다르게 이해하고 클라이언트에 대해 다르게 행동할 수 있도록 지원하는 '해석자'로서의 역할도 하여야 한다. 그 밖에도 사회복지사는 클라이언트 주변 사람들이 클라이언트의 인격·욕구·권리 등에 대한 이해를 바로 할 수 있도록 옹호하는 '중재자'의 역할과 클라이언트의 권리가 명백히 무시·거부 또는 침해당하고 있을 경우 그것에 직면하는 '공격적 개입자' 역할도 하여야 한다. 또한 사회복지사업법에서 사회복지현장실습의 기준으로 실습세미나를 1회당 2시간 이상의 실습세미나를 총 15회 이상 실시하여야 하며, 이 경우 정보통신망을 이용한 온라인 교육을 실시하는 교육기관의 실습세미나에는 대면 방식의 세미나가 총 3회 이상 포함되어야 한다. 그리고 한 세미나에 참여하는 학생수는 30명 이내이어야 한다.

## 3. 위기개입

### 1) 위기개입모델의 등장배경

위기개입모델은 사회사업이론은 물론 심리학·사회학·정신분석학 등에 그 뿌리를 두고 있다. 초기이론은 정신 역동적 자아 심리학에 토대를 두었고 긴장이론으로부터도 많은 영향을 받았다. 긴장이론은 모든 사람들이 그들의 다양한 생활주기에서 여러 가지 내적·외적 스트레스를 받기 쉽다는 것, 즉 성장과정에서 각 개인은 생존을 위한 각종 대처기제나 문제해결 방법 등을 습득해 나간다는 과정에 기반을 두고 있다.

특히 힐(Hill, 1949)의 연구결과에 기초해서 수행된 가족 스트레스에 관한 연구는 위기이론의 발달에 큰 영향을 주었다(Boss, 1988; McCubbin & Patterson, 1982). 한편, 정신의학 분야에서 스미스 칼리지(Smith College, 1918)가 전쟁 군인들의 재활에 사회사업가의 개입과 이를 위한 훈련이 필요하다고 주장한 이후, 사회사업 실천가들이 급성 스트레스 환자들의 특수욕구에 민감한 반응을 보이게 되었다.

이어 린더만(Linedemann)이 최초로 지역사회수준의 정신건강 유지와 정서적 장애를 예방하기 위한 접근방법을 개발하였다. 그는 사별반응에 대한 연구를 통해 정서적 위기라는 개념을 중심으로 개념적 틀을 구성할 수 있다면 정서적 장애에 대한 예방적 노력도 가능할 것이라고 결론지었다. 린더만의 이론적 틀은 위기개입 기술을 발달시키는 데 많은 기여를 했고, 1946년에는 카플란(Caplan)과 함께 정신건강에 관한 지역 프로그램을 개설하게 되었다. 이로 인해 개방병동이나 입원환자의 집에서 재활프로그램을 실시하는 작업이 구체화되었고 '치료적 지역사회'라는 개념도 출현하게 되었다.

제2차 세계대전 이후 전쟁으로 인한 빠른 결혼, 이별 후의 여파 등으로 해체된 가족들을 위한 빠르고 숙련된 서비스가 요구되었다. 이들을 대상으로 한 초기 서비스의 특징은 새로이 대두된 위기상황을 극복하기 위해 1·2회 면접 내에 제한된 목표를 설정하고, 그와 동시에 클라이언트에 대한 처우를 즉각적으로 시작한다는 점이다.

1950년대 이래 사회사업이 정신보건 부문에 적극적으로 개입하면서 위기개입 모델을 적극 활용하게 되었다. 하버드에서 카플란과 함께 일했던 사회사업가 파라드(Parad), 카플란(Kaplan), 라파포트(Rappaport)들은 사회사업에 적합한 위기개입 모델의 기본 틀을 개발하기 시작했다.

1970년대에 카플란은 파괴적 위기상황을 완화하고 예방할 수 있는 지역사회 내 자연적 상호지지체계에 관심을 갖게 되었고, 자콥슨(Jacobson)과 그의 동료들도 벤자민러시(Benjamin Rush) 생활문제 연구소를 개설했다. 그들은 폭넓은 사회·정서적 문제에 대해 짧고 직접적인 위기개입 실천기법을 적용했다.

정신건강에 대한 위기적 접근은 1960년대와 1970년대 초반에 미국 전역에 급속히 확산되었다. 이후 위기이론은 인간의 스트레스에 관한 방대한 연구결과로부터도 많은 영향을 받고 있다. 예를 들면, 항상성에 관련된 가정은 일반 체계이론 특히 스트레스 전문 심리학자인 한스 셀리에(Hans Selye)의 연구결과에서 비롯된 것이다.

위기이론에서 인지 및 대처 활동의 강조는 라자루스(Lazarus)의 연구결과에 기초하고 있다.

① 위기상황에 즉각적으로 개입하여 단기 원조를 제공
② 대처능력과 자원의 부족으로 문제가 생기는 사람들에 관한 관심으로 나옴
③ 위기에 처한 개인 및 가족을 중심으로 하는 일상접근법을 강조한 초기모델
④ 사회 구조적 측면, 사회 체계적 측면을 강조하는 인식 확산
⑤ 심리중심 위기개입, 생태학적 측면의 환경중심적 접근 강조

## 2) 위기개입모델의 주요개념

### (1) 기본가정

위기의 정서적·인지적·생리적·기능적 요인들을 강조하는 위기이론은 다음의 기본적 가정들을 기초로 하고 있다.

개인은 일상생활에서 내적·외적 스트레스가 심하고 균형상태가 파괴되는 기간이 있다. 이러한 상황은 일반적으로 위험한 사건에 의하여 유발된다.

비록 위기상황이 질병이 아니고, 병리적 경험도 아니며, 개인의 현재 생활상황을 처리하기 위한 현실적 노력을 반영하는 것이지만, 그것은 인생 초기의 미해결된 혹은 부분적으로 해결된 갈등과 연결될 수도 있다. 이러한 상황에서 위기는 두 가지의 기회를 제공할 수 있다.

위기상황의 시작과 마지막 해결 간의 전체 시간의 길이는 위험한 사건의 심각성, 개인의 특정한 반응, 성취되어야 하는 과업의 본질과 복잡성 그리고 가능한 상황적 지지 등에 따라 다르다. 그러나 실제적인 심한 불균형 상태는 일반적으로 4주에서 6주까지 지속된다.

위기상황을 해결하는 동안 개인은 도움에 대해 특히 순응적이다. 습관적인 방어기제가 약화되고, 일상적 대처 유형이 부적절하게 되며, 자아는 외부의 영향과 변화에 대하여 더욱 개방적이다. 따라서 최소한의 노력으로 최대한의 효과를 거

둘 수 있다.

위기개입 상담자의 역할은 수동적 혹은 중립적이라기보다는 적극적이다. 재통합 단계 동안 장차 다른 상황에서 더욱 효과적으로 대처할 수 있게 하는 새로운 자아장치가 출현할 수도 있고 새로운 순응양식이 전개될 수도 있다.

위기개입은 그 대상이 개인이든 가족이든 무의식적·정신 내면적 갈등의 해결에 역점을 두지 않는다.

회복된 평형상태는 위기 이전의 평형상태보다 더 좋을 수도 있고, 같거나 나쁠 수도 있다.

① 격심한 정서적 불균형과 사회적 해체현상을 겪는 것은 정상적
② 일시적 혼란, 누구나 일생을 통해 겪을 수 있는 현상
③ 정서적 균형을 찾으려는 경향이 있음
④ 정서적 균형 회복과정에서 일시적이고 격심한 심리적 유약성 경험
⑤ 심리적 치료서비스 수용태도를 갖게 됨
⑥ 부정적 결과를 가져올 수 있지만 성장과 발전의 기회가 되기도 함

### (2) 주요개념과 유형

위기는 개인이 어떤 문제를 평상시의 해결방법으로는 해결하지 못한 심각한 정서적인 혼란을 경험하는 상태를 말하며, 위험한 순간이면서도 전환점이 되는 시기라고도 한다.

위기의 유형은 다음과 같다.

#### ❶ 발달과정상의 위기

개인의 생활양식은 그의 환경 내에서 변화하는 상황이나 성숙한 발달의 계속적인 과정 혹은 그 양자의 결합에 의해서 부단히 변화한다. 잠재적인 위기영역은 모든 인간의 정상적인 성장과정에서 경험하는 뚜렷한 사회적·신체적·심리적 변화의 기간 동안에 생긴다. 발달 과정상의 위기들은 모든 사람들이 성장과정에서 경험하기 때문에 정상적 위기라고 할 수도 있다. 예를 들어 청년기(18~21세)의

경우 미혼부모가 되어 학교·직장 부적응, 결혼생활의 갈등, 중독, 범죄로 이어지는 위기가 될 수 있다.

### ❷ 상황적 위기(우발적 위기)

사람들이 욕구충족의 본질적인 자원이라고 믿고 있는 것을 비정상적으로, 또 일반적으로 예기하지 않는 가운데 상실됨으로써 유발된다.

① 신체적인 병
② 강간
③ 지위와 역할의 변화
④ 이혼
⑤ 기타(금전적 상실, 실직, 자녀·부모의 사망, 신체장애, 알코올중독, 원치 않는 임신, 전쟁이나 경기 불황 같은 사회적 재난 등)

위기 반응은 다음과 같다.

① 심리적 위기에 대한 신체적 반응은 식욕의 변화, 두통, 복통, 성적 충동의 상실, 숨이 가쁨, 근육의 심한 긴장, 메스꺼우며 설사를 함, 몸무게가 불어남, 지속적인 불면증, 위궤양, 소화 장애, 고혈압, 심장이 빨라짐 등이 있다.
② 정서적 위기 반응은 두려움, 불안, 혼돈, 신경과민, 긴장, 피로, 적개심, 분노, 우울, 양가성, 결정을 못 내림, 공황, 이자극성, 죄의식, 편집정신병 등이 있다.
③ 행동적 반응은 주의집중이 되지 않음, 과거에 몰두함, 이야기 중에 실언을 함, 부정, 망상 혹은 환각, 습관의 변화, 약물 중독, 빈번한 환각제 사용, 범죄행위 등이 있다.

## ▣ 연구과제

**1. 진단주의와 기능주의의 갈등연구**
**2. 전문적 관계형성의 요인기술**

제 11 장

# 사회복지실천기술론

1. 사회복지실천기술의 의의
2. 관계론
3. 사회복지 개인실천모델

**✦ 학습과제**

1. 사회복지실천의 통합기술에 대해 논의
2. 사회복지실천관계의 원리에 대해 설명과 사례 제시
3. 사회복지실천모델에서 정신역동모델에 대한 기술

# 1 사회복지실천기술의 의의

## 1. 사회복지실천기술의 의의

사회복지실천기술은 사회복지사 개입이 효과적으로 이루어질 수 있도록 상황에 적합한 다양한 전략과 역할을 선택하고, 각각의 전략과 역할선택에 필요한 전문지식과 기술을 적용하는 것을 말한다.

핀커스와 미나한(Pincus & Minahan)은 사회복지실천기술을 사람과 자원 간의 연결과 상호관계라고 정의하였고, 최초로 사회복지실천이 전문직이라고 강조하고 있으며, 사회복지실천기술은 사회복지실천활동 수행 시 효과적으로 지식을 이용하고 적용할 수 있게 해주는 능력이나 방법으로 대인관계기술, 면접기술, 집단지도기술, 의사소통기술, 평가 및 종결기술 등을 말한다.

따라서 사회복지실천기술은 다음과 같이 4가지 특성을 가진 인지적이고 행동적인 행위라고 볼 수 있다.

첫째, 사회복지실천이 지식, 가치, 윤리, 의무로부터 나와야 하며, 둘째, 사회복지사에 필요한 핵심적 자질과 일치해야 하며, 셋째, 전문적 통합성의 특징을 반영해야 하며, 넷째, 실천의 단계나 과정의 맥락을 고려할 때 사회복지실천목적과 일치하여야 한다.

이에 사회복지사가 지녀야 할 전문적 요소는 다음과 같다.

첫째, 가치(values)이다. 사회 내에서의 일반적인 문화적·사회적 가치뿐만 아니라 클라이언트와 사회복지사 및 전문직에 대한 가치 모두가 해당된다.

둘째, 지식(knowledge)이다. 인간 및 사회에 대한 체계적 이해와 문제해결의 과학성을 위해 매우 필요한 요소이다.

셋째, 기술(skills)이다. 기술은 가치와 지식을 기반으로 클라이언트의 욕구를 충족시켜 주기 위한 구체적 실행기술이고, 사회사업가의 경우에 인지적이고 상호작용적인 기술들을 조화시키는 학습을 통해서만 그 기술의 숙련이 이루어진다. 그리고 그 기술은 오랜 시간에 걸쳐 발전되어야 한다.

지식과 가치, 기술에 대한 선택은 각각의 실천상황에 적용된다. 사회복지사에게 요구되는 실천기술로는 문제 파악에 의한 접근방법을 선정하는 기술, 실천할 수 있는 일반사회복지사로서의 기술, 구체적이고 특정한 클라이언트의 문제에 대해 개입하는 전문사회복지사로서의 기술 등이 있으며, 상호 독립적으로 가능하기도 하며 또한 통합적으로 가능할 수도 있다.

사회복지실천을 위한 이론은 사회복지실천을 어떻게 할 것이냐에 대한 방법에 관한 이론을 말한다.

지향이론 및 기본이론은 사회복지실천에 있어서 밑바탕이 되어야 할 배경지식에 대한 이론으로 심리학, 사회학, 정치학의 이론을 말한다.

실천틀 및 준거틀(frame work)은 사회복지실천에 대한 구체적인 지침이나 방법을 말한다. 실천관점(Perspective)으로서는 사회현상이나 조직구조를 어떻게 바라볼 것인가에 대한 개념적인 렌즈로 내가 어떠한 관점을 가지고 보느냐에 대한 문제이다. 예를 들면, 빈곤으로 인한 가족해체를 문제로 삼는다면 문제의 접근과 해결에 있어서 자본주의의 어쩔 수 없는 폐단이라고 단순하게 생각하는 관점과 자본의 균형 있는 분배와 정의실현 관점으로 판단하는 관점이 있다면 어떠한 시각으로 볼 것인가에 따라 문제접근방법과 해결방향이 달라지므로 매우 중요한 부분이다.

그리고 실천이론은 사회복지실천을 하는 데 있어서 실천의 방향을 제시해 주는 이론들로, 즉 행동수정이론, 심리사회적 접근으로 실천모델보다 포괄적인 이론을 말한다.

실천모델은 실천이론보다 구체적이며 실천의 지침이 되는 원리단계를 제시한 체계적인 것을 말하는데, 이는 특정 이론에 얽매이지 않는 자세가 중요하다. 즉, 문제해결 자체가 중요한 것이지 특정 이론의 구속을 받을 필요는 없다. 실천모델의 골자는 사회복지사가 클라이언트의 당면한 문제를 해결함에 있어서 특정한 행동계약을 하는 것으로써 과제중심의 접근과 문제해결의 접근방식을 말한다.

여기서 사회복지는 사회의 기본적인 욕구를 충족시켜 전체 사회의 집단적 안녕 상태를 유지하기 위한 국가적 제도나 프로그램, 서비스체계를 말한다. 여기서 기본적 욕구는 오늘날 사회의 문화적 욕구인 레저, 여가선용 등을 포함하여 건강과 관련한 의료정책과 행복 등에 관한 욕구를 말한다.

사회사업(social work)이란 개인, 집단, 지역사회가 사회적 기능을 수행할 수 있도록 능력증진이나 회복을 돕고, 이러한 목표를 달성할 수 있는 사회적 여건을 조성하는 전문적 활동을 말한다. 전문적 활동은 아무나 할 수가 없고 전문적 활동에 필요한 지식, 기술, 가치가 필요하다.

따라서 사회사업실천에 있어서는 통합적 과정 모델로서의 문제해결과정이 요구된다.

## 2. 사회복지실천의 철학과 가치

### 1) 직업과 사회복지인의 조화

#### (1) 직업으로서의 사회복지

직업으로서의 사회복지는 첫째, 사회복지사로서 가치나 신념이 목표와 일치해야 하며, 둘째, 수입에 대한 현실적인 태도가 필요하며, 셋째, 실천현장에서 인내가 필요하다.

### (2) 사회복지사로서 정체성

첫째, 사회복지사는 좋은 평판을 유지할 필요가 있고, 이는 어려움이 닥칠 때 위기에서 살아남을 수 있는 힘이 된다.

둘째, 기관과의 정책적 갈등을 어떻게 풀어갈 것인가에 대한 생각이 필요하다. 일의 판단과 실행에 있어 원칙을 적용하는 모습이 필요하다.

셋째, 사회정의의 장려가 필요하다.

넷째, 바람직한 정치참여가 필요하다.

### (3) 사회생활과 직업과의 조화

첫째, 클라이언트로부터 배우려는 자세와 개방적인 자세가 필요하다.

둘째, 합리적인 판단이 필요하며 Yes, No를 분명히 할 수 있어야 한다.

셋째, 자신의 가족을 보호하고 부양할 수 있어야 한다.

### (4) 전인적인 사회복지사

첫째, 다양한 사람들과 폭넓은 교재가 필요하기에 직장 내외로 인간적인 영역의 확장이 필요하다.

둘째, 사회복지사로서의 가치와 자아상 정립이 필요하다.

셋째, 신체적·정신적 안정유지가 필요하다. 즉, 자신과 가족 그리고 일로 인한 스트레스를 적절히 해결하는 것이 필요하다.

넷째, 사회복지는 행동지향적인 전문직이므로 계속적인 지적 성장을 추구해야 할 필요가 있다.

다섯째, 종교적 활동과 영성도 사회복지사의 자질에 있어서 중요한 부분이다.

여섯째, 전인적인 사회복지사가 되기 위해서는 창의적이고 예술적인 표현에도 관심을 가져야 한다.

일곱째, 힘들고 어려운 사회복지사의 실천에 있어서 그 일을 어떠한 자세로 임할 것인가의 문제에 있어서 사회복지 일을 즐기면서 할 수 있어야 한다. 즉, 유머가 필요하다.

### 2) 개인의 예술과 전문직의 과학

예술가로서 사회복지사에 있어서의 경우 예술은 감성·정서적 영역이고, 과학은 논리적·조직적·체계적 특성으로 사람을 대하는 데 있어 그 역할이 예술이라고 할 정도의 느낌이 있어야 한다. 이러한 예술로서의 요건은 다음과 같다.

첫째는 사랑과 용기이다. Compassion은 사전적 의미가 동정의 뜻을 갖고 있지만, 사회복지사에 있어서 이 단어는 동정 이상의 의미로 측은히 여기는 인간에 대한 사랑으로 표현될 수 있다. Courage는 사전적 의미는 용기를 뜻하지만, 사회복지사에 있어서 용기는 힘에 의한 용기를 넘어서 인간 기회의 사회적인 어두움과 약자들에 대해서 회피하거나 외면하지 않고 접근하며 함께하려는 용기다.

둘째, 전문가적 관계이다. 전문가적 관계란 두 가지 요소, 즉 감정이입과 소유하지 않는 따뜻함이 필요하다. 이러한 것은 타인의 입장을 이해하는 것에서부터 출발하므로 계속적인 연습이 필요하다. 소유하지 않는 관계로서 인간의 존재가치에 대한 수용(acceptance)과 비심판적 태도(non judgmental attitude)가 필요하다. 여기에서 감정이입과 비심판적 태도는 사회복지사 자신이 그렇게 행동한다는 생각이 중요한 것이 아니라, 사회복지 수혜자나 대상자가 사회복지사에 대해서 그렇게 인정하고 받아들이냐 하는 것이 문제이다. 그리고 진실성(genuineness)은 사람이 솔직하다는 표현 속에는 타인을 비하하는 경우가 있지만, 진실하다는 것은 타인을 인정하고 지지해준다.

셋째, 창의성이다. 인간생활의 기본적인 양식을 넘어서 새로운 발상의 전환을 하고자 하는 노력을 통한 상상력 그리고 일을 보거나 대하는 것에 있어서 원칙을 지키면서도 운용의 묘를 살리는 융통성, 시작한 일이 난관에 봉착하더라도 끝까지 해내는 과제 집중력, 즉 인내심이 필요하며 이러한 창의성을 가지는 것은 연습이 필요하다.

넷째, 소망과 열정이다. 희망과 소망을 통해 열정이 생기게 된다. 이를 위해서 동기의 증진이 필요하다.

다섯째, 개인적인 가치관이다. 인간의 기본적 권리에 대한 존중하는 자세와 사회구성원으로서의 사회적 책임의식, 개인적 자유에 대한 헌신, 마지막으로 자기결정에 대한 지지의 자세가 필요하다.

### 3) 과학자로서 사회복지사

과학자로서 사회복지사는 첫째, 사회문제에 관한 지식, 둘째, 사회정책, 사회적 프로그램에 대한 지식, 셋째, 사회적 현상에 대한 지식, 넷째, 사회복지 전문직에 관한 지식 그리고 사회복지실천을 위한 구체적인 방법에 관한 지식이 요구된다.

## 3. 대상별 사회복지실천기술

### 1) 개인대상의 실천기술

#### (1) 초기단계

클라이언트의 긴장이나 불안을 경감시키고, 신뢰감과 희망을 높이고, 클라이언트가 그 문제를 상황적·정서적 측면에서 생각하고 표현하도록 돕고, 클라이언트가 추구하는 목적과 기관의 서비스와 관련하여 여러 가지 욕구에 초점을 맞추도록 돕는 기술들이 필요하다. 인테이크 및 조사탐색 단계에서 사용하는 구체적 기술로 이해와 공감, 세심한 배려와 존경, 탐색, 명확화, 반영 등을 들 수 있다.

#### (2) 중간단계

사정단계는 수집된 자료를 통해 클라이언트와 그가 직면하고 있는 문제상황을 분석하고 문제해결을 위한 계획을 수립하는 과정이다. 사정단계에 필요한 기본기술은 ① 기술적 정보 정리, ② 임시적인 사정 틀을 구성, ③ 계획 수립 시에는 목표를 설정하고 효과적인 접근방법을 개발하며, 단계적 행동방법을 구상하고 평가

계획을 세우는 실천기술을 필요로 한다.

다음의 개입단계는 문제해결을 위한 접근이 필요한 실천과정의 기술이다.

개입단계에서 사용되는 기술은 직접치료와 간접치료인데, 개인대상의 실천에서는 특히 환경치료와 같은 간접치료보다는 개인에 대한 직접적이고 지시적인 표현기술을 많이 활용한다.

구체적 개입기술로는 모델링, 인지적 재구조와 연습 등의 상담기술이나 조언, 교육 등을 들 수 있다.

#### (3) 종결단계

목표달성에 따라 혹은 목표달성의 여부와 상관없이 사회복지사와 클라이언트의 전문적인 원조관계를 끝내는 과정으로 종결에 따른 클라이언트와 사회복지사의 감정처리 기술이 필요하며, 최종평가와 함께 원조관계를 끝내는 데 대한 클라이언트의 종결소감을 함께 나누면서 다루는 기술이 중요하다.

### 2) 집단대상의 실천기술

#### (1) 준비 및 초기단계

준비단계는 집단계획과 집단구성, 지속기간, 물리적 환경 배려 및 기관의 승인 등을 고려하고 개인면접을 활용할 수 있다. 그리고 개개인의 사회 정서적 능력과 성별 구성 등을 고려해야 하며, 사회복지사는 다양성과 공통성 사이에 균형을 이루도록 해야 한다. 초기단계는 집단성원의 소개, 집단의 목적에 대한 설명과 피드백, 성원들의 목표설정, 집단계약 등의 과업을 실행해야 한다.

#### (2) 중간단계

성원 간에 친밀감과 상호 공유가 증가하고 집단응집력이 증가하는 시기이다. 주요과업은 집단의 형태와 지도력 유형에 따라 다르지만, 공통적으로 집단회합의

준비, 집단의 구조와 성원의 참여와 권한 부여, 성원의 목적성취 원조, 갈등처리, 저항적인 성원의 독려, 모니터링 등의 과업을 수행해야 한다.

#### (3) 종결단계

매우 중요한 단계이며 이 단계에서 성원들은 반드시 그들의 학습을 강화해야 한다. 참여자들은 새로운 일을 탐색하기 싫어하므로 마지막 세션에서는 강도 높은 활동은 되도록 하지 않아야 한다. 성원들은 종결의 현실에 반드시 직면해야 되고, 어떻게 작별하는가를 배워야 한다.

### 3) 가족대상의 실천기술

#### (1) 초기단계

가족에 대해 체계적으로 사정하고 개입계획을 수립하며 합류하기, 불안 완화 등의 기술, 가족사정기술, 생태도와 가계도 작성·분석, 생애주기에 따른 가족의 욕구와 문제를 분석하는 기술이 필요하다.

① **관계형성** : 가족과 합류하기 위해서는 무엇보다 가족성원들의 이야기를 경청하는 것이 중요하며, 불안 완화를 위한 기술이 필요하다.

② **가족사정** : 가족이 제시하는 문제, 생태학적 사정, 세대 간 사정, 가족 내부에 대한 사정으로 이루어진다(Hartman & Laird, 1983).

③ 생태도는 인터뷰를 통해 클라이언트와 그 가족의 상태나 문제를 그림으로 보여주는 주요한 가족사정의 방법이다. 생태도는 클라이언트를 둘러싼 각 체계와 가족 간의 관계의 성적뿐만 아니라 환경에서 가족에로의 자원의 흐름이 표시된다. 이의 장점은 클라이언트 가족에게 유용한 자원이나 환경이 무엇인지, 가족체계에 스트레스를 주는 요인은 무엇인지, 체계들 간의 관계가 유지되는 방식 등에 관한 많은 유익한 정보를 확인할 수 있다.

④ 가계도는 가족 계보를 중심으로 그 가족의 3세대 이상에 대한 정보를 보여주는 것으로 가족문제에 기여하는 중요 요인과 가족 패턴을 알 수 있다.

### (2) 개입단계

① 예를 사용하는 방식으로 가족사회복지사가 대상가족에게 설명하고, 기술하며, 개념을 가르치는 데 도움이 된다.

② 직면 : 정보를 보여주어 클라이언트가 실패한 부분에 대해 확인함으로써 인식할 수 있게 하는 것이다.

③ 재구조화 : 과거의 관계상황과 장소에서 새로운 관계상황으로 어떤 상황을 옮기는 것이다.

④ 시연 : 가족의 갈등을 외부에서가 아니라 지금 여기(here and now)로 가져오는 것이다.

⑤ 은유 사용하기 : 추상적인 개념을 이해하기 위해 보다 수용할 수 있는 쉬운 정보로 표현해 주는 것이고, 기타 탈삼각화, 가족조각, 경계 만들기, 균형 깨뜨리기, 역설적 지시, 순환적 질문하기, 기적 질문과 예외 질문하기 등을 들 수 있다.

### (3) 종결단계

개입을 통한 가족 혹은 성원들의 변화를 확인하고, 가족이 변화를 유지할 수 있도록 지원하며, 필요한 경우 추후 면접을 계획한다.

## 4) 사회복지실천의 통합기술

### (1) 언어적 의사소통

메시지 전달 시 필요한 규칙은 다음과 같다.

① 명확하고 단순한 용어를 사용한다. 분명하고 너무 빠르지 않게 말한다.

② 전달하고자 하는 메시지 내용과 몸짓이 일치해야 한다. 적절한 시선접촉과 몸짓을 사용한다.

③ 너무 많은 정보로 수신자를 압도하지 않는다.

④ 수신자가 잘 이해했는가를 확인하기 위해 질문이나 코멘트 등 피드백을 요

구한다.

### (2) 비언어적 의사소통

① 언어적 의사소통을 더 정확하게 표현해 주는 보완적 의사소통이다.

② 말로는 표현할 수 없는 클라이언트의 감정을 보다 솔직하게 표현해 주는 수단이다.

③ 비언어적 의사소통 방법 : 시선접촉은 의사소통에의 참여의사 및 민감성과 이해를 나타낸다. 시선접촉이 없는 경우 진실성이나 흥미가 없는 것으로 해석될 수 있다. 목소리의 어조는 감정을 나타내며, 얼굴표정은 중요한 메시지를 전달하는 것으로 사회복지사는 얼굴표정에서 심판적인 태도 등을 나타낼 수 있으므로 주의해야 한다. 팔과 손의 동작은 심리적 긴장·분노·불안 등을 나타내며, 기타 몸의 자세, 옷차림과 외모에 유의하여야 할 것이다.

### (3) 질문기술

① 개방적 질문은 클라이언트가 말하고 싶을 때 자신의 생각과 감정을 표현할 수 있는 선택의 자유를 허용하는 질문 형태이다. 장점은 클라이언트의 욕구에 중심을 두는 것으로 클라이언트의 감정과 관심사를 파악하는 데 좋으나, 단점은 자신의 생각이나 감정을 개방하여 공식화하는 데 익숙하지 않은 클라이언트에게는 부담스러울 수도 있다. 예를 들면, “당신 가족에 대해 말씀해 주시겠습니까?”, “당신 직업에 대해 이야기해 주세요” 등을 들 수 있다.

② 폐쇄적 질문은 클라이언트에게 선택할 자유를 주지 않고 제한을 두는 것으로, 구체적인 상황에 초점을 둠으로써 클라이언트가 대답할 수 있는 범위를 제한하는 질문 형태이다. 예를 들면, “당신 가족은 몇 명입니까?”, “당신 직업은 무엇입니까?” 등을 들 수 있다.

③ 사회복지사가 피해야 할 질문 형태는 유도하는 질문, 모호하거나 다중적인 질문, “왜” 라는 질문 등은 삼가야 할 질문이다.

### (4) 경청기술

경청기술은 언어적·비언어적 메시지에 모두 주의를 기울이면서, 클라이언트가 자신의 메시지가 정확히 전달되었는지 알 수 있도록 사회복지사는 자신이 들은 것을 반영해 줄 필요가 있다.

적극적 경청의 구체적 기술은 명확화, 바꿔 말하기, 반영, 요약, 침묵의 탐색 등을 들 수 있다.

### (5) 공감기술

공감은 클라이언트의 입장에서 그의 감정과 생각, 표현을 존중하고 이해하며 인정하는 것이고, 사회복지사가 공감적으로 의사소통을 할 때 클라이언트는 자신이 이해와 존중을 받고 있으며, 수용되고 있음을 느낄 수 있다.

### (6) 자기노출

사회복지사가 자신의 생각이나 감정, 삶의 경험을 밝히는 것으로 지나친 자기노출은 관심의 초점을 클라이언트에게 유지하는 것을 어렵게 할 수 있으므로 클라이언트에게 도움이 될 경우, 적절하게 자기노출을 사용해야 한다.

### (7) 나 전달법(I-Message)

효과적인 의사소통을 하는 메시지 구조의 한 유형으로 분명하고 직접적인 메시지를 보낼 수 있고, 메시지를 받는 사람이 방어적이지 않도록 함으로써 의사소통에 도움이 된다.

나 전달법의 구성요소는 ① 특정 행동에 대한 간결하지만 분명한 묘사, ② 그 행동으로 인해 경험된 사회복지사의 감정과 느낌, ③ 그 행동으로 인한 영향의 묘사를 들 수 있다.

# 2 관계론

## 1. 사회복지실천관계

사회복지실천은 돕는 과정(helping process)이고 여기서 생성되는 관계는 전문적 관계여야 한다. 이러한 전문적 인간관계를 이루기 위한 기본바탕은 인격적 관계가 성립될 때 가능하다. 사회복지실천관계는 지적·감정적·의지적 부분이 조화롭게 균형을 이룰 때 인격적 관계가 형성된다.

지적단계는 만남의 첫 단계로 상대방을 알아가는 것에서부터 시작된다. 상대방을 많이 알게 될수록 그 사람을 이해하는 폭이 넓어지게 되고, 깊이 알게 될수록 감정이 생기게 된다.

감정단계는 앎을 바탕으로 감정이 생기게 되는데, 사람들은 감정을 전부라고 생각하는 경우가 많지만 인격적 관계를 이루기 위해서는 감정적인 부분도 중요하지만 감정은 그 일부이지 전부가 아니다.

의지단계는 사람이 추억을 만드는 것은 감정적으로 관계가 약화되었을 때 관계의 유지를 위해서 필요하기 때문이다. 이처럼 감정은 자신의 의지가 필요하게 되는데, 그 예가 결혼식일 것이다.

위 세 가지 부분 중 한 가지에만 치우치게 되면 문제가 생기므로 지적·감정적·의지적인 세 가지는 조화를 잘 이루고 있을 때 인격적 관계가 형성된다.

### 1) 사회복지실천관계의 원리

#### (1) 개별화의 원리(individualization)

여기서 개인의 독특성을 인정하고 존중하는 것이 매우 중요하다. 개별화의 원리는 타인을 나와 다른 존재로 인정하고 받아들일 때, 즉 선입관이나 선입견을 배제하고 개인의 독특성을 인정하고 존중함을 의미했을 때, 그들의 관계는 달라지게 된다.

사회복지사는 개별화의 원리를 적용하기 위해서는 편견이나 선입관으로부터 탈피해야 한다. 즉, 자신의 고정관념을 깨뜨리고 열린 관점에서 클라이언트를 대해야 한다.

인간행동에 관한 지식을 많이 넓혀야 한다. 사람들의 다양한 성격과 행동에 대한 지식을 쌓아가므로 왜 그 사람이 그렇게 행동하게 되었는가를 파악할 수 있게 되면 그 사람과 문제에 대한 이해의 폭을 넓힐 수가 있다. 그리고 인간의 감정을 들여다보는 능력이 필요하고, 이를 위해서는 사회복지사가 감정이입과 문제나 클라이언트 상황에 대한 민감성을 가져야 함을 의미한다.

### (2) 의도적 감정 표현의 원리(purposeful expression of feelings)

클라이언트의 감정표현이 중요하다. 모든 사회문제는 정서적 요소를 가지고 있다. 그러기에 모든 클라이언트의 문제는 단지 개인 내부에서 오는 원인 때문에 문제가 발생하는 것이 아니라 심리사회적, 즉 사람들과의 관계 속에서 부적응 때문에 발생하는 문제이므로, 이러한 문제해결을 위한 시발점은 심리사회적 관계에 따른 감정을 표현하도록 해야 하는데, 이는 어떻게 표현하느냐에 대한 문제를 사회복지사는 계획적으로 감정표현을 하게 해야 한다. 즉, 부정적 감정이든 긍정적 감정이든 일단 클라이언트가 자신이 처한 문제 상황과 자신의 감정과 사실을 알고 인정해야 문제해결의 첫 단추를 꿸 수 있는 것이다.

### (3) 통제된 정서적 관여의 원리

사회복지사가 현장에서 어떻게 관여해야 하는가에 대한 물음으로 경청을 통해서 클라이언트가 보여주는 것에 대해 민감함으로써 상대방의 변화를 알아채게 되고, 의도를 가지고 이해하며, 목적 있게 듣는 경청을 통해서 민감성을 증대시킬 수 있다. 그리고 인간 행동에 대한 지식을 갖고 있으면 상대방을 이해하는 폭이 넓어지게 되며, 개인적인 다양한 경험을 통해서 이해할 수 있게 된다.

또한 바람직한 외적 반응은 바람직한 내적 반응을 통해서 나타날 수 있다. 그러므로 외적 반응에 연연하기보다는 내적 반응에 의미를 두어야 한다. 언어적 반응은 목적에 따라서 선택되는데 클라이언트가 보내는 반응의 직접적 목적은 문제의 해결에도 있지만, 궁극적인 목적은 심리적인 지지를 받기 위함인 것을 인식한다.

### (4) 수용의 원리

수용(acceptance)은 사람의 일탈된 행동이나 태도에 대한 승인이 아니라 클라이언트의 현실을 있는 그대로 인식하는 것을 말한다. 인간은 내면에 타인으로부터 거부 받는 것에 대한 두려움이 잠재되어 있다. 그러므로 인간을 그가 가진 조건이 아닌 인간 자체의 존재성과 존엄성을 인정하고 존중해주려는 것이 수용이라 할 수 있다. 클라이언트는 자신의 기본적인 욕구를 있는 그대로 표출했을 때 거부될 것을 두려워해서 자기 방어적 태도를 보이는 경우가 있다.

사회복지사 자신의 생각을 클라이언트에게 주입하고자 할 때도 수용은 안 된다. 사회복지사가 편견이나 선입관을 갖고 있을 때도 수용이 안 된다.

### (5) 비심판적 대응의 원리

① 도덕, 법률, 규범의 무시가 아닌 클라이언트의 행동과 태도를 객관적으로 평가하는 것을 의미한다.
② 모든 사람은 자신의 무능, 실패, 부도덕을 심판 받는다는 것에 대한 두려움을 가지고 있다.
③ 사람이 사람을 심판할 수 있는 권리는 아무에게도 부여받지 못했고, 문제를 해결하거나 내면적 갈등의 문제를 치유하는 데 있어서도 심판적 태도는 아무런 도움이 되지 않는다. 그러나 사회복지사는 도덕적 가치와 기준에 무관심해서는 안 된다.

### (6) 클라이언트의 자기결정의 원리

① 자기인생과 문제에 관한 최종적인 자기결정, 자율성은 사람의 기본 권리이다. 사회복지사는 클라이언트가 자신의 문제를 최대한 자기 스스로 결정하도록 보장하고, 이에 대한 결과를 책임질 수 있도록 만들어주어야 한다.

② 자기 결정의 제한 요소 : 결정의 행동이 법률적으로 저촉되는 경우나 다른 사람의 권리를 침해하는 경우 그리고 클라이언트 능력의 범위를 초과하는 경우에는 자기 결정의 일정 부분에 대해서 제한할 수 있다.

### (7) 비밀보장의 원리

① 사회복지사의 역할은 개인적으로 일을 한다는 시각보다는 근무하는 기관을 대신하여 일을 하는 대리인이라는 자세가 필요하다.

② 클라이언트의 허락 없이는 그와 관련된 비밀을 타인에게 전하면 안 된다. 단, 문제를 해결하는 데 있어서 다른 분야 전문가의 도움이 필요한 경우에서처럼 전문적인 이유가 있을 때는 예외가 된다.

③ 사전에 클라이언트에게 비밀보장의 한계를 설명해 주어야 한다.

## 2) 사회복지실천을 위한 관계형성

첫째, 기본적 의사소통 기술이다.

이는 클라이언트가 아닌 복지실천의 일을 하는 데 있어서 관계된 전문적인 관계, 즉 다른 전문직이나 기관과의 언어적 의사소통을 의미한다. 이를 위하여 고려해야 할 요소는 다음과 같다.

① 메시지 계획에 의한 요점, 시간, 어떻게 말할 것인지 구조를 계획한다.

② 자기소개를 위하여 이름, 소속, 역할 등 기본적인 소개가 필요하다.

③ 목적을 설명해야 하는데, 이는 직접적이고 간결하며 명료해야 한다.

④ 비언어적 표현에 대해서 적절한 반응이 필요하다.

⑤ 메시지가 잘 전달되었는지 여부의 검토와 확인이 필요하다.

⑥ 초점이 있는 질문과 질문에 적합한 대답을 해야 한다. 즉, 무엇에 대해서 묻는지 분명해야 하고 말하고자 하는 질문에 대해 너무 앞질러서 생각하거나 너무 느리게 되면 적절한 대답을 하지 못하게 된다.

둘째, 효과적인 원조관계의 창출이다.

클라이언트와 사회복지사와의 관계에서 필요한 의사소통의 기술이다. 이를 위하여 유의할 점은 다음과 같다.

① 감정이입으로 상대방의 입장에서 느끼고 생각하려고 노력하는 것을 말한다.
② 클라이언트가 처한 상황과 처지에 상관없이 그 사람의 존재가치를 인정하고 수용하는 긍정적 고려가 요구된다.
③ 개인적인 온화함이 필요하다. 이는 수용하려는 자세와 비심판적 태도가 견지되어야 한다.
④ 진실성이 필요하다. 가식이 없고 방어적으로 사용하지 않아야 한다.

셋째, 기본적인 원조기술이 필요하다.

① 준비단계이다. 감정이입과 클라이언트의 초기 감정에 대한 마음의 준비가 필요하다. 즉, 클라이언트가 사회복지사에게 원조를 청할 상황은 많이 좋지 않은 상황이고, 그는 부끄러움·불안·당황 등의 움츠러든 감정을 가지고 오게 되는데, 이러한 감정을 사회복지사는 어떻게 받아들여 수용하고 효과적으로 접근할 수 있을지에 대한 준비가 필요하다.
② 시작단계이다. 클라이언트에 대해 무엇이 문제인지, 같이 다루려는 것이 어떤 것인지에 대한 명확한 목적 설명을 해야 하고, 그의 반응이나 질문을 권장해야 하며, 사회복지사의 역할에 대한 분명한 설명도 필요하다.
③ 질문이다. 대답의 폭이 넓은 개방형 질문과 대답의 폭이 좋은 폐쇄형 질문을 쓸 수 있는데, 이는 절대적인 개방이나 폐쇄가 아닌 상대적인 관점으로 연속선상에서 개방과 폐쇄를 좌우로 놓는다면 어느 쪽에 가까운지에 대한 문제인데, 일반적으로 개방형 질문에서 폐쇄형 질문으로 진행한다. 지적능

력에 따라 낮은 경우는 폐쇄형이 권장되고 높은 경우 개방형 질문이 이용되는데, 초점의 유지를 위해서는 폐쇄형 질문이 좋다.

④ 경청이다. hearing는 단순히 물리적으로 귀에 들리는 소리를 듣는 것이고, listening은 경청으로 의미를 파악하기 위해 주의 깊게 듣는 적극적이고 능동적인 행동이다. 여기에는 명확화, 바꿔 말하기 그리고 감정의 반영으로 클라이언트의 말속에 깔려 있는 감정을 적절한 선에서 민감하게 이해하는 것이 필요하다.

⑤ 우리가 타인에게 뭔가를 표현해야 할 때 우리 마음속에 감정이입, 진실성, 온화함이 있어도 이를 적절하게 표현해야 한다. 하지만 우리나라의 경우 감정표현을 절제하는 문화적 영향이 커서 자신의 마음속에 있는 것들을 잘 표현하지 못하는 경우가 많다. 비언어적 의사소통으로는 눈짓, 팔과 몸의 자세, 눈 마주침, 목소리, 내용에 맞는 표정의 일치, 몸짓, 머리모양, 옷차림새 등으로 판단할 수 있다.

## 2. 면접

### 1) 면접의 이해

사회복지실천에 있어 가장 많이 사용되는 중요한 도구로 상담과 면접이 있다.

#### (1) 면접이 대화와 다른 점은 무엇인가

① 면접은 대화와 달리 뚜렷한 목표가 있다. ⇒ 목적지향적

② 면접은 면접자와 피면접자의 역할이 분명하다. ⇒ 구조화된 역할분담

③ 면접은 비상호적 관계이다. 대화는 쌍방이 서로 영향을 주고받는 상호적인 관계이지만, 면접은 대화만큼 상호적이지 않은 일반적인 관계이다. 비상호적·일방적 관계이다.

④ 계획적이고 의도적인 면접자의 행동이 나타난다.
⑤ 의무적이고 공식적이다.

### (2) 면접의 목적

① **자료수집** : 피면접자의 나이, 직업, 생활력과 같은 객관적 사실과, 심리상태, 성격, 가치관과 같은 주관적 사실이 모두 중요하다.
② **사정** : 무엇인가를 결정한다는 의미가 들어 있는 말로 서비스 효과의 평가와 수혜의 적격성을 판단하는 것을 말한다.
③ **치료** : 클라이언트가 처한 모든 상황을 변화시켜서 치료하는 데 목적을 두기도 한다.

### (3) 면접의 구조적 요건

① **장소** : 면접에 유익한 여건이 구비되고 면접을 방해받지 않을 수 있는 장소가 필요하다(복지사는 창문을 등지고 앉지 않는다. 마주보는 것보다 대각선으로 앉는 것과, 주위환경이 정돈되어 있어야 한다.).
② **시간** : 시간 약속을 잘 지켜야 한다. 또한 면접은 대개 1시간을 초과하지 않는 범위 내에서 하는 것이 좋다.
③ **기록** : 메모, 녹음, 녹화 등의 기록은 사전 동의를 얻은 후에 해야 한다. 주의해야 할 점은 복지사가 면접의 내용을 상세하게 적고자 자주 시선을 돌리게 되면 클라이언트로 하여금 불안한 심리를 유발할 수 있으므로, 중요한 내용과 잊어버리기 쉬운 숫자 등을 기록하고 면접이 끝나면 바로 다시 정리하는 방법을 써야 한다.
④ **비밀보장** : 클라이언트의 비밀은 보장되어야 한다.

## 2) 의사소통

### (1) 언어적 의사소통

① 클라이언트에 대한 지지적 언어반응을 통해 의사소통의 효과를 높일 수 있다.

예) 네, 그렇군요, 대단하군요, 맞습니다.

② 클라이언트가 표한한 언어를 재구성해서 클라이언트가 하고자 하는 말의 의미를 보다 분명하게 해준다.

예) 직장상사는 뇌물을 좋아하지 않는다는 말인데, 이는 직장상사들이 뇌물을 받는 것을 싫어한다는 말입니까?

③ 클라이언트의 감정에 대해 반응을 함으로 의사소통과 관계형성이 잘 될 수 있다. 이는 상대에 대한 실제상황과 심리적 상황에 관한 민감성, 이해를 통해서 반응할 수 있다.

예) (실직하고 낙심하여 상담하러 온 사람에게는) 갑작스런 실직으로 식구들에 미안하기도 하고, 경제적으로 많이 힘드시겠군요?

④ 클라이언트의 인식의 명료화를 통해서 클라이언트가 말한 개념과 면접자가 느끼는 구체적 개념에 대한 유사성을 확인해야 한다.

예) 복지관에 지원하고 보호받으려고 한다는 말씀이 복지관에서 실직자의 구직을 알선하는데 그걸 말씀하시나요?

⑤ 클라이언트의 장점을 찾아서 강조하여 상대방의 심리적 지지를 확인시켜줌으로써 효과를 더할 수 있다.

예) 실직으로 인한 마음고생이 심하다는 말씀인데, 가족을 위한 마음이 느껴지는군요.

### (2) 비언어적 의사소통

① **눈맞춤** : 관심표명과 대화의 진지한 자세를 나타낸다. 두려움 불안, 속이는 것이 있을 때 눈을 맞추지 않는다.

② 옷차림, 외양적인 모습을 단정하고 깨끗하게 하는데 상대하는 클라이언트와의 상황에 어울리는 복장이 필요하다. 청소년은 청바지나 캐주얼한 차림, 노인은 정장차림으로 알 수 있다.

③ **표정관리** : 전달하는 말과 표정이 일치해야 상대방이 진실로 받아들일 수 있다.

④ 자세나 몸동작을 전달하고자 하는 말과 함께 적절하게 사용하면 하고자 하는 말을 더 효과적으로 전달할 수 있다.

## 3) 면접의 방법

### (1) 경청

① **의미** : 수동적 활동이 아닌 적극적이고 능동적 활동으로 클라이언트를 존중하고 수용한다는 의미가 들어 있다.

② **경청(Listening)** : 이해하려고 주의를 기울여 듣는 것으로 정신적·정서적으로 이해해야 한다.

③ **청취(Hearing)** : 들리니까 듣는 것으로 수동적인 신체적 활동의 의미가 강하다.

### (2) 질문

① 자기의 사정을 이야기할 수 있도록 격려하여 자발적인 참여분위기를 조성한다.

② 개방적인 질문에서 폐쇄적인 질문으로 가는 게 좋다. 개방적 질문은 대답 선택의 범위나 기호가 다양한 질문이고, 폐쇄적인 질문은 구체적인 상황에 초점을 맞춘 질문이기에 대답하는 사람의 대답 선택에 있어 매우 제한적이다.

③ 직접적 질문과 간접적 질문을 적절하게 사용하여야 한다. 직접적 질문은 대답하는 사람이 그 말에 대한 책임을 져야 하고, 대답과의 연관성이 깊은 반면, 간접적인 질문은 자신의 의견이 아닌 타인들의 의견에 대해서 알고 있

는 사항을 이야기해 주는 식으로 질문에 대한 답변의 책임을 주체로부터 확산시키게 된다. 간접적인 질문이 필요한 경우는 본인이 이야기하기에 불편한 경우에 많이 쓴다.

④ 추상적인 질문을 많이 하게 되면 주의력이 떨어지게 된다. 구체적 질문을 해야 한다.

⑤ 클라이언트의 대답에 근거하여 질문을 해야 한다. 클라이언트가 바빠서 힘들다고 이야기할 때 사회복지사는 어떤 부분이 바쁜지에 대한 관심표명을 한다.

⑥ 바람직하지 못한 질문들은 하지 않는다.

- "예"나 "아니오"로 간단히 말하게 되는 질문은 좋지 않다.
- 유도질문은 적절하지 않다. 질문하는 사람의 내면에 이미 그 문제에 대한 답을 정해놓고 유도하는 방법은 좋지 않다.
- 이중질문, 즉 여러 개의 질문이 함께 있는 질문은 피해야 한다.
- "왜"라는 질문은 적당하지 않다. 이는 클라이언트가 가지고 온 문제에 대한 답을 자신도 모르므로 단지 그에게 궁색한 질문을 하여 비난받는다는 느낌이 들도록 한다.
- 불분명한 질문이나 변명하기 힘든 부분도 적절하지 않다.

### (3) 요약과 해석

① 요약 : 전체적인 내용을 일정한 틀로 간결하고 알기 쉽게 정리한 것으로 자신이 이해하기 쉽도록 주된 내용을 정리한 것이다.

② 해석 : 면접의 내용을 해석함에 있어 다소 추적·추리를 할 수 있으나 비논리적인 비약을 하면 안 되고, 객관적 사실과 경험에 기초하여 해석해야 한다.

## 4) 기록

### (1) 기록의 양식

크게 과정기록과 요약기록 두 가지로 나눌 수 있다.

① **과정기록** : 설화기록이라고도 하는데 면접내용을 축어적으로 있는 그대로 표현·기술하는 것으로 비언어적인 것도 기술할 뿐만 아니라, 사회복지사가 클라이언트에게 느끼는 감정과 문제에 대한 분석적 사고까지도 포함하여 기술한다. 이는 문제의 재 반복 확인에 있어서 유리하므로 지도·검토의 목적으로 많이 쓰이는데, 단점은 시간이 오래 걸리고 기록된 양이 많으므로 실용적이지 못하고 관리·보관하는 데 불편함이 따른다.

② **요약기록** : 축어적 반복 없이 결과에 초점을 두고 요점만 짧게 기록한 것으로 문제의 과정에 따른 시간 순서에 꼭 따를 필요는 없고, 소제목이나 주제에 따라 기록한다. 이는 클라이언트의 말과 행동에 초점을 맞추고 사회복지사의 판단이나 견해는 마지막에 기록하는데, 이는 과정기록에 비하여 효율적이다.

### (2) 기록의 유의사항

① 보고서 작성이나 기록 시 특별한 경우를 제외하고는 연필보다 잉크를 사용하는 것이 좋다.

② 불필요한 반복을 억제하여 간단명료한 기록을 한다.

③ 소제목을 적절하게 활용한다. 너무 많으면 산만해진다.

④ 비상식적인 약어, 기호, 전문용어 사용은 억제하고 완전한 문장으로 작성한다.

⑤ 필요한 경우에는 정보나 자료의 출처를 기록한다.

⑥ 추상적이고 주관적인 상황설명은 배제해야 한다.

⑦ 명확한 근거 없는 진단 명칭의 사용은 배제한다.

⑧ 복지사가 관찰한 사실이 불확실한 경우 모르면 모른다고 기록하는 게 낫다.

⑨ 필요한 경우에 복수의 만남 등을 여러 번, 긴 기간 동안 만남을 요약 기록한다.

# 3 사회복지 개인실천모델

## 1. 정신역동모델

### 1) 전제

정신역동모델은 정신적 결정론, 무의식의 중요성, 리비도의 원칙 등 리비도가 행동 사고의 동기라고 본다. 그리고 구강기(1세까지), 항문기(1~3세), 남근기(3~6세, 부모집착), 잠복기(6~12세, 동성친구), 생식기(13~18세, 이성 친구) 등으로 구분된다.

방어기제로는 억압, 동일시, 전이, 반동형성, 보상, 합리화, 대치(꿩 대신 닭), 전치(종로에서 뺨을 맞고 한강에서 화풀이), 투사, 고착, 퇴행, 해리, 부인, 승화, 전환(갈등이 육체적 고통으로) 등으로 구분된다.

정신결정론이란 인간의 정신 안에서 일어나는 것은 어떤 것이라도 우연히 일어나는 것은 없고, 정신적 현상이나 심리적 경험이라는 것은 어떤 것이라도 거기에는 반드시 어떤 원인이 있다는 것을 뜻한다.

의식의 지형학적 세 부분은 의식, 전의식, 무의식으로 정신활동은 의식의 구조적 구성인 자아(ego), 본능(id), 초자아(superego) 간의 갈등적 힘의 표현이다.

클라이언트가 항상 옳다는 식은 클라이언트는 무엇을 말하고 생각하고 경험하고 느끼든 간에 또 환자가 어떤 식으로 반응을 하든 간에 그것은 일반적으로 클라이언트 입장에서는 옳은 것이고 적합한 것이라고 볼 수 있다.

## 2) 개입

원조과정은 비정상적·파괴적 행동의 밑바탕에 깔려 있는 원인을 밝혀내는 것이며, 교정적인 정서경험을 하는 것이다. 이때 무의식적 욕구와 소원을 상징하는 동기는 겉으로 드러난 행동을 이해함으로써 해석이 가능하다. 분석을 통한 지속적 사정이란 성격구조 내의 갈등 발견과 갈등 성격을 규명하는 것으로 과거 탐색, 현재의 연관성에 있다.

개입기법으로는 신뢰형성(감정이입), 사이코드라마(catharsis, 자각과 통찰, 역할 연습), 창조적 방어기제, 격려 등을 들 수 있다.

① 자유연상의 경우 상담가는 연상된 자료들의 연관성을 해석해 줌으로써 통찰력을 가질 수 있도록 돕는다.

② 해석

③ 꿈의 분석은 꿈을 통해 나타나는 무의식적인 소망과 욕구, 두려움을 해석함으로써 무의식적으로 억압했던 자료들을 풀어내고 새로운 통찰력을 갖게 한다.

④ 저항의 분석과 해석

⑤ 전이의 분석과 해석으로, 전이는 내담자가 사회복지사에게 반응하는 것이다.

⑥ 경청과 감정이입

⑦ 버텨주기는 내담자의 경험 혹은 막연한 불안과 두려움을 견딜 수 있는 힘을 제공하는 것이고, 간직하기는 내담자가 두려워하는 충동과 경험을 간직하여 완화시켜주는 기법이다.

⑧ 직면은 이제까지 회피해 왔던 일에 대해 앞으로는 이해하는 문제로 인지하도록 도와준다.

⑨ 명료화는 클라이언트가 직면한 심리적 현상에 대해 예리하게 초점을 맞추는 기법이다.

⑩ 훈련이란 이해한 것을 반복, 심화, 확장하는 기법이다.

### 3) 적용과 평가

가족관계의 심리·성적인 측면을 중요시하였으며, 특히 유아기 아동에 대한 영향을 강조하여 가족적응이나 아동의 심리를 주로 취급하는 사회복지에 큰 영향을 주었다.

반여성적·결정론적 입장 때문에 비관론적이다. 그리고 백인남성중심 모델로 우수 혹은 열등의 논리이다. 또한 장기간 비용 문제와 치료효과와 평가의 어려움, 상황 속의 인간 관점 도외시, 강점보다 문제에 초점을 두고 있다.

인간에 대하여 기계론적이고 결정론적 존재로 보고 단지 성욕과 과거 경험이 지배되는 수동적이고 소극적인 존재로 보았다. 또한 인지발달은 무시한 채 정서발달에만 치중하였다는 것과 발달에 미치는 생물학적 요인의 강조로 대인관계적·사회적 요인의 영향을 고려하지 않았다는 비판을 받기도 하였다.

## 2. 심리사회모델

### 1) 전제

심리사회적 이론은 인간의 문제를 심리적 혹은 정서적이고 사회적인 문제로 이해한다. 메리 리치몬드의 '상황 속의 인간', 프로이트 학파의 이론에 의해 뒷받침되고 해밀턴, 홀리스에 의해 주창되고 있다.

기반은 정신분석이론, 사회과학적 지식, 체계이론, 현장 경험에 근거하며, 인간은 생리적·심리적·사회적 존재로서 개인의 문제는 부적응이나 환경결함 혹은 두 가지 결합에 있다. 환경 속의 인간(person in environment: PIE)에서 환경은 지금 여기(here and now)를 중시한다. 프로이트의 성격체계 및 구조발달이론 기반 위에 모든 개인이 연령에 상관없이 성장, 학습, 적응해 나가는 능력이 있다고 믿으며, 클라이언트 권리를 존중하여 협력적 관계를 수립하는 데 있다.

### 2) 개입

현재의 생활경험을 주로 다루며, 심리사회적이론은 상황 속의 인간이란 관점을 중시하기 때문에, 사회복지실천의 목적도 클라이언트와 사회 환경 혹은 클라이언트와 타인의 상호작용에서 나타나는 사회적 역기능을 해결하는 것으로 정의한다. 클라이언트가 과거 혹은 현재의 경험과 관련한 내적 갈등을 이해하고 통합함으로써 성장하도록 원조하는 것을 강조한다.

정신분석에서의 기법으로는 ① 지지에 의한 관계 수립과 신뢰감 형성, ② 지시는 직접적 영향으로 격려, 강화, 조언을 들 수 있다. ③ 정화는 탐색, 기술, 환기의 과정을 거침으로써 감정을 표출하도록 도와주고 감정적 해소감을 느끼게 하는 것이다. ④ PIE에 대한 교육과 토론으로 상호작용 인식, ⑤ 유형과 역동에 대한 고찰로 통찰력의 개발, ⑥ 해석의 문제인데 유아기의 경험과의 인과관계와 환경에 대한 개입기법을 말한다.

### 3) 적용과 평가

조사에서 개인의 인생발달 단계, 전환기에 주목한 가족생활 주기를 검토하는 것으로 사정에서 개인, 상황에 대한 이중적 초점으로 체계들의 상호작용을 개념화시킨다. 개입에서 다양한 수준으로 개별, 가족면담, 다른 중요한 타자와 접촉의 개입 등으로 혼합하여 사용한다.

심리사회적 모델은 사회복지실천현장 어디에서나 발견될 수 있는 실천방법이며, 개인, 가족, 집단치료, 환경과의 작업 등 여러 가지 형태로 실천되고 있다. 또한 장·단기 개입, 위기 개입, 예방적 개입, 외상치료 등 다양한 상황에서 사용되고 있다. 이 모델은 개인, 환경, 개인과 환경 간의 상호작용 들을 모두 중시하고 지역사회를 포함한 모든 대상에 개입한다고 주장하고 있으나, 주로 대화를 통한 개인에 대한 개입 쪽에 무게를 두고 있다고 평가된다. 사회복지사는 자원을 창조하고 발견하며 제공하는 역할을 하거나, 클라이언트와 다른 사람들 사이에서 해석자, 중재자, 공격적 개입자로서 역할을 한다. 그러나 기관이나 지역사회 또는 정치적 수준같은 환경적인 작업에 대해서는 강조점이 덜 주어지고 있다는 비판이 있다.

## 3. 인지행동모델

### 1) 전제

인지적 접근과 행동주의에 근거하고 있는데 인지적 접근은 클라이언트의 역기능적 정서 및 행동을 초래하는 사고패턴을 변화시켜 적응적이면서 순기능적인 기법들을 확립시키는 데 초점을 두고 있다. 행동주의는 학습원칙들의 체계적 이용을 통해 행동을 변화시킬 수 있다는 명제에 바탕을 두며, 적극적이고 지시적인 특징을 지닌 단기적 심리치료이다.

클라이언트가 역기능적 감정과 행동을 불러오는 잘못된 생각이나 왜곡, 비합리적 자기대화(self talk) 등을 확인하고, 이에 도전하여 삶의 문제들에 효과적으로 대처하는 전략을 개발하도록 변화시킨다.

- 기반 및 발달 : 알프레드 아들러(Alfred Adler)는 최초의 인지치료자 및 실천가이다. 1920년대 개인심리 행동을 형성하는 것은 인간의 인지, 즉 개인의 자신에 대한 생각, 신념, 기대, 세계관 등이다.

### 2) 개입

대부분 인지행동모델은 문제에 초점을 둔 시간제한적인 접근으로서 클라이언트가 자신의 사고와 행동을 통제하기 위한 대처기제를 학습하는 교육적 접근을 강조한다. 또한 인지변화를 행동변화로 이끌기 위해서는 다양한 행동주의 기술과 기법들을 적극 활용한다.

주관적인 의미를 중요시하고 협력적 노력과 구조화된 절차를 거쳐 클라이언트가 능동적으로 문제해결에 참여함으로써 인지행동치료에 대한 교육이 필요하다. 여기에 소크라테스식 질문이나 논박에 의한 인지과정으로 발달하게 된다.

여기에 설명, 과제, 역설적 의도, 인지재구조화, 체계적 둔감화, 이완훈련 등으로 왜곡된 해석방식의 변화와 새로운 해석방식 습득으로 정서적 변화를 가져오고, 관찰학습으로 행동기술학습과 강화로 행동의 변화를 가져다 준다.

엘리스(Albert Ellis, 1962)의 합리정서치료 ABC모델은 사건(Accident)에 대한 개인의 신념체계(Belief)가 결과(Consequence)로써의 정서를 유발한다. 여기에 비합리적 신념체계를 발견하여 이를 논박(Debate)함으로써 정적이고 역기능적 행동을 감소시키는 효과(Effect)를 가져온다.

즉, 정서적 어려움은 외부적 사건의 결과가 아니라 그 사건의 해석을 안내하는 비합리적 신념의 결과라고 본다. 따라서 어떤 사건에 대한 비합리적 해석을 유도하는 클라이언트의 비합리적 신념을 파악하고 교정시켜주는 데 목적을 둔다.

기법으로는 인지적 재구도화, 자신의 인지체계가 부적절할 수 있음을 인식케 하는 인지적 기법으로 벡(Beck)의 인지치료는 왜곡된 사고를 의미하는 자동적 사고를 재평가하고 수정하는 데 초점을 두고 있다.

스키너(Skinner, 1964)는 모든 행동은 조작적 조건형성에 따른 어떤 자극에 대한 학습된 반응의 결과라는 행동주의이론으로, 이에는 행동수정기법으로서 정적 강화, 부적 강화, 행동시연, 타임아웃, 소멸, 체계적 둔감법, 사고중단, 주장훈련, 모델링 등을 들 수 있고, 정서적 기법으로는 근육 이완과 긴장 완화로 긴장 조절과 같은 활용을 들 수 있다.

### 3) 적용과 평가

환경적 개입보다 심리적 개입에 치중하는 것으로 자신의 인지구조와 불합리한 신념을 분석하는 것은 지적 수준이 낮거나 현실감이 없는 클라이언트든 혹은 사고가 지나치게 경직되어 있는 클라이언트에게는 효과를 기대할 수 있다. 여기는 치료방법이 매우 지시적이고 교육적이므로 치료자가 가치중립적이어야 한다는 원칙과 갈등을 들 수 있다. 인지와 신념에 대한 강조는 자칫 사건 자체의 중요성을 간과할 수 있다는 점과 지금 여기에만 집중하면 과거의 상처와 억압된 분노, 적개심을 과소평가하는 결과를 가져오고, 상담자의 접근이 지나치게 지시적으로 되기 쉽다.

## 4. 임파워먼트모델

임파워먼트모델은 상황을 변화시켜 개인과 환경 간의 조화가 이루어지도록 억압에 직면하고, 비슷한 처지의 사람들과 연합하여 도전하는 과정을 원조하는 것이다.

제인 아담스(Jane Adams)의 인보관운동에서 직접실천 방법과 행동 차원의 운동 결합으로 나타난 미국 흑백분리정책 시대의 흑인 여성 행동가들의 사회운동 이후, 즉 1970년대 이후 사회복지에서 일반체계이론과 저메인(Germain)의 생태학이론을 활용한 이론이다.

클라이언트를 문제중심이 아니라 강점중심으로 보며, 클라이언트의 잠재역량 및 자원을 인정하고, 클라이언트 내외에 탄력성이 있음을 전제로 한다. 클라이언트가 자신의 삶을 통제할 수 있도록 권한 혹은 힘을 부여하고자 하는 것으로 협력적인 파트너십을 기반으로 문제해결과정에 함께 참여한다.

임파워먼트실천의 원칙은 다음과 같다.

첫째, 맥락화이다. 사회복지사의 전제나 방침보다는 자신의 '사회적 존재상'에 대한 클라이언트 나름의 이해에 초점을 맞추는 것이다. 둘째, 임파워먼트이다. 이때 핵심은 클라이언트로 하여금 자신의 삶에 영향을 미치는 결정들을 스스로 내릴 수 있게 돕는 데 있다. 셋째, 집합성이다. 소외감을 줄이고 클라이언트를 대인관계로 연결하는 데 초점을 둔다.

• 임파워먼트 기법

① 가능한 자원들에 접근하도록 도모하는 자원의 활성화, ② 동맹을 형성하여 힘의 기초적 형성, ③ 사회적 구조 안에서 사회개혁, 정책개발, 입법옹호, 지역사회 변화 등을 통한 기회의 확대에 있다.

• 개입과정

① 대화로 공유하고 클라이언트가 기존에 가지고 있는 역량 및 자원을 구체화하며, ② 발견하고 찾아내어 클라이언트가 모르고 있는 자원을 탐색하고, ③ 발달과 강화를 통하여 클라이언트 체계가 아직 활용하지 않는 부가적인 자원, 역량 사정 및 확립을 강화한다.

• 역량강화 과정

① 대화를 통하여 파트너십 형성, 현재 상황의 명확화와 방향을 설정하고, ② 발견을 통하여 강점 확인, 자원 역량 사정, 해결방안을 수립하며, ③ 발달과정으로 자원 활성화, 동맹 창출, 기회확대, 성공확인, 성과 집대성을 강화한다.

## ▣ 연구과제

1. 집단대상 실천기술의 절차에 대한 사례 설명
2. 사회복지 개인실천모델에서 인지행동모델에 대한 설명

# 제 12 장

# 사회보장론

1. 사회보장의 의의
2. 사회보장제도의 내용
3. 한국의 사회보장제도

✦ 학습과제

1. 사회보장의 기능에 대한 설명
2. 사회보험과 민간보험에 대해 비교
3. 국민연금의 특징과 기능에 대한 설명

# 1 사회보장의 의의

## 1. 사회보장 개념

사회보장이란 국민이 그의 생활을 영위해 나감에 있어 소득의 중단, 영구적 상실 및 질병과 부상 등 생활상의 제 곤란에 대해 국가가 소득의 재분배를 통한 국민의 생존권 실현과 최저생활 확보를 전제로 그의 소득보장을 도모하는 총체적인 국가 정책이다. 베버리지 보고서는 광의의 관점에서 모든 구성원의 모든 경우 최저 생활을 보장하는 것을 말한다.

사회보장의 목적은 첫째, 빈곤구제(relief of poverty)로서 사회적·경제적 위험이 발생할 때 최저생활의 욕구를 충족시키는 것이며, 둘째, 안정욕구(aspiration for security)로 사회적·경제적 위험이 생기는 것을 방지하고 개인과 가족이 막을 수 없었던 장애와 어려움에 직면하였을 때 가장 잘 적응하도록 도와주는 것이다.

따라서 사회보장(social security)이란 노령, 장애, 사망, 질병, 실업, 산업재해 등 사회적 위험과 결혼, 양육, 사망 등과 같은 특별지출로부터 시민들을 보호하기 위해 재정적으로 지원하는 법정프로그램으로서 사회보험, 공공부조, 사회복지서비스와 같은 공적조치들이다.

사회보장은 사회발전에 따라 용어 사용을 달리하고 있다.

사회보장이란 용어는 비교적 새로운 것으로, 처음 사용된 것은 미국의 루스벨트 대통령이 1934년 의회에서 "뉴딜정책"을 설명하는 가운데서 비롯되어, 1935년 미국에서 '사회보장법'이 제정되면서 법률적인 용어로 사용되게 된다.

영국은 베버리지 보고서에서 사회보장이란 실업, 질병 또는 부상으로 인하여 수입이 중단된 환경에 대처하며, 또한 노령에 의한 퇴직이나 본인 이외의 자의 사망으로 인한 부양의 상실에 대비하고 나아가서는 출생, 사망 및 결혼 등에 관련된 특별한 지출을 보장하기 위한 소득의 보장을 의미한다고 밝혔다.

국제노동기구(ILO)에 의하면 사회보장이란 사람들이 여러 가지 위험들로 인해 소득이 일시적으로 중단되거나 소득이 영원히 중단되거나, 지출이 크게 증가하여 사람들이 이전의 생활을 하지 못할 경우, 이전의 생활을 유지할 수 있도록 하는 국가의 모든 프로그램을 말한다.

우리나라의 사회보장은 1963년 전문 7개조의 「사회보장에 관한 법률」을 제정하면서 사회보장의 용어가 등장하였고, 1995년 「사회보장기본법」으로 전면 개정되었다. 「사회보장기본법」 제3조에 의하면 '사회보장이라 함은 질병, 장애, 노령, 실업, 사망 등의 사회적 위험으로부터 모든 국민을 보호하고 빈곤을 해소하며 국민생활의 질을 향상시키기 위하여 제공되는 사회보험, 공공부조, 사회복지서비스 및 관련 복지제도를 말한다'라고 정의하고 있다.

1963년 11월 5일 법률 제1437호로 제정된 「사회보장에 관한 법률」이 제정될 당시의 정치·경제·사회적 배경은 빈곤으로부터의 해방과 경제발전, 정치적 안정을 강조하던 시기였다. 이 시기는 정치적 정당성을 확보하기 위하여 국민의 적극적인 지지가 요청된 시기로 정부는 생활안정과 복지의 증진, 즉 사회복지시설을 확충하고 각종 사회보장제도의 도입에 사회복지정책의 목표를 두었다. 당시의 사회복지법률의 입법은 국민이나 노동자의 요구에 의해서라기보다는 집권자들이 국민의 지지를 확보하기 위한 정치적 배려에서 취해진 것이라고 보아야 할 것이다. 그러나 「사회보장에 관한 법률」이 전문 7개조의 빈약한 법체계를 갖추고 있었다는 점은 정부의 사회복지에 대한 태도와 의지가 빈약했음을 보여주는 것이라고 하겠다.

한국의 「사회보장기본법」의 목적은 「헌법」상의 생존권적 기본권을 실현하는 데 기여함을 목적으로 하고 있다. 이 법에서 규정하고 있는 사회보험, 공공부조, 사회복지서비스, 관련복지제도의 정의는 다음과 같다.

① 사회보장이라 함은 질병, 장애, 노령, 실업, 사망 등의 사회적 위험으로부터 모든 국민을 보호하고 빈곤을 해소하며, 국민생활의 질을 향상시키기 위하여 제공되는 사회보험, 공공부조, 사회복지서비스, 관련복지제도를 말한다.

② 사회보험이라 함은 국민에게 발생하는 사회적 위험을 보험방식에 의하여 대처함으로써 국민건강과 소득을 보장하는 제도를 말한다.

③ 공공부조라 함은 국가나 지방자치단체의 책임 아래 생활유지 능력이 없거나, 생활이 어려운 국민의 최저생활을 보장하고 자립을 지원하는 제도를 말한다.

④ 사회복지서비스라 함은 국가나 지방자치단체, 민간부문의 도움을 필요로 하는 모든 국민에게 상담, 재활, 직업소개, 지도, 사회복지시설이용 등을 제공하여 정상적인 사회생활이 가능하도록 지원하는 제도를 말한다.

⑤ 관련복지제도라 함은 보건, 주거, 교육, 고용 등의 분야에서 인간다운 생활이 보장될 수 있도록 지원하는 각종 복지제도를 말한다.

## 2. 사회보장의 기본이념

### 1) 국민적 최저한론

페이비언 사회주의적 이론적 지도자였던 시드니 웹(S. Webb)은 그의 저서 〈20세기의 정치〉에서 국민적 최저한론(national minimum)을 주장하였다. '국민적 최저한론'은 연금 등을 포함한 예방적 보장을 통해 사회성원이 건전한 생활을 보낼 수 있도록 해야 한다는 것으로, 이를 위해 정부가 생존, 의료, 교육, 주택, 영양과 관련된 사회서비스, 즉 최저임금법, 사회보험, 정부규제와 같은 수단을 통해 국민이 살아가는 데 필요한 최저의 수준을 정하고, 빈곤의 원인을 제거해야 한다는 주장이다.

### 2) 보편주의

보편주의란 전 국민을 사회복지의 대상자로 삼고 시민권에 입각해 하나의 권리로 복지서비스를 제공하고, 복지수혜 자격과 기준을 균등화하여 복지서비스의 수급자들이 그 어떤 낙인감이나 열등감도 갖지 않게 하는 것이다. 오늘날 복지국가들은 보편주의적 이념을 바탕으로 국민적 최저한을 보장하는 사회보장이 중심이 되고 있다.

### 3) 정상화 개념

정상화이념(normalization)은 오늘날 복지선진국에 있어 사회복지서비스에 공통적으로 적용되는 지배적 이념으로 어느 누구나 보호를 필요로 하는 상태가 되어도 가능한 한 지금까지 생활해 온 주거환경과 인간관계 속에서 보호를 받으며 정상적인 생활을 하는 것이 바람직하다는 사고에서 출발한 이념이다.

## 3. 사회보장기능과 체계

### 1) 사회보장기능

사회보장의 기능은 첫째, 생존권과 최저생활보장기능이다. 사회보장제도의 가장 기본적인 역할은 국민들의 생존권을 보장하는 것으로, 이러한 생존권은 기본적 인권이며 이것을 사회적으로 보장하는 것이 현대국가의 책임이다.

우리나라 「사회보장기본법」에 의하면 "사회보장은 모든 국민이 인간다운 생활을 할 수 있도록 최저생활을 보장하고 국민 개개인이 생활수준을 향상시킬 수 있도록 제도와 여건을 조성하여 그 시행에 있어 균형과 효율의 조화를 기함으로써 복지사회를 실현하는 것을 기본이념으로 한다"고 명시하여 사회보장의 1차 목적이 국민들의 최저생활보장에 있음을 규정하고 있다.

둘째, 생활과 경제의 안정기능이다. 사회보장은 노령, 실업, 질병 등에 의한 소득의 감소를 완화시켜 불황이나 경기 후퇴에 따른 소비수요의 저하를 완화시키며, 경기가 좋을 때는 실업수당이나 생활보호비용의 지출을 감소시켜 경기변동의 안정화에 기여한다.

셋째, 소득 재분배기능이다. 경제성장만으로는 빈곤의 감소, 빈부격차의 완화와 평등의 추구라는 가치실현을 기대할 수 없기 때문에 소득 재분배는 사회보장 제조의 목표가 되어 국가가 정책적으로 채택하게 되는 것이다.

소득 재분배는 수직적 분배와 수평적 분배로 구분할 수 있다. 수직적 재분배는 고소득층에서 저소득층으로의 소득 재분배로 누진적인 소득세나 재산세를 통해서 징수한 세금을 공공부조비용으로 사용한다면, 소득이 고소득층으로부터 저소득층에게 재분배되는 것이다. 수평적 재분배는 동일 소득계층 내의 위험발생에 따른 소득 재분배로 의료보험, 정액의 기초연금 등을 통해 동일한 소득계층 내에서 일하고 있는 사람으로부터 일할 수 없게 된 사람에게로, 건강한 사람으로부터 질병이 있는 사람에게 소득이 재분배되는 것이다.

세금을 통한 소득 재분배기능은 한계를 지니고 있기에 조세정책 외에 사회보장을 통해 소득 재분배기능을 보완하고 있다.

넷째, 사회적 통합기능이다. 사회보장은 사회적 위험에 노출된 수많은 사람들에게 기본적 생활을 보장함으로써 사회 통합 또는 사회적 연대감의 중요한 기제로 작용한다. 특히 사회보장은 자본주의 사회에 내재된 불평등과 계급 간의 대립을 완화시켜 국민의 연대감을 높이는 기능을 한다.

이러한 순기능으로서의 사회보장은 사람들의 생존과 관계되는 기초적 욕구를 충족시키는 생존권을 보장함으로써 소득의 감소를 완화시켜 생활안정을 유지시켜준다. 그리고 역기능적인 요인으로 사회보장이 과도하게 확대되면 사회보장비용 확보를 위한 재원이 필요하게 되어 국민들에게 세금을 많이 부과해야 하며, 세금의 증가는 근로의욕을 감소시킨다. 또한 사회보장제도의 확대는 개인의 저축을 감소시켜 국가 전체의 총제적 저축액이 감소되고, 투자할 자원이 줄어들어 낮은 생산성과 경제적·안정적 성장에 저해가 될 수도 있다.

## 2) 사회보장제도의 체계

사회보장의 원칙은 운영주체, 전달방법과 수단, 수급되는 재화나 서비스, 급여를 받는 수혜자의 성향, 국가의 경제성장 정도에 따라 달리 적용 및 운영되고 있으나 일반적으로 다음의 원칙을 제시할 수 있을 것이다.

첫째, 보편성의 원칙이다. 사회보장의 대상으로 하는 '사회적 위험'과 '가입대상자 범위'에 있어서 포괄적이고 보편적이어야 한다.

둘째, 최저한의 보장과 충분성의 원칙이다. 사회보장의 급여수준은 전 국민의 사회적 최저한(minimum)의 보장과 노동자와 가족의 소득보장에 충분할 정도로 되어야 한다.

셋째, 국가책임의 원칙이다. 국가는 국민에 대한 최저한의 생활보장과 의료보장을 위한 비용을 보장해야 한다.

넷째, 행정의 민주원칙이다. 사회보장 행정에 있어서 민주원칙과 가입자 참여가 존중되어야 한다.

사회보장제도의 원칙과 더불어 일반 사회보장제도의 체계는 다음과 같다.

일반적으로 사회보장제도는 사회보험, 공공부조, 사회복지서비스로 구분할 수 있다.

사회보험제도는 국민에게 발생하는 사회적 위험을 보험 상식에 의하여 대처함으로써 국민건강과 소득을 보장하는 것이다.

공공부조제도는 국가 및 지방자치단체의 책임하에 생활유지 능력이 없거나 생활이 어려운 국민의 최저생활을 보장하고 자립을 지원하는 것이다.

사회복지서비스제도는 국가 지방자치단체 및 민간부문의 도움을 필요로 하는 모든 국민에게 상담 직업소개 및 지도, 교육 재활 시설이용 등을 제공하여 정상적인 사회생활이 가능하도록 지원하는 것이다.

| | 사회보험 | 공공부조 | 사회복지서비스 |
|---|---|---|---|
| 주체 | 국가(중앙정부) | 국가 및 지방자치단체 | 국가 지방자치단체 및 민간단체 (사회복지법인) |
| 대상 | 모든 국민 | 저소득층 | 요보호자(보호를 필요로 하는 자) |
| 목적 | 방빈(가난예방) | 구빈(가난구제) | 사회적응 |
| 성격 | 보편주의 | 선별주의 | 보편주의와 선별주의(상호보완) |
| 재원 | 근로자의 기여금, 사용자의 부담금, 정부의 지원금 | 조세 | 국가보조금, 공동모금, 민간재원 |
| 종류 | 국민연금, 건강보험, 산재보험, 고용보험, 장기요양보험 | 국민기초생활보장제도, 긴급복지지원제도 등 | 아동 · 노인 · 장애인 · 여성 등을 위한 각종 지원제도 |

국가별 사회보장제도의 체계는 다음과 같다.

## (1) 영국

베버리지는 사회보장을 사회보험과 공공부조로 구분했으며, 보편주의 수당과 사회보험을 보완하는 민간보험까지 사회보장에 포함시켰다.

사회보험은 위험분산을 위한 정부의 이전지출 수단으로서 법에 따라 피보험자에게 제공되는 재정적 급여나 서비스로 건강보험, 사회보장연금, 실업보험, 산재보험의 4대 사회보험으로 구성된다.

공공부조는 빈민에 대한 현금급여 및 기타 서비스로서 대상은 빈민에 한정되고, 빈민 여부를 가리기 위해 자산조사가 필요하며, 보통 사회보험의 비대상자가 대상이 되어 사회보험을 보완하는 기능을 한다.

보편주의 수당으로서 수급자의 소득, 고용, 재산과 관계없이 모든 시민과 주민들에게 정액의 현금급여를 제공하는 것으로 조세로 충당하며, 노령수당과 가족수당인 아동수당이 여기에 속한다.

민간보험으로서의 공적 개인저축계정은 베버리지 당대에는 없었으나, 최근에 개발도상국을 중심으로 발전된 제도로서 민간보험을 활용한 공적인 강제 퇴직준비를 위한 저축제도를 말한다.

### (2) 미국

미국은 고용관련제도로 근로기간에 비례하여 지급되는 연금, 고용 여부에 따라 지급 여부가 결정되는 의료보험, 실업보험, 산재보험과 같은 사회보험을 말한다.

보편주의프로그램으로서 보편주의 수당을 들 수 있으며, 소득수준, 고용여부, 생계수준 등 개인의 사회경제적 지위를 고려하지 않고 국민 모두에게 제공되는 정액의 현금급여로 노령수당, 가족수당, 장애 · 유족 · 미망인 · 고아 수당이 여기에 속한다.

자산조사프로그램은 최저생계수준에 기초하여 개인과 가족의 자원을 조사하여 급여자격 여부를 결정하고, 일정 급여를 지급하는 공공부조프로그램을 말한다.

| 영국 | 미국 | 국제노동기구 |
|---|---|---|
| 사회보험<br>공공부조<br>보편주의 수당<br>민간보험 | 사회보험<br>공공부조<br>보편주의 수당 | 사회보험<br>아동수당 |

# 2 사회보장제도의 내용

## 1. 사회보장제도

### 1) 사회보험제도

사회보험은 사회구성원의 경제적 활동을 보장하기 위하여 그들의 생활에 위험을 가져오는 사고가 발생한 경우, 보험의 일반적 원리를 통하여 일정기준의 급여를 행함으로써 그들의 생활보장을 목적으로 하고 있다. 사회보장정책으로 이러한 인간의 삶의 위험을 사회적 책임으로서 방지하고 자본주의 체제하의 사회적 병폐인 소득불균형을 시정하여 근로자의 소득체제와 소득체계의 균형을 실현하고, 나아가 국민경제의 발전을 유도할 수 있는 사회경제적 기반을 조성하는 데 의의가 있다.

사회보험의 특징은 다음과 같다.

① 사회적 위험으로부터 사람들을 보호하기 위한 의무적인 강제적 제도이다.
② 사회적 위험에 대비하기 위한 최저소득보장제도이다.
③ 개인적 형평성보다는 사회적 충분성(적절성)을 중시한다. 따라서 사회보험은 사회적 충분성을 보장하기 위해 저소득층, 대가족, 노령층 등이 더 유리하도록 배려된다.
④ 급여는 권리이기 때문에 사회보험 수급권은 수혜자의 존엄성을 보장해 주는 동시에 사회보험에 대한 시민들의 지지도 이끌어낸다.
⑤ 사회보험 재정은 '수익자재정 책임원칙'에 입각하여 사용자와 피용자가 지불하는 특수한 갹출금을 근거로 하고 있다.
⑥ 사회보험은 정부 정책이기에 법으로 규정되어 있다.

⑦ 재정의 완전 적립은 불필요하다.

⑧ 사회보험은 비영리적 국가사업이다. 사회보험은 사회정책상의 동기로 운영하기 때문에 국가의 운영비 부담, 갹출금의 일부 부담, 적자액의 보조 등 국가 책임하에서 운영되는 비영리적 강제보험인 것이다.

⑨ 사회보험에서 보험사고는 사람에 관하여 발생하는 사고에 한정되어 있으므로 보험 분류에 따라 인보험(人保險)에 속한다.

⑩ 주요 국가의 사회보험은 산재보험·의료보험·연금제도·고용보험 순으로 도입되었다.

⑪ 인플레이션 대응을 위해 조세제도의 이용이 가능하다.

✤ 표 12-1 ✤ **사회보험과 사보험의 비교**

| 구 분 | 사회보험 | 사보험 |
|---|---|---|
| 가입 | 강제적 적용 | 자발적 참여 |
| 보험료·기여금 부과 기준 | 소득 수준 | 위험정도·급여수준 |
| 보호의 정도 | 최저 소득보호 | 개인의 지불능력이 좌우 |
| 강조 | 사회적 적절성(복지) | 개인적 적절성(형평) |
| 급여근거 | 법 | 계약 |
| 급여성격 | 법적 권리(가변성) | 계약 원리(계약수준) |
| 운영형태 | 정부 독점 | 경쟁 |
| 비용예측 | 예상하기 어려운 지출 | 예상할 수 있는 지출 |
| 완전한 재정준비 | 필요하지 않음 | 필요함 |
| 목적·결과 관련 의견 | 다양함 | 대체로 일치 |
| 투자 | 대체로 정부 업무 | 주로 민간 분야 |
| 재원운영 | 일반적으로 부과방식 | 적립방식 |
| 인플레이션 보상 | 세금을 통해 바로 가능 | 인플레이션에 아주 약함 |

사회보험이 사회성을 확보하기 위한 조건은 첫째, 국가 또는 공적기관이 보험자이어야 하며, 둘째, 국고부담이 이루어져야 하고, 셋째, 강제가입의 형태를 취해야 한다.

사회보험이 대상으로 하는 사고는 장기적인 사고로 장애, 노령, 사망이 있고 단기적인 사고로 질병, 분만, 실업이 있으며, 사용자의 보상책임이 요구되는 사고로 산업재해가 있다.

사회보험의 재정방식은 다음과 같다.

첫째, 적립방식으로 근로기간 동안 가입자가 납부하는 각출료를 자본시장 등에 운용하여 적립된 기금을 토대로 은퇴기간 동안 연금급여를 지급하는 방법이다.

둘째, 부과방식으로 일정한 짧은 기간 동안에 지출해야 하는 급여비를 그 기간 내에 보험료 수입에서 충당하도록 하는 방식으로 각출료 수입이 해당 연도의 연금으로 바로 지출되기 때문에 약간의 지불준비금을 제외하고는 적립금이 존재하지 않는다.

셋째, 수정적립방식으로 발족 당시에는 평균보험요율보다 낮으나 사회경제적인 사정(인플레이션, 임금상승, 슬라이드제)으로 인해 단계적으로 보험료율을 인상한다.

✤ 표 12-2 ✤ 적립방식과 부과방식

| 구분 | 적립방식 | 부과방식 |
|---|---|---|
| 재분배 | 수평적 재분배, 시간적 재분배 | 수평적 재분배, 세대 간 재분배 |
| 급여확실성 | 시장수익률에 의존 | 정치과정에 의존 |
| 성장촉진효과 | 저축증강효과 | 안정망 효과 |
| 대노동시장 | 중립적 | 영향이 큼 |
| 운영비용 | 비교적 높음 | 비교적 안정 |
| 장점 | • 현세대와 미래세대의 공평한 부담<br>• 제도초기에는 보험료 부담이 낮다.<br>• 정부는 막대한 적립금으로 재정을 활용할 수 있다. | • 노령세대에 대한 부양이라는 사회적 책임이 강하다.<br>• 연금의 수지차이가 없어 기금관리 부족으로 인한 위험부담이 적다.<br>• 장기추계가 불필요하다. |
| 단점 | • 실질기금이 없는 경우가 많다.<br>• 재정수지에 미치는 변수를 예측하기 어렵다. | • 세대 간의 부담배분이 불공정하다.<br>• 노후를 대비한 저축유인이 없다.<br>• 정치적 위험이 따를 수 있다. |

넷째, 수정부과방식으로 수지균형을 꾀하는 원칙적인 생각은 부과방식과 같고 10~20년을 기간으로 수지균형이 이루어지도록 어느 정도의 적립금을 보유하여 그 기간 내에 충당하는 방식이다.

## 2) 사회보험의 역선택 및 도덕적 해이

사회보험과 역선택 및 도덕적 해이의 의미는 다음과 같다.

역선택이란 비대칭적인 정보(asymmetric information) 또는 불완전한 정보로 인해 보험시장에 바람직하지 않은 결과가 초래되는 현상을 말한다. 이러한 역선택은 보험시장에 고위험 집단만 남게 만들어 '시장의 실패'를 가져온다. 이를 피하기 위해서 정부가 사회보험을 만들어 모든 보험대상자들의 가입을 의무화하는 것이다.

역선택은 주로 건강보험과 개인연금에서 발생한다. 따라서 이러한 역기능을 해결하기 위해 사회보험방식의 건강보험은 피보험자의 건강수준을 고려하지 않고 가입시키며, 모든 가입자에게 부담능력에 비례하여 보험료를 부과하는 것이다.

도덕적 해이란 보험에 가입한 사람이 보험에 가입하기 전에 비해 위험발생을 예방하려는 노력을 덜하게 되는 현상을 말하며, 사회보험 중에서 도덕적 해이의 발생 가능성이 높은 것이 건강보험과 실업보험이다. 도덕적 해이는 복지대상자의 행위에 대한 충분한 정보를 갖추고 이를 바탕으로 그들의 행위를 조장하고 통제한다면 어느 정도 방지할 수 있을 것이다. 이런 정보를 갖추려면 많은 비용과 대규모 조직이 필요하게 되는데, 이런 점에서 민간보험보다 사회보험이 더 효율적이다.

요약하면 정부의 비대칭성이라는 서로 한쪽이 많은 정보를 갖는 상황에서 문제가 발생한다. 역선택은 비대칭적·불완전 정보로 인해 보험시장에 바람직하지 않은 결과가 초래되는 것이고, 도덕적 해이는 보험에 가입하지 않거나 가입 전의 상황보다 위험발생에 대한 예방노력을 덜 하는 것이다. 즉, 도덕적 해이의 예는 회사원의 근무태만, 건강보험 가입자가 감기에 걸리면 여러 병원에 찾아가 진료받는 행위, 화재보험 가입자가 화재예방에 무신경한 것이다.

역선택은 중고차 공급자의 불합리한 판매, 즉 우량차와 불량차가 동일가격 판매인 경우, 신용불량 기업이 높은 금리의 대출을 받고자 할 경우, 즉 금액 지불능력이 낮고 급하게 돈이 필요한 상황에서 분명 이자가 높아 부담인 것은 알지만 어쩔 수 없이 선택해야 하는 상황이 발생하게 된다.

## 3) 공공부조제도

빈곤의 역사는 인류의 역사와 함께 한다. 공공부조는 빈곤이 사회문제로 대두된 이래 오랫동안 국가가 빈곤문제를 해결하기 위한 시책으로 행하여 왔다. 공공부조가 일찍이 발전하기 시작한 서구에서는 빈곤문제 해결을 위한 노력이 종교기관과 민간에서 자선적 또는 구호적 차원에서 이루어지기도 하였지만, 그러한 노력은 종교개혁 이래 쇠잔해져가다가 구빈법이 탄생하면서 국가가 공적인 차원에서 국민의 세금을 재원으로 하는 공공부조를 실시하게 되었다. 공공부조는 사회보장제도의 한 축을 이루고 있는 제도이다. 우리나라의 「사회보장기본법」에 따르면 사회보장은 사회보험, 공공부조, 사회복지서비스로 구성된다. 사회보험(고용보험, 산재보험, 국민연금, 의료보험)은 일차적 안전망이라 불리는 반면, 공공부조는 주로 이차적 안전망으로 불리며 국민적 최소한을 보장하기 위한 가장 기본적인 제도로 평가되고 있다.

### (1) 공공부조의 개념

공공부조(public assistance)란 사회보장제도의 하나로서 모든 국민이 인간다운 생활을 영위하도록 하기 위해 국가 및 지방자치단체의 책임하에 생활 유지능력이 없거나 생활이 어려운 국민의 최저생활을 보장하고 자립을 지원하는 제도를 말한다.

공공부조는 사회부조(social assistance, sozialhlife), 국민부조(national assisance), 빈곤구제정책(anti-poverty policy), 무기여소득정책(non-contributory income maintenance progrom) 등의 이름으로 일컬어지고 있으나, 우리나라에서는

1995년 「사회보장기본법」이 제정되면서 공식적으로 그 명칭을 '공공부조'라 칭하게 되었다. 공공부조는 빈곤상태에 있는 자들을 대상으로 하기 때문에 사람들이 빈곤상태에 있는지 객관적으로 판단하기 위한 자산조사(means test)를 실시하고 있다. 그리고 이들은 자신의 근로능력으로 독립적으로 살 수 있는지 또는 부양할 친족이 있는지 여부를 판단하는 상태조사(status test)를 실시하고 있다.

자산조사와 상태조사 실시 후 그 결과에 따라 다른 처지에 있는 사람들을 서로 다르게 처분한다. 공공부조는 도움이 필요한 사람에 대해 가족이나 민간에 의한 원조인 사적부조(private assistance)가 아니라, 국가나 지방자치단체와 같은 공공기관에 의한 원조이다.

### (2) 공공부조의 특징

공공부조의 특징은 다음과 같다.

① 사회보험과는 달리 기여나 자기부담을 필요로 하지 않는다.
② 공공부조는 규정된 최저소득 이하의 자들에게 적용된다.
③ 현재의 생활이 빈곤한 상태에 있는가에 대한 사실 확인을 위한 자산조사를 요구한다.
④ 공공부조는 본인의 신청(신청주의)이나 사회복지전담공무원(직권주의)의 대리 신청에 의해 이루어진다.
⑤ 공공부조는 빈곤한 생활이 현실적으로 나타났을 때에만 그 기능을 발휘하게 되므로 구빈적·사후치료적인 기능이 강하다.

### (3) 공공부조의 원리

공공부조의 원리는 다음과 같다.

#### ❶ 생존권 보장의 원리

국가가 생활이 곤궁한 국민에 대하여 곤궁한 정도에 따라 필요한 보호를 하여 최저한의 생활을 보장하는, 이른바 생존권 보장의 이념을 실현함으로써 국민에게 보호를 받을 권리를 보장하는 원리이다.

### ❷ 국가 책임의 원리

오늘날 공공부조의 재원은 국민의 세금에 의해서 충당됨으로써 당연히 궁극적인 책임을 국가가 지는 것이다.

### ❸ 최저생활 보장의 원리

최저한도의 수요가 충족되는 정도의 생활을 모든 국민에게 보장되도록 하는 원리이다. 여기서 최저한도의 생활은 단순한 최저생활이 아니라 건강하고 문화적인 생활수준을 유지할 수 있는 최저한도의 생활이 보장되어야 한다는 것이다.

### ❹ 무차별평등의 원리

요보호상태에 빠지게 된 원인의 이유나 인종, 성별, 종교, 사회적 신분 여하를 불문하고 적용상 차별을 받지 않고 평등하게 보호를 받는 것이다.

### ❺ 보충성의 원리

보호대상자가 자신의 생활의 유지·향상을 위하여 그의 자산·근로능력 등을 최대한 활용하고, 그렇게 하고도 최저생활을 유지할 수 없을 때 최종적으로 부족한 부분을 보충하여 준다는 원리이다.

### ❻ 자립성장의 원리

보호를 받는 자에게 내재하고 있는 가능성을 끌어내어 육성함으로써 자력으로 사회생활에 적응해 나갈 수 있도록 하는 원리이다.

## 2. 사회보장제도와 빈곤

빈곤(poverty)이란 인간이 가지고 있는 기본적 욕구가 충족되지 않은 상태로 절대적 빈곤, 상대적 빈곤, 주관적 빈곤으로 구분할 수 있다.

### 1) 절대적 빈곤

전통적 빈곤개념인 절대빈곤은 최저생활을 유지할 수 없는 수준, 즉 최소한의 신체적 효율성을 유지하는 데 필요한 의식주를 가지지 못한 수준을 말한다.

절대빈곤은 객관적으로 결정한 절대적 최저한도보다 미달되는 상태를 말하는데, 의식주 등 기본적 욕구를 해결하지 못하는 상태로 보고, 절대빈곤선 개념을 토대로 생존의 의미를 강조한다. 절대적 빈곤은 실질경제성장이 계속되어 그 사회의 전반적인 생활수준이 향상되면 빈곤선 이하의 생활을 하는 사람의 숫자도 감소하게 된다. 절대적 빈곤이라는 개념 자체는 '기본적 필요'라는 것이 구체적으로 무엇을 의미하는 지가 불분명하다는 한계를 가진다. 절대빈곤의 개념은 빈곤에 대해 최초로 과학적 사회조사를 한 영국의 사회학자 부스(C. Booth)로부터 시작되었다.

절대적 빈곤의 측정방법은 다음과 같다.

첫째, 라운트리(Rowntree)방식(전물량방식, 마켓 바스켓방식, 예산기준방식)이다.

라운트리는 가족의 소득이 생물학적 효율성을 유지하기에도 부족한 수준, 즉 네 가지 기초 생필품(음식, 연료, 거처, 피복)을 구입할 능력도 안 되는 수준을 '제1차 빈곤'이라 규정하고, 네 가지 기초생필품을 구입할 능력은 있지만 인간다운 생활을 영위하기 위해 필요한 재화를 구입할 수 없는 경우를 '제2차 빈곤'이라 정의하였다.

최저수준의 유지에 필요한 각각의 세분된 지출품목의 필수품과 소요량을 정하고 이에 시장가격을 곱한 후, 합계를 구하는 방법으로 전물량방식 또는 마켓 바스켓(market basket)이라고 한다. 이 방법으로 계산해 낸 최저생계비에 가계소득이 미달하는 경우를 라운트리는 빈곤한 것으로 간주한다.

장점으로는 최저생활비용을 구체적으로 정하고 실질임금이 보장됨으로 현실적이다.

단점으로는 최저생활에 필요한 물량의 기준을 알기가 어렵다.

현재 우리나라에서 최저생계비를 계측하는 방식으로 계측은 매 3년마다 이루어진다.

둘째, 오샨스키(Orshansky)방식(반물량방식, 엥겔방식)이다.

전문가에 의하여 산출된 최저식품비 정도를 소비하는 계층의 엥겔계수를 산출하고, 이 값의 역수를 곱하여 전체 최저생계비를 추정하는 방법이다. 모든 항목의 생계비를 조사하지 않고, 엥겔계수로 생계비를 추정한다는 점에서 이를 반물량 방식이라고도 한다. 엥겔계수는 총 생계비 중 음식물비가 차지하는 비율을 말하며, 생활수준이 높을수록 낮고, 생활수준이 낮을수록 높다(엥겔계수 = 음식물비 ÷ 총생계비 × 100).

장점은 최저생계비 계측이 쉽고 계측비용, 인력, 시간이 절약된다는 점이다.

단점은 물가변동에 따라 엥겔계수가 크게 변화하고 생활 전반에 걸친 물량을 기초 산출하는 것에 비하여 설득력이 약하며, 가구 구성상의 상이성을 표시할 수 없다.

현재 미국의 사회보장청에서 사용하고 있다.

### 2) 상대적 빈곤

상대적 빈곤이란 한 사회의 평균적인 생활수준에 비교하여 빈곤을 규정하는 것으로 일상 식품을 획득하고 사회활동에 참여하며, 그들이 속한 사회에서 관계적인 생활조건과 편의시설을 갖기에 필요한 자원을 결여하고 있는 사람을 말한다.

상대적 빈곤은 동일 사회 내의 다른 사람과 비교하여 적게 가지는 것을 말하는데, 이는 특정 사회의 전반적인 생활수준과 밀접히 관련된 개념이어서 경제 사회

발전에 따라 정책적으로 중시되며 '상대적 박탈'과 '불평등'의 개념을 중시한다.

상대적 빈곤은 사회의 평균적인 생활수준을 정확히 파악하는 일이 중요하며, 이것은 특정 사회의 사회적 관습과 생활수준에 따라 크게 달라진다.

대체로 복지국가가 발달할수록 상대적 빈곤을 주로 사용하며, 유럽국가의 대부분은 상대적 빈곤 개념을 주로 채택하고 있다.

상대적 빈곤을 주장한 대표적인 학자는 타운센트(Townsend)이다.

빈곤의 측정에서 빈곤을 가리기 위해서는 어떤 기준이 있어야 한다. 이를 흔히 '빈곤선'이라 한다. 각국은 빈민을 대상으로 하는 사회보장제도의 운용을 위해 빈곤을 측정하는 방법을 개발해 왔으며, 이를 근거로 국가별 최저생계비를 책정하게 된다.

상대적 빈곤의 측정방법은 다음과 같다.

첫째, 타운센트(Townsend)방식, 즉 박탈지표방법이다.

타운센드방식은 객관적 박탈감과 주관적 박탈감에 대해 어떻게 평가하고 있는가를 조사하여 박탈감의 지수를 계산하는 것으로, 이것을 소득수준과 비교하여 일정 소득수준 이하에서 이러한 박탈점수가 급격히 떨어지면 그것을 빈곤선으로 사용하는 것이다.

상대적 빈곤이란 그 사회의 평균소득 수준과 대비하여 상대적으로 낮은 계층을 정의하는 것으로 보통 가구 총소득에서 중하위 평균소득의 40~50% 이하에 속하는 계층을 '상대적 빈곤층'이라 한다.

장점은 삶의 질적인 측면까지 포함된 실제 생활내용이 반영된다는 것이다.

단점은 어느 점에서 변화가 확연히 드러나는 빈곤 시발점이 존재하는지가 불명확하다는 것이다.

둘째, 가계지출방식이다.

전체 인구의 가계지출 평균치에 의거하여 빈곤선을 정하는 것이다. 그러나 이 방식은 가계지출에 관한 자세하고 신뢰할 만한 자료가 있어야 하고, 또 자료가 정기적으로 업데이트되어야만 가능하다.

영국이 채택하고 있는 방식으로 매년 가계지출조사를 실시하고 있으며, 평균가계소득의 40% 이하를 빈곤선으로 정하고 있다.

장점은 실질적인 최저생계비를 정하는 방법이다.

단점은 가계지출조사 대상에 모든 가구가 포함되는 것이 아니다(예: 노숙자).

셋째, 순수상대빈곤방식이다.

순수상대빈곤은 상대적 빈곤을 측정하는 여러 방법들 가운데 가장 대표적인 측면을 강조하여, 불평등 그 자체를 바탕으로 하여 빈곤선을 설정한다. 순수상대빈곤은 계층적 소득분배상의 하위 일정비율을 빈곤층으로 정의한다(하위 10% 혹은 20%).

# 3 한국의 사회보장제도

## 1. 국민기초생활보장제도

### 1) 의의

국민기초생활보장제도는 1999년 9월 「국민기초생활보장법」이 공포되고, 2000년 10월 1일부터 실시되었던 빈곤대책의 하나로서 공공부조제도에 속한다. 과거의 빈곤문제는 개인적 결함과 책임으로 인식하였으나, 자본주의체제와 산업화가 진척됨에 따라 빈곤문제는 사회문제로 성격이 규정되며, 국가 사회적 공식적 정책으로 대응되어야 하는 것으로 인식되었다. 빈곤문제를 해결하기 위해서 어디까지 국가가 책임지고 개인과 가족의 의무는 무엇인가 하는 점은 나라마다의 경험과 사정에 따라 다르며, 공통적으로는 '국민적 최저선'을 설정, 최소한 수준 이상의 생활을 영위할 수 있도록 각종의 제도적·정책적 대응을 시도하고 있다.

그 목적은 생활이 어려운 자에게 필요한 급여를 행하여 이들의 최저생활을 보장하고 자활을 조성하는 것으로, 특성은 무갹출로 국가에 의해 수급자에게 일방적으로 제공되는 급여를 포함하며 재원은 일반조세로 충당하고 있다.

급여의 기본원칙으로는 공공책임의 원칙, 최저생활보장의 원칙, 보충성의 원리, 타법 우선의 원칙, 자립조장원리, 무차별 평등원리를 들 수 있다.

급여실시의 기준으로 급여는 건강하고 문화적인 최저생활을 유지할 수 있는 것으로, 다만 건강하고 문화적인 최저생활의 구체적 내용과 선은 보건복지부장관이 수급자의 연령·가구규모·거주지역 기타 생활여건 등을 고려하여 급여를 종류별로 정하고, 보건복지부장관이 매 3년마다 최저생계비를 계측·조사하여 매년 12월 1일까지 다음연도의 최저생계비를 공표하고 있다.

급여는 수급권자와 관계자가 신청하여 제공받는 신청주의를 원칙으로 하고 수급권자와 그 친족, 기타 관계인은 관할 시장·군수·구청장에게 수급권자에 대한 급여를 신청할 수 있으나, 예외적으로 관할지역 내에 거주하는 수급권자에 대한 급여를 수급권자의 동의를 구하여 직권으로 신청할 수 있다. 기초생활보장이란 생계유지가 어려운 저소득층에게 생계급여, 주거급여, 의료급여 및 자활급여 등을 지급하여 최저생활을 보장하고 저소득층의 자활을 촉진하는 것을 말한다.

「국민기초생활보장법」에 따른 수급권자는 생계급여, 주거급여, 의료급여, 교육급여, 해산급여, 장제급여, 자활급여를 받을 수 있다.

맞춤형복지급여제도는 2000년부터 실시해 온 국민기초생활보장제도를 개편해 소득 기준에 따라 생계급여, 의료급여, 주거급여, 교육급여로 나누어 지원해 보다 많은 사람들이 복지급여 혜택을 받을 수 있는 제도다.

국민기초생활보장법(2019. 12. 3., 일부개정, 시행 2020. 6. 4)의 주요내용은

시장·군수·구청장이 생계급여 등의 실시 여부와 급여 내용을 결정하여 수급권자 또는 신청인에게 통보하거나 보장기관이 생계급여 등의 종류·방법 등의 변경을 수급자에게 통지할 때에 급여의 산출 근거를 포함하여 통보·통지하도록 함으로써 수급권자 등의 알권리를 보다 두텁게 보장하려는 것이다.

## 2) 급여의 종류와 방법

### (1) 생계급여

수급자에게 의복·음식물 및 연료비와 기타 일상생활에 기본적으로 필요한 금품을 지급하여 그 생계를 유지하게 하는 것이다.

2021년 1월 14일 전국 최초로 '서울형 기초보장제'에서 부양의무자 기준을 전면 폐지한다고 하였다. 서울형 기초보장제는 중앙정부의 기초생활수급대상에서 제외된 저소득층 취약계층을 대상으로 하는데, 이들은 부양가족이 있어도 소득재산 기준만 충족하면 생계비 등을 지원받게 된다.

### (2) 주거급여

구법인 「생활보호법」에는 없던 조항으로서, 「국민기초생활보장법」에서 신설된 급여로 수급자에게 주거안정에 필요한 임차료, 유지수선비, 기타 대통령령이 정하는 수급품을 지급한다.

### (3) 교육급여

수급자에게 입학금·수업료·학용품비·기타 수급품을 지원하며, 교육급여는 금전 또는 물품을 수급자 또는 수급자의 친권자나 후견인에게 지급한다. 다만, 보장기관이 필요하다고 인정하는 경우에는 수급자가 재학하는 학교의 장에게 수급품을 지급한다.

### (4) 해산급여

수급자에게 조산, 분만 전과 분만 후의 필요한 조치와 보호를 행하는 것으로 보장기관이 지정하는 의료기관에 위탁하여 행할 수도 있고, 해산급여에 필요한 수급품을 수급자나 그 세대주 또는 세대주에 준하는 자에게 지급할 수도 있다.

### (5) 장제급여

수급자가 사망한 경우 사체의 검안·운반·화장 또는 매장 기타 장제조치를 행하는 것으로 실제로 장제를 행하는 자에게 장제에 필요한 비용을 지급한다.

### (6) 자활급여

① 자활에 필요한 금품의 지급 또는 대여
② 자활에 필요한 기능습득의 지원
③ 취업알선 등 정보의 제공
④ 공공근로 등 자활을 위한 근로기회의 제공
⑤ 자활에 필요한 시설 및 장비의 대여
⑥ 기타 대통령령이 정하는 자활조성을 위한 각종 지원

### (7) 의료급여

① 의료급여는 수급자에게 건강한 생활을 유지하는 데 필요한 각종 검사 및 치료 등을 지급
② 의료급여 수급권자는 부양의무자가 없거나, 부양의무자가 있어도 부양능력이 없거나 부양을 받을 수 없는 사람으로서 그 소득인정액이 제20조제2항에 따른 중앙생활보장위원회의 심의·의결을 거쳐 결정하는 금액이하인 사람. 이 경우 의료급여 선정기준은 기준 중위소득의 100분의 40 이상
③ 의료급여에 필요한 사항은 따로 법률에서 정한다. 국민기초생활보장법에 의한 의료급여수급권자는 1종 수급권자와 2종 수급권자로 구분하여 지원한다.

## 2. 국민연금

### 1) 의의

우리나라의 경우 장기적인 소득능력 상실의 위험에 대비하기 위한 제도로 1988년부터 실시된 일반국민을 위한 국민연금제도가 있으며, 공무원, 군인, 사립학교 교직원을 위한 연금제도가 각각 있다.

가입대상은 국내에 거주하는 18세 이상 60세 미만의 국민을 가입대상으로 하나, 예외로 국민연금에 가입된 사업장의 18세 미만의 근로자가 사용자의 동의를 얻어 사업장 가입자가 되는 경우, 연금 가입 기간이 20년 미만인 가입자가 연장가입신청을 하여 임의로 계속가입자가 된 경우, 농어촌 및 도시지역으로 확대할 때 가입 기회가 한시적으로 주어졌던 기존 노령계층(60세 이상 65세 미만)이 지역 가입자가 된 경우가 있다.

국민연금은 국가가 보험의 원리를 도입하여 만든 사회보험의 일종으로 가입자, 사용자 및 국가로부터 일정액의 보험료를 받고 이를 재원으로 노령으로 인한 근로소득 상실을 보전하기 위한 노령연금, 주소득자의 사망에 따른 소득상실을 보전하기 위한 유족연금, 질병 또는 사고로 인한 장기근로능력 상실에 따른 소득상실을 보전하기 위한 장애연금 등을 지급함으로써 국민의 생활안정과 복지증진을 도모하는 사회보장제도의 하나이다.

### 2) 국민연금의 특징

#### (1) 가입대상의 강제성

국민연금은 "나" 혼자서 대비하기 어려운 생활의 위험을 모든 국민이 연대하여 공동으로 대처하는 "우리"를 위한 제도로 모든 국민이 가입대상이다.

국민연금뿐만 아니라 건강보험 등 대부분의 사회보험제도는 강제가입을 채택하고 있다. 강제적용을 하지 않는다면 국민연금에 가입하지 않거나 보험료를 납부하지 않을 수 있다. 즉, 가난한 사람은 '당장의 생활이 어려워 노후준비를 할 수 없다', 부유한 사람 또한 '별도의 노후준비가 필요없다'고 가입을 기피하고, 젊은 층의 경우는 '먼 훗날의 노후를 굳이 지금부터 준비할 필요가 있느냐' 등의 여러 가지 이유로 가입하지 않을 수 있다.

이처럼 가입을 기피하는 사람이 많을수록 노후빈곤층이 확대되고, 이것이 사회문제화될 경우 결국 국가는 빈곤해소의 문제를 조세 등을 통해 해결해야 한다.

이렇게 되면 성실하게 본인의 노후를 준비한 사람은 노후를 준비하지 못한 사람의 노후의 일정부분을 책임지게 되는 이중부담이 발생하기 때문에 소득활동을 하는 사람은 누구나 의무적으로 가입하도록 하는 것이다.

### (2) 소득 재분배로의 사회통합

국민연금은 동일한 세대 내의 고소득계층에서 저소득계층으로 소득이 재분배되는 "세대내 소득 재분배" 기능과 미래세대가 현재의 노인세대를 지원하는 "세대 간 소득 재분배" 기능을 동시에 포함하고 있다.

#### ❶ 세대 내 소득 재분배

'고소득층'으로부터 '저소득층'으로 소득이 이전되는 세대 내 소득 재분배기능은 국민연금의 급여산식에서 가입자 전체의 평균소득을 포함시켜 실현되고 있다. 즉, '저소득 계층'의 경우 전체 가입자의 평균소득이 자신의 소득보다 높기 때문에 고소득 계층과 비교하였을 때 자신이 낸 보험료에 비해 상대적으로 더 많은 연금을 받는 반면, '고소득 계층'은 전체 가입자의 평균소득이 자신의 소득보다 낮기 때문에 저소득층에 비해 상대적으로 이러한 연금혜택이 적은 것이다.

이처럼 국민연금은 납입한 보험료 대비 수급하는 연금급여액(수익비)이 고소득층에 비해 저소득층의 경우가 상대적으로 높기 때문에 이러한 세대내 소득 재분배 기능을 통해 소득계층 간의 소득격차를 줄임으로써 사회통합에 기여한다.

### ❷ 세대간 소득 재분배

'미래세대'가 현재의 '노인세대'를 지원하는 세대 간 소득 재분배기능은 국민연금제도 도입 초기단계 가입자의 제도순응성을 높이기 위해 도입하였다. 미래세대는 자신의 노후만을 준비하면 되지만, 국민연금 초기가입자의 경우에는 자신의 노후는 물론 부모 부양이라는 이중부담을 지고 있어 이들의 부담을 완화하기 위해 낮은 보험료에서 출발, 단계적으로 보험료를 높여가도록 한 것이다.

우리보다 연금제도를 먼저 시행한 외국의 경우에도 초기가입자의 부담을 완화하기 위해 낮은 보험료에서 출발하여 경제발전 정도, 부담능력, 연금재정 상태 등을 종합적으로 고려해 연금보험료를 높여가고 있다(미국 2%에서 12.4%, 독일 5%에서 19.9%).

만약, 국민연금가입자가 매년 국민연금가입자의 평균소득을 기준소득월액으로 1988년부터 30년 동안 보험료를 납부한다고 가정하면, 이 사람의 수익비는 2.8인 반면, 1999년부터 30년 동안 가입한 동일소득 가입자의 수익비는 2.0이다.

이처럼 국민연금은 제도도입 초기 가입자의 수익비가 연금제도가 성숙한 이후 세대의 수익비보다 높게 설계되어 있으므로 현재의 가입세대는 미래세대로부터 일정한 소득지원을 받는 세대 간 소득 재분배의 순기능을 가지고 있다.

'국민연금 중기재정전망' 보고서 에 의하면 가입자의 수가 2019년에 첫 감소에 이어 2024년까지 6년 동안 77만명 줄어들 것으로 보며, 저출산으로 사업장 가입자 증가가 정체되어 지역가입자는 지속적으로 감소되어 미래에 영향을 줄 것으로 보인다. 경제협력개발기구(OECD) 회원국 가운데 유일하게 0명대 합계출산율을 기록하는 등 저출산 현상이 해마다 심화하고 있는 가운데 2019년부터 국민연금 가입자가 감소하기 시작해 2024년까지 6년 연속 줄어들 전망이다.

## 3) 가입자

### (1) 사업장 가입자

국민연금에 가입된 사업장의 18세 이상 60세 미만의 사용자 및 근로자로서 국민연금에 가입된 자를 말한다. 1인 이상의 근로자를 사용하는 사업장 또는 주한 외국기관으로서 1인 이상의 대한민국 국민인 근로자를 사용하는 사업장에서 근무하는 18세 이상 60세 미만의 사용자와 근로자는 당연히 사업장 가입자가 된다.

### (2) 지역 가입자

국내에 거주하는 18세 이상 60세 미만의 국민으로서 사업장 가입자가 아닌 사람은 당연히 지역 가입자가 된다. 다만, 다른 공적연금에서 퇴직연금(일시금), 장애연금을 받는 퇴직연금 등 수급권자, 「국민기초생활보장법」에 의한 수급자, 소득활동에 종사하지 않는 사업장 가입자 등의 배우자 및 보험료를 납부한 사실이 없고 소득활동에 종사하지 않는 27세 미만인 자는 지역 가입자가 될 수 없다.

### (3) 임의 가입자

사업장 가입자와 지역 가입자가 될 수 없는 사람도 60세 이전에 본인의 희망에 의해 가입신청을 하면 임의 가입자가 될 수 있다. 즉, 다른 공적연금에서 퇴직연금(일시금), 장애연금을 받는 퇴직연금 등 수급권자, 「국민기초생활보장법」에 의한 수급자, 소득활동에 종사하지 않는 사업장 가입자 등의 배우자 및 보험료를 납부한 사실이 없고 소득활동에 종사하지 않는 27세 미만인 자는 가입을 희망하는 경우 임의 가입자가 될 수 있다.

### (4) 임의 계속가입자

가입기간이 20년 미만인 가입자가 60세 도달로 국민연금 가입자 자격을 상실하였으나, 가입기간이 부족하여 연금을 받지 못하거나 가입기간을 연장하여 더 많은 연금을 받고자 원할 경우는 65세에 달할 때까지 신청에 의하여 임의 계속가입자가 될 수 있다.

## 3. 국민건강보험

### 1) 의의

「국민건강보험법」은 1999년 2월 제정되었지만, 그 전신인 「의료보험법」은 1963년 12월 제정, 1977년 7월 1일에 시행하였고, 1963년 당시 「의료보험법」은 일부 관계 전문가들의 노력으로 입법화했지만, 경제·사회적 여건의 미비로 인하여 연기되었다. 건강진단과 재활 및 예방의 범위까지 포함하는 포괄적인 특성을 가진 국민건강보험제도가 2000년 7월 1일부터 시행하고 있다.

가입자의 자격요건과 대상은 국내에 거주하는 국민이며, 자격요건은 가입자와 피부양자가 모두 포함하며, 피부양자는 직장가입자에 의하여 주로 생계를 유지하는 자로서 보수 또는 소득이 없는 자로, ① 직장가입자의 배우자, ② 직장가입자의 직계존속(배우자의 직계존속을 포함한다), ③ 직장가입자의 직계비속(배우자의 직계비속을 포함한다) 및 그 배우자, ④ 직장가입자의 형제·자매 등이다.

가입자의 종류는 직장가입자 및 지역 가입자로 구분되며, 직장가입자는 상시 1인 이상의 근로자를 사용하는 사업장에 고용된 근로자와 그 사용자 그리고 공무원 및 교직원으로 임용 또는 채용된 자이고, 지역 가입자는 가입자 중 직장가입자와 그 피부양자를 제외한 자이다.

가입자의 자격 취득은 국내에 거주하게 된 날에 직장 가입자 또는 지역 가입자의 자격을 취득한 자이고, 자격상실의 시기는 가입자가 사망한 날의 다음 날, 국적을 잃은 날의 다음 날, 국내에 거주하지 아니하게 된 날의 다음 날, 직장가입자의 피부양자가 된 날의 다음 날, 수급권자가 된 날, 건강보험을 적용받고 있던 자로서 유공자 등 의료급여수급자가 된 자가 건강보험의 적용배제신청을 한 날에 그 자격을 상실한다.

### 2) 보험급여

보험급여는 요양급여와 건강진단, 요양비 지급 및 임의급여로 구분되며, 요양급여, 건강진단 및 요양비 지급은 법정급여로 법적 규정에 의하여 일정한 보험사고에 대하여 지급되는 급여이다. 임의급여는 급여의 종류는 법적으로 정해져 있으나 실시 여부는 보험자에게 위임되어 있는 급여이다.

### (1) 요양급여

요양급여는 가입자 및 피부양자의 질병·부상·출산 등에 대하여 진찰·검사, 약제·치료 재료의 지급, 처치·수술 기타의 치료, 예방·재활, 입원, 간호, 이송과 같은 종류의 급여를 말한다.

### (2) 보험료

직장 가입자 월별 보험료액은 보수월액 × 보험료율이고, 지역 가입자의 보험료는 보험료부과점수 × 보험료부과점수당 금액이다.

국가부담으로 국가는 매년도 예산에서 건강보험사업의 운영에 필요한 비용을 부담한다. 건강보험정책심의위원회에서 2018년 건강보험료율 2.04%를 인상하기로 발표했다. 2018년 건강보험료율이 2.04% 인상되면 현행 6.12%에서 6.24%로 오르게 되며, 직장인의 경우 월 1,966원 정도 건강보험료를 더 내게 된다.

보건복지부는 건강보험정책 최고의결기구인 건강보험정책심의위원회(건정심)를 열어 2021년 건강보험료율을 2.89% 인상하기로 했다. 직장가입자의 보험료율은 현행 6.67%에서 6.86%로 올라가고, 지역가입자의 부과점수당 금액은 195.8원에서 201.5원으로 오른다. 이에 따라 직장가입자의 본인 부담 월평균 보험료는 2020년 11만9천328원에서 2021년 12만2천727원으로 3천399원 오른다. 2022년 7.16%로 상승하게 될 것으로 본다.

### (3) 보험료율

가입자의 보험료율은 1,000분의 80 범위 안에서 대통령령으로 정한다. 다만, 국외에서 업무에 종사하고 있는 직장가입자의 보험료율은 국내 사업장에 종사하는 가입자에게 적용하는 보험료율의 100분의 50이다.

지역가입자의 보험료부과점수당 금액은 심의위원회의 의결을 거쳐 대통령령으로 정한다.

#### (4) 보험료의 부담

직장 가입자의 보험료는 가입자와 사업주가 각각 100분의 50을 부담하며, 지역 가입자의 보험료는 그 가입자가 속한 세대의 지역 가입자 전원이 연대하여 부담한다.

#### (5) 보건의료 재정

보건의료재원 종류는 세금, 건강보험료, 이용자 직접 부담(우리나라는 개별 가계비율이 50% 이상 보건의료재원 중 가장 높은 비율)이 있다.

국민보건의료비 증가 요인은 다음과 같다.

첫째, 국민의 소득수준 향상 : 생활수준 향상에 따른 건강에 대한 국민의식 변화

둘째, 대상자 및 급여 범위 확대(전 국민건강보험)

셋째, 의료수요증가 : 인구의 노령화, 만성질환급증 등

넷째, 보건의료서비스의 고급화 : 보건의료서비스 종사자 임금 상승 및 투입되는 재료비(원료비, 소모품비, 약품비, 장비) 상승, 새로운 첨단 고가장비

다섯째, 개발과 사용에 의한 의료비 상승

### 3) 건강보험제도의 유형

#### (1) 의료보장제도 유형

의료보장제도는 각국의 고유한 문화와 전통을 배경으로 하는 역사적 산물로서 단순 분류에는 어려움이 있으나, 일반적으로 OECD는 3가지로 분류하고 있다.

사회보험방식(Social Health Insurance: SHI), 국민건강보험방식(National Health Insurance: NHI), 국민보건서비스방식(National Health Service: NHS)이 있으며,

민간보험방식(Consumer Sovereignty Model: CSM)이 있다.

사회보험방식(SHI)은 국가의 의료보장에 대한 책임을 기본으로 하고 있지만, '의료비에 대한 국민의 자기 책임의식'을 일정부분 인정하는 체계이다. 정부기관이 아닌 보험자가 보험료로써 재원을 마련하여 의료를 보장하는 방식으로 독일의 비스마르크가 창시하여 비스마르크방식이라고도 한다.

이는 보험원리에 의해 일차적으로 국민의 보험료에 의해 재원을 조달하고, 국가는 이차적 지원과 후견적 지도기능을 수행함에 따라 국민의 일차적 부담의무가 전제된 비용의식적 제도이며, 국민의 정부 의존심을 최소화할 수 있다. 또한 관리체계는 정부에 대해 상대적으로 자율성을 지닌 기구를 통한 자치적 운영을 근간으로 하며, 의료의 사유화를 전제로 의료공급자가 국민과 보험자 간에서 보험급여를 대행하는 방식이다. 독일, 프랑스, 이탈리아 등이 그 대표적인 국가이다.

국민건강보험방식(NHI)은 SHI와 마찬가지로 사회연대성을 기반으로 보험의 원리를 도입한 의료보장체계이다. 서구유럽의 SHI방식과 그 운영방식이 대체로 흡사하지만, 국가내 '보험자'(의료에 대한 사회보험 관리운영기구)가 1개라는 점에서 서구의 SHI방식과 차이가 있다. 이러한 NHI방식의 의료보장체계로 운영하는 대표적인 국가는 한국과 대만을 들 수 있는데, 사회보험의 운영원리를 자국의 사회적·경제적 실정에 맞게 적용했다는 점에서 의의가 있다.

국가보건서비스방식(NHS)은 '국민의 의료문제는 국가가 모두 책임져야 한다'는 관점에서 정부가 일반조세로 재원을 마련하여 모든 국민에게 무상으로 의료를 제공(Universal Type)하는 국가의 직접적인 의료관장방식으로 일명 조세방식 또는 베버리지방식이라고 한다. 이 경우 의료기관의 상당부분이 사회화 내지 국유화되어 있으며, 영국의 베버리지가 제안한 이래 영국, 스웨덴, 이태리 등이 그 대표적인 국가이다.

NHS방식을 채택하고 있는 국가에서는 소득수준에 관계없이 모든 국민에게 포괄적이고 균등한 의료를 보장하며, 정부가 관리주체로서 의료공급이 공공화되어 의료비 증가에 대한 통제가 강하다.

그리고 조세제도를 통한 재원조달은 비교적 소득 재분배 효과가 강하다는 장점이 있으나, 반면에 의료의 사회화가 상대적으로 의료의 질이 저하될 소지가 있으며, 조세에 의한 의료비 재원조달에 많은 어려움이 있어 정부의 과다한 복지비용 부담이 문제가 되고 있다.

또한 의료수용자측의 비용의식 부족과 민간보험의 확대 그리고 장기간 진료대기 문제 등 부작용이 나타나고 있어 이에 대한 제도개혁의 필요성이 증가되고 있다.

한편, SHI방식과 NHI방식을 취하고 있는 나라에서는 조합원이 대표의결기구를 통해 건강보험운영에 관한 의사결정에 참여함으로써 제도운영의 민주성을 기할 수 있고, 국민의 비용의식이 강하게 작용하여 상대적으로 양질의 의료를 제공할 수 있다는 장점은 있으나, 소득유형 등이 서로 다른 구성원에 대한 단일 보험료 부과기준 적용의 어려움, 의료비 증가에 대한 억제기능이 취약하여 보험재정 안정을 위한 노력이 필요하다.

### (2) 한국의 공공의료보험

한국의 공공의료보험은 바람직한 보험제도라고 한다. 미국 같은 경우 1980년대까지는 사고가 나서 응급실에 실려 와도 돈이 없으면 치료를 해주지 않아 죽어가는 경우가 흔하다고 했다. 응급 환자를 거부하지 않는 법안이 통과된 게 무려 1986년 레이건 대통령 시대이다.

영국 계열 국가들은 "요람부터 무덤까지"라는 구호로 유명하다. 그러나 의사가 공무원이라 치료 의욕이 낮고, 인두제를 시행하고 있어 일정 지역(구 혹은 동)에 의사를 배정하고, 그 지역에 해당하는 인구수만큼 정부에서 예산을 주기 때문에 적게 치료하려고 하게 되고, 진료하는데 일주일씩 걸리는 경우가 단점이라고 볼 수 있다.

그러나 한국은 코로나로 인해 병의원 매출이 50%이상 급감한 곳이 많다고 한다. 사람들이 코로나 감염을 우려해 병원치료가 꼭 필요한 사람이 아니면 병원방문을 하지 않기 때문이다.

이것은 그동안 가벼운 감기정도의 증세에도 병원을 방문한 사람들이 많았다는 것이다. 저렴한 의료비 때문에 한의원가서 수시로 침을 맞는 사람도 많다.

이렇게 가벼운 증세에도 병원을 수시로 이용하는 사람들 때문에 1년에 한 번 병원에 가지도 않는 사람들이 많은 의료보험비를 부담하고 있다. 지역가입자는 더 큰 피해를 보고 있다. 소득이 적어도 직장가입자보다 몇 배로 더 많이 내는 구조 때문에 한달에 수십만 원을 내야 한다. 건보 재정수지는 2017년 7,077억 원 흑자를 기록했는데, 문재인 케어가 시작된 2018년에는 1,778억 원으로 2020년에는 2조 8,243억 원까지 적자가 확대됐다.

한국은 전 세계적으로 공공의료보험이 매우 발달되어 있다고 하며, 진료를 신속하고 싸게 받을 수 있는 나라는 별로 없다고 한다. 그러다 보니 국민건강보험공단도 매출 75조 3,000억 원(2018년 기준)의 초대형 기업이다(포스코 65조 원, 국내 3위, 2018년 기준). 그러다 보니 조직 운영에서 더욱더 치밀하게 해야 하나 10년간 감사를 실시하지 않고 있다가 감사원에서 재정적 건전성과 업무의 효율성을 높이고자 감사를 실시하였다.

감사 기간은 2019년 1월부터 2월까지 자료조사를 거쳐 2019년 3월 중 15일간 감사 인원 10명을 투입하여 실지 감사를 실시하였다. 앞에서와 같이 건강보험 재정이 작년 1,778억 당기 수지 적자를 기록했다.

그 중 문제가 되는 것은 이번 적자를 가지고 마치 건강보험 보장성 강화 정책이 문제가 있는 것처럼 얘기하고 있는 부분이다. 이는 문제의 원인이 무엇인지, 건강보험 재정의 성격이 무엇인지 전혀 알지 못해 발생하는 잘못된 분석이다.

건강보험 재정적자는 어느 정도 예견된 일이었다. 비급여를 급여화하고 건강보험 보장률 목표를 70%로 올리는 등 건강보험의 재정 부담은 갈수록 커지는데 비해, 정작 정부에서는 법적으로 건강보험에 지원해야 할 정부부담금 조차 제대로 지원하지 않기 때문이다. 현재 건강보험 재정은 지난 7년간 끊임없이 흑자를 기록하면서 누적 흑자만 20조 5,995억 원에 이르고 있다.

건강보험은 그 해 건강보험 운영에 필요한 재정을 예측하고, 그만큼 보험료를 부과하여 쓰는 방식으로 운영된다. 그럼에도 20조가 넘는 흑자가 있다고 하는 것은 국민에게 건강보험료를 걷어놓고도 그만큼 국민의 건강을 위해 제대로 쓰지 않았다는 것을 반증하는 것이다. 결국 가입자에게 쓰여야 할 보험금을 건강보험의 보장성을 강화하는데 쓰지 않고 적립만 해 온 것이다.

더 심각한 것은 건강보험 재정에 흑자가 쌓이면서 정작 정부가 법적으로 지급해야 할 정부지원금은 계속 축소되어 왔다는 것이다.

국민건강보험법에서는 당해연도 보험료의 20%를 정부일반회계와 건강증진기금에서 지원하도록 되어있다. 이는 국민의 건강을 국가가 책임져야 한다는 너무도 당연한 이유에서 비롯된 것이며, 20% 정부 지원비율은 일본 38.4%, 대만은 37.8%, 프랑스와 벨기에 각각 52.0%와 33.7%에 비하면 절반수준에 불과한 금액이다.

오히려 정부는 이번 건보재정 적자를 계기로 법률에 정해진 정부 지원금을 반드시 지급할 것과, 누적된 흑자를 사용하여 OECD 국가의 평균 보장률 80%에 턱 없이 못미치고 있는 건강보험 보장성 목표를 더 높여, 말 그대로 병원비 걱정 없는 한국을 만들어가기 위해 노력해야 한다.

# 참고문헌


강영실(2009). **사회복지정책의 이해**. 서울: 신정.

강영애(1987). 한국의 정년제와 노후 소득보장에 관한 고찰. 중앙대학교 사회개발대학원 석사학위논문.

강용규 외(2008). **사회복지론**. 경기: 공동체.

강윤구(1989). 한국 재가노인복지서비스에 관한 연구. 중앙대학교 사회개발대학원 석사학위논문.

강정기 · 백종만 · 김찬우(2007). **지역사회복지론**. 서울: 나남출판.

강정기 · 최완규 · 진재문(2010). **사회복지의 역사**. 경기: 나남.

강철희 · 정무성(2006). **지역사회복지실천론**. 서울: 나남출판.

강홍구(2007). **의료사회복지실천론**. 서울: 학현사.

경북대학교 법과대학 법학개론편찬위원회(1988). **법학개론**. 경북대학교출판부.

경상남도사회복지관협회(2000). work shop자료집.

경상남도사회복지관협회. 사회복지시설 수용자 및 요보호대상 시민을 위한 국가의 역할은 어디까지인가?

경제기획원(1985). 한국의 사회지표..

고양곤(1997). **재가노인복지의 개념과 서비스 방안, 재가노인복지사업**. 서울: 홍익재.

공계순 · 박현선 · 오승환 · 이상균 · 이현주(2009). **아동복지론**. 서울: 학지사.

구병삭(1989). **신법학원론**. 서울: 박영사.

구자헌(1984). **한국사회복지사**. 서울: 홍익재.

국가인권위원회(2015). 노인인권길라잡이.

국가청소년위원회(2005). 지역사회와 연계성을 가진 청소년 약물중독치료 프로그램의 개발 연구.

국민건강보험공단(2000). 사업장업무편람.

____________(2009). 장애인보장구 급여체계 개선방안 연구.

국민연금실무편람(1999).

국토해양부(2008). 교통약자 이동편의 실태조사.

국회예산처(2016). 치매관리사업의 현황과 개선과제.

권녕성(1986). 헌법학개론. 경기: 법문사.
권도용(2001). 장애인의 재활복지. 서울: 홍익재.
권육상 외(2005). 사회복지실천론. 서울: 유풍출판사.
근로복지공단(1996). 산재보험 체납처분 이론과 실무.
__________(1998). 행정심판소송 및 제3자 구상권.
__________(1999). 산재보험법판례속보.
김경호(2005). 사회복지 실천기술론. 서울: 청목출판사.
김경희(1997). 21세기 재가노인복지사업의 전망과 과제. 제7회 재가노인복지세미나. 한국재가노인복지협회.
김경희(2005). 아동심리학. 서울: 박영사.
김규삼(1989). 노인복지론. 서울: 학문사.
김기원(2000). 공공부조론. 서울: 학지사.
김기태 외(1999). 사회복지의 이해. 서울: 박영사.
김동배(1995). 노인복지 프로그램이 시급하다. 행복한 노년. YMCA 사회문제부.
김만두(1981). 사회복지법제론. 서울: 홍익재.
_____(1985). 사회복지와 법. 서울: 홍익재.
_____(1985). 헌법과 사회복지. 사회사업론집.
_____(1993). 사례관리론. 서울: 홍익재.
김만두 · 한혜경(1993). 현대 사회복지개론. 서울: 홍익재.
김선숙(2000). 주요국의 노인교육 비교 분석. 홍익대학교 대학원 석사학위논문.
김선웅 외(1994). 위헌법률심판제청.
김성순(1984). 산업사회에 있어서 노인복지에 관한 연구. 한양대학교 대학원 박사학위논문.
_____(1990). 고령화 사회와 사회복지. 서울: 홍익재.
김성이 · 김상균(1994). 사회과학과 사회복지. 서울: 나남출판.
김수신 · 정홍익(1997). 사회복지행정론. 서울: 한국방송대학교 출판부.
김신실(1996). 장애인종합복지관에서의 사례관리적용에 관한 연구. 서울여자대학교 대학원 석사학위논문.
김연명(1999). 우려되는 국민연금 소득신고 현황. 참여연대 사회복지위원회. 복지동향. 제8호. 5월.
_____(2001). DJ정부의 사회복지정책 : 신자유주의를 넘어서. 한국사회복지학회 춘계학술대회 발표논문.

김영모(1983). 현대사회사업의 동향과 그 비판-급진적 관점을 중심으로. 사회복지연구 제15집, 중앙대학교 사회복지학과.

______(1988). 현대사회문제론. 한국복지정책연구소.

______(1999). 사회복지학. 한국복지정책연구소 출판부.

김영범(2008). 경제위기이후 사회정책의 변화. 한국사회학회. 한국사회학. 제35집 제1호. 31-57.

김영호(1997). 자원복지 활동의 활성화 방안. 서울: 학문사.

김영화 · 이옥희(1999). 세계화와 한국 사회복지의 비판적 검토. 한국사회복지학. 39호. 74-101.

김예숙(1997). 여성상담에 대한 대상관계이론의 접근. 이화여자대학교 대학원 석사학위논문.

김용갑(1992). 우리나라 노인복지정책에 관한 연구. 전남대학교 대학원 석사학위논문.

김용일 · 조홍식 · 김연옥(1995). 사회사업실천론. 서울: 나남출판.

김유성(1985). 사회보장법. 서울: 동성사.

______(2000). 사회보장법. 경기: 법문사.

김유숙(2003). 가족치료 이론과 실제. 서울: 학지사.

김윤희(1995). 재가복지서비스에 있어서 사례관리활용의 개선방안에 관한 연구. 숭실대학교 대학원 석사학위논문.

김종일 · 엄명용 · 최경구(2007). 사회문제론. 서울: 청목출판사.

김종진 외(2010). 장애인복지론. 서울: 청운.

김철수(1988). 신헌법개론. 서울: 박영사.

김태성 외(1998). 사회복지 전문직과 교육제도. 서울: 소화.

김태성(1999). 노후생활준비교육. 토론회 자료. 한국가정생활개선진흥회.

김태성 · 김태현(1994). 노년학. 경기: 교문사.

김태성 · 성경륭(2000). 복지국가론(제2판). 서울: 나남출판.

김해동 · 정홍익(1985). 사회행정. 서울: 한국방송대학교 출판부.

김형태(2006). 집단상담의 이론과 실제. 서울: 동문사.

김혜란 외(2005). 사회복지실천기술론. 서울: 나남출판.

남세진 · 조홍식(1996). 한국사회복지론. 서울: 나남출판.

남찬섭(2001). 김대중정부 복지개혁의 평가: 수사와 귀결. 한국사회보장학회 2001년 춘계학술대회 발표문.

남찬섭 · 윤정향(2001). 생산적 복지를 위한 소득보장제도의 개선방안. 한국사회복지학연구회.
노동부(1997). 산재보험재심사재결사례집.
_____(2000). 노동백서.
노병일(1999). **사회보장론**. 서울: 대학출판사.
노혁저(2002). **청소년복지론**. 서울: 대학출판사.
닐 길버트 · 김영화 외 번역(2001). **복지국가에서 능력개발국가로**. 서울: 한울아카데미.
대통령비서실 삶의 질 향상 기획단(1999). 새 천년을 향한 생산적 복지의 길 - 국민의 정부 사회정책 청사진.
류상열(1997). 재가복지봉사센터에 있어서 Case management 과정에 관한 연구. 한국사회복지학회. 통권 제33호.
_____(1997). 재가복지봉사센터에 있어서 Case management 실제에 대한 사회복지사들의 인식에 관한 연구. 한국사회복지학회 발표집.
류종훈(2006). **사회복지실천기술론**. 서울: 유풍출판사.
_____(2006). **사회복지실천론**. 서울: 청목출판사.
박경일 외(2000). **사회복지학 강의**. 경기: 양서원.
박병현(2004). **사회복지정책론-이론과 분석**. 서울: 현학사.
박석돈(1990). **사회복지서비스법**. 서울: 도서출판 두엄.
박송규(1988). **사회복지법론**. 서울: 법령편찬보급회.
박순일(2005). **한국의 빈곤현실과 사회보장**. 서울: 일신사.
박용순(1999). **사회복지개론**. 서울: 학지사.
박재간(1997). 노년기 여가생활의 실태와 정책과제. 노인복지정책연구. 춘계호. 노인문제연구소.
박태영(2000). **사회복지시설론**. 경기: 양서원.
박홍식(1999). **내부 고발의 논리**. 서울: 나남출판.
변경희(2010). 장애인 장기요양제도도입에 대한 고찰 : 외국사례를 중심으로. 장애인.
변용찬(2010). 장애인장기요양보장제도 시범사업 추진현황 및 과제.
보건복지가족부(고시 제2009-227호). 장애등급 판정기준.
보건복지가족부 · 한국보건사회연구원(2009). 2008년 장애인 실태조사.
보건복지부(1994). 헌법소원에 대한 답변서.
_________(1995). 시범보건복지사무소.
_________(2000). 보건복지백서.
_________(2000). 보건복지통계연보 46호.

_________(2004). 2004년도 국민기초생활보장사업 안내.

_________(2004). 2004년도 자활사업안내.

_________(2004). 사회복지사무소 시범사업안내.

보험개발원(2000). 보험통계연감.

복지개혁백서편찬위원회(1997). 국민복지 새 지평을 열다. 복지개혁백서편찬위원회.

부산광역시, 부산대학교사회복지연구소(2004). 사회복지종합발전5개년계획.

생명보험협회(2001). 생명보험통계.

서병숙(1994). **노인연구**. 경기: 교문사.

서울대 사회복지 실천연구회(1998). **사회복지실천기법과 지침**. 서울: 나남출판.

서울대학교 사회복지 실천연구회 역(2000). **사회복지실천기법과 지침**. 서울: 나남출판.

서진환 · 이선혜 · 정수경 공역(2001). **대사회복지 실천이론(말콤페인저)**. 서울: 나남출판.

성경륭(2000). 논평. 안병영 · 임혁백(편). **세계화와 신자유주의**. 서울: 나남출판.

소남열(2009). 이동권 보장이 지체장애인의 삶의 질에 미치는 영향에 관한 연구.

손준규(1981). 한국의 복지정책 결정과정에 대한 연구. 서울대학교 대학원 박사학위논문.

신섭중 외(1986). **각국의 사회보장**. 서울: 유풍출판사.

________(1986). **한국의 사회보장**. 서울: 유풍출판사.

________(1989). **한국사회복지법제개설**. 서울: 대학출판사.

________(1990). **비교사회복지론**. 서울: 유풍출판사.

신섭중(1980). **사회보장정책론**. 서울: 대학출판사.

신수식(1991). **사회보장론**. 서울: 박영사.

신은주(1995). 아내학대에 대한 페미니스트접근에 관한 사회사업적 분석. 서울대학교 대학원 박사학위논문.

신흥권(1996). 한국재가노인복지사업의 전망과 과제. 한국재가노인복지협회.

심창섭 외(1994) 헌법소원청구서.

아산사회복지사업재단(1997). 아동복지편람.

안병영 · 임혁백(편). **세계화와 신자유주의**. 나남출판.

엄명용 외(2001). **사회복지실천의 이해**. 서울: 학지사.

엄명용 · 김성천 · 오혜경 · 윤혜미(2001). **사회복지실천의 이해**. 서울: 학지사.

엄명용 · 노충래 · 김용석(2007). **사회복지실천기술의 이해**. 서울: 학지사.

오영재 외(2004). **뉴밀레니엄시대의 청소년복지론**. 서울: 대왕사.

오혜경(1999). 사회사업실언에 있어서 세력화에 관한 연구. 급진주의 사회사업실천. 한국사회복지. 4호.

유계숙 외(2009). **가족정책론**. 서울: 시그마프레스.

윤혜미(2000). 미국의 복지개혁과 공공부문 사회복지의 역할의 변화. 한국사회복지학회 춘계학술자료집.

이광재(2007). **노인요양보험제도의 이해**. 경기: 공동체.

이도희(2005). Q방법을 활용한 지체장애 인식에 대한 연구.

이영철 외(2000). **사회복지학**. 경기: 양서원.

이용교 외(2002) **청소년 문제와 청소년복지**. 서울: 인간과 복지.

이용교 편(1993). **이야기 사회복지**. 서울: 은평천사원 출판부.

이찬진(1996). 국민연금제도 운영의 위헌성. 한국사회복지의 통합적 접근. 1996년 한국사회복지학회 춘계학술대회 자료집.

이항녕 외 편(1978). **법률학대사전**. 서울: 문성각.

임상사회사업연구회역(1992). **임상사회사업기술론**(Dorfman, R. 저). 서울: 홍익재.

임춘식 외(2005). **세계의 노인복지정책**. 경기: 학현사.

임춘식(2003). **고령화 사회의 도전**. 서울: 나남출판.

임춘식(2003). 노인 취업정책의 현황과 과제. 2004년 2차 노인일자리사업 포럼. 노인일자리사업 활성화 방안. 보건복지부 · 국민연금관리공단 노인인력운영센터.

장기요양제도의 향후 전망과 과제 심포지엄 자료집(2010. 09. 15.).

장대환(1992). 한국노인복지서비스의 개선방안에 관한 연구. 재가노인복지서비스를 중심으로. 전남대학교 대학원 석사학위논문.

장애인장기요양제도의 향후 전망과 과제 심포지엄 자료집(2010. 09. 15.).

정경배 · 이성기(1984). 사회보장기본법의 정책구상. 한국보건사회연구원.

정무권(2000). 국민의 정부의 사회정책 : 신자유주의로의 확대. 사회통합으로의 전환.

정승언(1992). 직무스트레스에 대한 사회적 지원의 역할. 인하대학교 대학원 박사학위논문.

정영만(1999). 직무스트레스 요인이 조직몰입에 미치는 영향에 관한 실증적 연구. 한국노동경영학회. 11 : 357-374.

정옥분 외(2008). **노인복지론**. 서울: 학지사.

조상현(1986). 한국사회복지관계법의 발전과정과 개선방향. 대구대학교 대학원 석사학위논문.

조영훈(1998a). 사회보장제도 민영화의 문제점 : 칠레 연금개혁 사례분석을 통한 신보수주의 비판. 한국사회학. 제32집(봄호) : 179-198.

조흥식 외(2008). **가족복지학**. 서울: 학지사.

주학중(1979). 계층별 소득분포의 추계와 변동요인. 한국개발연구. 창간호. 한국개발연구원.

차흥봉(1997). 노인소득보장과 노령수당제 실시방안. 한국사회복지정책학회.

참여연대사회복지위원회(2004). 국민기초생활보장법 1차 개정의 과정-허 선. 월간복지동향. 제64호. 나눔의 집.

참여연대사회복지위원회(2004). 사회복지전달체계 개편방향과 사회복지사무소 시범사업 계획-김기남. 월간복지동향. 제62호. 나눔의 집.

채서일(1999). **사회과학 조사방법론**. 서울: 학연사.

최명민(2006). 사회복지사 윤리적 민감성 검사도구(Swest) 개발 및 활용에 관한 연구.

최성재(2002). 중고령자의 증가와 경제활동. 중고령자의 직업능력개발 지원 대책. 한국직업능력개발원.

최순남(1984). **현대사회와 노인복지**. 서울: 홍익재.

최준식(2003). **한국인에게 문화가 있는가**. 서울: 사계절.

최현미(2004). 의료사회복지에서의 강점모델적용 연구. 평택대학교 논문집 제18집.

하상락 편(1989). **한국사회복지사론**. 서울: 박영사.

한경혜(1996). 고령화 시대와 삶의 질.

한국보건사회연구원(1999). 한국의 사회보장비 추계 : 1990~1997-OECD 추계방법을 중심으로.

한국보건사회연구원(2004). 참여정부복지 5개년계획. 보건복지포럼 제87호.

한국복지연구회(1988). **사회복지의 역사**. 서울: 이론과 실천사.

한국사회복지교육협의회(2000). 사회복지학 교과목 지침서.

한국여성개발연구원(1984). 편부모가족의 지원방안에 관한 기초연구.

한국의 사회지표. 각년도. 통계청.

한국형사정책연구원(2004). 청소년의 약물 남용 예방전략.

한인영 외(2007). **의료사회복지 실천론**. 서울: 학지사.

한정란(2000). 고령화 사회와 노인교육의 실천방안. 사단법인 한국노인문제연구소.

현동관(2007). 지체장애인의 사회적 지지체계가 사회통합에 미치는 영향에 관한 연구.

현외성(1989). 아사히소송의 사회정책적 의미 일고. 사회복지연구.

후자와라 아키라(1986). **일본현대사**. 우철민 역. 서울: 동녘사.

복지와 노동(2000). 2000년 8월호.

교통약자의 이동편의 증진법.

국민건강보험법(2010).

건강보험심사평가원 http://www.hira.or.kr/
경제투데이 기사 http://www.eto.co.kr/?Code=20080811150114327&ts=230017
경제협력개발기구(OECD) http://www.oecd.org/
국가기록원나라기록포털(청소년육성5개년계획)
국가인권위원회 http://www.humanrights.go.kr/
국립암센터 http://www.ncc.re.kr/
국립중앙의료원 http://www.nmc.or.kr
국민건강보험공단 http://www.nhic.or.kr/
국민연금관리공단 www.npc.or.kr
국제아동구호기금(UNICEF) http://www.unicef.org/
국제장애인연맹(Disabled Peoples' International) http://www.euro.who.int/en/home
국제통화기금(IMF) https://www.imf.org/external/index.htm
국제표준화기구(ISO) https://www.iso.org/home.html
굿네이버스 http://www.goodneighbors.kr/
굿피플 http://www.goodpeople.or.kr/
네이버 백과사전 http://terms.naver.com/
노인장기요양보험 http://www.longtermcare.or.kr/npbs/index.jsp
대만 보건부 https://www.mohw.gov.tw/
대한결핵협회 http://www.knta.or.kr/
대한노인의학회 http://www.geriatrics.co.kr/
대한적십자사 http://www.redcross.or.kr
두드림 http://dodreamfund.com/
미국Public Health Services http://www.cdc.gov/
미국국립보건원(NIH) https://www.nih.gov/
미국백악관 https://www.whitehouse.gov/
미국보건복지부 약물남용과 정신건강 http://www.os.dhhs.gov/
미국보건복지부(Department of Health & Human Services) http://www.ccsa.ca/
미국사회보장국(Social Security Administration) http://www.www.ssa.gov/
미국식품의약품안전청(FDA) http://www.www.fda.gov/
미국알코올 및 약물남용 정보센터(National Clearinghouse for Alcohl and Drug)

http://www.pop.org/
미국연방정부 http://www.ssa.gov/
미국질병관리본부(CDC) https://www.cdc.gov/
미국사회복지사협회 www.naswdc.org
미국암협회(American Cancer Society) http://kidsavenue.home/mindspring.com/frcon-ten.htm
미국인구연구소(Population Research Institute) http://www.iso.org
사회복지공동모금회 www.chest.or.kr
사회복지정보원 www.welfare.co.kr
사회서비스 바우처 http://www.socialservice.or.kr/index.jsp
세계무역기구(WTO) https://www.wto.org/
세계보건기구(WHO) https://www.who.int/
세계보건기구/유럽 WHO/EUROPE(World Health Organization) http://www.who.or.jp/
암관련연구소(The Cancer Group Institute) http://ncadi.samhsa.gov/
어린이들을 위한 거리 http://www.cancergroup.com/
어린이암센터 http://www.cancer.org/
월드비전 http://www.worldvision.or.kr/
일본사회보험청 https://www.nenkin.go.jp/
일본후생노동성 http://www.whitehouse.gov/
캐나다약물남용센터(Canadian Center on Substance Abuse) https://www.ccsa.ca/
한국교육개발원(교육복지투자우선지역지원사업) https://www.kedi.re.kr/khome/main/webhome/Home.do
한국노인복지중앙회 www.elder.or.kr
한국보건사회연구원 http://www.kihasa.re.kr/
한국사회복지사협회 www.welfare.net
한국사회복지협의회 www.bokji.net
한국재가노인복지협회 www.kacold.or.kr
한국청소년수련시설협회 http://www.youthnet.or.kr
한국청소년활동진흥원 https://www.kywa.or.kr/
호주보건복지부 https://www.health.gov.au/

## [영문 참고문헌]


Adams, G. A., Lynda A. King & D. W. King(1996). Relationship of Job and Family Involvement.

Akabas, S., & Kurzman, P.(Eds.)(1982). *Work, workers and work organizations: A view from social work*. Englewood Cliffs, N.J.: Prentice Hall.

Ansbacher, R. A.(1956). *Individual Psychology of Alfred Adler*. New York: Basis Books.

Arnold, H. J. & Feldman, P. C.(1986). *Organizationl Behavior*. McGraw-Hill Book Company.

Bailey, R., & Brake, M.(Eds.)(1975). *Radical Social Work*. London: Edward Arnold.

Balfour, D. & Wechsler, B.(1996). Organizational Commitment: Antecedents and Outcomes in Public Organizations. Public Productivity and Management Review, 29, 256-277.

Bargozzi. R. P.(1978). Saleforce Performance and Satisfaction as a Function of Lndividual Difference, Interpersonal, and Situational Factors, Journal of Marketing Research. 15.

Beaver, M. L(1983). *Human Service Practice with the Elderly*. Prentice-Hall.

Beck, A. T.(1979). *Cognitive therapy and the emotional disorders*. New York: International Universities.

Beehr, T. A. & Bhagat, R. S.(1985). Human Stress and Cognition in.

Berg. I. K.(1994). *Family based Services: A solution focused approach*. New York: W.W. Norton & Company.

Bhagat, R. S., McQuaid, S. J., Lindholm, H. & Segovis, J.(1985), *Total Life Stress*: A Multimethod.

Carroll, T. J.(1961). Blindness: *What it is, what it does and how to live with it*. Boston: Little, Brown.

Cavanagh, K., & Gree, V, E.(1996). *Working with Men: Feminism and Social Work*. London: Routledge.

Copper, C. L., & Marshall, J.(1977). Occupational Sources of Stress: A Review of the Literature Relating to Coronary Heart Disease and Mental Ill Health, Journal of accupational Psychology, Vol. 49, pp.11-28.

De Jong, P. & Berg, I. K.(1997). *Interviewing for solutions.* Books: Cole Publishing Company.

De Shazer, S.(1985). *Keys to solution in brief therapy.* New York: W.W. Norton & Company.

De Shazer, S.(1998). *Cluse Investigation solutions in brief therapy.* New York: W.W. Norton & Company.

De Shazer, S.(1998). *Putting difference to work.* New York: W.W. Norton & Company.

Dominelli, L.(2002). *Feminist Social Work theory and Practice.* New York: Palgrave.

Drug Free Resource Net http://www.childrenscancercenter.org/

Ellis, A.(1962). *Reason and emotion in psychotherapy.* New York: Stuart.

Famer, S. J., Beehr, T. A. & Love, K. G.(2003). Becoming an Undercover Police Officer: A Note on Fairness Perceptions, Behavior, and Attitudes. Journal of Organizational Behavior, 24, 373-387.

Family Social Support(2012). an Work-Family Conflict with Job and Life Satisfaction, Journal of Applied Psycholigy.

FDA Center for Food Safety & Applied Nu trition http://www.fda.gov/

Fisher, J.(1978). Effective casework practice: An electric approach, Springfield, Ill: Charles C. Thomas.

Friedlander, W. & Apte, R.(1980). *Introduction to Social Welfare.* Englewood Cliffs, NJ: Prentice-Hall.

Gambrill, E.(1983). *Casework: A competency: Based approach.* Englewood Cliffs, NJ: Prentice-Hall.

Gilbert, Neil & Paul Terrell(1997). *Dimensions of Social Welfare Policy.* Allyn & Bacon.

Goldberg, G. & Elliot, J.(1980). Below the belt. Journal of sociology & social welfare, 7

Green. H.(1954). Social Work Practice in Community Organization. NY: Whiteside and Morrow Press.

Haley. J.(1986). *Uncommon therapy*: The Psychiatric techniques of Milton H.Erickson, M.D., New York: W.W. Norton & Company.

Harper, E. & Dunham, A.(1959). *Community Organization, in Action.* N.Y.:

Association Press

Lowenfeld, B.(1973). *The visually handicapped child in school.* New York: John Day Company.

Merton, R.(1967). *On Theoretical Society.* NY: Free Press.

Morris, D. & Hees, K.(1977). *Neighborhood Power.* Boston: Houghton, Mifflin Co.

Murphy, C.(1954). *Community Organization Practice.* Boston: Houghton,Mifflin Co.

National Association of Social Worker(1995). *Encyclopedia of Social Worker.* 김만두 외 역(1999). 사회복지대백과사전. 서울: 나눔의 집.

O'Hanlon, W. H. & Weiner-Davis, M.(1989). *In search of solutions: A new direction in psychotherapy.* NY: Norton.

Park, R. & Burgess, E.(1921). *Introduction to the Science of Sociology.* Chicago University of Chicago Press.

Payne, M. S.(1997). *Modern Social Work Theory.* London: Macmillan Press LTD.

Perman, R. & Gurin, A.(1972). *Community Organization and Social Planning.* NY: John Wiley & Sons.

Pincus, A. & Minahan, A.(1973). *Social work practice: Models and Methods.* New York: Peacock Publishers.

Pollak, Otto(1984). *Social Adjustment in Old Age.* New York: Social Science Research.

Ponchillia, P. E., & Ponchillia, S. V.(1996). *Foundations of rehabilitation teaching. with persons who are blind or visually impaired*(1st ed). AFB, Press : New York.

Rank, O.(1936). *Will therapy.* New York : Knopf.

Raskin, N.(1995). Client-centered therapy. In S. J. Lynn and J. P. Garske(Eds.), Contemporary Psychotherapies Models and Methods (pp.155-200), ColumbusLCharles E. Merrill.

Reid, W. J.(1977). *The task centered practice.* New York: Columbus University.

Robert L. Barker(1987). *Social Work Dictionary.* 중앙사회복지연구회 역(1996). 사회사업사전, 이론과 실천.

Roberts, R. W. & nee, R. H.(1972). Theories of Social Casework. The University of Chicago Press.

Rogers, C. R.(1957). The necessary and sufficient conditions of therapeutic personality change; Journal of Counselling Psychology, 21.

Ross, M.(1955). *Community Organization: Theory and Principles.* NY: Harper &

Brothers.

Ross, M.(1955). *Community Organization: Theory, Principles &Practice*(2nd ed.). NY : Harper & Row.

Rothman, G. C.(1985). *Philanthropists, Therapists and Activists-A Century of Ideological Conflict in Social Work.* Ma shenkman pub. com. ING.

Rowe, W.(1996). Client centered theory : A person centered approach. In F. J. Tuner(Ed.). *Social Work Treatment : Interlocking Theoretical Approaches*(4th ed.,). New York : Free Press.

Ruah, .A.J., Khatami, M., Beck, A. T.(1975). Cognitive and Behavioral therapy. in chronic depression Behavior Therapy, 6.

Sheafor, B., Horejsi, C., & Horejsi, G(1997). *Techniques and guidelines for social work practice*(4th ed). Boston : Allyn and Bacon.

Specht, H.(1994). *Unfaithful angels.* N.Y : The Free Press.

Steiner, J.(1930). *Community Organization.* NY : Century.

Sturdivant, S.(1980). *Therapy With Women.* New York : Springer Publishing Co.

Thompson, N.(2001). *Anti-discriminatory Practice.* London : Palgrave Macmillan.

Turner, F.J.,(1986). *Social work treatment : interlocking theoretical approaches*(3rd ed.). New York : The Free Press.

Turner, F.J.,(Ed.)(1996). *Social work treatment*(4th ed.). New York : The Free Press.

U.S. National Library of Medicine(NLM) http://vm.cfsan.fda.gov/

Validation of the Coustruct and Its Effects of Organizationally(2011). Valued Outcomes and Withrawal Behavior. Journal of Applied Psychology, 70, 202-214.

Vic George & Paul Wilding(1976). *Ideology and Social Welfare, London : Routledge & Kegan Paul.* 원석조 역(1987). 이데올로기와 사회복지. 서울: 홍익재.

Wachtel, E.(1994). *Treating Troubled children and their families.* New York : Guilford Press.

Walz, T. & Groze, V.(1991). The Mission of Social Work Revisited An Agenda for the 1990s, Journal of Social Work, 36(6).

Warren, R.(1973). The *Community in America. Chocago.* Rand McNally & Company.

Werner, H. D.(1986). *Cognitive theory, in F. J. Turner*(Ed.). Social Work Treatment. New York : Free Press.

White, R. W. & Watt, N. F.(1981). *The abnormal personality*. New York : Wilet

WHO Center For Health Development In KOBE http://www.who.int/en/

World Health Organization. Declaration of Alma-Ata: International Conference on Primary Health Care. Alma-Ata, USSR, 1978

Wylie, M. S.(1990). *Brief therapy on the couch. Family Therapy Neworker*(송정아 · 최규련 공저. 1997. 재인용).

York, R.O.(1982). *Human service planning: Concepts, tools, & methods*. Chapel Hill, NC: The University of North Carolina Press.

Zastrow. C.(1901). Self-talk : A rational approach to understanding and treating child abuse Social Casework, 62.

Zubin, J., & Spring, B.(1977). Vulnerability: A new view on schizophrenia. Journal of Abnormal Psychology, 86, 101-128.

Zuckeman E.(1988). *Child Welfare*. New York: The Free Press.

# 찾아보기

## 인 명



## 용 어

[ ㄱ ]

[ ㅈ ]

[ ㅊ ]

[ ㅋ ]



[ ㅌ ]



[ ㅍ ]



[ ㅎ ]



[ 기타 ]



[ A ]

## [ P ]



## [ R ]



## [ S ]



## [ T ]



## [ V ]



## [ W ]



## [ X ]

## 저자소개

### ■ 김경우

국민대학교 대학원 복지정책학 박사
프랑스 엔티앙폴리스대 사회복지정책과정 수료
공보처 KFL 홍보조사부장, 경기도 정책자문위원, 국가민주평통자문위원, 교육과학기술정책자문위원, 서울시 복지정책위원, 한국사회복지연구소 정책자문위원, 한국운동재활협회부회장, 사회복지자문위원, 경기도사례관리전문요원, 성남시사회복지정책위원, 성남시사회복지협의회회장, 한국사회복지지원학회회장
전 : 을지대 중독재활복지학과 교수(학과장), 일반대학원 중독상담학과 주임교수

### ■ 이경수

교육학 박사
사회복지 전공, 평생교육 전공, 유아교육 전공
명예신학박사, 대통령상 훈·표창
노인행복찾기국민운동본부 이사, 국제문화친선협회 운영이사, 한국소방안전협회 이사
저서 : 정신건강론, 사회복지 윤리와 철학 외 다수
현 : 대한신학대학원대학교 교수(학과장)

### ■ 송순만

한세대학교 사회복지학 박사
서울사회복지대학원대학교 사회복지학 석사학위
미국 캘리포니아 로드랜드대학교 심리학 명예박사
을지대학교, 경기대학교, 한세대학교 외래교수, 서울사회복지대학원대학교 평생교육원 주임교수, 21c 사회복지연구소 정책위원, 한세대학교 사회복지연구위원, 교정상담포럼 이사 및 슈퍼바이저
현 : 노인복지시설 원장, 강동구립복지센터 운영위원장, 건강가정심리치유연구소장, 한국문인협회 시인, 경기도의회 작가

### ■ 유주희

세종대학교 일반대학원 행정학과 졸업(복지행정 전공, 행정학 박사학위)
현 : 경복대학교 공공인재학부 복지행정과 교수, 건강보험공단 장기요양등급판정위원, 아프리카아시아난민교육후원회 홍보대사, 남양주시 인구정책위원회 위원, 한국정책개발학회 감사, 다사랑복지재단 이사, 청평노인종합사회복지관 운영위원장

### ■ 이상민

동국대학교 대학원 졸업(사회복지학 석사)
대구한의대학교 졸업(사회복지학 박사)
한국노인복지의료학회 이사
선린대학교 평생교육원 원장
현 : 선린대학교 사회복지과 교수

### ■ 이덕희

신라대학교 사회복지학 박사
한국사회복지상담학회 이사, 법무부 소년보호위원협의회 소년보호위원, 사회복지법인 효림원 운영위원, 사회복지법인 황전 이사, 양산시 보육정책위원회 위원, 양산시 아동위원, 자원봉사단체 엄마사랑 회장
전 : 성운대학교 미래휴먼사회복지학부 교수
현 : 동의과학대학교 미래융합학부 사회복지요양서비스과 교수

**사회복지학개론**

**초판 1쇄 인쇄** / 2021년 2월 20일
**초판 1쇄 발행** / 2021년 2월 25일

**공저자** / 김경우 · 이경수 · 송순만 · 유주희 · 이상민 · 이덕희
**발행인** / 이 중 수
**발행처** / **동 문 사**

서울특별시 서대문구 홍제원 1길 12
(홍제동 137-8)
Tel : 02)736-3718(대), 736-3710, 3720
Fax : 02)736-3719
**등록번호** : 1974.04.27. 제9-17호
**가격** : 22,000원

ISBN : 979-11-6328-249-5(93330)
E-mail : dong736@naver.com
www.dongmunsa.com